民族文化研究叢書151

방각본 영웅소설의 지역적 특성과 이념적 지향

이 책은 高麗大學校 民族文化研究院이 새로운 民族文化의 창달과 國學振興을 위하여 제정한 『芝薰國學研究造成費』와 『民族文化研究叢書刊行計劃』에 의하여 出版되었습니다.

民族文化研究叢書 151

방각본 영웅소설의 지역적 특성과 이념적 지향

엄태웅 지음

高麗大學校
民族文化研究院

책머리에

"근대적 문학담론으로 출현한 '문학사'는 분명 우리에게 '고전문학'이라는, 시간적으로 현재와 상당한 간극을 보이는 '독특한 타자성'과의 만남을 가능케 해주었다. … 하지만 이와 같은 특정한 지식 유형이 일반화되고 권력화되는 순간부터 지식 유형은 그 대상들을 새롭게 '탄생'시켰다. 다시 말해 근대적 가치 기준들에 근거하여 서술해야 하는 '문학사'가 일종의 당위로 받아들여지게 되면서, 작품들이 문학사를 규정하는 것이 아니라 문학사가 작품들을 규정하는 주객전도가 발생하게 된 것이다. … 특히 근대적 징후를 발견할 수 있다고 하는 조선후기 문학에 대한 해석은 근대성으로의 수렴을 강조한 나머지 근대 문학사 서술을 위한 수단으로 전락한 느낌이 든다. … 전근대 한반도 지역의 구성원들이 문학을 통해 단지 근대성이 말하는 발전과 진보만을 이야기하고 있었는가, 그렇지 않았다면 그 다양한 스펙트럼의 폭은 어떠한 것이었는가, 그리고 그 큰 진폭은 후대의 문학과 어떠한 관계를 맺고 있는가, 이런 것들에 대하여 연구하고자 한다."

부끄러운 글을 책으로 인쇄하려고 하니, 문득, 내가 세웠던 목표를 잘 지켜왔는지 궁금해졌다. 그래서 석사과정 진학 당시의 마음가짐을 확인해보고 싶었다. 위 글은 석사과정 입학 원서에 작성했던 연구계획서의 일부이다. 연구계획서에 담긴 나의 고민은 현재진행형이며, 당연히 미해결 상태이다. 앞으로도 이 목표를 실현하기 위해 계속 노력해야 한다는 의미에서 조금 옮겨 적어보았다.

학위논문이나 소논문의 소재와 주제는 각기 다르지만, 그 기저에는 위 연구계획서에서 언급한 것처럼 '근대성이 재단한 고전서사의 본래 모습을 찾는다.'는 동일한 목적의식이 전제되어 있다.

짧고 완성도가 떨어지는 데다 근대 이후에 대량으로 생산되어서 연구 대상으로서 큰 가치가 없다고 인식되어온 활자본 고전소설을 석사학위논문의 주제로 삼은 이유가 여기에 있다. 또한 박사학위논문에서 방각본 고전소설을 한국이라는 근대 민족주의적 개념 범주로 이해하는 것을 경계하고 서사의 純質에 대한 자의적 가치판단에 따라 완판본과 경판본에 우열을 부여하는 것을 경계하며, 양 판본의 개성과 그것을 가능케 한 지역의 문화적 기반을 찾아보려 한 이유도 여기에 있다.

근대 이후에 나타난 前近代 소설이라서 연구 대상으로 크게 주목받지 못했던 활자본 고전소설, 개별 작품의 非善本 계열로 치부되거나 출판·인쇄 방식의 측면에서만 주목받았던 방각본 영웅소설은, 내가 보기에는 이른바 '근대적 연구방법론이 만든 그늘에 가려진 존재'라는 점에서 동일한 맥락으로 읽혔던 것이다.

'근대적 연구방법론의 그늘'에 대한 인식은 나에게 이밖에도 다양한 문제의식을 제공해주었다. 최근에는 이러한 문제의식을 『삼국유사』에 수록된 서사와 그것의 이본들에, 그리고 「구운몽」의 非善本 계열 이본들에 적용하여 살피고 있다. 이본을 비교하는 것은 지난한 과정이지만 작게나마 결과들이 하나씩 만들어지면서 그 힘듦을 잊게 되는 듯하다.

으레 머리말에는 '감사한 분들'을 적기 마련이다. 나 또한 감사해야 할 분들이 정말 많다. 그런데 여기서는 이 감사한 분들을 조금 더 구체적으로 명명하고 싶다. '공부 그 자체를 즐길 수 있게 도와주셔서 감사한 분들'이라고. 이 분들은 공부가 직업이나 일이기 이전에 곁에 두며 익숙하게 하고 즐기는 대상이라는 사실을 알려주셨다. 이 사실을 알고 평생을 살아가게 되어 정말 감사하고 행복하다.

제도권 교육에서는 경험하기 힘들었던 토론과 세미나 문화를 청소년 시절부터 일상적으로 접할 수 있게 해주셨던 고미숙 선생님, 대학원 진학을 고민할 때 학문에서 그 답을 찾아주신 김풍기, 강상순, 장정수, 권순회 선생님이 먼저 떠오른다. 이분들이 계셨고, 또 이분들이 지금까지 여전히 공부를 즐기고 계시기에, 나는 게을리 할 수가 없다. 학부 시절 1년 선배였던 강용훈 형에게도 감사의 말씀을 빼놓을 수 없다. 형 덕분에 세상에 대한 고민과 내 삶에 대한 고민을 공부라는 매개로 접목시킬 수 있었다.

대학원 생활에서 가장 기억에 남는 것은 바로 '스터디'이다. 하루 일과가 스터디로 시작해서 스터디로 끝났다.

먼저 고한연(고전문학한문학연구회) 서사분과의 여러 스터디들이 떠오른다. 누가 강제로 시키는 것도 아닌데 일주일에 두세 차례씩, 다 소화하기에도 버거운 양을 정해 읽어가며 꾸역꾸역 힘겹게 그렇지만 즐겁게 진행했다. 아무 것도 모르는 후배를 하나씩 가르쳐가며 공부에 관심을 갖게 해주었던 모든 선배님들께 감사의 말씀을 드린다. 후배님들에게는 그만큼 도움을 주지 못한 것 같아 항상 미안한 마음이다.

우응순 선생님께서는 스터디를 통해 동아시아의 정전들을 두루 다루시면서 내 좁은 사유의 범위를 보편적 차원으로 확장시켜 주셨고 거친 내 생각을 세련되게 다듬고 정교하게 만들어주셨다. 대학원 과정 내내 이어진 선생님의 가르침이 없었다면, 나는 좁고 얕은 지식에도 자만하는 편협한 인간에 머물렀을 것이다. 공부뿐만 아니라 늘 삶에 대한 고민까지 함께해주셨기에 그 감사함을 헤아리기 어렵다.

우응순 선생님의 스터디를 통해 만났던 많은 선후배님들께도 감사한 마음이다. 먼저 세상을 떠난 고은지 누나에게는 특별히 감사의 말씀을 전하고 싶다. 생전에 누나가 펼치고자 했던 공부의 방향에 참 공감했는데, 이제는 그 후속 연구를 볼 수가 없다. 아쉽다.

전성운, 김준형, 최윤희 선생님께서 이끌어주셨던 스터디는 고전소설 연구에 대한 고민을 색다른 차원으로 확장시키는 데 큰 도움이 되었다. 기존 고전소설 연구에서 살피지 못했던 참신한 연구 대상과 연구 방법은 내 좁은 시야를 넓혀주었다. 그리고 지금까지 공부의 멘토가 되어주고 계신다. 정말 감사드린다.

그밖에 이런 저런 경로로 참여했던 수많은 스터디들이 있었다. 그 모든 경험이 나에게 큰 자양분이 되었다. 그 중 최범순, 표세만 선생님을 비롯하여 일본문학을 전공하신 선생님들과 했던 스터디는 잊을 수 없다. 늦게나마 감사의 말씀을 드린다.

나는 박사수료 기간의 대부분을 단국대학교 동양학연구원에서 보냈다. 동양학연구원에서 공부할 수 있었던 것은 큰 행운이었다. 많은 자료를 접할 수 있었고, 공부를 할 수 있는 소중한 자리를 제공받았으며, 또 여러 훌륭한 연구자들을 직접 뵐 수 있었다. 나를 동양학연구원에 추천해준 맹영일 형, 그리고 생면부지의 어린 대학원생에게 많은 기회를 주시고 지금까지도 물심양면으로 챙겨주시는 윤재환 선생님의 은혜를 잊을 수 없다.

박사학위논문을 쓰던 시절은 -누구에게나 그렇듯- 참 힘들고 괴로웠다, 그리고 다시 떠올려보면 참 부끄럽다. 그렇기에 엉성하기 짝이 없는 글을 내밀고 심사를 부탁드렸던 몰염치를 받아주신 심사위원 선생님들은, 나에게 정말 큰 은인이다. 박일용 선생님은 영웅소설의 연구 방법에 대한 모범이자 기준을 제시해주셨다. 박일용 선생님의 선행 연구가 아니었다면 나는 감히 학위논문을 구상하지도 못했을 것이다. 김기형 선생님의 판소리와 판소리계 소설에 대한 연구는 나의 연구 시각을 정립하는 데 큰 도움을 주었다. 힘들 때 따뜻한 말씀과 더불어 격려를 아끼지 않으셨던 모습도 여전히 가슴에 남아 있다. 이형대 선생님께서는 학위논문에서 엄정한 논리를 정립하는 것이 얼마나 힘든 일인지 그리고 중요한 것인지 일깨워 주셨다. 심치열 선생님께서는 고전소설 연구에 필요한 치밀한 시각을 가르쳐주셨다. 그리고 나의 주장이 다른 연구자들에게 어떻게 잘못 읽힐 수 있는지 반성할 수 있는 유의미한 많은 지적들을 해주셨다. 감사하고 또 감사드려도 모자람이 없다.

지도학생들과 종종 나누는 말이기도 한데, 장효현 선생님 문하에서 공부할 수 있었던 것은 더없는 행운이었다. 선생님께서는 제자들이 치기어린 생각을 거침없이 이야기할 때에도 절대 꾸짖거나 나무라지 않으셨다. 항상 끝까지 경청해주시고 그 문제점보다는 가능성을 짚어주셨다. 선생님의 그 따뜻한 배려가 없었다면 나처럼 문제의식이 엉성한 제자는 아마 중도에 공부를 포기했을 것이다. 가슴 깊이 평생 간직해야 할 은혜이다.

이렇게 박사학위논문을 책으로 간행할 수 있는 것도 고려대학교 민족문화연구원의 덕분이거니와 그 외에도 나는 이곳에서 이루 말할 수 없는 많은 혜택을 받았다. 국경과 분과학문을 초월한 최신의 연구 경향과 추세를 접할 수 있었고 그 과정에서 많은 훌륭한 학자들을 만날 수 있었다. 연구원 시절의 김흥규 원장님, 연구교수 시절의 최용철 원장님, 그리고 지금 이 책을 간행하는 데 도움을 주시는 조성택 원장님께 고개 숙여 감사의 말씀을 드린다. 오정록 과장님은 행정적 지원을 아끼지 않으면서 한편으로는 인생 선배로서 나의 삶에 대한 고민을 나눠주셨다, 감사드린다. 학문적으로 그리고 인간적으로 항시 후배를 보듬어주는 백진우 형, 형의 배려에 감사의 마음을 전한다.

강원대학교가 우리 학교가 된 지 만 4년이 되었다. 여러 모로 부족한 나에게, 강원대학교는 과분한 곳이다. 학과 선생님들께 그리고 학생들에게 감사드린다.

함께 살며, 밥을 먹고 술을 마시던 생활공동체는 곧 학문공동체이기도 했다. 새벽까지 이어져서 도대체 그 핵심을 알 수 없었던 말들 속에서, 아이러니하게도 매력적인 문제의식을 찾을 수 있었으니 그 얼마나 비효율적이면서도 효율적인가. 꽤 오랜 기간 얹혀살겠다는 내 부탁을 기꺼이 들어준 김성철 형, 사실은 같이 공부하고 싶어서 얹혀산 겁니다. 한 건물에서 그리고 한 집에서 함께 살며 함께 공부했던 하윤섭, 서로의 의견에 맞장구치던 모습이 선하다. 자기 집을 제집처럼 드나들어도 불평 한 마디 않던 신성환, 고맙다.

내가 박사학위논문 때문에 고전하고 있을 때, 아내는 입덧 때문에 고전했다. 내가 박사학위논문 때문에 밤을 지새울 때면 아내가 입덧 때문에 밤새도록 괴로워하는 모습을 보아야 했다. 그래서 더 괴로웠다. 하지만 괴로움과 괴로움은 그것을 이해하는 마음을 만나 씻겨 내려갔다. 박사학위논문이 나왔고, 같은 해 6월에 사랑스런 딸 엄주하가 태어났다. 대학원생이라는 타이틀 외에 아무 것도 가진 것이 없었던 나와의 결혼을 허락해주고, 지금껏 행복하게 가정을 이끌어준 아내 김희주, 고마워, 그리고 사랑한다. 이제 다섯 살이 된 엄주하, 건강하게 잘 자라렴. 묘한 사실은, 박사학위논문 단행본을 준비하고 있는 요즘, 박사학위논문을 작성하던 때와 마찬가지로 또 하나의 생명을 기다리고 있다는 점이다. 올 연말이나 내년 초에 세상 빛을 볼 아들, 건강한 모습으로 만나자.

부모님은 지금껏 내가 하고 싶다고 하는 것을 한 번도 막아선 적이 없으시다. 혼을 내신 적도 없다. 부모가 되고 나니 그것이 얼마나 어려운 일인지 알게 되었다. 부모님의 헌신을 밑거름으로 그나마 이만큼 자랐다. 깊게 패이기 시작한 당신들의 주름이 그저 근심과 걱정 때문이 아니길 바랄 뿐이다. 그리고 이따금 그 주름이 웃음으로 인해 깊어지는 것을 볼 수 있어서, 다행이다.

장인어른과 장모님께는 사위 노릇도 제대로 못하고 당신의 딸을 그리 행복하게 해주지도 못해서 항상 죄송한 마음이다. 그럼에도 늘 사위를 위해 배려하시고 베풀어주시는 모습에 몸 둘 바를 모르겠다. 종종 넌지시 던지시는 나를 향한 이해의 말들이 살포시 내 마음에 앉아 하나 둘 쌓임을 느낀다. 감사드린다.

내가 잘한 것이 없으니, 타인을 향한 감사의 말만 장황하게 늘어놓았다.

그럴 수 있어 행복하다.

2016년 무더운 7월의 끝자락에,

강원도 춘천에서,

저자 씀

차례

제4장 방각본 영웅소설의 지역적 특성과 이념적 지향

제5장 나오며

제1장 들어가며

'있었던 것들'에 주목하기

1. 문제 제기 및 선행 연구 검토

본서는 완판본과 경판본 영웅소설에 드러나는 서사적 차이를 통해 양 판본 영웅소설의 서사가 갖고 있는 지역적 특성을 밝히고, 지역적 특성이 서사적 차이로 반영된 요인을 두 지역의 향유층 및 향유층이 갖고 있었던 서사적·이념적 지향의 맥락에서 밝혀보는 것을 목적으로 한다.

이는 지금까지 서지적·문헌적 연구를 통해 진전된 방각본 영웅소설 연구 성과를 작품의 서사적·이념적 측면까지 확대시킨다는 의의를 지닌다. 즉 방각본 영웅소설 간행의 의미가 단순히 기존 필사 위주의 작품들을 방각본으로 재간행하는 이른바 작품 간행 방식의 기술적 진보의 차원에 머무르는 것이 아니라, 간행 지역에 일반화되어 있던 고전소설 향유의 문화적 저변으로부터 동력을 받아 작품의 내용적 변화를 도모하는 능동적 재간행으로까지 해석될 수 있는 근거를 마련해 준다는 것이다.

더 나아가 본 연구는 방각본 영웅소설이 善本을 轉寫하는 과정에서

缺略의 결과로 파생된 不備한 異本이 아니라, 선본과 서사적 미감을 달리하며 선본과 '다른' 서사적 지향을 추구한 독자적 의미를 지니는 이본이라는 점을 밝혀냈다는 의의를 지닌다. 이 글에서는 방각본 영웅소설이라는 이본을 선본 확정을 위한 수단이 아니라, 그 나름의 서사적 지향을 추구한 데 따른 결과물로 보았다. 본서를 통해 밝힐 예정인 바, 한 작품의 여러 지역 방각본 이본들이 선본으로 수렴되는 단일한 경향을 보이지 않는다는 사실이 이를 증명한다. 한 작품의 수많은 이본들이 하나의 혹은 소수의 선본으로 수렴될 수 있다는 생각은, 한 작가가 홀로 순수한 창작 의지를 구현해낸 것만이 '소설'이라는, 이른바 근대적 소설 개념에 기반한 것이다. 그러나 주지하다시피 영웅소설을 비롯한 많은 수의 고전소설은 대개 단일한 작가의 창작물이 아니다. 따라서 오히려 개별 이본들이 지니고 있는 각기 다양한 방향성을 확인하고 인정하는 것이 고전소설 이본의 존재를 보다 실상에 가깝게 파악하는 방법이며, 방각본 영웅소설 또한 그와 같은 관점으로 접근해야 본래 지니고 있던 독자적 의미를 제대로 파악할 수 있다.

더욱이 방각본 영웅소설이 간행된 이후에는 대중적이고 상업적인 속성을 지니고 있는 방각본이라는 매체의 특성상 다수의 독자들이 – 선본 혹은 다른 이본이 아닌 – 방각본을 통해 영웅소설을 접하게 되었다. 이에 따라 방각본 영웅소설 이본이 그 작품을 대표하는 전형으로 자리매김한 작품도 적지 않다. 이러한 점을 감안할 때, 방각본 영웅소설의 지역적 특성에 대한 연구는 영웅소설의 지역성[locality]을 규명하는 좋은 방법론이면서 영웅소설 계승의 계보를 밝히는 중요한 단서가 될 수 있다. 그리고 나아가 근대적 소설 개념으로 재단되어 그 의미를 제대로 평가받지 못한 이른바 非善本 계열 이본들의 온전한 가치를 확인하는 단초가 될 것이다.

본서에서 방각본 영웅소설을 연구 대상으로 삼은 것은 그 자체로 영웅소설 향유의 지역적 특성을 살피는 것이면서 동시에 조선후기 영웅소설의 존재 양상을 가늠해보는 것이다. 따라서 방각본 영웅소설에 대한 기존 연구 검토에 앞서, 지금까지 진행된 영웅소설 연구의 전반적인 경향을 간략하게 살펴볼 필요가 있다.[1)]

영웅소설 연구는 한국 고전소설 연구와 시작을 함께 했다. 그만큼 고전소설에 있어서 중심을 차지하는 중요한 장르라는 것인데, 김태준이 군담소설이라는 장르가 〈설인귀전〉으로부터 영향을 받았을 것이라고 한 단편적인 언급이 그 시작이다.[2)] 단편적인 언급에 불과하지만 중국문학으로부터 영향을 받았다는 김태준의 언급은 후속 연구의 중요한 쟁점이 되었다.

이에 영웅소설 연구는 김태준의 언급에 동의하는 입장과 그렇지 않은 입장으로 나뉜다. 중국문학의 영향을 인정하는 입장과 내재적인 영향을 모색하려는 입장으로 영웅소설 연구의 방향이 크게 갈라지는 것이다. 전자의 경우는 주로 비교문학 1세대들의 입장이라고 할 수 있다. 이재수,[3)] 정규복,[4)] 최근덕,[5)] 이명구,[6)] 이병한[7)] 등의 연구자들은

---

1) 영웅소설 연구 검토는 이전 논저들에서 세밀하고 구체적으로 진행된 바 있다. '영웅소설 연구'에 대한 연구가 90년대 초에 진행되었다는 사실은, 당시에 이미 영웅소설에 대한 연구가 다각도로 진행되어 정리의 필요성이 절실할 정도로 풍부했음을 의미한다. 본 연구 검토는 영웅소설 연구의 전반적인 경향을 살피는 것이기에, 90년대 초에 진행된 '영웅소설 연구'에 대한 연구의 테두리를 벗어나지 못한다. 더욱이 80·90년대 이후에는 영웅소설 전반을 다룬 연구가 드물었기 때문에 새롭게 덧붙여질 논의 또한 적다. 따라서 기존 연구 검토의 흐름에 상당 부분 동의하면서, 본서와 관련 있는 부분들에 대해서 보다 상세히 진술하겠다.

2) 김태준 저, 박희병 교주, 『증보 조선소설사』, 한길사, 1997, 110쪽.

3) 이재수, 「한국 소설 발달 단계에 있어서의 중국소설의 영향」, 『경북대논문집』1, 경북대학교, 1956 ; 이재수, 「삼국연의와 옥루몽」, 『한국소설연구』, 선명문화사, 1969.

4) 정규복, 「韓國古代軍談小說考 : 三國誌演義의 影響을 中心하여」, 고려대학교 석

영웅소설을 포함한 한국의 고전소설들이 중국 고전소설과 긴밀한 연관관계를 맺고 있다는 점에 주목하여 비교 연구를 진행했다.

이러한 비교 연구는 영웅소설을 외국문학의 유입에 의한 모방설로 치부한다는 비판을 받으며 크게 빛을 보지 못하였다. 그러나 이후에도 성현경에 의해 〈설인귀전〉과 영웅소설 간의 영향 관계에 대한 연구가 간간히 제출되었다.[8] 그의 논의는 과거 김태준의 단편적인 언급을 구체적으로 논증한 것이라고 볼 수 있겠는데, 설득력이 높았음에도 불구하고 영웅소설의 원천을 해명할 수 있는 단서가 되기 어렵다는 이유에서 큰 주목을 받지는 못했다.

다른 한편으로는 후자, 즉 영웅소설의 출현 동인을 주로 내재적인 측면에서 찾으려는 시도들이 진행되었다. 병자호란이라는 대표적 사건을 통해 그 형성 과정을 실증적으로 입증하려는 논의가 있었는가 하면,[9] 영웅소설의 작가들이 실제로 몰락양반이었을 것이라는 점에 착안하여 그들이 현실에서 잃어버린 권력에 대한 보상심리로 작품을 창작하였을 것이라는 주장도 나왔다.[10] 이들 연구는 곧바로 계승되지는 않았지만, 영웅소설이 조선후기라는 시공간적 조건의 모순이나 문제

사학위논문, 1958.

5) 최근덕, 「군담소설과 삼국지연의의 인물고」, 『성균』15, 성균관대학교, 1962.

6) 이명구, 「이조소설의 비교문학적 연구」, 『대동문화연구』5, 성균관대 대동문화연구원, 1968.

7) 이병한, 「중국과 한국의 고전소설」, 『중국학보』9, 한국중국학회, 1968.

8) 성현경, 「女傑小說과 <薛仁貴傳> - 그 著作年代와 輸入年代·受容과 變容」, 『국어국문학』62·63, 국어국문학회, 1973 ; 성현경, 「<劉忠烈傳> 검토 - <蘇大成傳>, <張翼星傳>, <薛仁貴傳>과 관련하여」, 『고전문학연구』2, 한국고전문학회, 1974.

9) 장덕순, 「병자호란을 전후한 전쟁소설」, 『국문학통론』, 신구문화사, 1960.

10) 서대석, 「군담소설의 출현동인 반성」, 『고전문학연구』1, 한국고전문학연구회, 1971.

의식을 문학적으로 형상화한 것이라는 전제가 일반화되는 80·90년대 영웅소설 연구와 부분적으로 맥을 같이 한다.[11]

이렇듯 영웅소설의 출현 동인에 대한 상반된 입장이 존재하는 가운데, 영웅소설 연구가 전환기를 맞이하는 시점은 1970년대 초이다. 구조주의적 연구방법론에 입각한 구비문학 연구의 활성화로 영웅소설 또한 작품 구조에 대한 분석이 활발하게 진행된다. 시대를 초월하는 보편적인 서사의 구도 속에 영웅소설을 대입해보았던 당시의 시도는, 영웅소설을 보편적인 서사문학의 맥락에서 이해함으로써 한국 고전소설의 세계문학사적 보편성을 획득하고자 했던 의지의 소산으로 파악된다.[12] 이로 인해 영웅소설을 바라보는 일종의 지표가 만들어졌고, 이는 영웅소설을 기타 역사적 장르와 구분하는 기준으로서, 그리고 영웅소설의 하위 작품들의 특징을 확인하는 준거로서 기능하게 된다.

구조주의적 연구방법론이 각광을 받게 된 이유는 주지하듯 이른바 공인된 난관이라 할 수 있는 영웅소설의 문헌적 정보 부족 때문이었다. 작품의 출현 시기나 장소 등 영웅소설의 시공간적 움직임을 포착할 수 있는 의미 있는 단서들이 태부족인 상황에서, 텍스트에 대한 꼼꼼한 분석을 통해 서사구조를 공식화하는 작업은 영웅소설 연구방법론으로서 최선의 선택이었을 수밖에 없다. 대부분의 영웅소설 연구가 작품의 구조 분석을 토대로 작품을 범주화하고, 분석한 구조에 따라 공통점과 차이점을 나누어 장르의 형성과 변모 양상을 밝히는 이유가

---

11) 그러나 차이도 상당히 존재한다는 점에서 직접적인 연구사적 맥락을 짚어내기는 어렵다.

12) 선구적인 논의로 김열규와 조동일의 연구를 들 수 있다. 이후 영웅소설 연구는 이들의 방법론에 근거하는 경우가 대부분이었다. 김열규, 『한국민속과 문학연구』, 일조각, 1971 ; 조동일, 『한국 소설의 이론』, 지식산업사, 1977.

여기에 있다.

이러한 연구방법론은 '영웅의 일생'이라는 영웅소설의 구조적 보편성을 기반으로 하여, 건국신화에서 영웅서사시를 지나 영웅소설에 이르기까지 우리 서사문학의 주된 흐름 속에서, 영웅의 일생이라는 구조적 공통성을 확인하면서 동시에 차이를 기반으로 한 변모의 양상을 살폈다.[13] 이는 대중적이고 통속적인 장르로만 여겨졌던 영웅소설을 소설사적 의의가 있는 장르로 재해석했다는 점에서, 나아가 조선후기 영웅소설의 서사적 원류를 인류 서사문학 보편의 가치와 연결시켰다는 점에서 큰 의의를 갖는다.

그런데 구조적 보편성을 기반으로 한 범주화와 체계 분류는 – 그 수많은 연구 성과와 의의를 인정하지만 – 몇 가지 문제를 안고 있다. 우선 구조적 보편성이 지니고 있는 '동질성의 범주', 즉 '구조적 보편성의 외연'을 어디까지로 한정할 것인가 하는 문제가 있다. '영웅의 일생'은 대부분의 서사문학 속 기본 서사인데 이를 서사문학의 하위 장르인 영웅소설만의 특징으로 규정하는 것은 무리가 있다는 것이다. 이럴 경우 자칫 대부분의 고전 서사 작품들이 직간접적으로 영웅의 일생이라는 서사 범주에 포함될 수 있기 때문에 영웅소설만의 차별적인 군집을 도출하기가 어려워진다.

다음으로는 구조적 보편성이 작품 각각의 개성적 면모를 무화시키고, 장르·작품의 역사적 성격을 소거해버릴 가능성이 높다는 문제를 지적할 수 있다. 말 그대로 여러 작품 속 서사의 공식을 도출하는 것이기 때문에, 작품의 개별적인 특성보다는 작품 간의 유사성이나 공통점에 주목함으로 인해 작품의 독자성이나 개성이 과소평가될 소지가 있

---

13) 강상순, 「영웅소설의 형성과 변모 양상 연구」, 고려대학교 석사학위논문, 1991, 5쪽. 이하의 문제의식 또한 이 논문의 문제제기를 답습한 측면이 강하다.

다. 그리고 텍스트 분석을 통한 보편적 구조의 산출은 '서사의 본질'을 해명하는 보편적 차원의 연구는 될 수 있지만, 반면 텍스트와 이를 둘러싼 콘텍스트에 대한 접근을 막기 때문에, 작품의 시대적·역사적 성격에 대한 규명이 쉽지 않다는 문제가 발생할 수 있다. 결과적으로 이를 통해 구조적 분석은 영웅소설 각 작품의 개성적 면모를 영웅 서사로 단일화·일반화시키고 공시적·통시적 조망을 저애함을 확인할 수 있는 것이다.

이에 이러한 문제점을 해결하는 대안으로 새롭게 대두된 방법론이 작품의 서사구조를 중심으로 한 유형론이다. 이 유형론은 그 유형을 보다 세분화하여 작품들의 개별성을 보장하는 방향으로 유형 분류를 진행함으로써, 한편으로는 기존 구조주의적 연구방법론이 갖고 있었던 보편적인 연구의 덕목을 살리면서도, 다른 한편으로는 구조주의적 연구가 가질 수밖에 없는 한계를 개별성에 대한 천착으로 해결할 수 있다는 측면에서 대안적 방법론으로 주목을 받았다. 이에 다수의 연구자들이 나름의 기준을 잡고 몇몇 유형을 설정하여 영웅소설을 분류하기 시작했는데 그 첫걸음을 뗀 것은 박일용이다. 박일용은 서사구조의 지향가치라는 개념을 기준으로 해서 '장풍운전 유형', '유충렬전 유형', '홍길동전 유형'으로 나누고 각각의 특징을 서술하였다.[14] 박일용의 연구는 유형론 연구를 촉발시키는 계기가 되어 이후 김재용,[15] 임성래,[16] 민긍기[17] 등은 물론 서대석,[18] 조동일[19] 등 기존에 영웅소설

14) 박일용, 「영웅소설의 유형변이와 그 소설사적 의의」, 서울대학교 석사학위논문, 1983.

15) 김재용, 「영웅소설의 두 주류와 그 원천」, 『한국언어문학』22, 한국언어문학회, 1983.

16) 임성래, 「영웅소설의 유형연구」, 연세대학교 박사학위논문, 1986.

17) 민긍기, 「영웅소설 作品構造考」, 『사림어문연구』창간호, 마산대, 1984.

에 대하여 이미 다소 다른 방법론을 시행했던 연구자들에게까지 영향을 끼쳤다. 유형론은 여기서 그치지 않고 이후 김경숙,[20] 김연호,[21] 이강엽,[22] 김현양[23] 등 대부분의 영웅소설 연구에 반영되었다.

이러한 방식의 유형론은 방법론으로서 효과적인 측면이 많다. 실제로 이들 연구를 계기로 영웅소설 개별 작품의 세세한 분석에 대한 필요성이 절실함을 인식하게 되었다. 다만 다수의 연구자들이 유형론에 입각한 연구를 진행함에 따라 유형론 자체에 유형이 생겨버리는 복잡한 구도가 형성되었다. 다시 말해 유형론들이 제각기 다른 기준에 의해 작품 선정의 외연을 확정하고 작품 분석과 분류의 기준을 마련하면서, 지나치게 많은 유형론이 산출되었다는 것이다. 유형론 자체에 유형이 생겼다는 말은 이러한 상황을 두고 하는 말이다.

따라서 대개의 연구방법론이 일종의 대승적인 합의가 도출되는 지점에서 연구방법론으로서의 타당성을 얻고 또 한편으로는 그 한계가 지적되어 새로운 연구방법론으로부터 공격을 받는 구조를 갖고 있다면, 영웅소설에 대한 유형론적 연구는 옳고 그름의 문제보다는 다양한 다름의 형태를 만들어내게 되면서 해결의 실마리를 찾지 못하고 있는 실정이다. 유형론은 분명 영웅소설에 접근하는 다양한 단서들을 제공해 주었다는 점에서 충분한 의의가 있지만, 한편으로는 결론이 모이기보

18) 서대석, 『군담소설의 구조와 배경』, 이화여자대학교 출판부, 1985.

19) 조동일, 「영웅이야기의 유형」, 『구비문학』5, 구비문학회, 1986.

20) 김경숙, 「군담소설 연구 - 유형성과 수용적 의미를 중심으로」, 연세대학교 박사학위논문, 1991.

21) 김연호, 「영웅소설의 유형과 변모에 관한 연구」, 고려대학교 박사학위논문, 1992.

22) 이강엽, 「군담소설 연구방법론」, 연세대학교 박사학위논문, 1993.

23) 김현양, 「조선조 후기의 군담소설 연구 - 개념, 유형, 성격 문제를 중심으로」, 연세대학교 박사학위논문, 1994.

다 분산되면서 일정한 합의에 도출하는 데 어려움을 겪게 만든 것이다.

유형론이 활발하게 연구되고 난 뒤에는 영웅소설 전반을 두고 연구를 진행하는 경우가 드물게 되었다. 이후에는 주로 특정 영역이나 개별 작품, 혹은 여타 장르와의 관계 속에서 영웅소설을 바라보는 경우가 많아졌다.

그러나 유형 분류를 통한 장르 해명이라는 방법론은 여전히 매력적인 연구방법론이면서 영웅소설의 실체를 규명해줄 수 있는 가장 효과적인 방법론이다. 어떠한 학문이든 일정한 개념 범주 속에서 납득할만한 분류 기준을 통해 차이와 체계를 수립하면서 개별성의 실체를 규명하기 마련이기 때문이다. 다만 이때 중요한 것은 분류 기준의 타당성이다. 이러한 점에서 분류 기준이 보다 정밀해진다면 유형론은 여전히 가장 효과적인 연구 덕목이다. 이에 본서는 유형론의 방식을 고수하되 지금까지와는 다른 기준을 대입해보고자 한다.

지금까지 유형 분류는 대체로 작품을 기준으로 한 것이었다. 작품을 기준으로 한 유형 분류 자체는 잘못된 것이 아니다. 그런데 이때 다양한 이본 중 어떤 이본을 선택하느냐는 결코 간과해서는 안 될 문제이다. 이본에 따라 작품의 성향이 심하게 달라질 수도 있기 때문이다. 하지만 지금까지는 대체로 작품의 서사가 온전히 갖추어졌다고 '평가받거나' 작품의 합리성이 높다고 '평가받는' 이본을 선본으로 결정하고 논의를 진행하였다. 그렇지 않은 경우에는 주요한 몇몇 이본들을 필요에 따라 섞어서 활용하였다. 이럴 경우 자칫 작품의 실상과는 다른 유형 분류가 만들어질 수 있다. 따라서 영웅소설의 유형을 분류하기 위해서는 그 전에 필히 이본의 존재 양상이 어떠한지를 꼼꼼하게 따져봐야 한다.

고전소설 연구의 대표적인 두 가지 방식을 꼽자면 그 하나는 개별 작품 연구이고 다른 하나는 소설사적 연구이다. 전자는 한 작품의 모든 이본을 꼼꼼하게 비교하여 선본을 추출하고 이를 통해 한 작품의 정체성을 밝히는 방식이라면, 후자는 두 편 이상의 작품을 史的인 구도 위에 배치시켜 통시적 흐름을 도출하는 방식이다.

그런데 두 방법론은 근본적으로 각기 나름의 한계를 지닐 수밖에 없다. 전자는 개별 작품 연구로는 탁월하지만 그 작품의 소설사적인 위치를 조망하기에는 부족한 감이 없지 않다. 후자는 반대로 소설사적 조망은 가능하지만 개별 작품의 특징들을 온전히 밝혀내는 데는 어려움이 따른다. 물론 이는 개별 연구자들이 지니는 한계가 아니라, 연구 방법론이 지니는 구조적인 한계이다.

가장 이상적인 방식은 두 연구방법론이 상호보완적인 역할을 하면서 고전소설 작품들을 3차원의 입체적인 구도에 배치시키는 것일 것이다. 하지만 이는 원론적으로만 가능한 이상향에 불과하므로 실제로 이것이 지면을 통해 구현되기란 쉽지 않은 일이다. 애초에 문자로의 서술을 통한 지면에의 글쓰기라는 것은 기본적으로 2차원적인 구도를 전제로 하기 때문이다. 이것이 가능하려면 3차원의 구도를 가시적으로 보여줄 수 있는 다른 방식의 매체가 필요하다. 가령 영웅소설의 모든 작품이 지니고 있는 각각의 이본들을 영웅소설사의 구도에 모두 배치시키는 것은 – 실제로 그 작업의 과정이 지난하고 복잡하다는 문제를 떠나서 – 언어를 통한 서술로는 거의 불가능한 일인 것이다.

그러다보니 史的인 서술을 할 경우에는 모든 작품에서 대표성을 지니는 선본 혹은 임의의 한 이본을 선택하게 된다. 그리고 선본 혹은 임의의 한 이본은 선정된 나름의 근거를 갖고 있다. 이때 근거 즉 그 이본이 대표성을 지니고 있다는 결론은 대체로 이본 연구를 통한 선본 도출의 과정을 통해 얻게 된다. 이본 연구는 전승 과정을 통해 不備한 형태로 남은 작품의 잔형들을 총집하는 가장 효과적인 연구방법이기 때문이다.

그런데 소설사 연구가 당시의 실상에 보다 가깝게 접근하기 위한 것이라고 전제한다면, 하나의 대표본을 선정하는 방식은 그리 효과적인 것이 아니다. 그 대표본이 先本 혹은 善本 아니면 再構本이든 상관없이 한 이본이 그 작품 전체를 대변할 수는 없기 때문이다. 모든 이본을 소설사의 구도 안으로 포섭하는 것은 근본적으로 불가능한 일이지만, 그렇다고 해서 한 이본만으로 그 작품의 소설사적 의미를 모두 설명할 수 있다고 단언하기는 어려운 것이다. 어떻게 한 이본이 각기 다른 맥락, 이를테면 각기 다른 지역과 계층 혹은 성별 등등으로부터 배출된 여러 이본들을 대표한다고 단정할 수 있는가?

그럼에도 지금까지 영웅소설의 소설사를 구성하는 경우에는 판본이나 계열을 고려하지 않고, 하나의 이본이 그 작품을 대표하게 되면서, A라는 작품은 경판본이 인용되고 B라는 작품은 완판본이 인용되어 연구의 대상으로 삼는 경우가 적지 않았다. 이러한 관성은 대체로 영웅소설의 이본들이 특별한 차이를 보이지 않는다는 연역적 논리에 의거한 것이다. 그런데 이렇게 소설사 연구를 위한 작품 선정의 과정에서 판본이나 계열의 차이들이 간과되면서, 특정 작품의 소설사 속 배치가 전혀 달라지는 경우를 종종 확인할 수 있다. 가령 여성영웅의 활약이 뛰어난 이본과 반대로 미약한 이본이 공존하는 여성영웅소설 작품의 경우, 이 작품을 여성영웅소설사에서 어디에 배치해야 하는지 난감해지는 것이다. 따라서 이러한 문제점들을 최소화하려면, 가능한 범위 내에서 한 작품을 대표하는 複數의 판본 혹은 계열을 최대한 소설사 안에 배치시키려는 노력이 필요하다. 판본의 지역적 특성에 대한 고려는 바로 이러한 맥락에서 중요하다고 할 수 있다.

전근대 역사적 공간의 실체에 근접하여 생각해보더라도, 판본의 지역적 특성에 대한 고려는 중요할 수밖에 없다. 우리는 한반도와 대한민국 혹은 남한이라는 영토적 경계를 균질하고 단일한 공간으로 인식하지만, 이러한 인식은 근대적인 민족국가가 출현한 이후, 혹 한국의 경우는 해방과 분단이라는 역사적 단층을 경험한 이후에 생겨난 것이다. 기실 불과 120여 년 전 전근대만 하더라도 국가라는 테두리는 현재의 민족국가가 보여주는 모습과 같지 않았다.

방각본 제작소가 몇몇 지역을 거점으로 존재했다는 사실 자체가 이를 증명한다. 소설 간행의 지역적 거점이 형성되어 있었다는 사실은 일차적으로 조선후기 서적 생산·유통 시스템의 물리적 범주가 국가 단위가 아닌 지역 단위였다는 것을 말해주는 것이다. 만약 어느 지역 방각본 제작소 군집들이 전국 단위의 수요를 충족할 수 있는 생산·유통 능력을 갖고 있었다면 다른 지역에 있었던 방각본 제작소들은 경제 논리에 의해 오래 살아남을 수 없었을 것이다. 이는 실제 역사에서 확인이 가능하다. 20세기 초반에 서구적 자본주의가 유입되면서 서울을 중심으로 한 서적상들이 서적 간행에 적극적으로 뛰어들게 되었고, 이에 지방에 있었던 재래의 방각본 제작소들이 타격을 입음은 물론,[24] 지방에서는 새로운 서적상들이 많이 생겨나지 못했다. 서울의 서적상이 발달한 생산 시스템과 확대된 유통망을 토대로 시장의 범위를 전국 단위로 확장시켰기 때문이다.

따라서 이 맥락에서 볼 때, 방각본 제작소들이 지역별로 뚜렷한 거

24) 물론 대구 在田堂書鋪처럼 1930년대까지 방각본은 물론 활자본을 활발하게 간행한 경우도 있다. 최호석, 「大邱 在田堂書鋪의 出版 活動 연구」, 『어문연구』34.4, 한국어문교육연구회, 2006 참조. 그러나 일반적으로는 1910년대에 활자본 고전소설이 활발하게 간행되자 지방의 방각본 문화가 타격을 입었다고 볼 수 있다.

점을 마련하고 있었다는 역사적 사실은 해당 지역의 방각본 간행 서적들이 그 지역을 중심으로 소화되고 있었음을 의미한다. 이렇듯 방각본 서적이 특정 지역의 독자층을 중심으로 향유되면 방각본의 거점과 그 일대는 자연스럽게 일종의 문화적 권역이 된다. 마찬가지 논리에서 방각본 고전소설 또한 특정 지역의 문화적 권역과 상호 조응했을 가능성이 높다. 결국 판본의 차이는 작품의 서사적 차이의 문제로까지 연결될 수 있는 것이기 때문에, 판본의 차이를 통해 기존 영웅소설 유형 분류를 보다 세분화할 수 있는 것이다.[25)]

하지만 지금까지 특정 지역 방각본의 서사적 특성이 그 지역에서 산출된 방각본 소설에 영향을 끼쳤다는 논의가 제시된 적은 없다. 물론 한 작품의 이본을 비교하면서 가령 완판본과 경판본 혹은 완판 계열과 경판 계열의 차이를 밝혀내는 연구 방법은 일반적으로 사용되는 이본 연구의 방식이었다.[26)] 또 작품의 판본 중 특정 지역의 판본, 이를테면

---

25) 방각본은 그래도 산출 지역이 명확하기 때문에 이러한 작업이 가능하다. 현재 수집되어 있는 필사본이나 민간 소장본들의 경우 그것이 어느 지역에서 발견되었으며 어떠한 이들에 의해 향유되었는지에 대한 상세한 정보가 남아있지 않아서 방각본 판본별 분류와 같은 작업 자체가 불가능한 경우가 많다. 이러한 자료는 애초 작품을 구득하였을 때 조사하지 않으면 알기 어려운 정보들로서 기실 작품 및 장르의 이해에 중요한 단서가 될 수 있는 것들이기에 아쉬움이 남는다.

26) 완판 계열과 경판 계열로 나누어 이본을 비교하는 경우는 그 사례를 일일이 헤아릴 수 없을 정도로 많다. 가장 일반적인 연구 방식이기 때문이다. 다만 방각본 영웅소설에 국한시켜 대표적인 경우를 살펴보면 다음과 같다. 아래 논의들은 방각본 영웅소설의 연구를 보다 구체화하는 데 상당한 기여를 했다. 박일용, 「이본 변이 양상을 통해서 본 <홍길동전> 서술시각의 중층성」, 『영웅소설의 소설사적 변주』, 월인, 2003 ; 박일용, 「<장경전> 이본의 형상화 방식과 그 문학적 의미」, 『영웅소설의 소설사적 변주』, 월인, 2003 ; 김병권, 「방각소설 <장풍운전> 내적 변화의 독자 성향」, 『한국문학논총』26, 한국문학회, 2000.6 ; 이복규, 「<소대성전> 방각본 검토」, 『서경대학교 논문집』8, 서경대학교, 1980 ; 서경희(a), 「<소대성전>의 서지학적 접근」, 이화여자대학교 석사학위논문, 1998 ; 서경희(b), 「<용문전>의 서지와 유통」, 『이

A라는 작품의 완판본에 대한 연구 혹은 경판본에 대한 연구 또한 두루 사용되던 연구의 방법이다.[27] 이들 연구는 字句를 대상으로 하는 세부적인 비교에서부터 작품 전체의 차이를 규명하는 단계까지 나아가는 쉽지 않은 작업으로서 지금까지 누적되어온 성과가 작지 않다. 그렇지만 개별 작품의 이본 연구 결과를 특정 지역 방각본의 서사적·이념적 지향으로 확대·일반화시켜 고찰한 경우는 없었다. 결국 본서는 기존에 개별적으로 수행했던 연구 성과들을 판본이라는 기준 하에 재정렬 해보려는 시도인 셈이다.

방점을 방각본에 두고 기존 연구를 살펴봐도 비슷한 결론이 도출된다. 방각본의 서지적·문헌적 연구를 시작으로 해서 방각본 고전소설의 판본 간 서사적 차이를 도출해낸 경우도 드물었기 때문이다. 방각본을 서지적·문헌적 시각에서 접근한 경우에는 방각본 서적의 물리적·경제적 특성에 집중하거나 향유층의 계층과 특징을 밝히는 데에 주로 매진하였고, 이 결과로 방각본의 실체 규명에 대한 상당한 진전이 있었다.[28] 그러나 이 특징들이 해당 지역 소설의 서사적 변화에 영

화어문논집』16, 이화어문학회, 1998.

27) 임성래, 『완판 영웅소설의 대중성』, 소명출판, 2007 ; 류준경, 「방각본 영웅소설의 문화적 기반과 그 미학적 특성」, 서울대학교 석사학위논문, 1997 ; 서혜은, 「경판 방각소설의 대중성과 사회의식 연구」, 경북대학교 박사학위논문, 2007.

28) 주제 및 분야별로 대표적인 연구만 제시하면 다음과 같다. 김동욱, 「방각본에 대하여」, 『동방학지』11, 연세대학교 국학연구원, 1970 ; 김동욱, 「방각본소설 완판·경판·안성판의 내용비교 연구」, 『연세논총』10.1, 연세대학교 대학원, 1973 ; 유탁일, 「완판방각소설의 문헌학적 연구」, 동아대학교 박사학위논문, 1980 ; 유탁일, 「호남지방간행 방각본 연구(1)」, 『인문논총』20, 부산대학교, 1981 ; 유탁일, 「호남지방간행 방각본 연구(2)」, 『인문논총』23, 부산대학교, 1983 ; 유탁일, 『완판방각소설의 문헌학적 연구』, 학문사, 1981 ; 이창헌, 「경판방각소설 판본 연구」, 서울대학교 박사학위논문, 1995 ; 김현주, 「경판과 완판의 거리」, 『국어국문학』116, 국어국문학회, 1996 ; 최호석, 「안성의 방각본 출판 입지」, 『국제어문』34, 국제어문학회, 2005 ; 이정원,

향을 주었을 것이라는 데까지 나아가지는 못했다. 요컨대 이 글은 영웅소설 이본 연구의 과정에서 도출된 방각본 판본의 특성들과 방각본의 문헌적·서지적 연구 과정에서 산출된 방각본 판본의 특성들을 수렴함으로써, 영웅소설의 서사적 정체성과 방각본의 판본 사이에 함수 관계가 존재한다는 가설을 검증해보고자 하는 것이다.

2. 연구 방법

방각본의 판본과 영웅소설의 서사가 함수 관계에 놓여있다는 가설을 검증하기 위해서는 우선 동일한 작품이라 하더라도 간행 지역의 차이로 인해 판본 간 서사의 차이가 발생한다는 사실을 증명해야 하고, 나아가 다른 작품이라 하더라도 간행 지역이 같을 경우 공통적인 특성을 공유하고 있다는 사실을 증명해야 한다. 즉 개별 작품의 두 지역 판본을 비교해서 차이점을 도출하고, 이를 종합하여 두 지역 판본의 특징을 추려야 하는 것이다.

주지하듯 방각본의 주요 생산지로는 서울과 안성 그리고 전주 지역이 주로 거론된다. 그런데 서적 일반의 측면에서는 이 세 곳이 모두 중요하지만, 방각본 고전소설의 측면에서는 서울과 전주 두 곳이 핵심

「안성판 방각본 출판 현황」, 『어문연구』33.3, 한국어문교육연구회, 2005 ; 최호석, 「안성판 방각본 출판의 전개와 특성」, 『어문논집』54, 민족어문학회, 2006 ; 부길만, 「안성판·경판·완판 방각본의 비교 연구」, 『출판 잡지연구』11.1, 출판문화학회, 2003 ; 이태영, 「완판 방각본 출판의 문화사」, 『열상고전연구』31, 열상고전연구회, 2010 ; 이혜경, 「조선조 방각본의 서지학적 연구」, 전남대학교 문헌정보학과 석사학위논문, 1999 ; 권희승, 「호남 방각본에 관한 연구」, 성균관대학교 도서관학과 석사학위논문, 1981.

적이다.[29] 이에 본서에서는 경판본과 완판본을 대상으로 논의를 진행하도록 하겠다.

비교 대상이 되는 작품들은 주인공의 성별에 따라 남성영웅소설과 여성영웅소설로 나누어 살펴볼 것이다. 영웅소설을 구분하는 다양한 기준이 있지만 남성영웅소설과 여성영웅소설은 다른 어떤 기준보다 객관적일 수 있으며, 경우에 따라서 개별적인 장르 지향을 보일 만큼 독자적인 성향이 강하기 때문이다. 더욱이 – 결론부터 언급하자면 – 영웅소설의 판본 간 차이를 고찰해본 결과, 그 차이는 영웅의 성별과도 관련을 맺고 있었다. 위 두 갈래가 차이를 보여줄 수 있는 좋은 기준인 것이다. 또한 흥미롭게도 남성영웅소설의 경우 경판본과 완판본으로 동시에 간행된 작품들이 있는 반면, 여성영웅소설의 경우에는 동시에 간행된 작품이 없다. 따라서 판본 간 차이를 비교하는 방식을 선택할 때에도 남성영웅소설과 여성영웅소설로 구분하는 것이 편의적이고 효과적이다.

제2장은 남성영웅소설의 판본 간 차이를 대상으로 진행한다. 남성

29) 김동욱은 '안성판은 그 자체에 독자성이 있다기보다는 경판본의 아류로 보여진다.' 고 하였으며, 이창헌은 '안성 지역에서 이루어진 방각 활동은 주로 서울 지역에서 이루어진 방각 활동의 연장선 위에 놓여 있다.'고 하였다. 이와 같은 김동욱과 이창헌의 지적은 방각소설의 내용만 가지고 따질 때는 충분한 근거와 타당성이 있다고 할 것이다. 그러나 안성판 방각본에서 소설이 차지하는 비중이 과반수가 안 된다는 것을 감안한다면 방각본 소설만을 대상으로 한 선행 연구는 안성판 방각본에 대한 균형을 조금을 잃었다고 할 수 있을 것이다. 최호석, 「안성판과 경판의 거리」, 『열상고전연구』31, 열상고전연구회, 2010, 71쪽.

최호석의 언급을 통해 알 수 있듯이 안성판은 분명 방각본 간행 지역으로서 의의를 갖는다. 다만 방각본 소설에 있어서는 개별적 독자성이 다소 떨어지는 것이 사실이다. 최호석이 인용한 김동욱과 이창헌의 논문은 다음과 같다. 김동욱, 앞의 논문, 1973, 19쪽 ; 이창헌, 「안성지역의 소설 방각활동 연구」, 『한국문화』24, 서울대학교 한국문화연구소, 1999, 138쪽.

영웅소설의 경우 〈장풍운전〉, 〈소대성전〉·〈용문전〉, 〈조웅전〉을 주된 비교 대상으로 삼았다. 본서는 동일한 작품이 판본에 따라 어떠한 차이를 보이는지 살펴보는 것이 주된 목적이기 때문에, 완판본과 경판본으로 동시에 간행된 작품이 가장 적합하다. 이 작품들을 주된 대상으로 삼은 이유가 여기에 있다. 〈소대성전〉과 〈용문전〉의 경우 경판본에서는 개별 작품으로 존재하지만 완판본에서는 合綴되며 마치 한 작품처럼 취급된다. 이에 본서에서는 함께 묶어 고찰했다.

이들 작품 외에도 완판본과 경판본으로 동시에 간행된 영웅소설로는 〈장경전〉과 〈홍길동전〉이 있다. 두 작품의 경우 – 완판본과 경판본의 차이를 목적으로 비교를 한 것은 아니지만 – 박일용에 의해 보다 폭 넓은 범위에서 이본 변이의 양상에 대한 구체적 해답이 나와 있고,[30] 특히 〈홍길동전〉의 이본 변이 양상에 대한 연구의 경우 본서가 이 주제에 착목하게 된 계기를 제공했기 때문에 본문에서 재론의 여지가 많지 않았다.[31]

이에 남성영웅소설은 앞서 언급한 작품들을 대상으로 하여, 한 작품의 두 지역 판본을 비교하여 차이를 도출하였다. 그런데 주지하듯 완

---

30) 박일용은 <장경전> 경판본과 완판본의 차이점과 공통점을 기반으로 하여, 독특한 성격을 갖고 있는 이본인 박순호본의 특징과 변개 양상을 살핌으로써 <장경전> 이본의 지형도를 구성하였다. 박일용, 「<장경전> 이본의 형상화 방식과 그 문학적 의미」, 『영웅소설의 소설사적 변주』, 월인, 2003.

31) 박일용은 <홍길동전>의 이본을 '완판36장본 및 완판본계 필사본', '경판31장본 및 경판본계 이본', '김동욱89장본, 조종업본, 정명기77장본, 서강대30장본, 정우락본 등의 필사본군'으로 나누고 이들의 차이를 밝혔다. 이 중 특히 완판본 계열이 사회적인 의미나 국가 질서에 대해 강하게 인식하며 경판본 계열은 그와 대비적 성향을 보인다고 한 논자의 주장은 필자가 판본에 대한 차이에 주목하는 데 큰 계기를 마련해주었다. 박일용, 「이본 변이 양상을 통해서 본 <홍길동전> 서술시각의 중층성」, 『영웅소설의 소설사적 변주』, 월인, 2003 참조.

판본과 경판본은 서사구조에서 큰 차이를 보이지 않는다. 그러나 구체적인 면면을 살펴보면 부분적으로 상당한 변화가 감지되고, 이 부분적 변화가 작품 해석의 방향을 결정한다는 것을 알 수 있다. 본서도 부분적이고 미세한 차이로부터 판본 간 변이의 양상을 도출해보도록 하겠다. 판본 간 서사 비교는 크게 '주변 인물 형상화의 측면', '주인공 형상화의 측면과 영웅 서사의 측면', '결연 및 가문 서사의 측면'으로 나누어 진행될 것이다.

제3장은 여성영웅소설의 판본 간 차이에 대해 논한다. 그런데 여성영웅소설은 경판본과 완판본으로 동시에 간행된 작품이 없다. 작품 수도 적어서 경판본은 네 작품뿐이고 완판본은 한 작품에 불과하다. 이에 경판본으로는 〈정수정전〉, 〈황운전〉, 〈백학선전〉을 대상으로 삼았고,[32] 완판본으로는 〈이대봉전〉을 대상으로 삼았다. 여성영웅소설은 한 작품이 두 지역 판본을 갖고 있지 않기 때문에 직접적인 비교는 어렵다. 더욱이 완판본 작품이 하나에 불과하기 때문에 비교 연구 자체가 성립되기 어려운 측면이 있다. 다만 남성영웅소설의 판본 간 비교의 과정에서 도출된 결론을 전제로 논의를 진행한다면 일정한 타당성을 부여받을 수 있으리라 판단된다.[33] 이에 여성영웅 활약의 능동적 성격에 초점을 맞추어 논의를 진행하도록 하겠다.

2장과 3장에서 얻은 방각본의 지역별 서사적 특성을 기반으로 하여

32) 경판본 중 <옥주호연>은 본격적인 논의의 대상으로 삼지 않았다. 본론에서 배제한 특별한 이유가 있는 것은 아니다. 다만 언급한 세 작품으로도 경판본의 서사적 특성이 잘 부각되기 때문이다. 물론 <옥주호연> 또한 세 작품과 그 경향을 같이 한다는 점에서는 공통적이다.

33) 본문에서 상론하겠지만 남성영웅소설을 판본별로 비교해본 결과 영웅 형상에 차이가 있음이 드러났다. 이에 여성영웅소설의 경우 여성영웅의 형상을 중심으로 논의를 진행했다.

제4장에서는 그 의미를 논하고자 한다. 각기 다른 작품에서 동일한 지향이 보인다는 사실은 방각본 간행 지역의 특성이 작품에 영향을 미쳤을 것이라는 추측을 가능케 한다. 영웅소설은 대중적이고 통속적인 장르이므로 간행 지역의 특성은 곧 그 지역의 문화적 분위기와 깊은 관련을 맺고 있을 가능성이 높다. 이에 전주와 서울 지역에서 확인되는 방각본 간행의 지역적 특성이나 고전소설 및 고전산문 향유의 지역적 특징을 찾아, 방각본 영웅소설의 지역별 서사적 특성과의 관련성을 따져보고자 한다.

아울러 영웅소설은 대중적이고 통속적이지만 한편으로는 상당히 이데올로기적이고 윤리적인 장르이기도 하다. 흔히 이 두 가지 특징은 양립할 수 없는 개념처럼 생각되지만, 기실 영웅소설의 텍스트를 살펴보거나 영웅소설 향유층의 특성을 감안하면 오히려 이데올로기적이기 때문에 대중들로부터 많은 관심을 받았다는 논리가 성립될 수 있다. 이에 지역별 서사적 특성이 지역별 소설 향유층과 긴밀한 관련을 맺고 있으며, 동시에 그들의 이념과도 멀지 않음을 살펴보도록 하겠다. 이를 위해 조선후기 사회를 지탱하던 이념적 두 축, 다시 말해 인조반정을 시작으로 조선후기 사회 전반을 관통하며 이념적 근간을 이루었던 대명의리론과 가부장제가 어떤 방식으로 각 판본에서 중시되었는지 그 양상을 살펴보도록 하겠다.

이상의 논의를 통해 마지막으로는 방각본 영웅소설의 지역별 서사적 특성이 영웅소설의 소설사적 의의 형성에 기여한 바를 논하고자 한다. 완판본 영웅소설과 경판본 영웅소설은 서사적·이념적으로 영웅소설의 발전과 계승에 각기 다른 영향을 미치는데, 각각의 영향력이 서로 支持·補足하여 소설사적 발전의 양 축을 구성하고 있다. 이러한 내용을 중심으로 본서의 논의를 마무리하도록 하겠다.

제2장 남성영웅소설의 지역별 서사적 특성

완판본의 남성영웅 서사 확대와 경판본의 결연 및 가문 서사 확대

대개 완판본과 경판본의 남성영웅소설을 비교할 때 표면적으로 가장 먼저 거론하는 것이 분량의 차이이다. 완판본이 경판본에 비해 항상 분량이 더 많으며, 몇몇 작품은 그 차이가 두세 배를 상회한다. 그런데 우리가 간과하는 중요한 사실이 하나 있다. 완판본은 경판본을 정확한 배율에 맞춰 확대하기만 한 것이 아니고, 반대로 경판본도 완판본의 내용을 축약만 한 것이 아니라는 점이다.

분량의 차이는 단순히 양적인 차이를 의미하지 않는다. 실제로 완판본이 각각의 장면마다 서술이 더해지면서 내용이 풍부해진다면, 경판본은 서사구조를 중심으로 빠르게 사건을 진행한다. 그런데 이때 완판본이 모든 장면에서 예외 없이 서술을 늘려가지만은 않는다. 굳이 필요하지 않다고 생각되는 장면은 과감하게 배제하기도 한다. 마찬가지로 경판본도 항상 서사 진행의 속도를 높여가며 서사를 줄여가기만 하지는 않는다. 중요하다고 생각되는 장면이 등장하면 필요에 따라 서사의 속도를 늦추기도 하며 서사를 확대하기도 한다.

그렇다면 완판본에서 확대되는 장면은 무엇이며 축약되는 장면은 무엇인가? 또한 경판본에서 축약되는 장면은 무엇이며 확대되는 장면은 무엇인가? 그리고 이와 같은 두 판본의 확대와 축약의 양상은 어떠한 상관관계를 지니고 있는 것인가?

이에 대한 실증적인 해답을 찾기 위해 남성영웅소설 〈장풍운전〉, 〈소대성전〉·〈용문전〉, 〈조웅전〉의 완판본과 경판본을 비교하고 각 판본의 특징적인 양상을 도출해보도록 하겠다.

1. 〈장풍운전〉의 완판본과 경판본

〈장풍운전〉은 영웅소설적 면모와 가문소설적 면모를 두루 갖춘 작품이라는 평가를 받아왔다. 이런 평가가 내려진 데에는 이 작품이 남성영웅의 활약을 근간으로 하는 영웅소설의 전형적인 구조를 갖추고 있으면서도 작품 후반부에 가서는 처첩 갈등이 중요한 서사로 구조화되기 때문이다. 한편 영웅의 일대기 구조로 귀결된다는 평가를 받으면서도, 영웅소설 서사구조의 핵심으로 지목받고 있는 '남성영웅 일개인의 영웅적 역량'은 미약하다는 평가를 많이 받았다. 남성영웅이 영웅적 활약을 하는 영웅소설의 일대기 구조에는 부합하더라도, 남성영웅의 활약이 구체적으로 서술되지 않아서 영웅의 형상화가 제대로 이루어지지 않았다는 것이다. 기존 연구를 통해 보면 결과적으로 〈장풍운전〉은 영웅소설의 전형적 구조를 갖추었지만 영웅적 활약이 다소 미약하고, 한편으로는 가문소설의 요소가 작품의 한 축으로 개입해 들어오는 특징을 보여주는 작품이라고 할 수 있다.

그런데 과연 이러한 평가가 〈장풍운전〉 이본 전반에 두루 적용될 수 있는 공통적인 특성이라고 할 수 있는가? 현재 위의 모든 논의들은 각자 선정한 이본이 〈장풍운전〉 전체를 대변할 수 있다는 전제를 갖고 진행된 것이다. 물론 선본 선정은 모든 논의의 기본이기에 그러한 전제를 잘못이라고 말할 수는 없다. 다만 이 작품의 경우 판본에 따라 화소의 출입에 큰 차이가 난다는 특징을 갖고 있기 때문에 대표본의 설정이 쉽지 않다는 문제가 있다. 결국 특정 선본 선정은 작품 해석의 방향에 영향을 미칠 수밖에 없기 때문이다. 본 논의의 관점에서 보자면 기존 〈장풍운전〉 연구는 완판본을 중심으로 한 해석과 경판본을 중심으로 한 해석에 차이가 있다.

가령 박일용, 서대석은 영웅소설 유형 분류를 하면서 〈장풍운전〉을 공히 〈소대성전〉과 같은 유형으로 묶었다. 이때 동일한 유형으로 묶은 이유로는 '주인공 가문의 신분 설정과 그것의 몰락으로서의 특권 상실'[1)]이나 '주인공의 수난이 가족원의 박해로 야기되며 주인공의 개인적 박해자와 국가의 적대세력이 분리되어 있는 특징을 가지고, 국가의 위기가 외적의 침입에 의한 것이고 주인공의 공로는 외적을 물리치는 데 있으며, 주인공 개인의 복수는 주인공이 명망 높은 위대한 인물로 크게 부상되면서 박해자 스스로 부끄러운 마음을 갖게 되고 뉘우치게 함으로써 간접적으로 이루어진다는 특징'[2)]을 들었다. 이들 논의는 〈장풍운전〉의 서사적 동력을 주인공의 수난에서 찾는다는 점에서 공통적이고, 서사적 갈등 해결을 忠이 아닌 주인공의 개인적 수난을 회복하는 것[3)]으로 보거나 박해자 스스로 부끄러운 마음을 갖게 되는 간접적 해결의 방식[4)]으로 본다는 점에서는 약간의 차이가 있다. 하지만

1) 박일용, 앞의 논문, 1983, 44쪽. 논자는 <장경전>, <장풍운전>, <소대성전>을 하나의 유형으로 묶었다.

2) 서대석, 앞의 책, 72쪽. 논자는 <소대성전>, <장풍운전>, <금방울전>, <현수문전>을 하나의 유형으로 묶었다.

3) 박일용, 앞의 논문, 1983, 63쪽.

4) 서대석, 앞의 책, 72-92쪽 참조.

그러한 차이에도 불구하고 두 논의 모두 〈장풍운전〉에서 군담의 비중이 크지 않은 이유로 '처첩 갈등'을 들고 있지는 않다.

그런데 서인석, 류준경은 처첩 갈등을 중요한 요소로 들고 있다. 서인석은 〈장풍운전〉이 국가 단위의 충성이 나타나지 않은 채 오직 가문 단위의 혼사장애 극복 과정으로 짜여 있고,[5] 후반부의 처첩 갈등이 낙선재본 〈하진양문록〉과 유사한 양상을 보인다고 지적하였으며,[6] 류준경은 처첩 갈등이나 경패의 남동생 경운의 설정 등이 규방·가문소설적인 요소에 가깝다고 하면서, 이를 영웅소설이라는 장르적 관습이 완성되기 이전에 이루어진 모색기적 성격으로 이해[7]하고 있다.[8]

이러한 차이는 왜 발생하는 것인가? 물론 작품에 접근하는 시각이나 시선의 문제일 수도 있지만, 이들 두 갈래의 연구는 공교롭게도 저본으로 삼고 있는 텍스트의 판본이 다르다. 박일용, 서대석의 경우 완판본을 대상으로 하였으며,[9] 서인석, 류준경은 경판본을 대상으로 하였다.[10] 결국 두 갈래의 논의 모두 대상으로 삼은 텍스트 분석에 충실

5) 서인석, 「고전소설의 결말구조와 그 세계관」, 서울대학교 석사학위논문, 1984, 67쪽.

6) 서인석, 앞의 논문, 65-66쪽.

7) 류준경, 앞의 논문, 52-53쪽.

8) 이 서술은 신해진(a), 「경판 27장본 <장풍운전> 해제 및 교주」, 『고전과해석』6, 고전문학한문학연구학회, 2009, 211쪽 각주 11을 참조하였다.

9) 물론 이 두 연구는 각기 나름의 유형론 속에서 <장풍운전>을 해석했기 때문에, 유형의 공통점을 중심으로 서술하는 과정에서 <장풍운전> 속 처첩 갈등과 같이 다소 예외적인 부면을 중시하지 않았을 가능성이 높다. 그렇지만 <장풍운전>을 각기 나름의 유형론 속에 배치할 때에는 이미 <장풍운전>에서 처첩 갈등이 중요하지 않다는 판단을 내렸다는 것을 의미하므로, 두 연구에서는 처첩의 문제가 중시되지 않았다는 것을 간접적으로 알 수 있는 것이다. 그리고 더욱 중요한 사실은 이러한 두 연구가 '완판본'을 대상으로 했다는 점이다. 박일용, 앞의 논문, 1983 ; 서대석, 앞의 책.

10) 서인석은 완판36장본을 대상으로 하였지만, '결말구조의 분석에서는 경판27장본을 대상으로 하겠다'고 밝히고 있다. 즉, 가문과 처첩의 문제에 대해서는 경판본을

했기 때문에 그와 같은 결론을 도출하게 된 것이지, 어느 한 쪽이 잘못된 분석을 했다고 볼 수 없다. 이를 통해 볼 때 어느 지역의 판본을 대상으로 연구를 진행했느냐에 따라서 작품의 해석이 달라졌을 가능성이 높은 것이다.

판본의 차이는 실제 작품의 미감의 차이로까지 이어진다. 완판본의 경우 경판본에 비해 처첩 갈등이 상대적으로 약화되는 반면, 남성영웅의 면모가 좀 더 부각된다. 경판본은 그와 반대로 처첩 갈등의 양상이 상대적으로 강화되는 반면, 남성영웅의 면모는 약화된다. 동일한 작품이지만 판본의 차이가 작품의 구조에까지 영향을 미쳤을 가능성이 높다는 것이다.

이는 작품의 서사구조 비교만으로는 해명할 수 없는 문제이다. 실제로 통상적으로 제시하는 〈장풍운전〉의 경개를 보면 완판본과 경판본의 내용에 큰 차이가 없다. 그러나 서사구조에서 큰 차이가 발견되지 않는다고 해서, 두 판본에 전혀 차이가 없는가? 만약 그렇다면 앞서 언급한 것처럼 대상으로 삼은 판본이 다름으로 인해 작품의 해석이 극명하게 갈리는 경우는 어떻게 해명할 수 있는가?

따라서 이에 대한 해명은 작품의 미세한 차이에 대한 꼼꼼한 비교를 통해 가능하다. 미세한 차이는 그것 자체만 놓고 보면 서사구조에 별다른 영향을 끼치는 것 같지 않지만, 실상 작품의 전개에 적지 않은 변화를 가져온다. 다시 말해서 미세한 차이 그 자체가 중요한 것이 아니라, 미세한 차이가 불러오는 작품 의미 맥락의 차이가 중요하다는 것이다.

기준으로 해석을 했다는 것이다. 서인석, 앞의 논문, 61쪽.

1) 주변 남성인물 忠節의 측면

장풍운의 아버지인 장희(장효)는 이부시랑을 지내다가 고향에 돌아온 인물인데 벼슬에서 물러나게 된 계기가 두 판본에서 다르게 표현되어 있다. 완판본은 '한 입조의 참소을 맛나 삭탈관직ᄒᆞ야 ᄂᆡ치시ᄆᆡ'[11] 라고 되어 있는 반면, 경판본은 '위인이 츙효 정직ᄒᆞ므로 쇼인의 무리로 더브러 상합지 못 ᄒᆞᄆᆡ 상표ᄉᆞ직ᄒᆞ고 고향의 도라가'[12]라고 되어 있다. 완판본이 간신의 참소로 인해 관직을 잃게 된 것이라면, 경판본은 장희가 조정의 소인 무리들과 함께 어울리지 못해서 임금께 표를 올려 스스로 사직을 한 것이다. 완판본이 타의에 의한 것이라면 경판본은 자의에 의한 것이다.[13]

이는 단순한 문구의 차이가 아니다. 완판본의 경우 장희가 간신들에 의해 정치적 축출을 당한 것은 신하들의 모함에 의한 것이지 황제의 미움에 의한 것이 아니라는 점에 주목할 필요가 있다. 왜냐하면 이는 황제가 여전히 장희를 총애할 가능성이 높으며, 장희가 여전히 현실정치에 나아가고자 하고, 나아가서 황제의 신임을 받고 忠을 실현하고자 하는 의지를 갖고 있다는 것을 의미하기 때문이다. 실제로 이듬해 가을에 가달이 大國之境에 침노하자 황제는 대신들과 회의를 거치지 않고 곧바로 장희를 지목하여 적을 방어하라고 명령한다. 여전히 장풍운의 부친 장희에 대한 신뢰와 믿음이 있었던 것이다.

그러나 경판본은 다르다. 경판본에서 장희가 귀향을 한 것은 소인의

---

11) <장풍운전> 완판36장본, 1a.

12) <장풍운전> 경판29장본, 1a.

13) 김병권이 완판본과 경판본에서 관직을 그만 두는 모습에 차이가 있음을 이미 언급한 바 있였다. 이 글에서는 그 입장을 대체로 수용하며, 몇몇 사례를 더 추가하였다. 김병권, 앞의 논문, 179-181쪽 참조.

무리들과 相合하기 싫었기 때문이다. 정치적 축출이 아닌 스스로의 선택이었으며 이에 따른 황제의 반응이 어떠했는지는 적어도 텍스트 안에서는 확인하기 어렵다. 그러나 확실한 것은 황제가 완판본에서만큼 장희를 총애하는 것은 아니며, 신하들 또한 장희를 특별히 싫어하지 않았다는 점이다. 이는 완판본과 마찬가지로 이듬해 가을에 가달이 변방을 침노했을 때의 황제 및 신하들의 반응과 유기적으로 연결된다. 황제가 직접 장희를 부르는 것이 아니라 마땅한 인물을 대신들과 의논하는 와중에 장희로 결정이 된 것이다.[14] 완판본에 비해 황제의 장희에 대한 애정이 덜해 보이고 신하들의 미움 또한 찾아보기 어렵다.

이러한 양상은 이운경에게서도 확인된다. 가달의 침입으로 부친이 전쟁에 출전하고 그 와중에 모친과도 생이별을 하면서 장풍운은 유리걸식하게 된다. 그런데 누추한 장풍운에게 총명한 면모가 있음을 알아보고 거두어 키워주며 결국은 장풍운을 영웅의 길로 이끈 인물이 이운경이다. 다시 말해 장풍운에게는 아버지와 같은 존재이다. 이운경 또한 통판 벼슬을 하다가 물러나서 농업에 힘쓰는 인물인데, 역시 벼슬에서 물러난 이유가 양 판본에서 다르게 나타난다.

완판본에서는 '원ᄂᆡ 그 노인의 셩명은 이운징니라 일직 통판 벼살ᄒᆞ다ᄀᆞ 소인의 ᄎᆞᆷ소을 맛ᄂᆞ 고향의 도라와 농업을 힘쓰니 가산이 요부ᄒᆞᆫ지라'[15]라고 설명하고 있고, 경판본에서는 '이 노인은 젼 통판 니운경이니, 년로ᄒᆞ므로 고향의 도라와 한민이 되여 셰월ᄅᆞᆯ 보ᄂᆡᆯ식'[16]라고

14) 명년 츄의 가달이 변방을 침노ᄒᆞ미 텬지 변보ᄅᆞᆯ 드르시고 ᄃᆡ경ᄒᆞᄉᆞ 문무를 다리시고 의논ᄒᆞ실ᄉᆡ, 좌승샹 조젼이 쥬왈, "젼 시랑 장희 지략이 이ᄉᆞ오니 ᄎᆞ인으로 변방을 진무케 ᄒᆞ쇼셔." 샹이 즉시 ᄉᆞ관으로 시랑을 부르시니, <장풍운전> 경판29장본, 2a.

15) <장풍운전> 완판36장본, 4b.

16) <장풍운전> 경판29장본, 4b.

설명하고 있다. 완판본은 참소로 인해 사직한 것으로 되어 있고, 경판본은 나이가 들어 사직한 것으로 되어 있다. 장희와 그 양상이 같다.

그렇다면 완판본에서는 왜 장희와 이운경을 참소에 의해 파직당한 인물로 그리는 것일까. 완판본이 정치적 문제에 많은 관심을 갖고 있다는 기존 논의도 있었거니와, 추후 서술될 내용을 통해서도 밝혀지겠지만, 완판본은 경판본보다 주인공의 영웅적 활약에 더 많은 비중을 두고 있다. 완판본에 나타난 장희와 이운경의 모습은 바로 남성영웅의 영웅적 면모를 보조적으로 뒷받침하기 위해 첨가된 것이라 할 수 있다.

장희는 장풍운의 아버지이고, 이운경은 장풍운의 조력자이자 장풍운과 결연을 맺는 이경패의 아버지이다. 즉 장풍운의 부친을 비롯하여 그와 결연을 맺는 이경패의 부친 모두를 정치적 소신과 지조를 갖고 있는 훌륭한 인물로 설정함으로써 그들의 품에서 자라난 장풍운과 이경패 또한 그에 버금가는 인물임을 간접적으로 증명하고 싶었던 것이다.[17] 아무런 이유 없이 벼슬자리를 물러난 부친보다는 정치적 소신을 굽히지 않다가 간신들에 의해 물러난 부친이라야, 그러한 인물의 아들이자 사위인 남성영웅의 면모가 훨씬 더 부각될 수 있기 때문이다. 물론 이에 비하면 경판본에서는 상대적으로 정치적 위기나 회복 의식이 약화되어 있다는 것을 알 수 있다.[18]

---

17) 가령 이운경의 경우 완판본과 경판본이 공히 장풍운을 애지중지하는 모습을 보여주지만, 그 중 완판본에서 사랑하는 모습이 더욱 부각된다. 완판본에서는 마치 자기 자식처럼 사랑한다는 표현이 나오지만, 경판본에서는 애중히 여긴다는 표현만 나온다. '통판이 풍운을 글을 권ᄒᆞ니 본ᄃᆡ 영민ᄒᆞ여 시셔빅가어을 무불통지ᄒᆞᄆᆡ 더옥 ᄉᆞ랑ᄒᆞ미 긔출갓치 ᄒᆞ되' <장풍운전> 완판36장본, 5a. '이후로 통판이 풍운을 가르치ᄆᆡ 문일지십 ᄒᆞ는 ᄌᆡ죄 닛는지라 공은 ᄋᆡ즁히 녀기ᄂᆞ' <장풍운전> 경판29장본, 5b.

18) 박일용은 이 지점에 대해서 '장희가 소인과 상합하지 못해 귀향했다는 사실'은 이러한 작품들이 특권 상실이라는 문제에 대해 크게 고민하지 않았다는 것을 의미한다고 언급하였다. 이는 본서 또한 동의하는 바이다. 다만 이는 경판본에만 해당되는

아울러 살펴볼 것은 장희와 이운경 모두 간신들의 참소에 의해 현실 정치에서 물러났다는 점이다. 다시 말해서 그들의 낙향이 황제 개인의 판단에 의한 미움 때문도 아니고 본인들의 의지 때문도 아니라는 사실에 주목할 필요가 있다는 것이다. 그들은 소신껏 정치적 발언을 할 수 있고 더욱이 황제가 필요로 하는 때라면 언제든 다시 현실 정치로 뛰어들 의향을 갖고 있다. 장희 같은 경우도 완판본에서는 변방 오랑캐의 공격으로 한시가 급한 상황에서 황제가 특별히 명을 내렸기 때문에 거역을 할 수 없어 만 리 적진으로 가야한다고 말하고 있다.[19] 실제로 황제가 장희를 특별히 여기는 마음으로 선발하기도 하였고, 장희 또한 그러한 황제의 부름에 의미를 부여하고 비장한 각오로 출전을 하게 된다. 반면 경판본에서는 아주 간단하게 이 상황을 서술한다.[20] 즉 경판본에 비해서 완판본은 황제와 국가에 대한 충성심이 더욱 강하게 드러나는 것을 알 수 있다.

더욱이 장희의 경우 귀향 후 농업에 힘써 家産이 풍부했다는 점에 주목할 필요가 있다. 이 이야기는 완판본과 경판본에 모두 등장한다. 하지만 가산이 풍부했다는 사실도 어떠한 위치에 놓이느냐에 따라 그 의미가 달라진다. 경판본에서는 장희가 본인이 원해서 낙향을 했고, 농업에 힘써 부유해졌으며, 황제의 부름 때문에 수동적으로 출전을 결

이야기이다. 완판본에서는 명확히 정치적 축출을 언급하고 있기 때문에, 오히려 반대로 특권 상실이라는 문제에 대해서 상당히 고민했다는 것을 알 수 있다. 박일용, 앞의 논문, 1983, 43쪽.

19) "이제 도적이 급ᄒᆞ미 황졔 특명ᄒᆞ시긔로 기역지 못ᄒᆞ야 말이 적진의 ᄀᆞᄉᆞ 싱을 단정치 못ᄒᆞ리니 부인은 아ᄌᆞ을 거두워 장씨 향화을 슨치 말게 ᄒᆞ소셔." <장풍운전> 완판36장본, 2b.

20) "ᄂᆡ 이졔 황명으로 나ᄋᆞ가ᄂᆞ니 부인은 ᄋᆞᄌᆞᄅᆞᆯ ᄃᆞ리고 보즁ᄒᆞ쇼셔." <장풍운전> 경판29장본, 2a.

정하게 된다. 다시 말해서 귀향해서 안락함을 누리는 만족스러운 삶을 살고 있는데 황제의 명령이 떨어진 것이다. 결국 황제의 명령이 반가울 수가 없다.

그러나 완판본은 다르다. 완판본에서 장희는 정치적 축출에 의해 어쩔 수 없이 낙향을 선택했고, 농업에 힘써 부유해졌다. 그리고 타의에 의해 어쩔 수 없이 현실 정치에서 물러났으므로 황제의 부름에 충심으로 화답하게 된다. 다시 말해서 현재의 안위와 안락은 중요한 것이 아니며, 그러한 것들을 팽개치고서라도 황제의 명령을 따르겠다는 의지가 보이는 것이다. 따라서 완판본의 장희에게는 황제의 명령이 반가울 수밖에 없다.

요컨대 매우 사소하고, 그래서 서사에서 전혀 중요할 것 같지 않은 '참소에 의한 삭탈관직'과 '소인과의 相合에 대한 싫증'이라는 낙향의 차이가, 인물의 형상을 다르게 바꿔놓을 수 있다는 사실이 확인되었다. 결국 완판본에서는 부친과 조력자의 충성심 강조를 통해 주인공인 남성영웅을 뒷받침 하는 주변인물조차 주인공과 지향을 함께 하는 모습으로 그려졌다는 것을 알 수 있다. 그리고 중요한 것은 이러한 특성이 완판본에서만 두드러지게 나타나고 경판본에서는 미미하다는 점이다.

2) 남성영웅 서사의 측면

(1) 유년 시절의 비범함

주인공의 영웅적 면모 또한 경판본보다 완판본에서 더욱 강조된다. 영웅소설에서 주인공의 영웅적 면모는 유년 시절부터 부각되기 마련이다. 그래야만 영웅적 면모가 작품 서사 전반에서 타당성을 얻게 됨은 물론 유기적이며 일관되어 보일 수 있기 때문이다. 그렇다면 거의 비슷한 서사구조를 취하고 있는 두 판본에서 장풍운의 유년 시절은 어떻게 차이가 드러나는지 살펴보겠다.

우선 주인공 장풍운을 잉태하는 장면에서부터 미세하지만 중요한 차이가 발견된다. 완판본에서 장풍운의 부모는 고향에 돌아와 농업에 힘써 가산이 풍요해졌지만 나이 사십이 될 때까지 자식이 없어 슬퍼한다. 이에 장희와 부인 양씨는 함께 매일같이 祝天하며 항상 좋은 일만 생기기를 바라더니 이내 장풍운을 잉태하게 된다.[21] 반면 경판본에서 장풍운의 부모는 자식이 없음을 슬퍼하기는 하지만 특별한 노력을 기울이지는 않는데, 그러던 와중에 우연히 꿈을 꾸고 아이를 잉태하게 된다.[22]

아이를 갖기 위해 노력을 하고 정성을 기울이는 과정이 텍스트 상에 표현되었는지의 여부는 이후의 서사에도 적지 않은 영향을 끼친다. 앞서 완판본에서 아버지인 장희의 忠節을 확인한 바도 있거니와, 더욱이 부모가 함께 祈子致誠을 정성껏 드렸다는 점은 이로 인해 태어날 장풍운에게 아버지의 절의와 부모의 정성이 반영되었을 것이라는 추측을 가능케 한다. 경판본에는 이러한 모습이 확인되지 않는데, 같은 논리적 맥락에서 이는 경판본의 장풍운에게서 완판본만큼의 영웅적 면모를 확인하기가 쉽지 않을 것이라는 예상을 하게 한다.

실제로 이후의 유년 시절 서사에서 완판본의 장풍운은 경판본보다 영웅적인 면모가 강조되는 모습이다.

---

21) 고향의 도라와 농업을 힘쓰니 가산이 풍요ᄒᆞᄂᆞ 연장 사순의 일졈 혈육이 업셔 부인 양씨로 더부러 ᄆᆡ일 축천ᄒᆞ며 항상 조흔 일만 숭상ᄒᆞ더니, <장풍운전> 완판36장본, 1a.

22) 부인 양시로 더브러 농업을 힘쓰니 가산이 부요ᄒᆞ되 다만 무ᄌᆞᄒᆞᆷ을 슬허 ᄒᆞ더니 일일은 양시 일몽을 어드되, <장풍운전> 경판29장본, 1a.

[완판본(이하 [완])] : 졈졈 ᄌᆞ라 뉵셰예 이르ᄆᆡ 얼골리 관옥 갓고 힝동거지 장ᄌᆞ의 지ᄂᆡᄆᆡ 부모 ᄉᆞ랑ᄒᆞ미 비홀 ᄃᆡ 업더라. 팔셰의 이르ᄆᆡ 시셔을 통ᄒᆞ며 궁마지직을 일삼으니 시량이 그 웅장ᄒᆞ믈 써러 금ᄒᆞᆫᄃᆡ 풍운이 엿ᄌᆞ오ᄃᆡ, "글을 ᄒᆞ오면 국가을 도와 평안ᄒᆞᆫ 시졀의 ᄇᆡᆨ셩을 다사리옵고, 활과 칼은 난셰을 당ᄒᆞ와 젹국을 쇠멸ᄒᆞ고 졔졔 안민ᄒᆞ면 상장지직가 되오니 엇지 ᄒᆞᆫ갓 글만 일삼무릿ᄀᆞ."

시량이 쳥파의 부인을 도라보와 왈, "장ᄒᆞ다 이 마리여 족커 고인을 본바드리로다."[23]

[경판본(이하 [경])] : 풍운이 졈졈 ᄌᆞ라ᄆᆡ 웅위ᄒᆞᆫ 용모와 헌앙ᄒᆞᆫ 긔샹이 놀노 ᄉᆡᆼ혀ᄂᆞ고 칠셰의 시셔롤 능통ᄒᆞ고 궁마지직롤 조화ᄒᆞ거놀 시랑이 이 너무 슉셩ᄒᆞ믈 념녀ᄒᆞ더니[24]

장풍운이 6-7세에 詩書와 弓馬之才에 두루 능통한 모습을 보여주는 장면이다. 완판본과 경판본 공히 장풍운의 뛰어난 능력을 칭송하고 있지만, 두 판본의 이러한 교집합을 제하고도 완판본에서는 詩書와 弓馬之才를 함께 갖추려는 이유가 장풍운의 입을 통해 직접 발화된다. 이 발화는 통상적으로 영웅소설에서 주인공이 兵書를 읽거나 弓馬之才를 좋아할 때 부친 혹은 조력자가 '지금과 같은 태평성대에 왜 하필 병서를 읽고 무예에 힘쓰느냐.'고 나무라는 장면과 유사하다. 이때 주인공은 대개 역사적 典故를 들어가며 태평한 시대일수록 武에 힘써야만 차후의 큰 화를 당해낼 수 있다는 전망을 내비친다. 흔히 주인공의 비범한 면모를 엿볼 수 있는 소재로 활용되는 대목이다. 장풍운의 아버지 장희는 훌륭한 대답을 하는 아들에게 칭찬을 아끼지 않는다.

---

23) <장풍운전> 완판36장본, 1b.

24) <장풍운전> 경판29장본, 1a-1b.

그런데 詩書와 弓馬之才 병행의 이유에 대한 주인공의 발화가 경판본에서는 확인되지 않는다. 그리고 흥미로운 점은 경판본의 이 대목에서는 아버지인 장희가 장풍운이 지나치게 일찍 조숙해지는 것을 염려한다는 사실이다. 이 부분 또한 비교해보자.

> [완] : "장ᄒᆞ다 이 마리여 족커 고인을 본바드리로다."
> 마암의 힝여 단수할가 ᄒᆞ여 절강부 장진닌이란 ᄉᆞᄅᆞᆷ이 관상이 용타 ᄒᆞᆷ을 듯고 에단을 가초와 풍운을 다리고 절강으로 힝ᄒᆞ니라.[25]

> [경] : 칠셰의 시셔를 능통ᄒᆞ고 궁마지진를 조화ᄒᆞ거ᄂᆞᆯ 시랑이 이 너무 숙셩ᄒᆞᆷ을 념녀ᄒᆞ더니 절강 ᄯᅡ 장진인의 복슐이 유명ᄒᆞᆷ을 듯고 ᄋᆞᄌᆞ를 다리고 절강으로 가니라.[26]

완판본이나 경판본 모두 장풍운의 뛰어난 능력이 장풍운의 인생에 안 좋은 영향을 끼칠 것이란 염려 때문에, 장풍운의 부모가 절강성에 있는 용한 이에게 관상을 보러간다는 점은 동일하지만, 전후 맥락을 따져보면 두 판본의 이유가 다르다. 완판본에서 장희는 장풍운의 행동거지에 대해서는 장하고 기특하다고 여기지만 혹시라도 단명할까봐 걱정이 되어 절강으로 간다. 그러나 경판본에서 장희는 장풍운의 뛰어난 능력 자체가 걱정이 되어 절강으로 간다. 완판본의 장희가 아들이 뛰어난 능력을 갖추는 것을 기뻐하고 인정한다면, 경판본의 장희는 아들이 남들과 달리 이른 나이에 능력을 갖추는 것 자체가 걱정스럽고 두려운 일인 것이다. 이러한 차이는 다음의 예문을 통해서도 확인된다.

---

25) <장풍운전> 완판36장본, 1b.

26) <장풍운전> 경판29장본, 1b.

[완] : "무슴 연고로 누지의 용님ᄒᆞ신잇ᄀᆞ."

시량이 답왈, "쳔싱이 년장 ᄉᆞ십의 ᄌᆞ식이 업삽더니 쳔힝으로 한 기 ᄌᆞ식을 나아시되 □□ 단수ᄒᆞᆯᄀᆞ ᄒᆞ와 상공게 뵈와 길흉을 알고져 왓ᄂᆞ이다."[27]

[경] : 도ᄉᆡ 시랑을 마ᄌᆞ 녜필 후 풍운을 ᄌᆞ로 보며 문왈, "상공이 무슴 일로 누디의 오시뇨?"

시랑 왈, "학싱이 만득ᄒᆞᆫ ᄋᆞ들이 너무 숙셩ᄒᆞ기로 힝혀 단슈ᄒᆞᆯ가 념녀ᄒᆞ여 션싱긔 뭇고져 ᄒᆞᄂᆞ이다."[28]

절강성 도사를 만나러 가서 찾아온 이유를 언급하는 부분에서도 이러한 차이가 일관되게 확인된다. 완판본이 단순하게 자식의 단명을 걱정한다면, 경판본은 궁극적으로는 자식의 단명을 거정히면시 근본석으로는 자식의 早熟함을 걱정한다는 것을 알 수 있다. 다시 말해 완판본에서는 장풍운이 비범한 인물로 성장하는 것이 당연한 것이고 주변에서도 이를 인정하지만, 경판본에서는 장풍운이 아이답지 못하고 조숙하게 성장하는 것 자체를 문제로 삼고 있는 것이다.

짐짓 사소하고 별 의미가 없는 차이 같지만, 이러한 미세한 반응의 차이는 완판본과 경판본에서 장풍운의 인물됨을 각기 다르게 받아들이게 하는 데 중요한 역할을 한다. '단명할 것을 염려하는 것'과 '조숙함을 염려하는 것'은 맥락이 전혀 다르기 때문이다.

이어지는 절강성 도사와의 만남을 통해서도 이러한 차이가 드러난다. 장희가 장풍운을 데리고 도사에게 가는데 도사의 반응이 각기 다르다.

---

27) <장풍운전> 완판36장본, 2a.

28) <장풍운전> 경판29장본, 1b.

[완] : 이 젹의 도사 누각의 올나 칠셩을 바릭보다ᄀ, '긔이ᄒᆞᆫ 기운이 금능의 ᄯᅥ려지믹 피련 긔특ᄒᆞᆫ ᄉᆞ롬이 나도다,' ᄒᆞ엿더니, 일일은 동ᄌᆞ 고ᄒᆞ되, "금능 ᄯᅡ의 잇난 장 시랑이 문밧긔 와 예단을 드리난이다."
도시 의관을 경졔ᄒᆞ고 초당의 나와 좌정 후의 문왈,[29]

[경] : ᄎᆞ시 도ᄉᆡ 즁당의셔 쥬역을 강논ᄒᆞ더니 동지 드러와 밧긔 손 왓스믈 보ᄒᆞ거놀 도ᄉᆡ 시랑을 마ᄌᆞ 녜필 후 풍운을 ᄌᆞ로 보며 문왈,[30]

경판본에서는 중당에서 『주역』을 강론하던 도사가 손님이 왔음을 보고받지만, 완판본에서는 도사가 누각에 올라 하늘의 별을 바라보다가 기이한 기운이 금릉 땅에 떨어지는 것을 보면서 필연 뛰어난 인물이 날 것임을 예상했던 일화를 前述하고 나서, 금릉 땅 장희·장풍운 부자의 당도를 알리는 동자의 말을 듣게 된다. 완판본의 도사는 애초에 장풍운을 보고서 범상치 않은 존재임을 짐작하고 있었던 것이다. 물론 경판본에서도 금릉 땅의 기이한 기운에 대한 언급이 나온다. 그런데 경판본에서는 장풍운의 생년월일을 묻고 나서 이 말이 나온다.

[경] : 시랑 왈, "학ᄉᆡᆼ이 만득ᄒᆞᆫ ᄋᆞ들이 너무 슉셩ᄒᆞ기로 힝혀 단슈홀가 념녀ᄒᆞ여 션ᄉᆡᆼ긔 뭇고져 ᄒᆞᄂᆞ이다."
도ᄉᆡ 분향ᄒᆞ고 ᄉᆡᆼ일를 뭇거놀 시랑 왈, "무인 칠월 이십팔일 ᄉᆞ시로소이다."
도ᄉᆡ 경왈, "칠년 젼의 두우셩이 금능 ᄯᅡ히 빗최믹 긔이ᄒᆞᆫ 영웅이 나리라 ᄒᆞ엿더니 상공긔 나도다."[31]

---

29) <장풍운전> 완판36장본, 1b-2a.
30) <장풍운전> 경판29장본, 1b.
31) <장풍운전> 경판29장본, 1b.

인용문의 맥락을 통해 확인할 수 있듯이 경판본에서는 도사가 장풍운이라는 인물 자체로부터 기운을 감지한 것이 아니라 장풍운의 생년월일을 통해서 7년 전 기억을 떠올리게 된 것이다. 경판본의 도사는 장풍운에 대해 사전에 특별한 감정이나 기운을 감지하지 못했다고 할 수 있다. 이렇듯 '비상한 기운'이 어디에 배치되느냐에 따라 그 의미가 상당히 변한다.

이러한 차이는 그저 단순한 字句의 출입의 문제가 아니라 작품 속 주인공의 형상과 계속해서 긴밀한 관련을 맺게 된다. 조력자이면서 (이운경 死後이지만) 후에 丈人이 되는 이운경과의 만남의 장면에서도 완판본과 경판본에 차이가 나타난다.

> [완] : 각셜 풍운이 부모을 일코 경쳐 업시 다니더니 ᄒᆞᆫ 노인이 나귀을 지촉ᄒᆞ다가 풍운을 보고 하인다려 왈, "져 우는 아희 분명 난 중의 부모을 일은 시프니 다려오라." …(중략)…
> 노인 왈, "예셔 우지 말고 날과 ᄒᆞᆷ긔 ᄀᆞ미 엇더ᄒᆞ뇨?"
> 풍운 왈, "소ᄌᆞ 갓튼 잔명을 구ᄒᆞ려 ᄒᆞ시니 그 은덕이 틱산 갓ᄉᆞ오니 엇지 싀양ᄒᆞ릿ᄀᆞ."
> 노인이 말게 ᄐᆡ와 집으로 도라오니라.[32]

> [경] : ᄎᆞ셜 풍운이 거리로 ᄇᆡᄌᆞ니며 모친을 불너 갈 ᄇᆞᄅᆞᆯ 아지 못 ᄒᆞ여 길가의 업ᄃᆡ여 우더니 문득 ᄇᆡᆨ발노옹이 노ᄉᆡ롤 ᄐᆞ고 지ᄂᆞ다가 풍운의 우름 소ᄅᆡ롤 듯고 노ᄉᆡ의 나려 겻희 안져 니르되, …(중략)… "나와 ᄒᆞᆫ가지로 가려 ᄒᆞᄂᆞᆫ다?"
> 풍운이 ᄃᆡ왈, "ᄇᆡ 골푸고 갈 ᄃᆡ 업스니 그리 ᄒᆞ리이다."
> ᄒᆞ거ᄂᆞᆯ 노인이 종ᄌᆞ로 ᄒᆞ여곰 업히고 집으로 도라오니라.[33]

---

32) <장풍운전> 완판36장본, 4a-4b.

완판본의 장풍운은 '소자 같은 殘命을 구하려 하시니 그 은덕이 태산과 같아 사양할 수 없다.'고 말하며 따라가지만, 경판본의 장풍운은 함께 가자는 이운경의 제안에 '배가 고프고 갈 곳이 없으니' 따라가겠다고 한다. 전자가 진중하고 예의바른 모습이라면 후자는 상당히 즉흥적이고 감정적인 모습이다. 경판본 장풍운의 발언은 주인공의 영웅적 면모를 강조하는 데 별다른 도움을 주지 못한다. 반면 목숨을 연명하는 힘겨운 삶의 와중에서도 謙讓과 賀禮의 도를 잊지 않는 완판본 장풍운의 발언은 그가 단순히 유리걸식하는 존재가 아니라는 것을 보여준다.

요컨대 유년 시절 장풍운의 모습에서도 완판본과 경판본에서 차이가 나타난다. 완판본의 장풍운은 詩書와 弓馬之才에 두루 능통해야 하는 이유를 명확히 알고 있으며, 부모 또한 그러한 장풍운의 비범함을 칭송해마지 않는다. 도사가 금릉 땅의 기이한 기운을 통해 장풍운이라는 비범한 인물의 출현을 예상했던 것 또한 완판본에서 더욱 부각되어 있다. 조력자 이운경과 만나는 과정에서도 유랑자의 현실적·신체적 궁핍을 해결해준다는 데에 만족하는 경판본과 달리, 완판본에서는 비범한 인물의 자세를 잃지 않는다.[34] 지금까지 살펴본 두 판본 간

33) <장풍운전> 경판29장본, 4a-4b.

34) 조금 다른 궤의 이야기이지만, 이운경의 죽음을 진심으로 안타까워하는 모습도 완판본에만 보인다. 완판본의 장풍운은 이운경이 세상을 떠나자 진심으로 슬퍼하여 사람들의 칭송을 받고(즉시 상예를 갓초와 녹님원상의 안장ᄒᆞ니라 슬푸다 통관 긔셴 후의 풍운과 경ᄑᆡ 등이 ᄋᆡ통ᄒᆞ미 예의 지ᄂᆡ니 인인이 충찬ᄒᆞ더라. <장풍운전> 완판36장본, 6a), 이운경의 遺書대로 경운을 데리고 집을 나설 때에도 마찬가지로 녹림원에 있는 이운경의 산소에 하직을 하고 떠난다(통곡ᄒᆞ야 이별ᄒᆞ고 문 밧긔 나오니 유모 금은과 옷보을 드리거늘 바다가지고 경운을 다리고 녹님원 통판 산소의 하직ᄒᆞ고 써나 소흥연경ᄉᆞ을 ᄎᆞᄌᆞᄀᆞ더니, <장풍운전> 완판36장본, 7a). 이 장면 모두 경판본에는 없고 완판본에만 등장한다. 孝의 측면에서 봐도 완판본의 장풍운

의 차이는 표면적으로는 그리 크게 보이지 않는다. 그러나 이 차이는 미미하고 단편적인 차이가 아니라, 작품 전반에서 유기적인 맥락을 형성하며 영웅적 주인공의 형상을 구현하는 데 영향을 주는 구조적인 차이임을 알 수 있다.

(2) 지략과 군담의 구체성

영웅소설에서 주인공의 영웅성을 부각시킬 수 있는 부분은 단연 군담이다. 사전적 의미로서 군담은 전쟁담과 통용되는 용어이지만, 군담이 전쟁에서 영웅적 과업을 달성한 인물들의 활약상을 의미한다는 점에서, 전투나 전쟁 상황 그 자체를 의미한다고 볼 수 없다. 군담은 사건을 주도적으로 이끌어가는 주인공의 영웅적 활약을 극대화하고 영웅의 위상을 높이기 위한 가장 효과적인 수단이라는 점에서 전쟁담이기 이전에 영웅담인 것이다.[35] 따라서 영웅소설에서 군담이 확장된다는 사실은, 그것 자체로 주인공의 영웅성이 강화된다는 것을 의미한다.

은 훌륭한 면모를 지니고 있는 셈이다.

35) 김도환, 「고전소설 군담의 확장 방식 연구」, 고려대학교 박사학위논문, 2010, 17-18쪽 참조. 아래의 내용은 '군담'과 관련한 논자의 서술을 그대로 가져온 것이다. "군담은 전쟁 그 자체가 아니라 '전쟁을 통해 드러난 영웅', 혹은 '영웅이 벌이는 전쟁'에 대한 찬미와 그것을 공유함으로써 얻게 되는 감동이나 교훈이 중요한 의의가 된다. 군담에서 영웅은 전쟁이라는 폭력적 상황에 수동적이고 피동적으로 내던져진 개별적인 자아가 아니라, 적극적으로 대처하고 능동적으로 극복하는 공식적이고 보편적인 자아이다. 이 경우 전쟁 공간은 공포와 죽음이 난무하는 현실이 아니라 영웅이 해결해야 할 질서의 혼란, 즉 영웅적 과업이라는 목적에 의해 '걸러진' 공간이며, 적대자는 주체로서의 인간이 아니라 영웅이 무찔러야 할 객체로서의 타자화된 대상이다. 따라서 군담에서는 적들에 대해 분노하고 영웅에 대해 찬미함으로써, 전쟁의 공포를 굴절시키고 전쟁의 폭력을 왜곡시킨다. 그런 점에서 군담에서의 전쟁은 경험에 아무리 가까워져도 추체험을 넘어서지 않으며, 영웅성이 강화될수록 낭만화된다. 요컨대 전쟁의 초점이 세계의 폭력에서 그러한 폭력에 맞서는 영웅으로 옮겨갈 때 전쟁은 군담이 된다."

이 관점에서 볼 때 완판본은 경판본에 비해서 군담을 확장시키려는 경향이 강하고, 이를 통해 장풍운의 영웅적 면모를 부각시키려는 의도가 확인된다.

> [완] : 하직ᄒᆞ고 나와 졔장을 분발 발ᄒᆡᆼᄒᆞᆯ ᄉᆡ 상이 원슈의 손을 잡고 ᄀᆞ로ᄉᆞᄃᆡ, "각도 각관의 ᄐᆡ만ᄒᆞᆫ ᄌᆡ 잇거든 쳐참ᄒᆞ라." ᄒᆞ시니 졔쟝군졸이 아니 두려할 ᄌᆡ 업더라.
>
> 용봉긔치와 ᄇᆡᆨ모황월이 순금갑쥬와 인검을 쥬시니 원슈 쳔은을 축ᄉᆞᄒᆞ고 발ᄒᆡᆼᄒᆞᆯ ᄉᆡ ᄉᆞᆷ층 뉸기의 노ᄑᆡ 안ᄌᆞ 좌슈의 봉미션을 쥐고 우슈의 홀긔을 드러 졔장군졸을 호령ᄒᆞ며 ᄒᆡᆼ군ᄒᆞ니 그 위의거동이 셔리 갓더라.
>
> 여러 날만의 셔평판의 다다르니 슈관쟝이 마ᄌᆞ 드러ᄀᆞ 적진 셩셰을 알외니 원슈 즁군의 결셩ᄒᆞ야 적진을 탐지ᄒᆞᆫ 후의 ᄑᆡ문을 보ᄂᆡ고 ᄊᆞ호라 ᄒᆞ니 즁군쟝 임회영을 밧ᄌᆞ와 싸홈을 직촉ᄒᆞᆫ ᄃᆡ 이ᄯᆡ 번달이 ᄑᆡ문을 보고 명일노 ᄊᆞ호ᄌᆞ ᄒᆞ거날 원슈 졔쟝으로 불너 각각 분발ᄒᆞᆯ ᄉᆡ 좌우 션봉을 불너 왈, "너희난 일만 군삭 거ᄂᆞ려 좌우 산곡의 ᄆᆡ복ᄒᆞ여다ᄀᆞ 이리이리 ᄒᆞ라."
>
> ᄒᆞ고 위길 양회을 불너 일만 군삭 쥬며 왈, "젼면의 ᄆᆡ복ᄒᆞ여다ᄀᆞ 이리이리 ᄒᆞ라." ᄒᆞ고 나믄 졔장은 각각 군ᄉᆞ을 쥬며 왈, "너희난 영을 어긔지 말나." ᄒᆞ고 분발ᄒᆞ니 졔장이 청영ᄒᆞ고 각각 가니라.
>
> 잇틋날 싸홈을 청ᄒᆞ니 번달이 ᄃᆡ국 군ᄉᆞ 적으물 보고 일시에 다려드러 고함ᄒᆞ고 싸홀 ᄉᆡ 쌍여합의 불결승부ᄒᆞ다ᄀᆞ 셔봉쟝 한양이 거즛 ᄑᆡᄒᆞ야 다라나니 □□이 승셰ᄒᆞ여 ᄯᅩ로더니 셔달이 번달다려 왈, "적쟝이 거짓 ᄑᆡᄒᆞ야 다라나니 반다시 간계 잇시니 장군은 급피 군을 물이치라."
>
> 말이 맛지 못ᄒᆞ여 좌우 산곡으로 복병이 별이듯 ᄒᆞ여 함셩이 진동ᄒᆞ니 번달이 ᄭᅬ에 든 쥴 알고 츙돌ᄒᆞ되 버셔나지 못ᄒᆞ고 죽긔로 싸호더

니 원슈 장ᄃᆡ예셔 친이 긔을 쓰르며 북을 쳐 직촉ᄒᆞ니 번달이 견ᄃᆡ지 못ᄒᆞ여 다라ᄂᆞ니 군졸이 항오을 일코 사싱을 아지 못ᄒᆞ더라. 셔로 즛발버 죽ᄂᆞᆫ 지 부지긔슈라 잇ᄯᅢ 즁군장 위길이 번달의 질을 마그니 번달이 죽긔로 싸와 십여 합의 위길의 창이 번듯ᄒᆞ며 위길[36]의 머리 ᄯᆞ의 ᄂᆡ려지거날 위길이 창의 씌여들고 도라오니 원슈 그 머리을 숫긔ᄃᆡ예 달고 승젼고을 울이며 적군을 짓치니 다 황복ᄒᆞ거날 원슈 군ᄉᆞ을 긔 뒤예 쉬더니 잇ᄯᅢ 번왕이 항셔을 써 올이며 예단을 드리건ᄂᆞᆯ 원슈 번국의 드러ᄀᆞ ᄇᆡᆨ셩을 진무ᄒᆞ고 셔쳔 ᄉᆞᆷ십육도 군장을 항복바다 군ᄉᆞ을 호궤ᄒᆞ고 ᄒᆡᆼ군ᄒᆞ야 도라오니 양국 ᄉᆞ신과 ᄉᆞᆷᄊᆞᆫ 뉵도 군쟝 예단을 갓초와 진공ᄒᆞ니라.[37]

[경] : 한님이 ᄉᆞ은ᄒᆞ고 즉일 교장의 나아가 군ᄉᆞᄅᆞᆯ 년습ᄒᆞᆫ 후 익일의 하직ᄒᆞ고 ᄒᆡᆼ군ᄒᆞ니라. 원쉬 ᄒᆡᆼ군ᄒᆞ여 여러 ᄂᆞᆯ만의 적병을 맛나 ᄃᆡ진ᄒᆞᆯ시 적신 분긔 열니ᄂᆞᆫ 곳의 ᄒᆞᆫ ᄃᆡ장이 당션ᄒᆞ여 ᄊᆞ홈을 도도거ᄂᆞᆯ, 원쉬 션봉장 양의ᄅᆞᆯ 명ᄒᆞ여 계교ᄅᆞᆯ 가르쳐 ᄂᆡ여 보ᄂᆡ니, 양의 정창츌마 ᄒᆞ여 교봉 이십여 합의 양의 거즛 ᄑᆡᄒᆞ여 다라나니 번달이 승셰ᄒᆞ여 급히 ᄯᆞ로거ᄂᆞᆯ, 원쉬 장ᄃᆡ의 올ᄂᆞ 오방 긔치ᄅᆞᆯ 두루니 전후 좌우 ᄃᆡ진이 일시의 응포ᄒᆞ고 크게 엄살ᄒᆞ니 번달이 그 계교의 ᄲᆡ진 쥴 알고 급히 군ᄉᆞᄅᆞᆯ 물니더니 원쉬 ᄯᅩ 북을 울니고 긔ᄅᆞᆯ 둘너 적병을 즛치니, 번달이 ᄃᆡᄑᆡᄒᆞ여 밋쳐 손을 놀니지 못 ᄒᆞ여 양의의 칼이 번듯ᄒᆞ며 번달의 머리 ᄯᅥ러지니, 번왕이 번달의 죽으믈 보고 감히 ᄊᆞ홀 마음이 업셔 손을 묵거 항복ᄒᆞ니, 원쉬 번국의 드러가 ᄇᆡᆨ셩을 안무ᄒᆞ고 삼십뉵도 군장을 ᄉᆞᆯ니고 슈죄ᄒᆞ니, 위엄이 삼국의 진동ᄒᆞ더라.[38]

36) '위길'로 나와 있지만 문맥 상 '번달'로 고쳐야 한다.

37) <장풍운전> 완판36장본, 15a-16a.

38) <장풍운전> 경판29장본, 14a-14b.

다소 길지만 위 내용을 인용한 것은 두 인용문이 〈장풍운전〉 완판본과 경판본에 등장하는 유일한 군담이기 때문이다. 장풍운은 서번과 서달이 침략해오자 황제의 명을 받고 대원수로 출전하여 계교를 써서 물리친다. 작품의 전체 분량이 짧기도 하지만, 두 인용문의 분량을 통해 짐작해볼 때 완판본과 경판본 공히 작품에서 군담이 차지하는 비중이 길지 않다는 것을 알 수 있다. 특히 경판본의 경우 하나의 일화 수준에서 이야기가 끝나버린다. 경판본은 선봉장 양의가 나아가 거짓으로 패한 척하고 본진으로 돌아오면서 적을 유인하고, 이 유인한 적을 포위하여 번달의 목을 베는 것이 군담의 전부라 해도 과언이 아니다. 흔히 예상하는 영웅소설 속 군담의 비중이나 무게감과는 거리가 멀다. 앞서 경판본을 대상으로 〈장풍운전〉을 연구한 논의들이 이 작품을 가문 단위의 혼사장애 극복 과정을 형상화한 작품으로 보거나, 가문소설적 요소가 많아서 영웅소설 장르 관습 형성 이전의 작품으로 본 것이 충분히 납득이 간다.[39)]

그러나 완판본은 나름대로 군담의 구도를 갖추고 있다. 완판본의 장풍운은 경판본에 비해 비교적 구체적인 계교를 제시한다. 좌우 선봉에게 좌우 산골짜기에 매복할 것을 지시하고, 위길·양회에게 전면에 매복할 것을 명하며, 나머지 장수들에게는 각각의 명을 하달한다. 장수들에게 명령을 하는 장면은 비록 그 디테일은 다르지만 계교 제시의 양상이 〈三國志演義〉의 新野城 전투 장면을 연상시킨다. 이른바 지략전이라 할 수 있는데 경판본에서 디테일한 군담의 양상을 확인할 수 없는 것에 비하면 완판본의 지략전은 상당히 자세하다고 할 수 있다. 이는 당연하게도 군담을 강화하는 것이고, 궁극적으로는 완판본의 장

39) 서인석, 앞의 논문 ; 류준경, 앞의 논문.

풍운을 보다 훌륭한 영웅의 반열에 올리기 위한 것으로 볼 수 있다.[40)]

이른바 무력전도 마찬가지로 완판본에서 훨씬 자세하고 구체적인 모습을 보인다. 장풍운 군대의 선봉장 한양이 승부를 내지 못하고 거짓 패하여 달아나자 번달이 이를 추격하다가 함정에 빠지는 모습이나, 함정에 빠져 병졸들이 서로를 짓밟는 참혹한 광경, 중군장 위길이 번달의 머리를 베는 장면, 나머지 군사들이 항복을 하고 번왕 또한 항서를 올리는 장면 등이 경판본에 비해 상당히 구체적으로 서술되어 있는 것이다. 여타 영웅소설에 비하면 짤막하고 서투른 감이 없지 않지만, 〈장풍운전〉 경판본을 놓고 보면 상대적으로 〈장풍운전〉 완판본에서는 군담을 안착시키고자 하는 의지가 잘 드러난다. 이는 결국 주인공의 영웅적 활약상을 강조하기 위한 것으로 해석할 수 있는 것이다.

(3) 황제의 待遇

한편 황제의 대우도 완판본과 경판본에서 차이를 보인다. 물론 두 판본 모두에서 장풍운은 서번·서달·서천의 침입으로 인해 근심이 가득한 황제를 안심시킬 수 있는 유일한 신하로 등장한다. 이런 면에서 완판본이나 경판본 모두에서 장풍운이 황제로부터 신임을 얻는다는 사실에는 변함이 없다. 다만 그 양상이 완판본에서 더욱 강화되어 나타난다는 점에 주목할 필요가 있다.

---

40) 군담에서 영웅 형상은 기본적으로 영웅의 전쟁 수행 능력과 연관된다. 따라서 군담에서 영웅 형상이 강화된다는 것은 곧 전쟁에서의 활약상이 상세하고 구체적으로 그려진다는 것을 의미한다. 이러한 활약상은 결국 계략을 세우고 대규모의 병력을 운용하는 智將과, 장수 개인의 비범한 무력을 극대화한 武將의 형상을 띠는데, 이들의 능력은 결국 지략전과 무력전을 통해 드러나게 된다. 김도환, 앞의 논문, 24쪽. 이 글에서 사용한 '지략전'과 '무력전'이라는 표현은 김도환의 표현을 가져온 것이다.

[완] : 잇씨 셔번셔달이며 셔천 숨십육도 군쟝이 반ᄒᆞ여 ᄃᆡ국을 침밈ᄒᆞ미 셔관쟝이 급피 쟝계ᄒᆞ여 기□ 상이 ᄃᆡ경 왈, "이는 국가의 큰 근심이라."

만조을 모와 의논ᄒᆞ니 졔신이 쥬왈, "할님학ᄉᆞ 당풍운 지략을 검ᄒᆞ야 족키 당ᄒᆞ올거시니 명초ᄒᆞ옵소셔."

상이 크게 깃거 풍운을 명초ᄒᆞ시니 직시 드러와 복지ᄒᆞ거날 상이 젼교ᄒᆞᄉᆞ, "셔번이 반ᄒᆞ여 셔천숨십육도군쟝과 동심ᄒᆞᄃᆞ ᄒᆞ니 국가ᄃᆡ환이라 만일 경 곳 아니면 번달을 쳐 물이치긔 어려온지라, ᄃᆡ공을 일위고 도라오면 천하을 반분ᄒᆞ리라."

풍운이 복지쥬왈, "소신이 하방 천인으로 벼사리 옥당의 잇ᄉᆞ오니 국은 망극ᄒᆞ온지라. 비록 지됴 업ᄉᆞ오나 ᄒᆞᆫ 번 북 쳐 파ᄒᆞ옵고 도라와 셩은을 만분지일이나 갑ᄉᆞ올이다."[41]

[경] : ᄎᆞ시 셔번장이 장계를 올녓거늘 뎐지 보시니 셔번과 셔달이 합셰ᄒᆞ여 셔천 삼십뉵도 군장을 쳐 항복 밧고 젹셰 창궐ᄒᆞ다 ᄒᆞ엿거늘 상이 ᄃᆡ경ᄒᆞᄉᆞ 문무를 모화 의논ᄒᆞ실 식 승샹 니진이 쥬왈, "한님 장풍운은 텬하 영웅이오니 ᄃᆡ원슈를 삼아 도젹을 방비ᄒᆞ쇼셔."

상이 즉시 풍운을 명초ᄒᆞᄉᆞ 왈, "이졔 젹셰 여ᄎᆞᄒᆞ니 경의 지략을 아는 고로 ᄒᆞᆫ 번 슈고를 시기고져 ᄒᆞᄆᆡ 경은 츙의를 다ᄒᆞ라."

풍운이 고두 왈, "신지 되여 이런 ᄯᅢ를 당ᄒᆞ와 엇지 몸을 도라보리잇고. 비록 지죄 업ᄉᆞ오ᄂᆞ ᄒᆞᆫ 번 북 쳐 오랑키를 쇼멸ᄒᆞ오리니 원 폐하는 근심 마옵쇼셔."[42]

위 두 인용문은 변방의 오랑캐가 침략하자 당황한 황제가 오랑캐를 막을 신하로 장풍운을 뽑고 나서 기뻐하는 내용이다. 그런데 이 장면에

41) <장풍운전> 완판36장본, 15a.

42) <장풍운전> 경판29장본, 13b-14a.

서도 앞선 두 판본의 차이와 일관된 맥락에서 변별점이 보인다. 먼저 조정에서 장풍운을 장수로 택하는 과정에서 보이는 차이를 들 수 있다. 완판본에서 장풍운은 만조 제신들의 의견 일치로 추천을 받게 된다. 그러나 경판본에서는 문무를 모아 의논을 한다고만 되어 있고, 추천 또한 승상 이진에 의해서만 이루어진다. 완판본의 장풍운은 조정 대신들의 전폭적인 지지를 받는다는 점에서, 경판본의 장풍운에 비해 그 능력을 믿고 신뢰할 수 있는 존재로 형상화되었다는 것을 알 수 있다.

장풍운에 대한 조정의 믿음과 신뢰가 투철하다는 사실은 연이어 등장하는 황제의 제안을 통해서도 확인할 수 있다. 먼저 경판본을 보면 전장에 나아가는 장풍운에게 황제는 그저 한 번 수고를 해달라는 부탁을 할 뿐이다. 그 이상의 대가를 제공하거나 부탁을 들어주겠다는 말이 없다. 반면 완판본에서는 만약 장풍운이 적들을 물리치고 돌아오면 천하를 반분하겠다는 공언을 한다.

이 당시 장풍운은 한림학사에 불과했다. 높은 벼슬에 있으며 오랜 기간 동안 신뢰가 깊어진 신하가 아니라, 이제 막 벼슬길에 오른 젊은 신하에 불과하다. 그런 장풍운에게 선뜻 천하를 반분하겠다는 제안을 할 수 있다는 것은 – 상황의 급박한 때문이기도 하겠지만 – 그것보다 황제가 장풍운을 깊이 신뢰하고 있다는 것을 의미한다. 더 정확히 말하면 완판본이 장풍운이라는 인물의 존재감을 더욱 극대화시키기 위해 경판본과는 다르게 천하를 반분한다는 더욱 강하고 자극적인 제안을 제시한 것이라고 할 수 있다. 이 부분에서도 완판본이 일관되게 장풍운의 영웅적 역량을 강화시키려는 의지를 갖고 있음을 포착할 수 있는 것이다.

위 사례를 통해 〈장풍운전〉의 완판본과 경판본에서는 황제의 장풍운에 대한 기대의 차이가 상당히 크다는 것이 확인된다. 실제로 완판

본의 황제는 장풍운이 승리를 하고 돌아오자,

> [완] : “경이 말이 즁지예 ᄀᆞ더 공을 일위고 오난 길의 부모쳐ᄌᆞ을 맛ᄂᆞ 영화 도라오니 깁이 엇지 길겁지 아니ᄒᆞ리요. 쳐음의 공을 일위고 도라오면 쳔하을 반분ᄒᆞ리라 ᄒᆞ여시니 엇지 ᄯᅳ을 앗긔리요.”[43]

라고 하며 처음 약속했던 천하 半分의 약속을 지키려고 한다. 앞선 제안이 허튼 소리가 아니며, 완판본에서 장풍운의 영웅으로서의 위상이 어떠한 위치이고 장풍운이 얼마만큼의 대우를 받는지 알게 해주는 대목이라고 하겠다.[44]

물론 장풍운은 이 제안을 固辭하는 대신 좌승상에 오른다. 한동안 이별했다 재회한 장풍운의 부친에게도 벼슬이 내려진다. 반면 경판본의 경우엔 앞서 천하를 반분하겠다는 제안조차 하지 않았기 때문에 승리를 치하하는 데에서 그치고 바로 좌승상의 벼슬을 내린다. 결론적으로는 장풍운이 좌승상에 오른다는 점에서 두 판본 간에 큰 차이가 없는 듯하지만, 그 과정을 고려하면 완판본과 경판본의 장풍운에 대한 황제의 대우에는 비교 불가능한 큰 차이가 존재하는 것이다.

한편 황제의 극진한 대우는 황제가 하사하는 깃발과 도끼의 상징성을 통해서도 파악이 되는데, 이 또한 완판본과 경판본에서 큰 차이가

43) <장풍운전> 완판36장본, 24b.

44) 앞서 언급한 것처럼 장풍운에게 후한 대우를 해주는 장면에 대해서는 김병권이 언급한 적이 있다. 논자는 장풍운이 서번과 서달의 침노를 진압하고 황성으로 회군하는 장면에서, ‘경판29장본에서는 장풍운이 회군하고 천자가 성외에 나가서 맞이하는 사실만을 간략하게 서술하고 있다. 그러나 완판36장본에서는 승전 후 회군하는 장풍운을 맞이하는 천자의 행위, 장풍운의 모습과 행위를 구체적으로 서술하고 있다’고 하였다. 이 글에서는 이를 보다 구체화하였다. 김병권, 앞의 논문, 179-181쪽 참조.

나타난다. 완판본에서는 황제가 장풍운에게 '룡봉긔치(龍鳳旗幟)'와 '빅모황월(白旄黃鉞)'을 하사하는 반면, 경판본에서는 황제가 장풍운에게 '샹장군졀월(上將軍節鉞)'과 '대원수인수(大元帥印綬)'를 하사한다.

주지하듯 완판본의 '룡봉긔치'와 '빅모황월'은 전자가 용과 봉황의 그림을 새겨 넣은 깃발을 의미하고 후자가 흰 깃발과 누런 斧鉞을 의미하는 것이다. 그런데 중요한 사실은 이들 모두가 황제가 직접 사용하는 것으로 황제의 권위를 상징하는 물건이라는 점이다. 용봉기치는 왕이 행차할 때 갖고 나가는 것이고, 백모황월의 黃鉞은 〈三國志演義〉에서 조조가 위공에 제수될 때 말하듯 '사람을 마음대로 죽여도 죄가 되지 않는 특권적 斧鉞'을 의미하는 황제의 무기이다. 결과적으로 황제가 장풍운에게 그에 버금가는 권한을 준 것으로 볼 수 있다. 완판본에서 황제가 장풍운에 대해 갖고 있는 생각을 가히 짐작할 수 있다.

반면 경판본에서는 황제가 장풍운에게 '샹장군졀월'과 '대원수인수'를 하사한다. 節鉞은 군령을 어긴 자에 대한 생사여탈권을 상징하는 무기이기는 하지만, 그것 자체가 임금이 신하에게 주는 관례적 무기이고, 印綬는 兵權을 가진 장수가 차던 끈의 일종이다. 결과적으로 경판본에서 황제가 장풍운에게 준 것들은 일반적인 장수들에게 주는 무기 이상의 의미를 갖지 못하는 것이다. 이렇듯 황제가 하사하는 물건을 통해서도 완판본에서 장풍운이 어떠한 대우를 받고 있는지 알 수 있다. 두 판본에서 장풍운은 공히 중원의 승리를 책임지는 인물이지만, 장풍운에 대한 황제의 호의를 살펴보면 그 가운데에도 미세한 차이가 발견된다는 것을 확인할 수 있고, 그것이 결국 勝戰 후의 장풍운에 대한 대우에도 차이를 가져옴을 알 수 있다. 황제의 待遇를 통해서도 완판본은 장풍운의 영웅성을 보다 강화시키고자 했으며 반대로 경판본에는 그러한 의지가 잘 확인되지 않는다는 사실을 알 수 있다.

3) 결연 및 가문 서사의 측면

주인공의 영웅성에 대한 강조는 다른 한편으로 그 이외의 것들에 대한 관심의 약화로 이어진다. 영웅소설에서 국난 극복의 활약만큼이나 중요한 것이 결연을 통한 가문의 형성인데, 완판본 〈장풍운전〉의 장풍운은 이에 대해 경판본에 비해 상대적으로 관심이 약화되는 모습을 보이기 때문이다. 김병권이 완판본에서 처첩 수의 오류를 지적했는데, 이 또한 – 합리성과 같은 구조적 차원의 문제라기보다는 – 필사자가 결연이나 가문의 형성과 같은 문제보다 영웅적 행적에 관심이 많아서, 처첩 수를 정확히 계산해야 한다는 사실을 간과함으로써 발생한 오류로 보아야 할 것이다.

반면 경판본에서는 오히려 결연을 통한 가문의 형성이 보다 흥미롭게 전개된다. 경판본은 '가부장적 질서를 계승해나가는 공간으로서의 가문'보다는 '등장인물들이 가족 구성원으로 속해 있는 공동체로서의 가문' 즉, 흔히 일반적으로 말하는 '가정'에 주목한다. 이에 따라 주변 남성인물의 忠節에 대한 형상화나 남성영웅 서사의 측면에서는 소극적이던 경판본이 결연 및 가문 서사에 대해서는 적극적인 모습을 보인다. 완판본과 경판본의 상반된 면모를 직접 확인해보자.

> [완] : 시랑이 교셔을 보고 부인 손을 잡고 왈, "이졔 도젹이 급ᄒᆞ미 황졔 특명ᄒᆞ시긔로 기역지 못ᄒᆞ야 말이 젹진의 ᄀᆞ ᄉᆞ싱을 단졍치 못ᄒᆞ리니 부인은 아ᄌᆞ을 거두워 장씨 향화을 끈치 말게 ᄒᆞ소셔." ᄒᆞ고,45)

> [경] : 시랑이 조셔ᄅᆞᆯ 밧잡고 부인으로 더브러 니별ᄒᆞᆯ ᄉᆡ 풍운을 어로만지며 왈, "내 이졔 황명으로 나ᄋᆞ가ᄂᆞ니 부인은 ᄋᆞᄌᆞ를 다리고 보즁

45) <장풍운전> 완판36장본, 2a-2b.

ᄒᆞ쇼셔." ᄒᆞ고,[46)]

장풍운의 아버지가 황실의 명을 받아 전장에 나아가기 전에 부인과 아들에게 하는 말이다. 완판본의 초점이 '장씨의 香火' 즉 제사에 있는 반면 경판본은 'ᄋᆞᄌᆞ'와 '부인'에게 있다는 것을 알 수 있다. 다시 말해 완판본은 '가부장적 질서를 계승해나가는 공간으로서의 가문'에 관심을 표하는 것이고, 경판본은 '가족 구성원들이 속해 있는 공동체로서의 가문'에 대해 관심을 표하는 것이다.

이때 완판본의 가문은 가족 구성원들이 살아가고 있는 공간으로서의 가정이 아니다. 同姓의 집단이 공유하는 사회적 성격의 가문의 면모를 의미한다. 이러한 점에서 완판본 속 부친의 당부는 부인과 아들의 안위를 기원하는 것이 아니라, 사회적 공간으로서의 가문이 영속되어야 한다는 자신의 의지를 표출한 것이다. 본서에서 경판본의 특징을 언급할 때 사용하는 '가문'의 개념과는 차이가 있다.

다음 예문도 결연과 가정에 대한 완판본과 경판본의 차이를 대비적으로 보여준다.

> [완] : 잇ᄯᅢ 황제 승젼ᄒᆞ고 도라오신 후 장효을 특명ᄒᆞ사 부남틱수을 졔수ᄒᆞ시니 시랑이 쳔은을 축ᄉᆞᄒᆞ고 발힝ᄒᆞ여 금능의 이르니 집이 효화ᄒᆞ고 터만 나마거날 부인과 픙운을 싱각ᄒᆞ여 슬피 통곡ᄒᆞ다ᄀᆞ 인ᄉᆞ을 비리니 하인이 구ᄒᆞ어 게우 인ᄉᆞ을 ᄎᆞ려 싱각ᄒᆞ되, '일경 도젹으게 죽도다.' 졀졀 기탄ᄒᆞ더니 황명이 급ᄒᆞ그로 기를 ᄡᅥᄂᆞ 부남을 득달ᄒᆞᄂᆞ 닉힝과 젹동이 그이업시니 슬푸미 충양 업스나 ᄆᆞ음을 강인ᄒᆞ여 나지면 국ᄉᆞ을 힘쓰고 밤니면 쳐ᄌᆞ을 싱각ᄒᆞ여 눈믈노 셰월을 보너더니,

46) <장풍운전> 경판29장본, 2a.

여러 히 지닉믹 홀노 잇지 못ᄒᆞ여 직취을 구ᄒᆞ더니 진회라 ᄒᆞᄂᆞᆫ ᄉᆞ롬이 중셔령 벼살ᄒᆞ다ᄀᆞ 퇴ᄉᆞ환향ᄒᆞᆫ지라. 규슈 잇단 말을 듯고 구혼ᄒᆞᆫᄃᆡ 허락ᄒᆞ거날 즉시 뉵예로 마즈니 여공 지질과 쳐ᄉᆞ 실노 본바드리 업스되 시랑은 부인과 픙운을 싱각ᄒᆞ야 희락이 업더라.[47]

[경] : 션시의 텬지 승쳔ᄒᆞ시고 특교로 시랑을 부남 ᄐᆡ슈를 ᄒᆞ여시니 부남은 남방 ᄃᆡ뢰라 즉일 발힝ᄒᆞ여 가는 길의 금능의 니르니 집이 블타 터만 남고 인젹이 업거ᄂᆞᆯ ᄐᆡ쉬 황황망조ᄒᆞ여 부인과 풍운을 부르며 통곡ᄒᆞ다가 싱각ᄒᆞ되, '필연 도젹의게 죽도다.' ᄒᆞ고 마음을 강잉ᄒᆞ여 부남으로 가 도임ᄒᆞ니 ᄂᆡ힝이 업고 ᄯᅩᄒᆞᆫ 아ᄌᆞᆼ의 쳑동이 업는지라. 슬푼 심회를 진정치 못ᄒᆞᄂᆞ 홀일업셔 직취를 구홀ᄉᆡ 젼 즁셔령 진위의 녀ᄋᆞ를 취ᄒᆞ니 용모지질이 비상ᄒᆞ더라.[48]

두 인용문은 부인과 아들의 소재를 파악하지 못한 부친이 任地에 가서 새 부인을 얻는 장면이다. 얼핏 보면 두 내용은 큰 차이가 없어 보인다. 하지만 몇몇 문장의 차이로 인해 그 의미가 상당히 달라졌다. 경판본의 경우에는 문맥 상 부친 장희가 고향인 금릉 땅에 이르러 'ᄂᆡ힝'과 '아ᄌᆞᆼ의 쳑동' 즉 부인과 장풍운이 모두 죽었을 것이라는 확신이 서고 나서, 임지인 부남 땅에 이르러 곧바로 새 부인을 맞아들이는 것으로 나온다.

그러나 완판본의 경우에는 우선 'ᄂᆡ힝'과 '쳑동'이 없다는 사실에 깊은 슬픔에 잠긴다. 그리고 이 슬픔을 이기기 위해 낮에는 국사에 힘쓰지만, 밤에는 여전히 부인과 자식 생각에 눈물로 세월을 보낸다. 경판본에서 고민 없이 새 부인을 들이는 모습과는 사뭇 다르다. 결국 완판

47) <장풍운전> 완판36장본, 3b-4a.

48) <장풍운전> 경판29장본, 4a.

본의 장희는 여러 해가 지나서야 홀로 있기가 어려워 재취를 구하는데 혼인 후에도 부인과 풍운 생각에 우울한 나날을 보낸다. 장희의 초점이 고향에 있는 부인과 풍운에게만 맞춰지면서 새로운 결연 서사의 가능성이 차단되는 것이다.

이러한 모습은 완판본의 주인공인 장풍운에게서도 발견된다. 경판본에서는 장풍운이 과거에 급제하자 그에게 황제의 아우 명현왕의 딸을 결혼시키는 장면이 보이지만, 완판본에는 그런 장면이 아예 등장하지 않는다.

또한 경판본을 보면 장풍운이 광대들과 생활하다가 이운경의 눈에 들어와 광대들과 이별할 때, 장풍운에게 노자를 건네준 한쪽 눈이 먼 광대가 등장하는데, 작품에서는 그 인물이 결국 역적 장한성이었다는 사실을 알려준다. 그러나 완판본에서는 그러한 내용이 전혀 등장하지 않고, 장풍운에게 노자를 건네준 한쪽 눈이 먼 광대와 역적 장한성의 연관성이 전혀 나오지 않는다. 이는 정리해서 비교해볼 필요가 있다.[49)]

장풍운과 윤옥 결연 과정 비교

	경판본	완판본
1	한쪽 눈이 먼 광대가 장풍운에게 노자를 주다.	한쪽 눈이 먼 광대가 장풍운에게 노자를 주다.
2	천자가 도적과 결연한 북관장 장한성을 역률로 잡게 하다.	·
3	장한성이 망명하여 스스로 한쪽 눈을 찌르고 광대가 되고, 그 딸은 천자의 시녀가 되다.	·

49) 아래의 도식은 김병권이 정리한 것을 가져와서 본서의 형식에 맞게 재구성한 것이다. 본서에서는 김병권이 경판본과 완판본의 합리성의 문제에서 완판본이 합리적이지 못하다는 지적을 한 것에 대하여 반론을 제기하고 있다. 김병권, 앞의 논문, 177-178쪽.

4	천자가 장풍운에게 시녀인 윤옥을 첩으로 사급하다.	천자가 장풍운에게 시녀인 윤옥을 첩으로 사급하다.
5	장한성이 장풍운의 천리준마를 훔치다가 잡히다.	·
6	장풍운이 자기에게 돈 준 광대가 장한성이며 윤옥이 그의 딸임을 알다.	·
7	천자가 장풍운의 이야기를 듣고 장한성의 죄를 면해주다.	·
8	장한성이 딸 윤옥과 만나다.	·

경판본이 1~8의 서사를 모두 갖는 반면, 완판본은 1과 4만 갖고 있다. 흥미로운 차이이다. 경판본에서는 천자가 장한성의 죄를 면해주고 장한성과 딸 윤옥이 재회하는 장면을 보여주기 위해, 그에 앞서 등장했던 한쪽 눈이 먼 광대와 장한성을 동일 인물로 설정(위 표 서사6)하였다. 장한성은 그의 악행이 어떻든 간에 결과적으로는 장풍운의 장인이 되는 인물이기 때문에, 장한성이 서사에서 악인으로 남겨지거나 혹은 그냥 잊혀버리는 것을 염려했을 가능성이 있다.

반면 완판본은 1과 4만으로 구성되어 있다. 이로 인해 경판본과 전혀 다른 이야기가 되었다. 그렇지만 서사를 이뤄나가는 데에는 문제가 되지 않는다. 한쪽 눈이 먼 광대가 노자를 주었다는 사실과 천자가 장풍운에게 시녀인 윤옥을 첩으로 사급하는 내용은 완판본에서 별개의 사실로 존재하고 있다. 엄밀히 말해서 완판본에 나타나는 윤옥과의 결연 관련 내용은 4밖에 없다. 따라서 이러한 서사적 논리라면 윤옥이 장한성의 딸이라는 사실 또한 굳이 강하게 부각될 필요가 없다. 그것이 더 자연스럽다. 이 내용이 서사의 중심은 아니기 때문이다.

경판본과 완판본의 이러한 차이는 왜 발생하는가. 더욱 의문이 드는 것은 대개의 경우 경판본보다 완판본이 길고, 작품의 서사 또한 경판본의 내용이 완판본에 모두 포함되어 있는 형태를 보이기 때문이다. 일반적인 경향과 다르게 왜 두 화소는 〈장풍운전〉의 경판본에만 등장하는 것일까.

완판본은 작품의 서사에서 결연과 결연으로 인한 혼인을 중시하지 않기 때문에, 이러한 서사는 번다한 것일 뿐 서사의 핵심에 영향을 미치는 요소가 아니라고 본 것이다. 반면 경판본은 장풍운과 윤옥의 혼인으로 인해 장풍운과 장한성이 사위와 장인의 관계로 얽히는 것이 상당히 중요한 문제로 인식이 되면서, 장한성을 어떻게든 선한 인물로 설정하려고 노력했기 때문에 이러한 서사가 부연된 것이다. 결국 작품에서 관심을 갖는 부분과 지향하는 가치가 다른 것이다. 이는 어느 한 쪽이 합리적이고 다른 한 쪽이 합리적이지 못한 것이 아니라, 각각의 논리와 관심사를 바탕으로 하여 각각의 서사적 합리성을 추구한 것이다.

주지하듯 〈장풍운전〉은 이본의 개별성과 상관없이, 모든 이본들이 장풍운의 영웅적 면모－그것이 가문의 영속을 위한 것이든, 국가적 위기를 해결하기 위한 것이든－를 완성해가는 서사라 할 수 있다. 이는 너무나 당연한 영웅소설의 서사구조이다. 그런데 주목할 점은, 당연해서 차이가 별로 없을 것 같은 판본 간에도 미시적인 차이가 감지되며, 그것이 위와 같이 판본의 내용과 서사 지향에 적지 않은 차이를 만들어낸다는 사실이다.

이렇듯 완판본은 경판본에 비해 상대적으로 결연과 가정 및 가문의 문제에 관심이 약하다. 경판본은 결연을 중시하고 현실적인 의미의 가정이라는 공간을 주 무대로 삼지만, 완판본은 상대적으로 결연을 크게 중시하지 않으며 추상적 의미의 가문이라는 사회적 공간에 대해 관심이 많다. 또한 완판본에서는 경판본처럼 결여 상태의 가정을 빨리 복원하려는 현실적 노력보다는 잃어버린 처자에 대한 사랑과 미련이라는 명분에 기대는 모습을 보여준다. 그리고 경판본은 결연의 성사 과정을 보다 상세하고 유기적으로 구성하려고 하지만, 완판본은 단편적인 서술로 마무리하려고 한다.

이는 경판본과 완판본의 시선의 차이를 대변하는 것이다. 완판본의 시선은 현실적 공간으로서의 가정보다는 사회적 공간으로서의 가문 혹은 명분에 초점을 맞추고 있는데, 이는 역으로 완판본이 사회적·국가적 차원, 즉 가정 밖의 문제에 관심을 갖고 있다는 것으로 해석할 수 있다. 이러한 차이는 앞서 완판본의 특징으로 지목했던 영웅성 강화의 양상들과 아울러 완판본 〈장풍운전〉의 일관된 지향을 설명하는 중요한 단서로 기능할 수 있으리라 생각된다.

요컨대 〈장풍운전〉의 두 판본을 비교해보면 완판본은 주변 남성인물의 충절을 강조하고 남성영웅의 면모를 보다 강화하는 대신 결연 및 가문 서사에는 별 관심을 보이지 않는 반면, 경판본은 결연 및 가문 서사에 대해서는 길게 서술하고 유기적인 맥락도 구성하려 하지만 주변 남성인물의 충절이나 남성영웅의 면모에는 큰 의미를 부여하지 않는다는 것을 확인할 수 있다.[50]

---

50) 杞憂일 수 있으나 물론 이때 현재 고찰하고 있는 작품이 영웅소설이라는 점을 감안해야 한다. 영웅소설은 당연하게도 장르적 특성 상 영웅 서사가 길고 결연 및 가문 서사가 짧을 수밖에 없다. 여기서는 이러한 영웅소설의 특징을 감안한 전제 위에서 비교를 한 상대적 결과를 언급한 것이다. 경판본이 결연 및 가문 서사가 강화된다고 해서 경판본의 서사에 영웅의 서사보다 결연 및 가문의 서사가 절대적으로 많이 등장하는 것은 아니라는 말이다.

2. 〈소대성전〉·〈용문전〉의 완판본과 경판본

다음으로 〈소대성전〉과 〈용문전〉의 완판본과 경판본을 살펴보겠다. 판본 간 차이는 이들 작품에서 보다 명확하게 드러난다. 차이가 발생하는 화소나 서사의 지점들은 거의 유사하지만 차이의 폭이 훨씬 더 커진다.

〈소대성전〉은 흔히 초기 영웅소설로 일컬어지며, 함께 초기 영웅소설로 거론되는 〈장풍운전〉, 〈최현전〉 등에 비해 상대적으로 대중적 인기가 높았던 작품으로 평가된다. 이들 작품 중 〈소대성전〉만이 여러 지역의 방각본으로 수 차례 간행되었다는 사실이 이를 뒷받침한다. 이러한 〈소대성전〉을 거론하며 빼놓을 수 없는 작품이 〈용문전〉이다. 〈용문전〉에서 이 작품의 주인공인 용문만큼이나 비중 있게 등장하는 인물이 바로 소대성이기 때문이다. 〈용문전〉에서 소대성은 오랑캐로부터 전향한 용문과 함께 힘을 합세하여 오랑캐를 물리치고 작품의 갈등을 해결하는 실질적 주인공이다. 〈소대성전〉을 비롯하여 〈용문전〉까지 모두 소대성의 남성영웅적 서사로 일관된다고 할 수 있다.

이렇듯 친연성이 높은 두 작품은 완판본으로 간행됨에 이르러 아예 合綴된다. 이때 합철은 단순히 두 권의 책이 묶이는 물리적 차원이 아니라, 〈소대성전〉의 결말부와 〈용문전〉의 도입부가 논리적으로 모순이 되지 않도록 유기적으로 결합하는 화학적 차원이다. 그러나 경판본에서는 이와 같은 화학적 차원의 결합이 이루어지지 않는다. 그렇다면 이러한 차이는 왜 발생한 것이며, 이를 통해 알 수 있는 〈소대성전〉·〈용문전〉의 완판본과 경판본에 나타나는 서사 지향의 차이는 무엇일까?

두 작품의 판본별 차이에 대한 관심이 학계에서 구체적으로 제시된 적은 많지 않다. 초창기 연구에서는 '방각본'이라는 큰 주제 아래, 개별 작품의 존재 양상과 방각 지역과의 상관성을 고찰하였을 따름이다. 김동욱은 8편의 방각본 고전소설의 판본별 내용 비교를 통해 완판본·경판본·안성판본의 특징을 도출하였는데, 〈소대성전〉의 경우에도 완판본의 독자성 및 경판본과 안성판본 간의 유사성을 밝힘으로써 논자의 전체적인 방각본 판본별 특징을 주장하는 근거로 활용하였다. 유탁일 또한 같은 맥락에서 접근하되 완판본에 국한해서 논의를 진행하였다. 이후 〈소대성전〉 隣近에 존재하는 소설들과의 상호 관계를 규명하는 연구가 진행되고, 본격적으로 〈소대성전〉 판본에 대한 연구가 진행되면서, 이에 편승하여 친연성이 강한 〈용문전〉 또한 연구가 구체화되기 시작했다.[51]

그럼에도 지금까지 두 작품을 판본의 변모 양상과 함께 한 데 묶어 살핀 논의는 없었다. 〈소대성전〉 이본 연구, 〈용문전〉 이본 연구, 〈소대성전〉과 〈용문전〉의 관련 양상 연구가 각각 별도로 진행이 되었다.

〈소대성전〉 이본 연구로는 이복규, 서경희의 연구가 대표적이다. 이복규는 〈소대성전〉의 방각본 판본에 대한 이본 연구를 진행하여, 경판본·안성판본·완판본 사이의 계통도를 선보였다. 논자에 따르면 이 작품은 대영박물관 소장 경판 36장본이 모본으로, 나머지 경판본·안성판본·완판본은 이후에 나온 것이다. 이 연구는 〈소대성전〉 개별 작품에 대한 최초의 연구이면서 동시에 작품의 계통과 전승을 밝혔다는 의의가 있다. 더욱이 이후 〈소대성전〉 연구에서 도출한 이본의 흐름에 대체적인 길잡이가 되었다는 점도 간과할 수 없다.[52]

---

51) 김동욱, 앞의 논문, 1973 ; 유탁일, 앞의 책 ; 이창헌, 앞의 논문, 1995 ; 성현경, 앞의 논문, 1974 ; 조희웅, 「<낙성비룡>과 <소대성전>의 비교 고찰」, 『관악어문연구』3, 서울대학교 국어국문학과, 1978.

이후 서경희는 방각본뿐만 아니라 필사본, 활자본 등 이본 전체를 대상으로 한 〈소대성전〉 이본 연구를 진행했다. 논자는 방각본(경판본·안성판·완판본), 필사본, 활자본 각 계열의 선본을 정하고, 이들을 중심으로 서사를 비교하여 경판본 계열과 완판본 계열로 모든 이본의 경향을 구분한 후, 〈소대성전〉 전체를 조망할 수 있는 계통도를 완성하였다. 이를 통해 경판본 계열과 완판본 계열은 이본들이 유통된 지역적 특성과 수용층의 성격에 의해 서로 다른 양상으로 전승되어 나갔음을 밝혔다. 이 연구는 그간 통속적이고 대중 영합적인 내용이라고 범박하게 이해되었던 이 작품을 세밀한 이본 비교를 통해 구분함으로써, 작품의 전승 양상과 계통을 가시화함은 물론 〈용문전〉과의 결합 양상에 대한 문제의식을 도출하는 성과를 보였다.[53)]

〈용문전〉 이본 연구로는 이원수, 이지하, 서경희의 연구가 대표적이다. 이원수는 이본 간의 작품세계와 차이에 주목하여 〈용문전〉 속 가치관의 전환 양상을 살폈다. 경판본과 완판본을 비교하고, 이를 통해 전통적 가치관이 분열되는 조짐과 작품이 이에 대응하는 모습을 찾아냈다. 이지하 또한 이원수와 비슷한 논점으로 작품의 특징을 설명했다. 서경희는 앞선 〈소대성전〉과 같은 방법으로 〈용문전〉에 대한 서지학적 연구를 통해 기존 〈용문전〉 연구의 문제의식을 보다 심화시키고, 경판계에서 완판계로 변화되는 과정 속 의의와 한계를 서술했다.[54)]

한편 〈소대성전〉과 〈용문전〉의 관련 양상에 대한 대표적인 연구로

---

52) 이복규, 앞의 논문.

53) 서경희(a), 앞의 논문.

54) 이원수, 「<용문전>의 일고찰 - 조선후기 가치관의 전환과정을 중심으로」, 『국어교육연구』16, 국어교육학회, 1984 ; 이지하, 「<용문전> 연구」, 『관악어문연구』14, 서울대학교 국어국문학과, 1989 ; 서경희(b), 앞의 논문.

는 이원수의 연구가 있다. 그는 〈용문전〉 이본고를 겸하여, 〈소대성전〉과 〈용문전〉의 관계를 밝혔다. 그리고 그 과정에서 자연스럽게 이 두 작품의 경판본과 완판본의 특징을 서술하였다. 한편 학위논문과 소논문을 통해 각각 〈소대성전〉과 〈용문전〉 판본의 실체를 밝혀낸 서경희의 경우, 한 편의 논문으로 결합하지는 않았지만, 두 편의 논문을 통해 두 작품의 판본 양상에 대한 결론을 도출한 셈이다.[55)]

결국 지금까지의 연구를 통해, 두 작품이 내용적으로 연결되면서도 한편으로는 그 양상이 판본에 따라 차이가 있음을 확인하였다. 그렇다면 이를 토대로 두 작품의 서사가 판본에 따라 일관된 특성을 보여주는 양상을 살펴보도록 하자.

선행 연구에서 밝힌 것처럼 〈소대성전〉이나 〈용문전〉은 공히 경판본에서 완판본으로의 전승 경로를 보인다.[56)] 따라서 두 작품은 경판본으로 간행된 후에 완판본으로 새롭게 간행되는 과정에서 물리적 결합을 넘어선 '내용적 합철'을 위해 문제가 될 만한 내용을 의도적으로 바꾸었을 가능성이 높다.

실제로 〈소대성전〉의 결말 부분은 경판본과 완판본이 다른 모습을 보여준다. 경판본에서는 노국왕이 된 소대성이 채봉과 비빈을 두고 그 사이에서 열두 명의 아들과 세 명의 딸을 낳아 기르며, 그 중 장자를 세자에 봉하는 등 가문의 번성을 이루는 장면이 등장한다. 그리고 연이어 소대성이 청룡사 부처로부터 곧 죽을 것을 암시 받으며, 소대성 治國 38년 명년 봄에 소대성과 채봉이 함께 세상을 떠나는 것으로 결

---

55) 이원수, 「<소대성전>과 <용문전>의 관계 - <용문전> 이본고를 겸하여」, 『어문학』46, 한국어문학회, 1985 ; 서경희(a), 앞의 논문 ; 서경희(b), 앞의 논문.

56) 이원수, 앞의 논문, 1985 ; 이원수, 앞의 논문, 1984 ; 서경희(a), 앞의 논문 ; 서경희(b), 앞의 논문.

말을 맺는다.[57]

그러나 완판본에서는 소대성의 善治로 노국이 태평성대를 이룬다는 내용을 마지막으로 작품이 끝난다.[58] 〈소대성전〉이 완판본에 와서 〈용문전〉과 화학적으로 결합한다는 점을 감안하면, 완판본에서 소대성의 善治를 통한 노국의 태평성대로 서사가 마무리되는 것은 〈소대성전〉에 이어 〈용문전〉에도 주요 인물로 등장하는 소대성을 두 작품의 연속된 서사 속에서 살려두기 위한 방책이라는 것을 쉽게 알 수 있다.

그렇다면 이 지점에서 보다 근본적인 질문을 던질 수 있다. 완판본에서는 왜 두 작품을 합철하려 했을까? 완판본으로 간행되면서 〈소대성전〉 결말부 이외에 다른 변화는 없었을까? 전자의 질문을 해결하기 위해서는 먼저 후자의 질문에 대한 대답이 나와야 할 것이다. 이에 두 판본에서 두드러지게 나타나는 차이점들을 도출하고, 그것이 작품에 어떠한 변화를 가져왔는지 확인해보도록 하겠다.

1) 용문 부친 節義의 측면

앞서 〈장풍운전〉의 완판본과 경판본 비교를 통해서 확인했듯이 완판본에서는 주인공인 장풍운의 인격 형성에 큰 영향을 준 부친과 조력

---

57) 여러 날만의 노국의 이르니 왕이 마ᄌᆞ 봉궐의 드러가 힝네ᄒᆞ니 위의 거록ᄒᆞ더라. 그 후의 ᄉᆞ관을 보ᄂᆡ여 왕 부인과 니싱을 청ᄒᆞ여 잔치ᄒᆞ여 관ᄃᆡᄒᆞ며 젼ᄉᆞ를 일호도 괘려치 아니ᄒᆞ고 니승상 분묘의 치졔ᄒᆞ니, 왕이 정ᄉᆞ를 다시리미 문무의 셩덕을 베푸니 강구의 격양가를 젼ᄒᆞ더라. 이십팔 년 츈정월의 셰ᄌᆞ 장ᄌᆞ 윤언으로 셰ᄌᆞ를 숨고 기여는 각각 봉군ᄒᆞ여 청복을 누리더니 일일 왕과 휘 츈경을 완상ᄒᆞ다가 동일 승천ᄒᆞ니라. <소대성전> 경판16장본, 16a.

58) 그 후의 노국이 ᄐᆡ평ᄒᆞ야 도불십유ᄒᆞ고 산무도적ᄒᆞ며 강구연월의 동뇨와 홈포고복의 격양가를 일숨는지라, 엇지 후록이 장구치 안이ᄒᆞ리요 ᄌᆞᄌᆞ손손이 계계승승ᄒᆞ더라. ᄂᆡ 뒤말은 하권 용문젼을 ᄉᆞ다 보소셔. <소대성전> 완판43장본, 43a.

자의 충절이 강조되었는데, 이는 결국 장풍운의 영웅적 됨됨이에 정당성을 부여하는 근거로 작용함을 알 수 있었다. 〈소대성전〉과 〈용문전〉에서도 마찬가지이다. 다만 두 작품 중에는 〈용문전〉에서 그것이 크게 부각된다. 그도 그럴 것이 〈소대성전〉에서 소대성의 부친은 작품 서사 초반에 일찍 숨을 거두며, 아들인 소대성에게 이렇다 할 영향력을 행사하지 못하기 때문이다. 그래서 완판본 〈소대성전〉에서 부친인 소량의 충절이 굳이 더 강조될 필요가 없었던 것이다. 실제로 부친인 소량의 묘사에서 완판본과 경판본 사이에 큰 차이가 드러나지 않는다.[59]

그러나 〈용문전〉의 경우는 부친인 용훈의 행동에 차이가 두드러진다. 작품의 서두에서 용훈을 소개하는 데에는 – 완판본에서만 名家 자손임을 언급하고는 있다는 특징은 있지만 – 완판본과 경판본 간 큰 차이가 보이지 않는다.[60] 두 판본의 큰 차이는 바로 胡王이 용훈을 회유

59) [완] : ᄃᆡ명 셩화 연간의 쇼쥬 ᄶᅡ의 ᄒᆞᆫ 명현이 잇시되 셩은 쇼뇨 명은 양이뇨 ᄌᆞ는 경이니, 옛눌 쇼현셩의 현숀이라 셰ᄃᆡ로 강노와 공후작녹이 ᄶᅥ나지 안이ᄒᆞ더니, 쇼양의 미쳐 베술이 병부상셔로 일홈이 죠정의 진동ᄒᆞ더라. 셰상 번화을 혐의ᄒᆞ야 베술을 바리고 고향의 도라와 농부어옹을 겸ᄒᆞ야 셰월을 보ᄂᆡ니, 인간ᄌᆞ미 극진하믜 베술이 도로여 막연ᄒᆞ고 평싱 ᄒᆞᆫ니 실ᄒᆞ의 일졈 혈육 업시물 ᄒᆞᆫ탄ᄒᆞ더니, <소대성전> 완판43장본, 1a.

[경] : ᄃᆡ명 셩화년간의 일위 ᄌᆡ상이 이시되 셩은 쇼요 명은 량이라, ᄌᆡ조와 덕힝이 일국의 진동ᄒᆞ더니 일즉 용문의 올ᄂᆞ 벼살이 병부샹셔의 니ᄅᆞ러 명망이 됴야의 덥혓더니, 일즉 ᄂᆞ라ᄅᆞᆯ ᄒᆞ즉ᄒᆞ고 고향 히동 ᄊᆞ히 도ᄅᆞ와 ᄒᆞᆫᄀᆞᄒᆞᆫ ᄉᆞ롬이 되어시니, 가산은 요부ᄒᆞ여 셰샹의 거릴 거시 업스되 슬ᄒᆞ의 ᄒᆞᆫ낫 ᄌᆞ식이 업셔 쥬야 슬허ᄒᆞ더니, <소대성전> 경판16장본, 1a.

60) [완] : 잇ᄯᆡ에 호국 강변의 ᄒᆞᆫ ᄉᆞ롬이 니시되 셩은 용이요 명은 훈이니 셰ᄃᆡ로 명가 ᄌᆞ손이라. 본ᄃᆡ 활노의 ᄯᅳ지 업셔 강호의 놀기와 동산의 밧갈기을 일삼으니 부귀 극ᄒᆞ고 천지간의 ᄒᆞᆫ가ᄒᆞᆫ 사롬이 되엿시나, 다만 실ᄒᆞ의 ᄌᆞ여 업시믈 부쳐 ᄆᆡ일 ᄒᆞᆫ탄ᄒᆞ기을 마지 안이ᄒᆞ더니, <용문전> 완판38장본, 1a.

[경] : 이때 호국 청수강가의 ᄒᆞᆫ 사람이 이시니 성은 농이오 명은 훈이니 본ᄃᆡ 농업을 힘써 가계 가난치 아니ᄒᆞ나 다만 슬ᄒᆞ의 자식이 업서 부뷔 서로 ᄒᆞᆫ탄ᄒᆞ더니, <용문전> 경판36장본, 1a.

할 때 용훈이 보여주는 반응에서 드러난다. 호왕은 용문이 명나라로 전향한 후 명나라 장수가 된 용문에 의해 戰勢가 기울자 용훈을 인질로 용문을 설득하려 한다. 그리하여 호왕이 용훈을 잡아들이고 용문이 돌아오도록 편지를 보내려 하는데, 이때 두 판본 속 용훈의 반응이 전혀 다르다.

> [완] : 잇ᄯᅢ 호진 장ᄉᆞ 모다 용문이 명국의 도라가믈 분격ᄒᆞ여 호왕게 알외되, "용문의 아비 쳥슈강가의셔 ᄉᆞ옵ᄂᆞᆫ니 급피 잡아 진즁의 두옵고 졔 아비 편지을 지촉ᄒᆞ여 명국 용문의게 젼ᄒᆞ오면 피련 도라올지라. 젼ᄒᆞᄂᆞᆫ 집피 술피소셔."
>
> 호왕이 이 말을 듯고 ᄃᆡ히ᄒᆞ여 직시 장슈을 불너 군ᄉᆞ 숨십 명을 쥬어 용문의 아비을 ᄌᆞ바다가 ᄃᆡᄒᆞ의 ᄭᅮᆯ니고 호왕이 ᄃᆡ로 왈, "네 ᄌᆞ식이 역젹 되야 호국을 비반ᄒᆞ고 명국으로 가씐니 네 ᄌᆞ식의 ᄃᆡ로 너의 구족을 다 멸ᄒᆞ야 올흔야 편지을 ᄒᆞ여 용문을 도라오게 ᄒᆞ라." ᄒᆞ니, 용훈이 눈를 부룹ᄯᅳ고 ᄭᅮ지져 왈, "법지불힝은 ᄌᆞ승범지라. 션왕보톰 법을 모로고 천의을 거술려신니 ᄂᆡ을 글으다 ᄒᆞ며 ᄂᆡ을 올타 ᄒᆞ리뇨. 용은 봉을 ᄶᅩᆨ고 영웅은 셩쥬을 ᄯᆞ로난니, 젼ᄒᆞ 일어ᄐᆞ시 ᄒᆞ믈 글으다 ᄒᆞ온이 영천슈가 머지 안이ᄒᆞ오면 귀을 싯고ᄌᆞ ᄒᆞ나이다."
>
> 호왕이 이 말을 드르미 분ᄒᆞ믈 이기지 못ᄒᆞ여, "용훈을 원문 밧그니려 뻬히라." ᄒᆞᆫᄃᆡ 좌우 제장 등이 일시에 둘여들어 절박ᄒᆞ여 나올시 용훈이 앙천ᄃᆡ소 왈, "날을 어셔 쥬기라. 근본 죄익이 중ᄒᆞ여 호지빅셩 되미 불힝이라." ᄒᆞ며 종시 안식을 변치 안이ᄒᆞ고 죽긔를 질거ᄒᆞ거늘, 천관도ᄉᆞ 급피 ᄂᆡ다라 졔장을 물니치고 호왕게 엿ᄌᆞ오ᄃᆡ, "용훈을 죽여셔난 졔 아달 창검의 호국이 일죠의 흠몰홀 거신니 젼ᄒᆞᄂᆞᆫ 용훈을 아직 ᄉᆞᄒᆞ시고 진즁의 상긱 예로 ᄃᆡ졉ᄒᆞ오면 용문이 소식을 듯고 졔 아비로 보와도 무슴 ᄉᆡᆼ각이 잇실 ᄯᅳᆺᄒᆞ와 도라오리다."
>
> 호왕이 크겨 깃거 왈, "션ᄉᆡᆼ의 말숨이 올소이다." ᄒᆞ고 직시 용훈를

ᄃᆡ상의 올여 안치고 호왕이 친니 잔을 ᄌᆞᄇᆡ 권ᄒᆞ여 왈, "그ᄃᆡᄂᆞᆫ ᄂᆡ 망영을 허물치 말나. 군법의는 ᄉᆞ정이 업셔 분도의 과이ᄒᆞ미라. 부ᄃᆡ 허물치 말고 ᄂᆡ 진즁의 잇셔 도인으로 더부려 침식을 ᄒᆞᆫ가지로 ᄒᆞ미 엇더ᄒᆞᆫ요."

용훈이 왈, "나는 산즁의 밧가ᄂᆞᆫ 농부라. 진즁의 머물미 가치 안이ᄒᆞᆫ니 어셔 쥬기거나 산즁으로 보ᄂᆡ거나 ᄒᆞ소셔."

호왕이 그 말을 들으ᄆᆡ 분ᄒᆞ여 쥭여 분을 풀고져 ᄒᆞ되 제 아ᄃᆞᆯ 용문의게 후환을 념여ᄒᆞ야 간청 왈, "그ᄃᆡ는 집피 ᄉᆡᆼ각ᄒᆞ여 일봉 셔간으로 용문을 도라오게 ᄒᆞ면 그ᄃᆡ의 몸이 영화 극ᄒᆞ고 놉푼 벼술을 ᄒᆞ리이다."

용훈이 ᄃᆡ왈, "ᄌᆞ식이 역천ᄒᆞ난 나라을 바리고 명국 셩쥬을 ᄯᆞ라간ᄂᆞᆫ 거슬 그 아비 무슴 말노 ᄀᆡ유ᄒᆞ여 역천ᄒᆞᄂᆞᆫ 임군을 셤기라 ᄒᆞ리요. 나를 어셔 쥭여 드러온 말솜을 여러 순 마옵소셔. 몸이 ᄯᅥᆯ니고 마음의 분ᄒᆞ믈 이기지 못ᄒᆞ난이다." ᄒᆞ거늘, 호왕이 분을 ᄎᆞᆷ고 천관도닌를 청ᄒᆞ여 왈, "용문의 아비 종시 인군을 ᄉᆡᆼ각지 안이ᄒᆞ고 과닌의 심장을 상케 ᄒᆞ니 엇지 쳐치ᄒᆞ릿가."

도ᄉᆞ 왈, "지금 명국이 아모 ᄯᆡ에 졉젼ᄒᆞᆯ 쥴을 모르오니 용훈을 유벽쳐의 머물너 두고 승부를 보아가며 진퇴를 ᄒᆞᄉᆞ니다."

호왕이 그 말이 올타 ᄒᆞ고 용훈을 ᄉᆞᆼᄀᆡᆨ으로 ᄃᆡ졉ᄒᆞ되 종시 식음을 젼폐ᄒᆞ더라.[61]

[경] : 호젹 왈, "뇽문의 아비 청수강가의 잇스니 먼저 잡아다가 훈의 친필노 글을 부처 제 스사로 회심ᄒᆞ여 도라오게 ᄒᆞ미 가ᄒᆞ니이다."

호왕이 올히 너겨 즉시 장수를 보ᄂᆡ여 뇽훈을 차즈니 발서 간고지 업거늘, 그 장쉬 ᄃᆡ명 복식으로 두루 방문ᄒᆞ야 차저 도라오니 훈이 황겁ᄒᆞ거늘, 왕이 위로 왈, "그ᄃᆡ 아들이 과인의게 진충ᄒᆞ다가 명진의 투항ᄒᆞ야 나의 장졸을 만이 상허니 친필노 뇽문을 도라오고져 ᄒᆞ미로다."

---

61) <용문전> 완판38장본, 28b-30a.

> 훈이 지비 왈, "문이 비록 자식이오나 임의 님군을 갈의여ᄉᆞ오니 위천하자는 불고가라, 비록 글을 부치나 부질업도소이다."
> 듕달이 디로ᄒᆞ여 죽이랴 ᄒᆞ니 무ᄉᆞ 범정 왈, "디왕은 식노ᄒᆞ소셔. 이제 뇽훈을 죽이면 뇽문이 절치ᄒᆞ려니 저를 아직 가도고 여ᄎᆞ여ᄎᆞᄒᆞ미 올도소이다."
> 듕달이 그 말을 조차 훈을 가도고 훈의 필적을 모ᄒᆞ야 명진으로 보닌 후,62)

인용문을 통해 확인할 수 있듯이 완판본의 용훈이 상당히 격앙되어 있는 상태라면 경판본의 용훈은 이미 엎질러진 물을 대하는 사람처럼 자포자기의 심정으로 현 상황을 받아들이고 있음을 알 수 있다. 더욱 중요한 사실은 호왕의 회유에 대한 용훈의 대답이 무엇을 지향하고 있느냐의 문제이다. 결론부터 말하면 완판본의 용훈은 節義에 입각해서 볼 때 아들에게 가짜 편지를 써줄 수 없다고 말하고 있는 반면, 경판본의 용훈은 아들의 무관심한 성향 상 자신을 볼모로 편지를 쓴다 한들 별 효과가 없다고 말하고 있다. 얼핏 보면 비슷한 말을 하고 있는 것 같지만 기실 그 지향에 큰 차이가 확인되는 것이다.

완판본에서 호왕의 회유에 용훈이 가장 먼저 한 말은 '法之不行, 自上征之.'이었다. 법이 제대로 시행되지 않는 이유는 윗사람들이 그것을 지키지 않기 때문이라는 것이다. 先王부터 법을 모르고 하늘의 뜻을 거스르는 행동들을 하였는데, 그런 내력을 가진 호왕이 다른 사람을 옳다 그르다 왈가왈부할 수는 없다는 말이다. 호왕의 화를 돋우는 말은 계속된다. 원래 용은 용을 쫓고 영웅은 聖主를 따르는 법이라며 용문의 전향이 옳은 행동임을 강조한다.

---

62) <용문전> 경판36장본, 19b-20a.

용훈의 절의는 보다 근본적인 차원의 문제까지 지적한다. 현재 용훈과 호왕의 대화는 용훈을 설득하려는 호왕의 회유와 그것에 넘어가지 않으려는 용훈의 절의가 부딪치는 상황이다. 그런데 용훈은 문제를 보다 근본적인 차원으로 끌어내서 대화의 주제가 오랑캐에 대한 비판으로까지 확대되기 시작한다. 용훈은 어서 빨리 자신을 죽이라고까지 말하는데, 胡地에서 백성으로 살아가는 것이 부끄럽고 수치스럽기 때문이라는 이유이다. 그리고 이 맥락에서 逆天하는 호왕을 버리고 명나라의 성스러운 군주를 따른 아들의 행동은 전혀 문제될 것이 없다며 고집을 꺾지 않는다. 胡國 강변에 사는 용훈이지만, 그의 사유는 오랑캐를 적대적으로 인식하고 명나라의 질서를 인정하는 중화주의적 인식을 보여주고 있다. 그리고 그러한 절의가 상당히 강하게 표출되고 있다. 이와 같이 부정적으로 인식하는 땅에서 그간 어떻게 아무 일 없이 지냈는지 의아할 정도이다.

반면 경판본에서는 짤막한 한 마디로 자신의 입장을 정리한다. 용문이 비록 자신의 자식이지만 이미 다른 임금을 모시게 되었으니 글을 부쳐도 부질이 없다는 것이다. 그리고 이때 쓰는 말이 '爲天下者 不顧家事', 즉 천하를 도모하는 사람은 가정을 돌볼 겨를이 없다는 말이다. 결국 경판본에서 용훈이 호왕의 회유에 대응하는 말은 – 이유의 如何가 어떠하든 – 아들인 용문은 이미 다른 임금을 섬기고 있기에 다시 전향하기가 어렵고, 아들이 세상일에만 관심이 많고 가정사에는 큰 관심이 없기 때문에 아버지인 자신을 볼모로 삼아 아들을 회유해보려는 노력도 부질없으니 지금 자신을 설득하는 것이 무의미하다는 것으로 정리할 수 있다.

결과적으로 완판본과 경판본 모두 호왕의 제안을 거절했다는 점에서는 공통적이지만 그 이유에 있어서는 상당한 차이가 있는 것이다.

경판본의 경우 용훈이 거론한 이유에는 천자와 호왕을 '선과 악'이나 '중화와 변방'으로 구분하는 가치판단의 문제가 개입되어 있지 않다. 이미 용문이 전향을 결정해서 명나라로 들어갔고 아버지인 본인의 말에도 큰 관심이 없으니 돌이킬 수 없다는 것이다. 그러나 완판본에서는 용훈에게 이미 가치판단의 기준이 설정되어 있다. 그것은 이른바 대명의리론으로, 아들인 용문이 호왕의 품을 벗어나 명나라로 가게 된 것은 천하의 순리를 따른 옳은 행동이라고 보고 있다. 다시 말해서 명나라를 善, 오랑캐를 惡으로 설정하는 가치판단의 기준 위에서 호왕을 비판하고 있는 것이다. 용훈은 胡國之邊에 사는 사람인데도 말이다.

완판본의 이러한 특징은 결국 용문의 전향을 정당화해주는 것임과 동시에, 호국지변에 사는 용훈에게도 작품이 지향하고 있는 가치관이 개입되고 있다는 사실을 보여주는 것이다. 당시 자자니 독자들은 추측컨데 완판본 용훈의 말과 행동에서 그와 유사한 절의의 의지를 느꼈으리라고 본다. 그리고 아울러 용훈의 절의 있는 행동을 통해 용문이라는 존재가 명나라로 전향할 만한 존재였다는 - 당시의 시각에서는 상당히 호의적인 - 인식을 심어주었으리라 본다.

반면 경판본이 대명의리론과 같은 당대의 가치판단으로부터도 거리를 두고 있다는 사실은 작품 후반부에 들어서 언급되는 내용을 통해서도 알 수 있다.

> [경] 이때 뇽훈이 호진의 가치여 곡으믈 헤아리고 슬허ᄒᆞ믈 마지 아니ᄒᆞ더니 슈일이 못ᄒᆞ여 모사 반정이 가로되, "군의 아들은 당세 영걸이라, 반다시 발근 ᄃᆡ ᄂᆞ아가 ᄃᆡ공을 일월거시니 호왕이 그ᄃᆡ를 해코져 ᄒᆞᄆᆡ ᄂᆡ 힘써 말녀더니, 이제 호왕이 뇽장군 손의 죽어스니 반다시 그ᄃᆡ 집의 절월이 이르리니 빨니 도라가라."

> ᄒᆞ고 거마을 준비허여 보ᄂᆡ니 훈이 사례ᄒᆞ고 집의 도라오니 기처 관시 지낸 바를 뭇고 놀나 가로ᄃᆡ, "첩이 일몽을 어드니 아지 뇽천검을 ᄯᅴ고 불근 샹자을 바치고 청운을 타고 ᄒᆞ날노 올너가니 행여 진변의 불행ᄒᆞ미 잇난가 ᄒᆞ나이다."
>
> 훈이 ᄃᆡ희 왈, "이 몽식 ᄃᆡ길ᄒᆞ니 불구의 희뵈 잇스리로다." ᄒᆞ더니 과연 오ᄅᆡ지 아냐 홍포입은 관원이 가전의 이르러 홍보의 쓴 거슬 드리거늘 바다보니 일봉셔간이라. 뇽훈이 보기를 맛츠미 일변 깃거우나 ᄉᆡᆼ각ᄒᆞ되, '년화선ᄉᆡᆼ이 ᄒᆞ산ᄒᆞ여 부르니 아니 가든 못 ᄒᆞ려니와, 본국 신민이 되여 그 님군을 해ᄒᆞ고 그 나라의 님군ᄒᆞ니 엇지 반역이 아니리오.' ᄒᆞ야 자못 불안ᄒᆞ여 지저ᄒᆞ더니, 수일 후의 장사국왕이 친행ᄒᆞ니 백관위의와 기마복종이 촌락을 덥혀 왕ᄂᆡᄒᆞ난지라.
>
> 이윽고 왕이 통천관의 홍금뇽왕의 입고 손의 백옥홀을 쥐고 토전에 드러와 공경지비ᄒᆞ니, 공의 부뷔 ᄃᆡ일 환희허나 공이 가로ᄃᆡ, "경운죠월이 나의 원이라 엇지 왕궁 부귀를 질기리요." ᄒᆞ고 ᄯᅡ를 ᄯᅳᆺ이 업스니 왕이 홀일업서 주육 진찬을 드려 위로ᄒᆞ고 눈물 ᄲᅮ려 ᄒᆞ직ᄒᆞ고 국도의 도라와 덕화를 피니 성문이 인국의 흡연ᄒᆞ더라.[63]

전쟁이 끝난 뒤 범정은 호진에 갇혀 있던 용훈을 집으로 돌려보낸다. 집으로 돌아간 용훈은 용문이 보낸 서간을 보고 한편으로는 기쁘면서도 한편으로는 염려가 되었다. 용문이 자기 나라 임금인 호왕을 해하는 데 일등공신을 했다는 점 때문이었다. 경판본의 용훈은 호왕에 대해 적대감을 갖고 있기는 했어도 어쨌든 자기 나라의 임금이기에 배반해서는 안 되는 존재로 생각하고 있다. 대명의리론의 가치판단은 없거나 상당히 약화되어 있으며 다만 彼我를 선악의 개념으로 이분화하는 인식만 존재했던 것이다. 사실 경판본 속 용훈의 행동이 더 일리는

63) <용문전> 경판36장본, 25a-26a.

있다. 호국에 사는 백성은 호왕을 중심으로 사고를 하는 것이 일반적이기 때문이다.

그런 이유에서 완판본의 용훈이 대명의리론의 절의를 체화한 인물로 나오는 것은 상당히 의미심장한 것이다. 이 작품의 이본 파생이 경판본에서 완판본으로 진행되었음을 감안하면, 완판본의 변화는 그 지역 소설 향유의 의식구조와 긴밀한 관련을 맺고 있을 수밖에 없기 때문이다. 요컨대 용훈은 완판본에 와서 대명의리론에 입각한 절의를 상당히 중시하며 이를 행동으로 보여주는 인물로 변형되었다. 이는 경판본의 용훈이 아국과 타국을 구분하는 선악 개념에 한정된 절의를 보여주고 있으며 오랑캐에 대한 부정적 인식 또한 찾아보기 어렵다는 점을 감안할 때, 이념적으로 상당한 폭의 변화를 도모한 것이라 할 수 있다.

2) 남성영웅 서사의 측면

다음으로 남성영웅 서사의 측면을 살펴보겠다. 남성영웅 서사의 지향을 파악할 수 있는 척도는 단연 군담이다. 이 두 작품의 군담 속 남성영웅 서사 또한 완판본에서 보다 강화되는 모습을 찾을 수 있다. 이는 크게 '明軍의 위기 묘사의 양상', '오랑캐에 대한 질책의 양상', '군담 서사의 양상' 등으로 나누어 살펴볼 수 있다. 차례대로 살펴보자.

(1) 明軍의 위기 묘사

완판본에서 명나라 군대의 위기 상황에 대한 묘사가 축소되는 양상은 상당히 단편적이긴 하지만 인상적이다. 예를 들어 경판본 〈소대성전〉에서 소대성이 첫 입공을 세우는 부분을 살펴보면, 소대성이 전쟁에 참여할 요량으로 모세징을 찾아가 明陣에 머물게 되고 이때 명군과

胡軍의 장수들이 대결을 벌이게 되는데, 명나라 장수 여럿이 서융에게 손쉽게 죽임을 당한다.[64] 그리고 연이어 8명의 明將이 죽는다. 이때 소대성이 분노를 참지 못하고 출전을 청하지만 모세징에게 거절을 당하고, 다시 명나라 장수가 출전을 하지만 또 서융에게 죽임을 당한다. 이에 소대성이 더 이상 참지 못하고 출전하여 서융을 죽이고 돌아와서, 모세징에게 그리고 천자에게 칭송을 받는다. 이를 단락별로 정리하면 다음과 같다.[65]

[경]
① 호첩(호협/호엽)이 대전하여 뉵한을 죽이다.
② 호협이 서융에게 죽임을 당하다.
③ 한성위가 서융에게 죽임을 당하다.
④ 문화가 서융에게 생금되어 반항하다가 죽임을 당하다.
⑤ 상우평이 서융에게 죽임을 당하다.
⑥ 연하여 8명의 명장이 죽다.
⑦ 대성이 세징에게 출전하기를 청하나 거절당하다.
⑧ 위적이 출전했다가 서융에게 죽다.
⑨ 대성이 분에 못이겨 출전해서 서융을 죽이다.

완판본도 ①~⑨의 흐름과 크게 다르지 않다. 명나라 군대의 장수들이 연이어 서융에게 죽임을 당하고, 이 상황에서 소대성이 분노를 참지

64) 서융은 명나라 장수인 호협과 한성위, 문화, 상우평 등과의 대결에서 승리하고 이들을 죽인다. 그런데 이 내용이 경판본 일부에만 나오고 완판본에는 - 호협의 이야기만 빼고 - 모두 생략된다. 본서가 대상으로 삼고 있는 경판16장본에도 이 부분이 빠져 있다. 하지만 서경희가 <소대성전> 경판본 계열의 선본으로 삼은 36장본에는 이 내용이 모두 실려 있다. 이에 그 내용을 참고한다.

65) 단락 구분은 서경희의 논의를 참조했다. 서경희(a), 앞의 논문, 66쪽 참조.

못하고 출전하여 서융을 죽이고 돌아오게 되며, 돌아온 소대성을 모세징과 천자가 칭송해마지 않는 구도는 같다. 그러나 완판본에서는 명나라 장수들의 죽음이 축소되어 있다. 위의 경판본 단락을 기준으로 같은 내용 단락에 동일한 번호를 부여해보면 그 차이를 쉽게 알 수 있다.

[완]

① 각셜이라 잇ᄯᆡᄂᆞᆫ 츄팔월 망간이라 ᄃᆡ명 쳔ᄌᆞ 수쳔 졔장과 십만 군병을 거나리고 호왕의로 더부러 졉젼ᄒᆞ연 졔 임으 수월이라 젹진을 ᄃᆡᄒᆞ여 ᄃᆡ장기를 셰우고 션봉장 호엽이 진젼의 나셔며 번ᄎᆞᆼ회아ᄒᆞ여 크계 워여 왈, “반젹 호왕은 드르라 네 ᄒᆞᆫ갓 강포만 밋고 쳔의을 모로고 외람ᄒᆞᆫ 의ᄉᆞ을 두엇시ᄆᆡ 지금 쳔ᄌᆞ 친졍ᄒᆞᄉᆞ 너을 ᄌᆞ바 죄을 뭇고져 ᄒᆞ신이 쌜니 나와 항복ᄒᆞ라.”

적진중의셔 극ᄒᆞᆫ이 응셩출마ᄒᆞᄃᆡ ᄂᆡ다라 ᄭᅮ지저 왈, “이졔 즁국을 십분의 구나 어더시니 우리 ᄃᆡ셰을 엇지 항거ᄒᆞ리뇨.”

ᄒᆞ고 말를 달여들어외 호엽으로 더부러 ᄊᆞ와 슈십 여 합의 호엽의 칼 ᄭᅳᆺ티 극ᄒᆞᆫ의 머리 말 아ᄅᆡ 나려지거날

② 호왕이 분노ᄒᆞ여 칼을 들고 말계 오르려 홀 졔 장ᄒᆞ의셔 션우 츌반규왈, “ᄃᆡ왕은 노를 참으소셔 소장이 극ᄒᆞᆫ의 원슈을 갑푸리다.”

ᄒᆞ고 진젼의 나셔며 워여 왈, “젹장은 쌜니 나와 칼을 바드라!”

ᄒᆞ거날 호엽이 응셩츌마ᄒᆞ여 졉젼홀식 슈합이 못ᄒᆞ야 션우 호엽의 머리를 벼혀들고

⑥ 인ᄒᆞ여 명장 여듧을 벼히고 좌츙우돌ᄒᆞ며 왈, “명제난 부질업시 장졸을 쥬기지 말고 급피 항복ᄒᆞ여 보젼ᄒᆞ라.” ᄒᆞ난지라.

⑦ 이적의 소ᄃᆡ셩이 장 밧그 잇다가 팔장을 쥬기고 ᄯᅩᄒᆞᆫ 그 진욕이 무슈ᄒᆞ믈 보고 분기을 이기지 못ᄒᆞ여 쳔ᄌᆞ계 일홈 드리지 못ᄒᆞ믈 ᄒᆞᆫ탄ᄒᆞ여 세증의게 엿ᄌᆞ오ᄃᆡ, “이졔 젹장의 진욕니 무슈ᄒᆞ고 팔장을 연ᄒᆞ여 쥭겨ᄊᆞ오니 소장이 비록 ᄌᆡ됴 업ᄉᆞ오나 ᄒᆞᆫ번 나아가 션우를 벼여 팔장

의 원슈을 갑고 호왕을 사로ᄌᆞ바 휘ᄒᆞ의 밧치리다.”

세증이 ᄭᅮ지져 왈, “비록 ᄃᆡ국이 ᄑᆡᄒᆞ여시나 명장은 다 이고ᄃᆡ 모와 난지라. 일홈 업난 장슈을 보ᄂᆡ여 적장의 승기을 보리요.”

싱이 분연 왈, “소장이 비록 일홈은 업스나 션우을 벼이지 못ᄒᆞ옵거던 군법으로 시ᄒᆡᆼᄒᆞ옵소셔.”

세증이 종시 듯지 안이ᄒᆞ고 등미러 장 밧그 ᄂᆡ친이 홀일업셔 ᄌᆞᄐᆞᆫᄒᆞ던이,

⑧ 세증이 정동장군 우적을 명ᄒᆞ야 션우을 치라 ᄒᆞᆫᄃᆡ, 우적이 응셩츌마ᄒᆞ여 나가 ᄊᆞ호더니 일 ᄒᆞᆸ이 못ᄒᆞ야 우적의 머리 ᄯᆞ의 ᄯᅥ러지난지라.

⑨ 소싱이 홀노 탄 왈, “진세 만분 위ᄐᆡᄒᆞ니 국가 홍망이 ᄒᆞᆫ번 ᄊᆞ홈의 달여난지라 군ᄉᆞ 장군 모세증은 장슈의 품직만 갈희여 쓰고 ᄯᅩᄒᆞᆫ ᄂᆡ 션우의 머리을 벼히지 못ᄒᆞᆯ가 ᄒᆞ미니라. 나어가 션우을 쥬기고 국가 ᄃᆡ환을 면케ᄒᆞᆫ 후의 나를 쥬긴들 셜마 어이ᄒᆞ리요.”

장ᄒᆞᆫ 긔운을 것잡지 못ᄒᆞ여 말니청총마을 ᄐᆞ고 칠셩검을 ᄲᅦ여들고 천동 갓탄 소ᄅᆡ을 우ᄅᆡ갓치 ᄒᆞ며 눈를 부릅ᄯᅳ고 크게 ᄭᅮ지져 왈,

“반적 션우난 ᄒᆡ동 소ᄃᆡ셩을 아ᄂᆞᆫ다. ᄂᆡ 칼이 오늘날 전장의 쳐음이라 네 머리을 벼혀 피을 ᄂᆡ여 ᄂᆡ 칼을 싯치리라.” ᄒᆞ고 나ᄂᆞᆫ다시 달여 든이 그 소ᄅᆡ 웅장ᄒᆞ고 산천이 문어지난 듯ᄒᆞ더라. 션우 벽역 갓턴 소ᄅᆡ의 황겁ᄒᆞ야 밋쳐 손을 놀이지 못ᄒᆞ야 칠셩검이 빗나며 션우의 머리 말 아ᄅᆡ 나려지ᄂᆞᆫ지라[66]

비교를 해보면 바로 확인할 수 있듯이, 완판본에는 ③·④·⑤의 내용이 빠져 있다. ③·④·⑤는 한성위·문화·상우평 이렇게 세 명의 명나라 장수가 서융에 의해 죽임을 당하는 내용이다. 그렇다면 전후의 맥락을 통해 ③·④·⑤가 빠진 이유를 따져보자. 소대성이 모세징의 허락을 받아 명나라 군대에 들어오고 난 후 명군과 호군은 직접 맞닥

66) <소대성전> 완판43장본, 26b-28a.

뜨리게 되는데, 이 대결의 과정에서 적지 않은 명나라 장수들이 연이어 호군의 장수 선우에게 죽임을 당하게 되고, 이를 보고만 있을 수 없었던 소대성이 출전을 하고자 했으나 모세징에게 한 차례 거절을 당했다가, 더 이상 참을 수 없게 되자 출전 명령 없이 나아가 선우를 죽이게 된다. 이것이 위 인용문의 대강이다.

다시 말해서 이 부분은 위기에 빠진 명나라 군대를 소대성이 구출한다는 내용이다. 이 과정에서 ③·④·⑤는 어찌 보면 소대성 출전의 명분과 정당성에 보다 힘을 실어주는 서사로 기능한다고 볼 수 있다. 명나라의 모든 장수들이 호군의 선우에게 단칼에 죽임을 당하는 상황이 심화될수록 소대성의 출전에 대한 바람이 커지기 때문이다.

그러나 그것은 서사 구조 자체만을 생각했을 때 가능한 논리이다. 한 편의 통속적 소설에 불과할 수 있지만, 그럼에도 불구하고 〈소대성전〉에는 일종의 이념적 지향이 있고 그것은 대명의리론에 가깝다. 이 맥락에서 보면 명나라 장수들의 처참한 죽음은 좀 줄여야 마땅하다.

그리고 굳이 이념을 논하지 않더라도 명나라 군대는 〈소대성전〉의 선악 구도에서 善의 입장에 있기 때문에, 선한 입장에 있는 군대의 장수들을 적잖이 적장의 희생양으로 만드는 것이 독자들에게 환영을 받았을 리 없다는 것은 충분히 예측할 수 있다. 더군다나 어차피 ③·④·⑤의 뒤에는 ⑥이 있다. 연이어 8명의 장수가 죽는다는 ⑥의 내용만으로도 위기의 상황은 충분히 연출될 수 있고, 이에 따라 소대성의 출전이 기대될 수 있는 것이다.

요컨대 한성위·문화·상우평 등 명나라 장수들이 호군 장수 선우에 의해 죽임을 당하는 장면이 삭제된 것은 양 진영의 장수가 대결을 하고 승패가 엇갈리는 장면이 반복적으로 등장해서가 아니다. 영웅소설은 군담을 통해 흥미를 획득하는 장르라는 점에서 장수 간 대결은 흥미를 저애하는 요소가 아니라는 점을 쉽게 알 수 있다. 더욱이 완판본의 장면 확대 과정에 나타나는 특징을 감안하면 이는 오히려 분량이 늘어나야 마땅하다. 하지만 그럼에도 불구하고 이들 장수의 죽음이 생략된 것은 이들이 명나라 장수이기 때문이다. 다시 말해서 명나라 장수가 주인공 소대성과 같은 편으로 선한 캐릭터라는 점, 앞서 완판본 〈용문전〉의 용훈을 통해 확인한 것처럼 완판본이 대명의리론을 지향한다는 점 등이 작용한 결과라 할 수 있다.

천자의 자결 부분이 완판본에서 생략되는 것 또한 마찬가지 맥락이다. 호왕의 유인책으로 소대성이 장안을 구하러 간 사이에 호왕은 명나라 진영을 공격하게 되고 천자는 호왕을 피해 달아나지만 결국 잡힌다. 그리고 호왕은 천자에게 항서를 받아내려 한다. 이 장면에서 경판본의 경우엔 '쳔ᄌᆡ 망극ᄒᆞᄉᆞ ᄌᆞ문(自刎)코ᄌᆞ ᄒᆞ시더니'라는 대목을 넣어서, 호왕에 쫓기던 천자가 자살을 결심하는 내용이 들어간다.[67] 천자의 유약한 면모가 드러나는 것이다. 그러나 더 자세하게 서술되어 있는 완판본에서는 오히려 자살하는 장면이 등장하지 않는다.[68] 소대

67) ᄎᆞ시 체탐이 보ᄒᆞ되 적병이 도셩의 이르러 급히 치ᄆᆡ 십분 위ᄐᆡᄒᆞ다 ᄒᆞ거ᄂᆞᆯ 쳔ᄌᆡ 원슈를 명ᄒᆞᄉᆞ 보ᄂᆡ니라 호왕이 ᄃᆡ셩을 유인ᄒᆞ여 보ᄂᆡ고 야심ᄒᆞᆫ 후 셔북 낭문으로 ᄌᆞᆺ쳐 드러가니 정신을 슈습지 못ᄒᆞ여 죽는 ᄌᆡ 부지기쉬라. 쳔ᄌᆡ 망극ᄒᆞᄉᆞ ᄌᆞ문(自刎)코ᄌᆞ ᄒᆞ시더니 호왕이 발셔 상의 타신 말을 질너 업지르고 항셔를 올니라 ᄒᆞ는지라 상이 용포 ᄉᆞᄆᆡ를 더히고 방셩ᄃᆡ곡ᄒᆞ시니 쳔ᄌᆡ 참담ᄒᆞ더라. <소대성전> 경판 16장본, 15b.

68) 원문 박그셔 기별이 왓시되, "무슈ᄒᆞᆫ 오랑키 장안을 범ᄒᆞ야 ᄉᆞ직이 조모의 잇다." ᄒᆞ거ᄂᆞᆯ 상이 ᄂᆞᆯᄂᆡ여 원슈을 불너 왈, "니놈이 여러 날 나지 안이ᄒᆞᄆᆡ 고히 여겨써니 장안을 범ᄒᆞ여쏘다. 이제 호왕 당적ᄒᆞᆯ 장슈 업시니 이제 경이 가셔 ᄉᆞ직을 밧들고 동군을 구완ᄒᆞ여 잔명을 보존케 ᄒᆞ라." ᄒᆞ신ᄃᆡ 원슈 총망중의 ᄒᆞ직ᄒᆞ고 일진 명마을 거나려 장안을 향ᄒᆞᆫ이라. 잇ᄯᆡ에 호장 체탐이 호왕써 보ᄒᆞᄃᆡ, "ᄃᆡ셩이 장안의 갓다." ᄒᆞ거ᄂᆞᆯ 호왕이 ᄃᆡ히ᄒᆞ여 철기 삼천을 거나려 그날 밤 삼경의 명진의 다다르니 일진이 고요ᄒᆞ여 인마 다 잠을 드러ᄂᆞᆫ지라. 고ᄒᆞᆷᄒᆞ며 지쳐 엄살ᄒᆞ니 명진이 불의예 난을

성이 섬기는 천자가 자살을 결심한다는 것이 완판본의 가치판단으로는 적합지 않았던 것이다. 그리고 굳이 천자가 자살하는 장면이 등장하지 않아도 전후의 상세한 서술을 통해 당시의 정황은 충분히 전달될 수 있다는 이유도 작용했으리라 본다. 이렇듯 명나라 군대에 대한 위기 상황들이 생략되거나 축소되는 것은, 간행인(작자)이나 독자가 명나라 군대의 위기 상황을 그리 반가워하지 않았기 때문이었을 것이다.

(2) 오랑캐에 대한 질책

유사한 맥락에서 완판본에 보이는 또 다른 특징은 오랑캐에 대한 윤리적 질책이 강화된다는 점이다. 이는 전쟁 과정의 경우 장수 간 대결의 양상에 드러나는데, 경판본이 대체로 싸움의 진행 과정에 대한 묘사로 일관한다면 완판본은 오랑캐를 꾸짖고 나무라는 발언들을 자주 삽

만나믜 제장 군졸의 머리 츄풍낙엽일네라 뉘 능히 당ᄒᆞ리요. 잇ᄯᅢ 명진 쳔ᄌᆞ 즁군의셔 취침ᄒᆞ여 겨시다가 ᄒᆞᆷ성소ᄅᆡ 쳔지진동ᄒᆞ기늘 놀ᄂᆡ여 장 밧긔 나와보니 화광이 츙천ᄒᆞᆫ 가온ᄃᆡ 일원 ᄃᆡ장이 크게 위여 왈, "명제 어ᄃᆡ 잇ᄂᆞ뇨." ᄒᆞ며 달여드러오니 보즉 이ᄂᆞᆫ 곳 호왕이라 샹이 ᄃᆡ경ᄒᆞ야 제장을 불르니 졔장 군졸이 다 허여지고 업ᄂᆞᆫ지라. 다만 숨장을 겨우 ᄎᆞᄌᆞ 일지병을 거나러 북문으로 다라나더니 놀이 임무 발그며 황강 강가의 다다르니 강촌 ᄇᆡᆨ셩이 ᄂᆞᆫ을 피ᄒᆞᆯ 길리 업ᄂᆞᆫ지라. 샹이 삼장을 도라보와 가라ᄉᆞᄃᆡ, "좌우의 ᄐᆡ산 막혀 잇고, 압퍼 황강이 잇셔 건넬 기리 업고, 호왕의 츄병은 급ᄒᆞ엿시니 그 가온ᄃᆡ 잇셔 어ᄃᆡ로 가리요. 삼장은 심을 다ᄒᆞ여 뒤을 막으라." ᄒᆞ신니 숨장과 군ᄉᆞ 말머리를 둘너 호젹을 ᄃᆡᄒᆞ여 마음을 둘 고지 업더니 호왕이 다라와 숨장과 군ᄉᆞ을 다 쥬기고 명제ᄂᆞᆫ ᄒᆞᆷ정의 든 범이ᄅᆞ, 엇지 망극지 안이ᄒᆞ리요. 명제 ᄒᆞ놀을 우러러 통곡 왈, "죽기ᄂᆞᆫ 셥지 안이ᄒᆞ되 ᄉᆞ직이 오늘놀 ᄂᆡ겨 와망ᄒᆞᆯ 쥴 알이요. 황천의 드러간들 ᄐᆡ종 황제께 ᄒᆞ면목으로 뵈오리요." ᄒᆞ시고 실피울으실ᄉᆡ 호왕이 황제 탄 말을 질너 것구러치니 샹이 ᄯᆞ의 ᄶᅥ러지거늘 호왕이 창으로 샹의 가슴을 견우며 ᄉᆞ지져 왈, "죽기을 셜워ᄒᆞ거던 항셔을 써 올이라." 샹이 총망중의 ᄃᆡ답ᄒᆞ되, "지필이 업시니 무엇스로 항셔을 씨리요." 호왕이 크게 소ᄅᆡᄒᆞ여 왈, "목슘을 앗길진ᄃᆡ 용포을 ᄶᅦ고 손가락을 ᄭᅵ물나." ᄒᆞ니 ᄎᆞ마 압파 못 ᄒᆞᆯ네라. 소ᄅᆡ나ᄂᆞᆫ 줄 모로고 통곡ᄒᆞ신니 용의 우름소ᄅᆡ 구천의 ᄉᆞ못ᄎᆞ넌지라 ᄒᆞ놀이 엇지 무심ᄒᆞ리요. <소대성전> 완판43장본, 34b-36a.

입한다. 다시 말해 경판본에서는 오랑캐가 단지 서사구조 상의 적대적 존재에 불과했다면, 완판본에서는 그것이 명확한 윤리적 선악의 구도 속에서 악인으로 정립되는데, 이러한 윤리적 선악의 구도는 간행인(작자) 및 독자들의 의식과 상당히 밀접한 관련을 맺고 있을 수밖에 없다.

앞서 살펴본 용훈의 오랑캐에 대한 질책도 이러한 특징을 지니고 있다. 호왕의 회유에 대한 경판본 용훈의 반응은, 용문이 이미 명나라로 전향을 했으며 돌이킬 수 없으니 나를 설득한들 소용이 없다는 것이었는데, 이는 용훈과 호왕의 갈등이 서사구조 속에 배치된 적대관계, 다시 말해서 서사구조 내부에 국한된 적대관계에 불과하다는 사실을 보여주는 것이었다. 반면 완판본 용훈의 반응은 용문이 명나라로 전향한 것은 하늘의 뜻을 거역하고 전횡을 일삼는 오랑캐 왕을 모실 수 없는 필연적 선택이었다는 것이 주된 골자였는데, 이는 용훈과 호왕의 갈등이 서사구조 속에 배치된 적대관계를 넘어서 당시의 윤리적 가치판단의 문제로까지 확대되었다는 것을 말해준다. 다시 말해 경판본의 호왕은 '악의 위치에 있는 군담 속 적장'으로만 인식된다면, 완판본의 호왕은 군담에서 악의 위치에 있는 것은 물론 '윤리적으로 악한 적장'으로 현실 속 부정적 이미지와도 연결되는 것이다.

이는 〈소대성전〉도 마찬가지이다. 이 경우에도 경판본에서 짧게 서술되었던 윤리적 질책이 완판본에서 부각된다.

> [완] : 각설 잇ᄯᅢ는 셩화 십삼 연 춘삼월이라. 국운이 불힝ᄒᆞ야 북흉노 셔융으로 더부려 모반동심ᄒᆞ야 즁국을 범코져 ᄒᆞ야 니무 셔양 등 슈십 쥬을 모와난지라. 방젹을 의논홀시 반무 즁의 일원ᄃᆡ장이 츌반쥬왈, …(중략)…
>
> 힝군ᄒᆞᆫ 보롬만의 이르려 문득 보ᄒᆞ되, "젹병이 산야을 덥폐 질을 막

난다." ᄒᆞ거늘 경틱 문영으로 더부러 즉시 진문의 나 젹진을 바라보던 이 무슈ᄒᆞᆫ 오랑키 질을 막어 진을 치고 북흉노 졔션유로 더부려 진문의 왕닉하거놀, 경틱 크게 워여 왈, "네 엇더ᄒᆞᆫ 도젹이관딕 감이 질을 막는야?"

북흉노 딕왈, "나는 북방 요호국 웅천ᄯᅳ 왕이라. 명을 ᄒᆞ늘계 바다 딕병을 거나려 명나라을 멸ᄒᆞ고 쳔ᄒᆞ강산을 건져닉려 ᄒᆞ거놀, 너의는 엇더ᄒᆞᆫ 기병이관딕 쳔의을 아지 못ᄒᆞ고 감히 항거ᄒᆞ는다?"

경틱 딕로ᄒᆞ야 크게 ᄭᅮ지져 왈, "무지ᄒᆞᆫ 오랑키야 입을 열어 무슴 말 ᄒᆞ는다. ᄒᆞ늘이 두렵도 안이ᄒᆞ냐. 쳔지신명ᄒᆞ야 너의 반ᄒᆞ는 쥴 아르시고 나를 명ᄒᆞᄉᆞ 너의 등을 소멸케 ᄒᆞ실시, 딕군을 드려 이에 왓는이 네 만일 쳔의을 순종ᄒᆞ면 죄을 용ᄉᆞᄒᆞ련이와, 그러치 안이ᄒᆞ면 셔북 오랑키을 다 합몰ᄒᆞ고 네 머리을 벼혀 쳔ᄌᆞ께 밧치리라."69)

[경] : 각도 장문이 급히 보ᄒᆞ딕, "북흉뇌 셔션우로 더브러 정병 빅만과 장ᄉᆞ 천여 원 거ᄂᆞ려 변방을 침노ᄒᆞ여셔 십여 셩을 항복 밧다."

ᄒᆞ기놀 상이 딕경ᄒᆞᄉᆞ 졔신을 모아 의론ᄒᆞ시고, 즁낭장 유문경과 병마달연ᄉᆞ 셔셩틱로 졍병 오십 만과 용장 천여 원을 죠발ᄒᆞ여 여러 놀만의 양관의 다다라 호병을 만나 진셰를 버리고 셩틱 호왕을 ᄭᅮ지져 ᄊᆞ홈을 도도니,70)

위 두 인용문에는 명나라 장수 경태(성태)가 호군을 만나 굴통(굴돌통)과 싸우기 전에 호군을 질책하는 장면이 포함되어 있다. 완판본에서는 오랑캐가 감히 당당하게 중원을 넘본다는 발언을 했다는 사실에 경태가 분노하고 윤리적으로 강하게 질책을 한다.

하지만 경판본에서는 '셩틱 호왕을 ᄭᅮ지져 ᄊᆞ홈을 도도니'로 매우

69) <소대성전> 완판43장본, 19a-20a.
70) <소대성전> 경판16장본, 12b-13a.

간략하게 서술하고 있다. 이 장면에서는 어떠한 윤리적인 질책도 찾아볼 수 없다. 다만 호왕이 敵이라는 사실만이 확인된다. 다시 말해서 천자나 경태(성태)가 호왕의 군대를 막아내야 하는 이유는 호왕이 '단순히 적이기 때문'이다. 오랑캐이기 때문에 무찌르고 없애야 한다는 명분이 여기에는 드러나지 않는 것이다.

> [완] : 이젹의 호왕이 션우 쥬그믈 보고 총을 빗겨들고 진젼의 나와 크게 위여 왈, "앗가 션우 쥬긴 죵슈는 밧비 나와 셩명을 통ᄒᆞ라."
> ᄒᆞ거날 ᄃᆡ셩이 왈, "호왕은 북방 오랑ᄏᆡ라. 이ᄯᆡ 제어치 못ᄒᆞ면 국가의 환이 되리라."
> ᄒᆞ거ᄂᆞᆯ 셰증이 왈, "호왕은 션우의 유 안이라 경적지 말나."
> ᄒᆞ니 싱이 왈, "졔 비록 만부의 용이 잇스나 우지 못ᄒᆞᄂᆞᆫ ᄃᆞᆰ기요 짓지 못ᄒᆞᄂᆞᆫ ᄀᆡ라." ᄒᆞ고 비신상마ᄒᆞ여 진젼의 나셔며 ᄉᆞ지져 왈, "반적 호왕은 ᄒᆡ동 소ᄃᆡ셩을 모로ᄂᆞᆫ다 네 ᄒᆞᆫ갓 강포만 밋고 반심을 두ᄆᆡ ᄒᆞᄂᆞᆯ이 날노써 즁원의 ᄂᆡ시ᄆᆡ 너 갓턴 반적을 소멸코져 ᄒᆞ미라. ᄂᆡ 칼이 본ᄃᆡ ᄉᆞ정이 업슨이 ᄂᆡ 칼을 바다 ᄉᆞ속키 항복ᄒᆞ라."
> ᄒᆞᄂᆞᆫ 소ᄅᆡ 웅장ᄒᆞ거날 호왕이 가로ᄃᆡ, "ᄂᆡ 너을 보니 유모 써난 졔 오ᄅᆡ지 안이ᄒᆞᆫ 유아로다."[71]

위 장면도 상황이 유사하다. 명나라 여러 장수를 베어버린 호군 선우를 소대성이 단숨에 죽이고 돌아오자 호왕은 분노하여 소대성을 불러내고, 소대성은 이에 나서서 자신을 드러내며 호왕을 윤리적으로 질책한다. 하지만 경판본에는 윤리적 질책이 등장하지 않는다. 본서가 텍스트로 삼고 있는 경판16장본에는 아예 이 내용이 생략되어 있으며, 경판36장본에도 대성이 호왕과 대전하기 위해 출전하는 장면만 나온다.

---

71) <소대성전> 완판43장본, 29a.

이렇듯 완판본과 경판본은 호군과 싸움을 하는 장면에서, 오랑캐에 대한 윤리적 질책 여부에 따라 완판본은 윤리적 질책을 하는 장면이 등장하고 경판본은 그러한 장면이 등장하지 않는 특징으로 나뉜다. 혹자는 이것이 두 판본의 분량의 차이에서 기인하는 것은 아닌가 생각할 수도 있다. 그러나 중요한 것은 부연했다는 사실 자체가 아니라, 어떤 내용으로 부연을 했는가의 문제일 것이다. 그렇게 볼 때 윤리적 질책의 삽입 여부는 그 판본이 적대 세력인 오랑캐를 어떠한 맥락에서 인식하는가를 보여주는 매우 중요한 척도가 된다. 앞서 언급한 것처럼 경판본의 오랑캐는 그저 상투적으로 등장하는 '악한 행위를 하는 존재'로만 인식된다면, 완판본의 오랑캐는 '악한 행위 자체보다도 그 악한 행위를 하게 되는 이유가 잘못된 존재'인 것이다.

비유적으로 표현하자면 경판본의 적대 세력은 소설책을 덮으면 존재하지 않게 되지만, 완판본의 적대 세력은 소설책을 덮어도 존재할 수밖에 없다. 왜냐하면 완판본의 적은 이미 '작품 속 적'의 개념을 넘어서 '이념적으로 그리고 윤리적으로 허용될 수 없는 적'이라는 현실적인 의미까지 부여받게 되었기 때문이다. 이는 단순히 사회 이념의 문제로만 해석될 것이 아니다. 당대 이데올로기에 입각하여 적대 세력의 실체를 보다 구체화할수록 독자들은 서사 속 갈등을 보다 실감나게 체험할 수 있기 때문이다. 요컨대 소설 속 적대 세력의 존재를 당대 사회의 이념적인 문제와 함께 결부시키면서, 작품 속 위기와 갈등의 구도는 독자들에게 보다 더 현실적으로 다가왔을 것이고 그것이 작품의 흥미를 배가시켰을 것이다. 이러한 점에서 완판본의 윤리적 질책 강화는 완판본 간행 지역의 소설 향유 문화에 있어 주목할 만한 특징이라 할 수 있다.

(3) 남성영웅의 군담 서사

다음으로 살펴볼 판본 간 특징은 남성영웅의 군담 서사 활약상이다. 이 경우도 완판본이 경판본에 비해 '남성영웅 중심의 군담 서사가 강화'된다는 점이 특징이다. 완판본의 남성영웅 중심의 군담 서사가 강화되는 경향은 크게 두 가지로 나누어 볼 수 있다. 하나는 주변 인물의 활약이 줄어드는 것이고, 다른 하나는 남성영웅의 활약이 늘어나는 것이다.

① 주변 인물 활약의 양상

전자의 경우는 〈용문전〉에서 확인할 수 있다. 용문이 명나라로 전향을 하자 호왕은 용문의 부친 용훈을 잡아와서는 용문이 돌아올 것을 종용하는 회유 편지를 쓰라고 명하는데, 용훈은 호왕의 명령을 수행하지 않는다. 호왕은 당장이라도 용훈을 죽이고 싶었지만, 용훈을 죽였을 경우 발생할 문제와 훗날의 쓰임을 생각해서 그대로 두고, 대신 용훈의 필적을 위조하여 용문에게 편지를 보낸다. 편지를 받아본 용문은 부친의 필적이 위조된 것인 줄 모르고 부친의 안녕을 근심하게 되고, 이때 연화선생은 편지가 위조된 것이니 걱정하지 말라고 한다.

경판본에서는 뒤이어 곧바로 연화도사와 천관도사가 도술 대결을 펼치는 장면이 나온다. 그런데 흥미로운 점은 완판본에는 이 장면이 등장하지 않는다는 사실이다. 상대적으로 분량이 짧은 경판본에서 이렇듯 긴 분량을 할애하여 서술을 했음에도 불구하고, 완판본에서는 이를 전혀 수용하지 않는다. 왜일까?

[경] : ᄎᆞ시 삼경이라 문득 운뮈 자옥ᄒᆞ고 광풍이 ᄃᆡ작ᄒᆞ며 난ᄃᆡ업슨 불이 이러ᄂᆞ니 화광이 년천ᄒᆞ여 일군이 경황ᄒᆞ니 이난 텬관도인의 도

술이라. 년화선싱이 즉시 풍빅을 부르며 글 두 장을 소화ᄒᆞ니 이윽고 그ᄋᆡᄒᆞᆫ 비 붓드시 오며 그런 장ᄒᆞᆫ 불이 일시예 써지고 ᄇᆞ람이 긋치고 텬디 명낭ᄒᆞ거늘, 그제야 진세를 정ᄒᆞ고 선싱이 크게 웨되, "적진 텬관 도ᄉᆞᄂᆞᆫ 날을 속이고져 ᄒᆞᄂᆞ 당낭이 엇지 수릐를 막으리오. 밧비 호렴 등의 머리를 버혀 항ᄒᆞ라."

ᄒᆞ니 문득 적진의서 급히 웨되, "냥국 장졸이 다 머무르고 아국 텬관 도인과 년화도인과 승부를 결우고져 ᄒᆞᄂᆞ니 샐니 ᄂᆞ와 ᄆᆞ즈되 만일 두렵거든 노왕과 뇽문의 머리를 버혀 보ᄂᆡ라."

ᄒᆞ거늘 선싱이 미소 왈, "텬관도ᄉᆡ 도술노 우리 진중을 탐지코자 ᄒᆞ미어니와 뇽문은 하늘이 ᄂᆡ신 영웅이라, 제 엇지 당ᄒᆞ리오." ᄒᆞ고 하령 왈, "금야의 우리 진즁의 불측ᄒᆞᆫ 변홰 무궁ᄒᆞ리니 각진을 옴겨 노진의 합세ᄒᆞ고 각각 ᄃᆡ오를 정ᄒᆞ여 방비ᄒᆞ고 설뎡두와 병영두난 텬지를 호위ᄒᆞ여 군중이 공의 ᄂᆡ 녕을 기다리되 ᄐᆡ만지 말나."

제장이 호령을 기다리더니 이경이 되미 홀연 운뮈 자옥ᄒᆞ며 ᄐᆡ산 갓튼 물결이 노진 ᄉᆞ면을 덥혀 드러오니 일군이 경황ᄒᆞ더니 년화선싱이 장ᄃᆡ에 올나 작법ᄒᆞ니 ᄃᆡ풍이 진작ᄒᆞ며 운뮈 ᄒᆡ여지고 물결이 머러지거늘, 위공이 노왕과 뇽문을 다리고 그 놉흔 뫼의 올나 적진을 살피고 일으되, "이난 진짓 도술이 ᄋᆞ니로다. 술법이 참된즉 □의 법술이 그리 쉬우리오, 일졍 좀 법술노 존칭 텬관도ᄉᆡ라 ᄒᆞ미로다. 그러ᄂᆞ 밤 든 후 변이 이시리니 미리 방비ᄒᆞ리라." ᄒᆞ고 군ᄉᆞ로 남글 만이 버혀 탁자를 ᄆᆡᆫ들고 오식비단을 말나 념ᄒᆞ야 청뇽 일선을 ᄆᆡᆫ드러 뇽 ᄒᆞ나의 군사 일천식 너허 각각 창검을 들니고 원수ᄂᆞᆫ 군ᄉᆞ 삼만을 거ᄂᆞ려 동선를 치라 ᄒᆞ고 위공은 텬자를 뫼서 후응이 되여 ᄃᆡ적ᄒᆞ려 ᄒᆞ더라.

각설 텬관도인이 술을 부려 운무로 노진을 덥고 ᄉᆞ히 물을 모러드리더니 홀연 날이 ᄀᆡ고 물이 ᄉᆞ면으로 허여지거늘 도ᄉᆡ 놀나 왈, "이난 년화도인의 제방ᄒᆞ미라. ᄂᆡ일 다시 비밀ᄒᆞᆫ 술노 설칙ᄒᆞ리라." ᄒᆞ고 인ᄒᆞ여 목욕재계ᄒᆞ고 칠층단의 올나 이십팔수로 청의흑건의 ᄆᆡᆼ호 그려 들ᄂᆡ고 동자 필셩으로 청포흑건의 촉을 들이고 긔도ᄒᆞᆫ 후의 범 그린

> 거슬 다 살와바리니 초경이 지나며 문득 일천 맹회 광풍을 조처 공중으로셔 ᄂᆞ려와 일시의 눈을 부릅쓰고 다라드니 일진이 경황ᄒᆞᆫ지라.
> 도식 네 장수를 명ᄒᆞ여, "일만군을 거ᄂᆞ려 젹진동남의 미복ᄒᆞ라." ᄒᆞ고, "호셥 호격 듕달 츅달 ᄉᆞ장은 좌우 선봉과 후응이 되여 일시에 치되 여ᄎᆞ여ᄎᆞᄒᆞ되 다만 소ᄃᆡ성을 버히라, 농문을 가이 힘으로 잡지 못ᄒᆞ리니 자년 잡을 도리 잇스니 일정 요동치 말고 밍호의 세를 ᄶᅡ러 치라." ᄒᆞ고 힝군홀 시 범을 모라 명진을 즈치니 명진 칠십만 장졸이 경황위급ᄒᆞ더니 년화선싱이 전녕ᄒᆞ야 일절 요동치 말나 ᄒᆞ고 일성포향의 좌우 복병이 일천 비룡을 모러 일시의 즈치니 뇽의 소릭와 범의 소릭 천디 뒤눕고 냥진 검극이 일광을 가리우더라. 위공이 풍자 두자를 써 공즁의 날니니 이윽고 딕풍이 진작ᄒᆞ며 비사주색ᄒᆞ니 호진 장졸이 눈을 쓰지 못ᄒᆞ고 손을 놀니지 못ᄒᆞ여 서로 즛ᄇᆞ러 죽고 일천 밍회 일긱의 슬허지니 이윽고 텬지 명낭ᄒᆞ더라.[72]

위 인용문은 경판본에서 연화도사가 천관도사의 도술을 막아내며 천지를 진정시키는 내용이다. 천관도사가 도술을 이용해 명나라 군대를 공격하게 되는 이유는 그 앞부분과 관련이 있다. 앞부분에서 오랑캐 진영은 용문을 회유할 요량으로 용훈 명의의 위조 편지를 보내지만, 연화도사에 의해 그 편지의 실체가 드러나면서 호군이 의도했던 바가 수포로 돌아가게 된다. 따라서 이 내용에 뒤이어 천관도사가 도술로 공격을 감행하는 장면이 등장하는 것은, 용문을 회유하지 못한 상황에서 전쟁을 통해 명나라를 거머쥐는 것이 불가능하다는 판단과, 연화도사가 있는 한 명나라 진영을 무너뜨리는 것이 쉽지 않다는 판단에 따른 것으로 볼 수 있다. 호국의 천관도사가 공격을 감행하는 양상이지만 오히려 호국의 위기가 점점 더 커지고 있는 것이다.

---

72) <용문전> 경판36장본, 20b-22b.

호국의 위기가 점점 더 커져가는 흐름은 천관도사의 모든 도술이 연화도사에 의해 제대로 발휘되지 못하는 모습을 통해서도 확인된다. 천관도사가 三更에 도술을 부려 자욱한 雲霧 속에서 狂風을 일으켜 火光을 만들어내지만, 이내 연화선생은 風神을 불러 비를 내리게 하여 불을 일시에 꺼버린다. 또 천관도사가 雲霧를 만들고 사방의 물을 모아 공격을 하려고 하자, 곧바로 연화선생이 이를 막아 물이 사면으로 흩어지게 만든다. 천관도사는 또 다시 도술을 부려 천 마리의 호랑이를 진영에 풀어버리는데, 이때도 연화선생은 천 마리의 飛龍을 몰아와 진영을 진정시킨다. 천관도사의 도술이 연화도사의 탁월한 능력에 의해 모두 저지당하는 것이다.

그러나 연화도사가 천관도사의 도술을 모두 막아내는 것으로 쉽게 대결이 끝나지 않는다. 연화도사의 도술로 명군이 승기를 잡자 소대성과 용문은 전장에 나아가 오랑캐를 직접 공격하게 되는데, 이때 천관도사가 연화도사의 도술에 응전하여 용을 쓰러뜨리고 오방신장으로 공격을 하여 소대성을 위기에 몰아넣는다. 물론 이는 진정으로 소대성을 위기에 몰아넣기 위한 것이라기보다, 위기의 상황을 보다 극대화해서 군담의 서사적 흥미를 보다 강화하려는 의도라고 보아야 한다. 다음의 내용을 통해 위기의 상황이 어떻게 극복되는지 확인할 수 있다.

> [경] : 노왕과 뇽원쉬 일시에 말을 노ᄒᆞ 좌충우돌ᄒᆞ니 호진이 황겁ᄒᆞ여 사산분주ᄒᆞ니 텬관도인이 탄왈, "년화도인은 진짓 텬신이로다 그러나 ᄂᆡ 술을 제 엇지 다 ᄑᆞᄒᆞ리오." ᄒᆞ고 진언을 념ᄒᆞ니 명진 일천 비룡이 일시예 허여지ᄂᆞᆫ지라. 텬관도ᄉᆡ 이십팔수를 공중의 날니더니 오방신장이 사면으로 물미듯 드러오니 금고함성이 텬디 진동ᄒᆞᄂᆞᆫ지라.
>
> 노왕과 원쉬 어즈러니 ᄌᆞ쳐 ᄂᆡ닷더니 호진의 ᄃᆡ군을 모라 냥진을 에워ᄊᆞ고 급히 치니 원수ᄂᆞᆫ 당전ᄒᆞ야 싀살ᄒᆞ고 노왕은 뒤희 엄살ᄒᆞ야 칠

성검을 두루고 청총마를 쒸여 번긔갓치 치나 당치 못ᄒᆞ고 운뮈 사색ᄒᆞ니 호졉 등 사장이 호장을 거ᄂᆞ려 일시예 치며 웨되, "소ᄃᆡ성을 잡으라." ᄒᆞ난 소리 진동ᄒᆞ니 노왕이 ᄒᆡ심의 드러 정이 위급ᄒᆞ더니, 텬관도ᄉᆡ 일월긔를 둘너 치기를 ᄌᆡ촉ᄒᆞ더니 홀연 흑운이 자욱ᄒᆞ고 공듕으로서 고이ᄒᆞᆫ 소리 나며 이십팔장은 청농을 타고 ᄯᅩ 이십팔장은 백호를 타고 각각 날닌 병긔를 들고 일시에 나여와 치니 노왕이 분력ᄒᆞ여 충돌ᄒᆞ니, 호셥 등 사장이 노왕의 용ᄆᆡᆼ을 보고 분노 왈, "우리 북방이어늘 소ᄃᆡ성을 엇지 잡지 못ᄒᆞ리오."

일시에 진력ᄒᆞ여 치니 노왕이 앙텬탄왈, "소ᄃᆡ성이 엇지 오늘늘 호장의 손의 맛츨줄 알니오." ᄒᆞ고 틍돌ᄒᆞ더니 문득 호셥의 칼이 몸의 갓가이 이르니 크게 한 소리를 지르고 칠성검을 둘너 막아 ᄉᆞ당을 ᄃᆡ적ᄒᆞᄂᆞ 능이 버서ᄂᆞ지 못ᄒᆞ고 긔운이 쇠진ᄒᆞ여 정이 위급ᄒᆞ엿더니 호격의 창을 ᄆᆞ자 ᄂᆞ려지니 촉달이 ᄃᆞ라드러 창으로 지르려 ᄒᆞ거늘, 노왕이 그 창ᄃᆡ를 잡고 몸을 소소처 말게 오르며 크게 소리ᄒᆞ니 사장이 그 뇽ᄆᆡᆼ을 보고 놀ᄂᆞ 잠간 주저ᄒᆞ더니 문득 일진청풍이 이러나며 호군이 물결 허여지 듯ᄒᆞ더니 동남각상으로서 일원ᄃᆡ장이 적토마를 타고 뇽천검을 들고 나난드시 드러오며 웨여 왈, "필부 호격 등은 어ᄃᆡ 잇ᄂᆞᆫ뇨." ᄒᆞ니 사장이 놀나 자시 보니 이곳 뇽문이라. ᄃᆡ로ᄒᆞ야 일시에 다려드러 죽기로 혼살ᄒᆞ더니 불과 수합의 뇽천검이 빗나며 호격과 듕달의 머리 따희 ᄯᅥ러지니 냥장이 경겁ᄒᆞ야 말을 두루혀 다라나니 원수와 노왕이 분녁ᄒᆞ여 치니 촉달의 머리 마ᄒᆞ의 ᄂᆞ려지니 호왕이 ᄃᆡ경실ᄉᆡᆨᄒᆞ여 아모리 ᄒᆞᆯ 줄 모르더니 원수의 칼이 빗나며 호왕의 머리 마ᄒᆞ의 ᄂᆞ려지난지라.[73]

결국 소대성의 위기는 소대성 본인의 용맹으로 모면하게 되지만, 그 직전에 죽음을 목전에 두는 급박한 상황은 보는 이로 하여금 노왕 소

---

73) <용문전> 경판36장본, 22b-24a.

대성이 자칫 죽을 수도 있다는 걱정을 하기에 충분하다. 어쨌든 위기를 모면한 후 소대성은 용문과 함께 호국 장수와 호왕을 죽이며 전쟁을 승리로 끝맺는다. 실질적으로 작품의 가장 큰 구조적인 갈등이 해결되는 순간이기도 하다.

긴 분량을 인용해야 할 만큼 기실 이 부분은 경판본의 서사적 갈등이 해소된다는 측면에서 상당히 중요한 의미를 지닌다. 그리고 이때 천관도사와 연화도사의 도술담은 단순히 도술담이라는 특성으로 따로 떼어놓고 볼 수 없는 화소이다. 두 도사의 도술 대결 과정에서 소대성이 위기에 처하고, 그 위기를 극복하면서 갈등이 해결되기 때문이다. 서사적 위기의 대미를 장식하는 계기가 두 도사의 도술 대결에서부터 나왔다고 해도 과언이 아니다.

그런데 흥미롭게도 완판본에는 이 내용이 전혀 들어가 있지 않다. 이에 해당하는 완판본의 내용은 대략,

> '(위조 편지 확인 이튿날) 용문과 노왕 소대성이 호진을 습격하여 결국 호왕은 노왕 소대성에게 죽고 호군의 군사들이 전멸하며, 천관도사만 황하수로 도망을 치지만 용문에게 쫓기다 결국 잡힌다.'

정도로 요약할 수 있다. 경판본에 비하면 상당히 간단하고, 특히 두 도사의 도술담이 전혀 들어가 있지 않다.

완판본에는 왜 연화도사와 천관도사의 도술을 통한 대결이 들어가 있지 않을까? 여기서 다시 상기해야 할 것은 완판본의 경우 〈소대성전〉과 〈용문전〉이 합철되었다는 점이다. 두 도사의 도술담은 소대성의 위기로 이어진다. 그런데 〈소대성전〉과 〈용문전〉이 합철되었기 때문에, 전반부의 주인공이자 후반부에서도 큰 역할을 수행하는 소대성

의 영웅적 면모가 가려지는 화소는 환영받지 못했을 가능성이 높다. 앞서 명나라 천자나 군대에 대한 부정적인 언급들도 빠졌다는 사실과 일맥상통한다.

그런데 혹자는 오히려 소대성이 위기를 스스로 모면하는 과정이 소대성의 영웅성을 보다 부각시키는 데 일조할 수 있으므로, 도술 대결로 시작해서 소대성의 위기 극복으로 끝맺는 경판본의 서사를 뺀 것은 소대성의 영웅성을 고려한 선택이 아니라는 반론을 제기할 수도 있다.

그러나 이러한 반론은 소대성이 탁월한 능력을 발휘해서 위기를 모면하는 장면이 경판본에 극대화되어 있다면 성립이 가능한 논리이지만, 위 인용문을 통해 확인할 수 있듯이 소대성의 위기 극복 서사는 상당히 요약적으로 제시되어 있기 때문에 그 논리의 성립이 어렵다. 다시 말해서 만약 경판본의 위 서사를 완판본에 그대로 가져올 경우 소대성의 탁월한 위기 극복 능력이 강조되기보다는 연화도사와 천관도사의 뛰어난 도술 대결이 훨씬 더 부각됨으로써, 〈소대성전〉과 〈용문전〉의 구조적인 갈등이 해결되는 서사적으로 굉장히 중요한 지점이 소대성이나 용문과 같은 남성영웅에 의해 주도된다기보다는 연화도사와 천관도사에 의해 주도된다는 느낌을 받을 수 있는 것이다. 완판본에서 이 부분이 탈락한 것은 바로 이와 같은 이유 때문이었을 것이다.

만약 이러한 논리대로라면 완판본에서는 연화도사와 천관도사가 아닌, 소대성과 용문에 의해 갈등이 해결되어야 마땅하다. 실제로 완판본은 어떠한 방식으로 위기를 해결하고 있는지 살펴보자.

> [완] : 뇽문이 그 편지를 가지고 션싱젼의 드러가 눈물을 흘니니 션싱이 꾸지져 왈, "엇지 위됴 편지를 술피지 못ᄒᆞ난고."
> 뇽문이 엿ᄌᆞ오ᄃᆡ, "그 편지 ᄉᆞ연을 ᄌᆞ세이 보옵소셔."

> 션싱이 이윽키 보다가 ᄃᆡ소 왈, "일분도 염여치 말나. 십 연 젼의 그ᄃᆡ 부친의 ᄉᆞ쥬을 본즉 와셕종신ᄒᆞᆯ ᄉᆞ쥬뇨, ᄌᆞ식의 덕으로 군왕의 일홈이 셰상의 진동ᄒᆞᆯ 거신니 엇지 실품를 두리뇨. ᄯᅩ 편지 ᄉᆞ년을 본즉 그ᄃᆡ 부친의 친필이 안니뇨 즁간 위됴라. 만일 셔즁 사연과 갓ᄒᆞᆯ지라도 호젹이 그ᄃᆡ 부친과 구독을 ᄒᆡ코져 ᄒᆞ나 쳔관도닌이 막어 슉식이 평만ᄒᆞᆯ 거시니 정신를 상케 말나."
>
> 뇽문이 ᄃᆡ왈, "명일의 북호을 합멸ᄒᆞᆯ 게교 잇ᄉᆞ오니 나ᄂᆞᆫ 쳘기 ᄉᆞᆷ만을 거나려 젼면으로 엄십ᄒᆞ고, 노왕은 쳘기 ᄉᆞᆷ만을 거나려 후면을 쳐드러가고, 좌우복병ᄒᆞᆯ 장슈을 보ᄂᆡ여스니 엇지 호국 파ᄒᆞ기을 염여ᄒᆞ리요."
>
> 닛튼날 평명의 뇽문이 엄신갑의 황용투고을 쓰고 좌슈의 뇽쳔검을 들고 우슈의 ᄉᆞᆷ빅 근 쳘퇴을 들고 젹토마를 타고 진젼의 ᄂᆡ다른이 검극은 일월을 희롱ᄒᆞ고 술기 ᄉᆞᆼ쳔ᄒᆞ니 ᄉᆞᄅᆞᆷ의 졍신를 샹케 ᄒᆞᄂᆞᆫ지라. 호국 장졸이 용문의 기상울 바라보고 간담이 셔늘ᄒᆞ고 정신을 ᄎᆞ리지 못ᄒᆞ더라. 명진 장ᄃᆡ의셔 방포일셩의 쳔병만마가 호진 젼면을 힝ᄒᆞ야 ᄲᆞ른 살갓치 ᄃᆞᆯ녀들고 노왕은 후면으로 쳐드러가니 호진 장졸이 혼불부신ᄒᆞ여 ᄃᆞᄅᆞᄂᆞᆫ거늘 뇽문이 좌츙우돌ᄒᆞ니 그 쥬검이 ᄐᆡ산 갓고 피 흘너 강슈 되엿더라. 호왕은 ᄉᆞᆷ쳔 병마를 거나려 좌편 월츌산으로 드러가고 쳔관도ᄉᆞ는 슈빅 원 장슈와 군ᄉᆞ ᄉᆞᆷ쳔 명을 거나려 우편으로 ᄃᆞᄅᆞᄂᆞ고 그 나문 제장과 군졸은 뇽문의게 쥭은지라.[74]

용문이 호국 진영에서 보낸 위조 편지를 보고 부친을 걱정하자 연화선생은 그 편지가 가짜이며 부친은 목숨을 부지하고 잘 있을 것이니 걱정을 하지 않아도 된다고 말한다. 그리고 이어서 바로 용문이 오랑캐를 합멸할 계교가 있다고 말을 하면서, 소대성과 용문 중심의 전략을 짠다. 그리고는 경판본에 비해 훨씬 수월하게 호국 진영을 무너뜨

74) <용문전> 완판38장본, 30b-31b.

리고 갈등을 해결한다. 이로 보건대 완판본에서 연화선생과 천관도사의 도술 대결이 사라진 것은 다른 이유보다도 남성영웅인 소대성과 용문의 영웅적 활약을 더욱 부각시키기 위한 의도로 해석하는 것이 적합하다.

그리고 소대성과 용문의 영웅적 활약을 놓고 보면 경판본에 비해서 완판본이 소대성과 용문의 능력을 비슷하게 형상화한다는 사실을 알 수 있다. 그도 그럴 것이 경판본의 〈용문전〉은 말 그대로 용문이라는 주인공을 위해 독자적으로 만들어진 작품이라면, 완판본의 〈용문전〉은 〈소대성전〉과의 관계 속에서 만들어진 작품이기 때문이다. 이는 두 장수의 대결 양상에서 여실히 드러난다.

> [경] : 호진으로서 ᄒᆞᆫ ᄃᆡ장이 적토마를 타고 용천검을 드러 어즈러이 치니 불과 삼합의 머리 칼을 조차 나려지니 노왕이 ᄃᆡ로ᄒᆞ여 칠성검을 들고 청총마를 모러 바로 용문을 취ᄒᆞ여 ᄇᆡᆨ여합의 불분승뷔라. 임의 날이 져물ᄆᆡ 냥진이 각각 징을 쳐 군을 거둘 ᄉᆡ 용문이 ᄒᆞᆫ 살노 노왕의 투고을 ᄆᆞ치니 이ᄂᆞᆫ 노왕의 긔상을 보고 참어 히치 못ᄒᆞ고 ᄌᆡ조만 뵈미라.
>
> 노왕이 본지의 도러가니 선ᄉᆡᆼ 왈, "전ᄒᆞ 긔력이 소시에서 감치 아냐시니 사례ᄒᆞ거니와 용문은 천ᄉᆡᆼ영웅이라, 그 ᄌᆡ죄 엇더ᄒᆞ던잇고."
>
> 노왕 왈, "용녁과 ᄌᆡ죄 날에서 두어층이나 더ᄒᆞ고 우리 진중의ᄂᆞᆫ 적쉬 업스니 ᄃᆡ적키 어려울가 ᄒᆞ나이다." …(중략)…
>
> 각설 뇽문이 노왕을 쏘아 마칠 거시로ᄃᆡ 그 영웅을 앗겨 다만 ᄌᆡ조를 뵈노라 투고를 맛치고 진의 도라와 헤오ᄃᆡ, 'ᄎᆞ인이 지용이 겸전ᄒᆞᆯ ᄲᅮᆫ 아니라 긔상이 태평군왕이요 호왕은 용ᄆᆡᆼᄒᆞ나 ᄯᅳᆺ이 잔졸ᄒᆞ여 능히 ᄃᆡ업을 일우지 못ᄒᆞᆯ 거시오 기여 사인은 병법과 지략이 능치 못ᄒᆞ고 텬관도인이 비록 풍운을 부리나 사람과 ᄣᅢ를 만나지 못ᄒᆞ여시니 다만

싱민만 힉홀 ᄯᆞ름이라.'[75]

[완] 셩윤이 그 소릭을 들으미 정신이 아득ᄒᆞ여 아모란 졸 몰으더니 문득 용문의 충이 번듯ᄒᆞ며 셕윤의 머리 마ᄒᆞ의 나려지니 노왕이 셕윤 죽으믈 보고 ᄃᆡ로ᄒᆞ야 칠셩검을 들고 청총마를 ᄐᆞ고 ᄭᅮ지져 왈, "네 엇더ᄒᆞᆫ 놈이관ᄃᆡ 젹국을 도아 ᄃᆡ국을 침범ᄒᆞᄂᆞᆫ다." ᄒᆞ며 용문과 ᄊᆞ오니 양장의 지조 진실노 쳔인일네라. 두 말굽이 분분ᄒᆞ여 공중의 ᄯᅥ시니 피ᄎᆞ을 분별치 못ᄒᆞ더니 ᄂᆞᆯ이 맛도록 ᄊᆞ오되 미결승부라.[76]

경판본에서 두 장수의 접전은 '용문이 결정적으로 소대성에게 화살을 쏴서 맞출 수 있었지만 영웅인 소대성을 아껴 투고만 맞추고 본진으로 돌아가는 것'으로 결론이 난다. 그러나 완판본에서 두 장수의 접전은 '승부를 가리지 못한 것'으로 결론이 난다. 경판본에서는 용문의 능력이 더 탁월하게 묘사되지만 완판본에서는 소대성과 용문이 그 능력에 있어 대등한 위치에 있는 셈이다. 이렇듯 완판본은 다른 어떤 인물의 활약보다도 소대성과 용문의 활약에 집중하는 경향을 보이며, 그로 인해 〈용문전〉에서 두 인물을 비교적 대등하게 그리고 있다. 이는 지금까지 살펴본 바와 같이, 완판본에서 주변 인물들의 활약이 약화되는 것을 통해 확인된다.

② 남성영웅 활약의 양상

다음으로 후자, 즉 완판본의 군담에서 남성영웅의 활약이 확대되는 양상을 살펴보자. 〈소대성전〉에서 소대성은 명나라 장수들이 선우(서

75) <용문전> 경판36장본, 13a-14a.

76) <용문전> 완판38장본, 18a-18b.

융)에 의해 무참히 죽임을 당하자 스스로 출전하여 전공을 세우고 모세징과 천자에게 본인의 이름을 각인시킨다. 그리고는 다시 출전하여 호왕과 대전을 하며 우여곡절을 거치는데 이때마다 위기의 상황을 능동적으로 헤쳐 나간다. 이 과정에서도 완판본과 경판본에는 서술 상의 편차가 크다. 완판본이 소대성의 행적을 상세하게 그려내고 있다면, 경판본은 상대적으로 비교적 덤덤하게 묘사하고 있다.

완판본의 경우 소대성과 호왕이 접전을 벌이다 물러난 후, 호왕의 계교에 소대성이 함정에 빠졌다가 진 밖으로 나오기도 하고, 호왕이 자운동에 불을 지르고 소대성을 유인하여 불 속에 가두자 소대성이 극적으로 탈출을 하기도 하는 등, 소대성은 자주 위기에 빠지지만 그럼에도 불구하고 매번 극적으로 위기에서 벗어남으로써 독자들에게 영웅의 면모를 재차 각인시켜준다.[77] 그러나 경판본의 경우 이 부분의 서사가 경판본 내 판본끼리도 균질하지 못하고 들쭉날쭉한 양상을 보

---

77) 서경희의 서사 분석을 인용하여 이 내용을 제시하면 아래와 같다. 서사 진행 과정을 보면 알 수 있듯이 대결의 구조는 호왕의 계교나 지략이 먼저 등장하고 소대성이 위기에 처하지만 그것을 잘 피하는 순서로 나오고 있다. 서경희(a), 앞의 논문, 67-68쪽.

① 대성이 호왕과 대전하기 위해 출전하자 세징이 조심하라고 당부하다. ② 대성과 호왕이 겨루는데 승부가 나지 않자 양진에서 징을 쳐 군을 거두다. ③ 호왕이 제장과 팔문금사진으로 대성을 잡기로 논의하다. ④ 출전하는 대성에게 세중이 조심하라고 당부하다. ⑤ 대성이 호왕의 함정에 빠지다. ⑥ 대성이 흑운을 쓸어버리고 서북에서 동남으로 제장을 치다. ⑦ 호왕이 일자장사진을 치자 대성이 진밖으로 나오다. ⑧ 대성이 호왕의 조화에 놀라다. ⑨ 천자가 대성을 불러 칭찬하고 조심하라고 당부하다. ⑩ 호왕이 석진에게 오백 군을 거느리고 자운동에 가서 불을 지르도록 하다. ⑪ 호왕이 겸한에게 일천 군을 거느리고 북녘에 불 지르게 하다. ⑫ 제장이 호왕이 대성을 유인한 후 불을 피할 일을 염려하다. ⑬ 호왕이 변신하여 헛몸을 만들다. ⑭ 호왕이 대성을 유인하여 자운동에 들어가서는 곧 사라지다. ⑮ 대성이 자결하려 하다가 화덕진군의 도움으로 불을 피하게 되다. ⑯ 화덕진군이 대성에게 호왕은 천관도사의 제자이니 조심하라고 이르다. ⑰ 천자가 대성이 죽은 줄만 알고 슬퍼하다가 돌아오자 위로하다.

인다.[78] 다시 말해서 소대성이 위기에 처했다가 능동적으로 상황을 해결해가는 모습이 일정하지 않다는 것이다.

천자를 구출하는 장면도 완판본의 서사가 훨씬 극적이며 그렇기 때문에 소대성의 영웅적 활약 또한 더욱 돋보인다.

> [완] : 잇쩌 원슈 장안으로 가 호왕을 ᄎᆞ지니 호왕은 업고 겸ᄒᆞᆫ이 ᄉᆞᆷ군을 거놀려 왓거날 원슈 분노ᄒᆞ여 겸ᄒᆞᆫ을 ᄒᆞᆫ칼의 벼히고 졔군의계 ᄒᆞ령 왈, "이졔 호왕이 놀을 치우고 우리 ᄃᆡ군을 범코져 ᄒᆞ민이, 나는 필마로 가셔 ᄃᆡ군을 급피 구완ᄒᆞᆯ 거신니 졔군은 닷라오라." ᄒᆞ고 달여가니 ᄲᆞᆯ의기 풍우 갓ᄐᆞᆫ지라.
>
> ᄃᆡ진을 항ᄒᆞ야 오던이 홀연 공즁의셔 워여 왈, "용부야 ᄃᆡ진으로 가지 말고 황강으로 가라. 지금 쳔ᄌᆞ 강변의 ᄶᅥ구러져 호왕의 창 ᄭᅳᆺᄐᆡ 명이 진케 되여시니 급피 구완ᄒᆞ라." ᄒᆞ거늘 원슈 황강으로 가며 분기 충천ᄒᆞ여 왈, "압푸 큰 강이 가려씨니 건넬 길이 업ᄂᆞᆫ지라."
>
> ᄯᆡᄂᆞᆫ 느져가고 분기는 울울ᄒᆞ여 말다려 경계ᄒᆞ여 왈, "네 비록 짐싱이나 ᄉᆞ롬의 급ᄒᆞᆷ믈 알지라. 물를 건네라." ᄒᆞᆫ이 청총마 그 임ᄌᆞ의 ᄎᆡᆼ셩을 모로리요, 고기을 들고 청쳔을 우러러 ᄒᆞᆫ소릐을 벽역갓치 질으고 강을 건네씌니, 이난 ᄃᆡ셩의 츙심과 청총마 그 임ᄌᆞ 아ᄂᆞᆫ 졍을 ᄒᆞ놀리 감동ᄒᆞᄉᆞ 건네계 ᄒᆞ미라.
>
> 그제야 멀이 바라보니 샹이 강변의 너머져ᄂᆞᆫ지라. 원슈 우릐 갓탄 소릐을 벽역갓치 질으며, "호왕은 너의 임군을 히치 말나." ᄒᆞᄂᆞᆫ 소릐 천지 진동ᄒᆞ니 호왕이 황겁ᄒᆞ야 밋쳐 회마치 못ᄒᆞ야, 청총마 호왕의 탄 말을 물고 ᄃᆡ셩의 칠셩검은 호왕의 머리을 버혀 마ᄒᆞ의 ᄯᅥ러지ᄂᆞᆫ지라. 원슈 호왕의 머리을 창 ᄭᅳᆺᄐᆡ ᄭᅦ여들고 말ᄶᅧ 나려 강변의 다다르니 쳔ᄌᆞ 기절ᄒᆞ여 누어거놀 원슈 복쥬 왈, "ᄃᆡ셩이 호왕을 쥬기고 왓나이다."

---

78) 서경희(a), 앞의 논문, 67-70쪽 참조.

샹이 혼미 즁에 ᄃᆡ셩의 말을 들으시고 용안을 잠간 드러보니 과연 ᄃᆡ셩이 호왕의 머리를 들고 복지ᄒᆞ여거ᄂᆞᆯ 혼미 즁의 이러나 ᄃᆡ셩의 손을 ᄌᆞᆸ고 ᄭᅮᆷ인가 ᄉᆡᆼ신가 분별치 못ᄒᆞᆯ네라 원슈 엿ᄌᆞ오ᄃᆡ, "소신이 이졔 반적 호왕을 쥭겨ᄊᆞ오니 옥쳬을 진졍ᄒᆞ옵소셔."

샹이 졍신을 ᄎᆞ려 가라ᄉᆞᄃᆡ, "어느 ᄉᆡ이예 호왕을 쥬기고 짐의 잔명을 보젼케 ᄒᆞᄂᆞᆫ다. 도라가 쳔ᄒᆞ를 반분ᄒᆞ리라."79)

[경] : 이ᄯᆡ 호왕이 계장과 의논 왈, "ᄃᆡ셩을 힘으로는 ᄃᆡ적지 못ᄒᆞ리니 계교로ᄡᅥ 잡으리라." ᄒᆞ고 셤한을 장안으로 보ᄂᆡ여 엄습게 ᄒᆞ니라.

ᄎᆞ시 쳬탐이 보ᄒᆞ되, "적병이 도셩의 이르러 급히 치ᄆᆡ 십분 위ᄐᆡᄒᆞ다." ᄒᆞ거ᄂᆞᆯ 쳔ᄌᆡ 원슈를 명ᄒᆞᄉᆞ 보ᄂᆡ니라. 호왕이 ᄃᆡ셩을 유인ᄒᆞ여 보ᄂᆡ고 야심ᄒᆞᆫ 후 셔북 낭문으로 ᄌᆞᆺ쳐 드러가니 졍신을 슈습지 못ᄒᆞ여 쥭는 ᄌᆡ 부지기쉬라.

젼ᄌᆡ 망극ᄒᆞᄉᆞ ᄌᆞ문코ᄌᆞ ᄒᆞ시더니, 호왕이 발셔 상의 타신 말을 질너 업지르고, "항셔를 올니라." ᄒᆞ는지라. 상이 용포 ᄉᆞᄆᆡ를 더히고 방셩ᄃᆡ곡ᄒᆞ시니 쳔ᄌᆡ 참담ᄒᆞ더라.

ᄎᆞ시 원슈 장안의 이르니 호왕은 아니 오고 셤한이 왓는지라. 원슈 분노ᄒᆞ여 일합의 셤한을 버히고 청총마를 경계ᄒᆞ어 슌식간의 ᄃᆡ진의 이르니 쳔ᄌᆡ 곤욕 즁의 계신지라. 원슈 ᄃᆡ로ᄒᆞ여 호왕을 버히니라. 원슈 호왕의 슈급을 쳔ᄌᆞ긔 드리며 왈, "폐ᄒᆡ 곤욕 즁의 계시게 ᄒᆞ믄 신의 불츙이로소이다."

쳔ᄌᆡ 만만 층ᄉᆞᄒᆞ시고 환궁ᄒᆞᄉᆞ 졔장을 봉작헐 ᄉᆡ ᄃᆡ셩으로 노왕을 봉ᄒᆞ시니,80)

위 두 인용문은 호왕이 소대성을 장안으로 유인한 사이에 황제를 공

79) <소대성전> 완판43장본, 36a-36b.

80) <소대성전> 경판16장본, 15a-15b.

격하여 항서를 받아내려다 결국 정황을 눈치 채고 황제를 구하러 돌아온 소대성에게 호왕이 죽임을 당하는 장면이다. 완판본과 경판본이 거의 비슷한 골격을 공유하고 있다. 그러나 그 과정에서 소대성의 영웅적 면모는 완판본에 훨씬 자세히 드러난다.

우선 경판본에는 소대성이 호왕의 유인책에 속아 분노를 하게 되는 장면이 제대로 묘사되어 있지 않아서 소대성의 분노를 가늠하기 어렵다. 體探人 즉 정탐인이 도성의 위기를 보고하자마자 천자가 소대성에게 출전을 명하고, 소대성이 장안에 이르러 호왕의 유인책임을 알아차리고 말머리를 돌려 천자를 구해내는 상황이 아주 간략하게 정리된다.

그러나 완판본에는 소대성이 장안으로 들어가서 호왕을 찾을 수 없자 호왕에게 속은 것을 알고는 분노에 휩싸이며 오랑캐 장수 겸한을 단칼에 베어버리고, 곧바로 황제가 위기에 처했다는 암시를 받고 즉시 황제에게 달려간다. 이때도 소대성의 분노와 급박한 심정이 말의 속도를 통해 비유적으로 드러나며 한편으로는 눈앞의 큰 강을 청총마가 단숨에 뛰어넘는 신기한 장면의 연출로 나타내기도 한다. 서사의 구조적인 틀은 같지만 장면의 묘사와 비유적 표현을 통한 상황 제시 등이 소대성의 영웅적 면모를 加一層 강화시킨다는 것을 직접 확인할 수 있다.

더욱이 완판본의 소대성은 당당하고 능동적인 인물로 묘사된다. 앞서 언급한 것처럼 소대성은 호왕의 두 차례 계교에 속임을 당했다가 위기에서 빠져나오고, 천자는 호왕과의 대결에서 살아 돌아온 소대성을 보며 내내 졸였던 가슴을 쓸어내린다. 유능한 장수가 다시 돌아온 것을 기뻐하며 천자는 소대성을 대원수에 제수하는데, 이때도 완판본과 경판본의 진행 과정에 차이가 있다.

> [완] : ① 상이 친이 잔을 잡아 디셩을 위로ᄒᆞ시니 싱이 잔을 밧드러 복쥬왈, "이제 호왕을 자부려 호되 빅면셔싱인니 졔장이 영을 듯지 아니홀가 ᄒᆞ나이다."
>
> ② 상이 이날 삼츤단을 뭇고 졔장을 ᄎᆞ례로 좌우에 세우고 디셩을 단상의 안치고 상이 단ᄒᆞ의 셔셔 디원수를 봉ᄒᆞ신디 싱이 단의 나려 복지쥬달ᄒᆞ고 ᄉᆞ은ᄒᆞ더라.
>
> ③ 상이 ᄯᅩᄒᆞᆫ ᄎᆞ신 인검을 쥬시며 가라ᄉᆞ되, "제장 즁의 만일 거만ᄒᆞᆫ 직 잇거던 벼히라." ᄒᆞ신디 원슈 칼을 밧ᄌᆞ와 물너나오니 삼군이 두려 안이ᄒᆞᆯ 리 업더라.
>
> ④ 원슈 장디예 나려 군병을 총찰홀시 ᄒᆞ령 왈, "천ᄌᆞ 날노써 디원슈을 봉ᄒᆞ시고 인검을 쥬신이 이난 호왕을 잡고져 ᄒᆞ시미라. 제군은 거역지 말고 닉 영을 좃ᄎᆞ라."[81]

위 인용문을 편의상 내용별로 구분을 해보면, ① 소대성이 白面書生으로 諸將을 거느리기가 어렵다며 우회적으로 직책을 부여받고 싶다는 의사를 표시하고 ② 천자가 소대성의 바람에 따라 대원수에 봉하시며 ③ 소대성에게 인검을 내리고 ④ 대원수가 된 소대성이 군병에게 호령하는 내용으로 나눌 수 있다.

반면 경판본의 경우에 경판36장본에는 짤막하게 '천자가 대성을 대원수에 제수한다.'는 내용이 서술되어 있고, 경판16장본에는 아예 나오지 않는다. 36장본을 기준으로 한다고 해도 경판본에는 결국 ①·②·③·④ 중 ②만 있는 것이다. ①·③·④는 완판본에만 있다. 그렇다면 완판본에만 있는 내용은 어떠한 것들인가.

쉽게 확인할 수 있듯이 모두 소대성의 능동적 태도나 당당함과 관련이 있다. ①은 우회적으로 표현했지만 결국 장수들을 통솔하고 명령을

81) <소대성전> 완판43장본, 33b.

할 수 있는 직책을 달라는 직접적인 요구인데, 여느 영웅소설에서 찾아보기 힘든 장면이다. ③은 여느 영웅소설에서 자주 등장하는 장면이기는 하다. 그러나 그 와중에도 주목해야 할 것은 황제가 직접 차고 있던 인검을 주었다는 점이다. 황제가 자신이 차고 있던 인검을 주는 경우는 드물다. 더욱이 여기서 비교의 대상으로 삼고 있는 〈소대성전〉 경판본에는 황제가 칼을 하사하는 이야기가 등장하지 않는다. 경판본에 비해 완판본에서 소대성을 더 절실하게 인식하고 있다는 것을 단편적으로 보여준다. ④의 경우도 여느 영웅소설에서 자주 등장한다. 그러나 이도 마찬가지로 이 글에서 비교 대상으로 삼고 있는 〈소대성전〉 경판본에는 전혀 나오지 않는 장면이라는 점에서, 완판본이 소대성을 보다 당당하고 능동적인 인물로 그리고 있음을 알 수 있다.

한편 남성영웅의 활약이 확대되는 양상은 〈용문전〉에서도 확인할 수 있다. 아래 인용문은 용문이 전향한 후 명나라의 장수로서 군병을 總督하며 장수들에게 작전을 지시하는 부분이다.

> [완] : 용문이 ᄉᆞ은ᄒᆞ고 직시 장ᄃᆡ의 좌기ᄒᆞ고 칠십만 ᄃᆡ병을 원앙ᄃᆡ로 결진ᄒᆞ고 장슈를 분발ᄒᆞᆯ ᄉᆡ 션봉장 셜영두을 불너 왈, “그ᄃᆡ는 ᄉᆞᆷ천군 철기을 거나려 호진 뒤의 황천강 가 벽슈신의 슈목이 창천ᄒᆞ여 ᄒᆞ늘을 보지 못ᄒᆞ니 그곳스 가 ᄆᆡ복ᄒᆞ엿다가 명일 오시에 철기을 거나러 호병을 쏘치면 호왕과 적장이 두미을 ᄎᆞ리지 못ᄒᆞ야 황천 강변으로 다라ᄂᆞᆯ 거신니 그ᄣᆡ을 타 짓치며 강슈의 모라 너흐라. 만일 영을 어기오면 군법으로 시힝할 거신니 ᄎᆞᆨ실리 거힝ᄒᆞ야 뉘으치미 읍게 ᄒᆞ라.”
>
> 하고, 심회양을 불너 왈, “그ᄃᆡ는 일만오천 병을 거나려 월츌산의 가 복병ᄒᆞ엿다가 명진 ᄃᆡ병이 호진으로 드러가는 ᄣᆡ을 타 연기를 업겨 ᄒᆞ고 잇시면 호적이 쏘기여 그 손으로 갈 거신니 군병이 일시에 ᄂᆡ다라

뇌고함셩ᄒᆞ고 즛치면 호젹이 ᄃᆡ픠ᄒᆞᆯ지라. 명일의 북호을 ᄒᆞᆸ멸ᄒᆞᆯ 거신니 졔장은 부ᄃᆡ 군법을 어기지 말나."

ᄒᆞ고, 슈경 등과 셜만ᄐᆡ 등을 불너 왈, "너히 등은 삼쳔 병식 거ᄂᆞ려 호진 셔편의 천봉산이 잇고 그 압푸 만슈천니란 물이 잇신니 군ᄉᆞ로 ᄒᆞ야금 포ᄃᆡ의 모릐을 너혀 가지고 십니를 가면 ᄐᆡ빅 여흘이 잇시되 일 긴 구부라, 그 상유의 물을 포ᄃᆡ 모릐로 막앗다가 호젹이 그 물를 건네거던 일시예 물을 트라. 니 법은 한국 ᄃᆡ승상 졔갈션싱이 위국 병마 ᄉᆞ십만을 벽회슈의셔 씨도 업시 뭇질으던 법이라. 굴영을 측실이 거힝ᄒᆞ라."

ᄒᆞ고, 또 ᄒᆞᆫ 장슈을 불너 왈, "너히는 ᄉᆞᆷ천 병마을 거나려, 천봉ᄉᆞᆫ 소용목이라 ᄒᆞᄂᆞᆫ 곳션 위국 하롱도 갓치 숨긴 곳시라, 그곳ᄃᆡ 가 복병ᄒᆞ되 연기을 ᄂᆡ지 말고 좌우의 화약 염초을 준비ᄒᆞ엿다가, 호젹이 본진으셔 ᄃᆡ픠ᄒᆞ여 그 질노 다라나 소용목의 들거든 좌우로셔 일시예 불을 질으라. 이 법도 졔갈무후의 비겨이, 부ᄃᆡ 명심ᄒᆞ여 그ᄯᅢ을 일치 말나. ᄒᆞᆫ번 ᄊᆞ홈의 복호를 ᄒᆞᆸ멸ᄒᆞ리라."[82]

용문은 장수 한명 한명을 불러 맡을 역할을 전달하고 있다. 그런데 장수들에게 전하는 지시는 〈三國志演義〉의 新野城 전투를 떠올리게 한다. 경판본에서 용문이 전향한 후 호국과의 전쟁을 앞둔 상황에서는 이러한 이야기들이 전혀 등장하지 않는데 완판본에서만 신야성 전투와 관련한 일화가 수용되었다. 아래는 경판본의 해당 내용이다.

[경] : 즉시 뇽문을 비ᄒᆞ야 거긔장군 원정후를 봉ᄒᆞ시고 년화선싱게 치ᄒᆞᄒᆞ시니 만군장졸이 다 즐기더라.

뇽문이 노왕 진중의 도라와 선싱과 서로 즐길 시 위공 왈, "네 이제

82) <용문전> 완판38장본, 28a-28b.

> 이리오ᄆᆡ 북호의 예긔 최찰ᄒᆞᆫ지라. 텬관도ᄉᆡ 여러 길노 발ᄒᆞ야 금야 ᄉᆞ경의 본진을 겁칙ᄒᆞ리니 ᄂᆡ 명ᄃᆡ로 ᄒᆡᆼᄒᆞ라." ᄒᆞ고, "ᄃᆡ진을 옴기고 초인을 만드러 방위을 경ᄒᆞ고 곳곳지 등불을 다라 진세를 일우고, 원정후로 ᄃᆡ원수를 비ᄒᆞ야 장수 팔인을 거ᄂᆞ려 진 좌우의 ᄆᆡ복ᄒᆞ엿다가 여ᄎᆞ여ᄎᆞ 협공ᄒᆞ면 적을 파ᄒᆞ리라." ᄯᅩ ᄂᆡ원을 불너, "일만오천군을 거ᄂᆞ려 ᄃᆡ군의 낭진 ᄉᆞ이로 흐르지 못ᄒᆞ게 ᄒᆞ고 긔치를 아스라 금야의 흑뮈 자옥홀 거시니 제군은 놀ᄂᆞ지 말고 안ᄀᆡ 속으로조차 치면 치친 수미를 미처 구치 못ᄒᆞ리라." 노왕이 친히 제장을 거ᄂᆞ려 ᄃᆡ후ᄒᆞ더라.[83)]

신야성 전투의 차용은 영웅소설에서 폭넓게 진행되었다는 점에서 그 의미를 더 따져봐야 할 문제이지만,[84)] 위 장면에서도 확인할 수 있는 것처럼 완판본에서 보다 구체적으로 수용하려는 경향이 있다. 완판본에서 용문의 계략은 상당히 길고 자세한 데 반해서 경판본은 짧고 간단하다. 완판본에서는 명나라로 전향한 용문의 뛰어난 능력이 더욱 부각되는 것이다.

이상으로 '明軍의 위기 묘사의 양상', '오랑캐에 대한 윤리적 질책의 양상', '군담 서사의 양상'으로 나누어 남성영웅 서사의 측면을 살펴보았다. 결국 〈소대성전〉과 〈용문전〉에서 공히 완판본의 남성영웅 서사가 강화되는 양상이 확인되었다. 이는 〈장풍운전〉에서 확인했던 특징과 다르지 않다. 완판본에서 남성영웅의 영웅적 면모가 부각되고, 남성영웅의 입공을 둘러싼 서사들이 남성영웅을 중심으로 수렴되는 경

---

83) <용문전> 경판36장본, 18a-18b.

84) 완판본에서만 신야성 전투를 비롯한 <三國志演義>의 화소들이 수용되는 이유에 대해서는 그 이유를 해명한 기존 논의가 있다. 엄태웅, 「<소대성전>·<용문전>의 경판본에서 완판본으로의 변모 양상 - 촉한정통론과 대명의리론의 강화를 중심으로」, 『우리어문연구』41, 우리어문학회, 2011.

향을 나타내는 것이다.

3) 결연 및 가문 서사의 측면

〈장풍운전〉에서 확인했던 것과 마찬가지로 〈소대성전〉·〈용문전〉의 완판본과 경판본에서도 가문 서사의 온도차가 확인된다. 두 작품의 완판본에서 공히 남성영웅 중심으로 서사가 집중되면서 상대적으로 가문 서사가 줄어드는 경향을 보인다. 특히 〈소대성전〉 완판본에서는 남성영웅의 방해자로 등장하는 '조력자 이 승상의 부인과 그녀의 아들'이 쉽사리 자신들의 죄과를 후회하며 소대성에게 저지른 악행을 뉘우치는 모습을 보여주는데, 이 또한 가문 서사의 힘이 남성영웅의 서사에 잠식당하고 있음을 의미하는 것이라 하겠다. 먼저 〈소대성전〉 두 판본의 가문 서사를 비교하고, 뒤이어 〈용문전〉 두 판본의 가문 서사를 비교하겠다.

(1) 〈소대성전〉의 결연 및 가문 서사

〈소대성전〉에서 소대성의 결연 상대인 채봉은 소대성의 조력자인 이 승상의 딸이다. 이 둘의 결연은 소대성의 고난이 시작되고 조력자 이 승상으로부터 소대성이 구원을 받고 난 이후에 자연스럽게 시작된다. 이 지점에서도 완판본과 경판본이 서사적 디테일에서 주목하고 있는 지점이 상반되는 흥미로운 차이를 발견할 수 있다. 완판본은 소대성을 보다 강조하는 반면 경판본은 채봉을 보다 강조하는 경향이 확인되기 때문이다.

이 승상은 우연히 만나게 된 소대성이 자신의 죽마고우인 소량의 아들임을 알게 되면서 그에 대한 믿음이 확실해진다. 그런데 이 장면에서, 완판본의 경우에는 이 승상과 소대성의 대화 장면이 상세하게 제시되면서 이 승상과 소량의 관계가 구체적으로 드러나는 것은 물론이거니와 소량의 인물됨과 소대성의 비범함이 보다 더 강조되는 모습을 보인다.

> [완] : 일일은 승상이 술을 취ᄒᆞ시고 셔안의 의지ᄒᆞ야 잠간 조으더이 문득 춘풍이 ᄉᆞ람을 인도ᄒᆞ야 ᄒᆞᆫ 고ᄃᆡ 다다르이 이곳슨 승상이 평일의 유홍을 타 고기도 낙그며 풍경을 귀경ᄒᆞ는 월영산 됴ᄃᆡ라, 그 우회 상셔 기운이 열여거놀 나아가 보이 청용이 됴ᄃᆡ예 누엇다가 승상을 보고 고ᄀᆡ을 들어 소ᄅᆡ을 질으고 반공의 소슈거날 ᄭᆡ다르이 일장춘몽이라. 심신이 황홀ᄒᆞ야 죽장을 집고 월영산 됴ᄃᆡ로 나이가이 나무 비난 아히 나무 비여 세ᄂᆡ기의 노코 버들 ᄀᆞ늘을 의지ᄒᆞ야 잠을 집피 들어거놀 보이 의상이 남루ᄒᆞ고 머리털이 홋터져 귀밋츨 덥펴시며 거문 ᄯᆡ 줄줄리 흘너 양협의 가득ᄒᆞ이 그 취비ᄒᆞ믈 칙양치 못ᄒᆞ나 그 즁의 은은ᄒᆞᆫ ᄀᆞᆯ격이 ᄯᆡ 속의 비최여거놀 헤지 안이ᄒᆞ시고 무수ᄒᆞᆫ 이을 자바 죽니며 잠 ᄭᆡ기을 지다리던이 …(중략)…
>
> ᄉᆡᆼ이 ᄃᆡ왈, "ᄃᆡ인의 명감이 ᄉᆞ롬의 심곡을 비초오이, 아모리 무지ᄒᆞᆫ 목동이온들 엇지 몰오잇가. 소ᄌᆞ은 과연 젼됴졍 병부상셔 소양의 아들이요 소현셩의 현손이옵더니, 가도 기구ᄒᆞ야 십 셰 젼의 천붕지탁지변을 맛나 쳔신이 무의ᄒᆞ야 고향을 ᄯᅥ나 추풍낙엽갓치 단이오며, 늠의 은헤 씻치기 불가ᄒᆞ와 만산초목의 ᄉᆡᆼᄋᆡ을 부쳐 단이옵더니, 맛츰 ᄃᆡ인을 만나 궁극키 뭇ᄌᆞ온이 진정을 알외옵난이다." …(중략)… ᄉᆡᆼ이 다시 ᄌᆡᄇᆡ왈, "ᄃᆡ인이 망친의 붕우라 ᄒᆞ신이 다시 망친을 보온듯ᄒᆞ와 반가온 경을 엇지 다 알외잇가." …(중략)…
>
> 승상이 웃고 ᄉᆡᆼ을 다리고 집의 돌아와 초당을 수ᄉᆡᆨᄒᆞ고 시비을 불너 의복을 ᄂᆡ여 ᄎᆞ리니, 션풍도골이요 진셰호걸이라. 승상이 ᄃᆡ히ᄒᆞ야 손을 잡고 왈, "미ᄌᆡ라, 그ᄃᆡ의 풍골이여. 타일의 됴션을 빗ᄂᆡ리라. 소형

은 비록 지ᄒᆞ의 가씨나 졀어ᄒᆞᆫ 영ᄌᆞ을 두어신이 가히 유ᄒᆞᆫ니 업슬리로다." ᄉᆡᆼ이 이러나 ᄇᆡᄉᆞ하더라.[85]

한편 이 승상이 소대성을 자신의 집으로 데려와서 소대성과 채봉을 서로 만나게 해주는 장면에서는, 경판본의 경우 소대성의 외양 묘사를 축소시키고 채봉의 외양 묘사에 집중하는 반면, 완판본에서는 채봉의 외양을 소략하게 묘사하고 소대성의 외양 묘사에 집중하는 특징을 보인다.

[경] : 쇼졔 연보를 옴겨 부모의 ᄉᆞᆼ명ᄒᆞ온ᄃᆡ ᄉᆡᆼ이 피치 못ᄒᆞ여 공슈ᄒᆞ고 이러셔니 공이 명ᄒᆞ여 셔로 뵈게 ᄒᆞ니 쇼졔 먼져 ᄇᆡᄒᆞᆫᄃᆡ ᄉᆡᆼ이 답녜ᄒᆞ고 각각 좌졍ᄒᆞᄆᆡ 공이 쇼져를 ᄃᆡᄒᆞ여 왈, "ᄒᆞ놀이 인연을 쥬시ᄆᆡ 나를 위ᄒᆞ여 다려왓거놀, 지삼 츄탁ᄒᆞ여 ᄂᆞ의 무류를 ᄭᅵ치ᄂᆞ뇨." 쇼졔 붓그려 아미롤 숙이거놀 공이 ᄉᆡᆼ을 도라보아 왈, "녀ᄋᆡ 비록 곱지 못ᄒᆞᄂᆞ 족기 그ᄃᆡ의 ᄌᆡ덕을 욕되게 의홀지라, 그ᄃᆡᄂᆞᆫ 엇더ᄒᆞ뇨." ᄉᆡᆼ이 부복 칭ᄉᆞ헐 ᄲᅮᆫ이라. 승샹이 웃기를 마지 아니ᄒᆞ더라. ᄉᆡᆼ이 눈 드러 쇼져를 ᄇᆞ라보니 쟝속은 치례치 아니ᄒᆞ고 치복을 갓쵸지 아니ᄒᆞ여스되 녹발이 귀 밋흘 덥허스니 은은ᄒᆞᆫ 구름 속의 명월이 비쵀는 듯 ᄒᆞᆫ상 거울이 원산의 걸녀ᄂᆞᆫ 듯 양협은 홍도쇄 츈풍의 무르녹고 단순은 잉되 이슬의 불거스며 찬난ᄒᆞᆫ 광치는 모란쇄 죠양의 어릐여스의 진실노 셔왕모 요지연의 ᄂᆞ리미 아니면 월궁항ᄋᆡ 인간을 희롱ᄒᆞ민가 ᄒᆞᆫ번 보ᄆᆡ 졍신이 황홀ᄒᆞ여 이윽히 ᄉᆡᆼ각ᄒᆞ되 ᄂᆡ 녀식을 만히 보지 못ᄒᆞ여스되 ᄂᆡ 눈을 놀ᄂᆡ 리 업슬가 ᄒᆞ여더니 오놀놀 쇼져를 ᄃᆡᄒᆞ니 심신이 황홀ᄒᆞ도다. 쇼졔 ᄯᅩᄒᆞᆫ 아미를 잠간 드러 쇼ᄉᆡᆼ을 솔펴보니 위풍이 엄ᄒᆞ고 풍치 헌앙ᄒᆞ여 ᄒᆞᆫ 번 보ᄆᆡ 심즁의 경복ᄒᆞ믈 마지 아니ᄒᆞ더라.[86]

---

85) <소대성전> 완판43장본, 5a-7a.

[완] : 소졔 이 기별을 듯고 아모 말도 못 ᄒᆞ고 시비을 ᄯᆞ라 즁당의 일으니 싱이 마음의 불안ᄒᆞ야 나가믈 청ᄒᆞᆫᄃᆡ 승상 왈, "여아을 청ᄒᆞ믄 그ᄃᆡ을 위ᄒᆞ미라 엇지 피ᄒᆞ리뇨." 소졔을 지촉ᄒᆞ니 소졔 임으 좌의 션는지라. 승상이 소졔을 명ᄒᆞ야 '소싱의게 예을 젼ᄒᆞ라.' ᄒᆞ시니 양인이 예필 후의 소졔 부그렴을 머금고 모부인 겻ᄐᆡ 안지니 승상 왈, "ᄒᆞ나리 영웅을 쥬시미 너을 위ᄒᆞ야 다려왓시니 엇지 긱의 마음을 불안케 ᄒᆞ는다." 소제 아미을 슉기고 잠잠ᄒᆞ더니 승상이 싱을 도라보아 왈, "여아 비록 용열ᄒᆞ나 ᄯᅩᄒᆞᆫ 군ᄌᆞ계 욕되지 아니ᄒᆞ리라." ᄒᆞᆫᄃᆡ 싱이 미소왈, "승상의 망극ᄒᆞ옵신 은혜르소이다." 언필의 눈을 들어 소졔을 잠간 보니 비록 단장은 안이ᄒᆞ여시나 ᄉᆞ롬의 졍신을 놀ᄂᆡ는지라. 싱이 심신이 비월ᄒᆞ야 좌불안셕ᄒᆞᆯ ᄎᆞ의 소졔 츄파을 들어 소싱을 잠간 보니 염실든좌ᄒᆞ엿는 양은 쳥용니 벽히에 굽노는듯 빅호기샹인듯 탈속ᄒᆞᆫ 기운이 ᄉᆞ롬의 심곡을 놀ᄂᆡ니 신시 인즁호걸이리, 부친의 명감을 탄복ᄒᆞ더라.[87]

이를 통해서도 경판본과 완판본이 주목하고 있는 지점이 다르다는 것이 확인된다. 경판본은 남성영웅의 결연 대상자인 채봉을 강조하고, 완판본은 남성영웅인 소대성을 강조한다.[88] 이러한 특징을 결연 및 가문 서사의 맥락에 적용해보면, 경판본의 결연 및 가문 서사는 완판본의 결연 및 가문 서사에 비해 상세할 가능성이 높다. 비록 두 판본 모두 결연 및 가문 서사 자체가 길지는 않지만, 그 가운데에서도 명확한 차이를 확인할 수 있다.

그 차이는 소대성과 갈등 관계에 있는 소대성의 장모·처남이 완판

86) <소대성전> 경판16장본, 8a-8b.

87) <소대성전> 완판43장본, 9a-9b.

88) 위 두 단락에서 서술한 완판본과 경판본의 차이는 이미 서경희에 의해 언급된 바 있다. 다만 여기서는 이를 판본의 차이를 드러내는 경향성으로 보았다. 서경희(a), 앞의 논문, 47-54쪽.

본에서만 일찌감치 자신들의 잘못을 깨닫고 개인 신변을 걱정하는 모습을 보여주는 것에서 비롯된다. 완판본의 경우 결연 및 가문 서사를 이끌어가야 하는 갈등의 중요한 한 축이, 갈등이 본격화되기 전에 이미 그 동력을 상실하게 되는 것이다. 왕씨 부인과 그녀의 아들은 소대성을 미워하고 소대성에게 악행을 저지르는데, 완판본에서는 일관되게 이들의 악행이 약화되거나 이들이 자신의 행동을 곧바로 반성하고 뉘우치는 모습을 보인다. 그 구체적인 사례를 살펴보자.

이 승상이 득병하여 세상을 떠나자 소대성은 극진히 상을 치르는데, 이때 부친이 별세했다는 기별을 듣고 집으로 돌아온 아들 이 생은 왕씨로부터 소대성에 대해 듣고는 그에게 좋지 않은 감정을 갖게 된다. 마찬가지로 소대성 또한 이 생을 보고는 부친의 면모가 하나도 드러나지 않음을 느껴 실망하고, 그 후로는 의관을 정제하지도 않고 글공부를 열심히 하지도 않으며 매일 잠자기만을 일삼아서 소대성에 대한 이 생의 인식이 점점 나빠지게 된다. 이는 곧 소대성에 대한 박해와 천시로 이어져 급기야 가문의 구성원들은 소대성을 집안에서 내칠 계략을 짜기에 이른다.

> [완] : (이 승상이) 인ᄒᆞ야 별셰ᄒᆞ시니 일가 망극ᄒᆞ여 곡셩이 진동ᄒᆞ더라. 소ᄉᆡᆼ이 초종예을 극진히 지ᄂᆡ니 ᄎᆡᆼ촌 안이ᄒᆞ 리 읍더라. 이젹의 이ᄉᆡᆼ이 승상의 젼부을 듯고 주야로 나려와 승상 영위예 통곡ᄒᆞᆯ ᄉᆡ, 소ᄉᆡᆼ이 조문을 젼ᄒᆞ니 이ᄉᆡᆼ 등이 아지 못ᄒᆞᄆᆡ 왕 부인께 뭇ᄌᆞ온ᄃᆡ, 부인이 소ᄉᆡᆼ의 젼후말을 다ᄒᆞᆫᄃᆡ ᄉᆡᆼ 등이 들을 ᄯᆞ름이라.
>
> 슈일 후 셔당의 나와 위문ᄒᆞᆯ ᄉᆡ 소ᄉᆡᆼ이 니ᄉᆡᆼ 등을 보이 ᄒᆞ나도 그 부친 명감이 읍난지라 헤오ᄃᆡ, '승상이 세상을 바리시ᄆᆡ 뉘 ᄃᆡ셩을 알니요.' ᄒᆞ고 일후로 셔칙을 젼펴ᄒᆞ고 의관을 폐ᄒᆞ고 잠ᄌᆞ기만 일삼더니, 승상의 장일이 당ᄒᆞᄆᆡ 마지 못ᄒᆞ야 의관을 정제ᄒᆞ고 ᄒᆞᆫ가지로 장

ᄉᆞ을 극진니 지ᄂᆡ고 돌아와 셔당의 눕고 ᄋᆡᆨ지 아니ᄒᆞ이, 왕 부인이 일가의 ᄌᆞ로 의논ᄒᆞ며 왈, "소ᄉᆡᆼ의 거동이 등징ᄒᆞ도다. 학업을 젼폐ᄒᆞ고 쥬야의 잠ᄌᆞ기만 슝상ᄒᆞ니 일어코 엇지 공명을 바라리요. 여아의 혼ᄉᆞ을 거절코져 ᄒᆞᄂᆞᆫ이 너의 등은 소견이 엇더ᄒᆞ요."

제ᄌᆞ 등니 엿ᄌᆞ오ᄃᆡ, "이졔 션군이 안이 졔신이 가즁만ᄉᆞ을 모친이 쥬장ᄒᆞ실린이 소ᄌᆞ 등의게 ᄒᆞ문ᄒᆞ실 ᄇᆡ 안이로소니다. ᄯᅩ 소ᄉᆡᆼ을 잠간 보니 단정ᄒᆞᆫ 션ᄇᆡ는 안이라, 소졔의게 옥 될가 ᄒᆞᄂᆞᆫ이다."

부인 왈, "본ᄃᆡ 비려먹ᄂᆞᆫ 걸인을 승상이 취중의 망영되이 허ᄒᆞ신 ᄇᆡ라. 여등은 소ᄉᆡᆼ ᄂᆡ칠 ᄭᅬ을 ᄉᆞ속키 ᄒᆡᆼᄒᆞ라."[89]

[경] : 언파의 졸ᄒᆞ니 시년이 칠십오 셰러라. 일긔 망극ᄒᆞ여 부인과 쇼졔 ᄌᆞ로 긔절ᄒᆞ고 쇼ᄉᆡᆼ은 친히 죠죵을 잡아 치샹ᄒᆞ더니, 니ᄉᆡᆼ 등이 문부ᄒᆞ고 도라오ᄆᆡ 부인과 쇼세 너욱 ᄆᆡᆼ극ᄒᆞ여 ᄒᆞ더라. 쇼ᄉᆡᆼ이 니ᄉᆡᆼ 등 왓시믈 듯고 죠문을 통ᄒᆞ니 니ᄉᆡᆼ 등이 아지 못ᄒᆞ여 부인긔 뭇ᄌᆞ온ᄃᆡ, 부인이 쇼ᄉᆡᆼ의 근본을 ᄌᆞ시 니르니 니ᄉᆡᆼ 등이 쇼ᄉᆡᆼ을 마ᄌᆞ 죠문을 ᄇᆞ든 후의 쇼ᄉᆡᆼ을 살펴보니 긔위 웅장ᄒᆞ여 쟝군의 형상이라 심즁의 ᄭᅴ리ᄂᆞ, 잠간 말ᄒᆞ다가 드러가니 쇼ᄉᆡᆼ이 비로쇼 니ᄉᆡᆼ 등 보고 승샹의 관인ᄃᆡ덕을 본ᄇᆞ드 리 업스믈 못ᄂᆡ 흔탄ᄒᆞ고, 이후로 셔칙을 물니치고 잠만 ᄌᆞ더니 니ᄉᆡᆼ 등이 ᄐᆡᆨ일ᄒᆞ여 쟝ᄉᆞ를 지ᄂᆡᄆᆡ 쇼ᄉᆡᆼ이 마지 못ᄒᆞ여 니러ᄂᆞ 쟝ᄉᆞ를 지ᄂᆡ고 인ᄒᆞ여 의관을 젼폐ᄒᆞ고 니ᄉᆡᆼ 등으로 샹종치 아니ᄒᆞ니 니러무로 부인이 더옥 불합ᄒᆞ여 ᄒᆞᆫ 번도 무르미 업고 비복 등이 ᄯᅩᄒᆞᆫ 쳔ᄃᆡᄒᆞ며 ᄒᆞ로 ᄒᆞᆫ ᄭᆡ를 먹이니 기갈이 ᄌᆞ심ᄒᆞᄆᆡ 쟝구치 못헐 줄 알고 ᄉᆡᆼ각ᄒᆞ되, '아직 머믈너 져의 혼ᄉᆞ를 기다리리라.' ᄒᆞ더라.

왕씨 숨ᄌᆞ다려 왈, "쇼ᄉᆡᆼ은 본ᄃᆡ 걸인이라 승샹이 망녕도이 다려다가 ᄎᆡ봉의 혼ᄉᆞ를 졍ᄒᆞ여 문호의 욕이 되니 ᄂᆞ이 ᄒᆞᆫ ᄒᆞᄂᆞᆫ ᄇᆡ라, 여등은 쇼ᄉᆡᆼ ᄂᆡ칠 계교를 ᄉᆡᆼ각ᄒᆞ라."[90]

---

89) <소대성전> 완판43장본, 11b-12a.

이 승상이 별세하고 이 생이 등장하면서, 소대성과 왕씨 부인 측의 갈등은 보다 심화되는데, 이때 두 판본에서 갈등이 심화되는 양상은 얼핏 비슷해 보이지만 구체적인 내용에서 차이를 드러낸다. 완판본과 경판본의 갈등 양상을 단계적으로 나누어 비교해보자.

[완]
① 소대성이 이 생을 보고 이 승상의 명감이 없음을 한탄하다.
② 이에 소대성이 서책을 물리치고 의관을 폐하고 잠자기만 일삼다가, 장사 때에만 의관을 정제하고, 다시 서당에 누워 일어나지 않은 채 아무 것도 하지 않는다.
③ 왕씨 부인이 소대성의 거동을 보고 계획했던 혼사를 취소할 것을 가족들과 상의하다.
④ 자식들이 동의하고, 왕씨 부인이 소대성은 본디 걸인이었다며 소대성을 내칠 계교를 생각하다.

[경]
① 소대성이 이 생을 보고 이 승상의 관인대덕을 본받을 리 없음을 한탄하다.
② 이에 소대성이 서책을 물리치고 잠만 자며, 장사 지낸 후 의관을 폐하고 이 생과 상종하지 않는다.
③ 소대성은 왕씨 부인과 교류가 끊기고, 심지어 비복들이 천대하여 끼니를 거르며 지내서 기갈이 심하지만 혼사를 기다린다.
④ 왕씨 부인이 소대성은 본디 걸인이었다며 소대성을 내칠 계교를 생각하다.

90) <소대성전> 경판16장본 9b-10a.

갈등의 시작은 소대성이 이 생을 보고 실망하는 것으로 완판본과 경판본이 같다. 그러나 ②부터 약간의 차이가 발생한다. 완판본은 소대성이 스스로 아무 것도 하지 않는다는 점에 초점이 맞춰져 있지만, 경판본은 거기에 더하여 '소대성이 이 생과 상종하지 않는다.'는 내용이 덧붙여지는데, 이로 인해 경판본 ③에서 왕씨 부인의 소대성에 대한 미움은 더 커진다. 이는 심지어 비복들이 끼니를 제대로 챙겨주지 않아 소대성이 굶주리는 상황으로까지 묘사된다. 그러나 완판본 ③에서는 왕씨 부인 걱정의 초점이 '소대성이 아무 것도 하지 않아서 추후 딸과의 혼인이 우려스럽다.'는 것에 맞춰진다. 그래서 완판본에서는 왕씨 부인이 소대성과 채봉의 혼약을 취소해야 할 것인지에 대해서 가족들과 상의를 하게 되는 것이다.

비록 미미한 서술의 차이지만 이로 인해 ④의 내용은 전혀 다르게 해석된다. 경판본에서 왕씨 부인이 '애초에 소대성은 걸인이었다.'라고 말하는 것은 – 경판본 ③의 정황과 연결을 시켜보면 – 말 그대로 소대성이 집에서 아무 것도 하지 않으며 심지어 비복들이 끼니를 제대로 챙겨주지 않아 굶주리며 지내는 모습을 보며 나온 것이라 할 수 있다. 반면 완판본에서 왕씨 부인이 '애초에 소대성은 걸인이었다.'라고 말하는 것은 – 완판본 ③의 정황과 연결을 시켜보면 – 소대성이 아무 것도 하지 않아서 과거에 급제할 가능성이 현저히 낮기 때문에 딸 채봉과의 혼약을 이루기가 망설여지는데 소대성의 경우 원래 걸인이었기 때문에 혼약을 취소하고 내치는 것이 그리 고민되는 문제가 아니라는 맥락에서 나온 것이라 할 수 있다.

결국 이 대목에서도 경판본은 소대성을 다시금 걸인의 형상으로 낮춰 보려는 경향이 있는 한편, 완판본은 소대성이 채봉의 결혼 상대자로서 적합하지 않다는 수준에서 비판의 수위가 정해진 것으로 봐야 한다. 완판본에는 왕씨 부인과 비복들이 천대하는 장면이 직접적으로 등장하지 않는다는 점을 통해서도 완판본이 남성영웅의 처지를 심하게 격하시키지 않으려는 것을 엿볼 수 있다.

다음으로 차이가 확인되는 지점은 이 생을 비롯한 왕씨 부인 가족들이 대성이 남기고 간 시를 발견하고 걱정하는 장면이다. 소대성을 내치려는 계획은 자객을 사서 대성을 죽이는 방향으로 결론이 난다. 그러나 소대성은 자객의 공격을 예감하고 자객을 죽인 후에 이별시를 지어 벽에 붙이고 집을 떠나 서천으로 향한다. 이때 이 생 등이 소대성의 시를 발견하고 후환을 근심하게 되는데 이때에도 미세한 차이가 발견된다.

> [완] : 이젹의 니 싱 등이 ᄌᆞᄀᆡᆨ을 셔당의 보ᄂᆡ고 마음이 민죠ᄒᆞ야 밤이 지ᄂᆡᆫ 후의 셔당의 나가 문틈으로 엿보니 ᄒᆞᆫ 쥬검이 방즁의 써구려져거날 쳐음의는 소 싱인가 깃거ᄒᆞ더이 ᄌᆞ싱이 본즉 이곳 죠영이라.
>
> 싱 등이 놀ᄂᆡ여 쥬져ᄒᆞ다가 문득 벽샹을 보니 예 업던 글이 잇거늘 본즉 쇼 싱의 필젹이라. 아죠 나가물 일너시되 은근이 이 싱 등을 후일의 ᄎᆞ질 뜨슬 닐너시니 도로혀 뉘의쳐ᄒᆞ믈 측양치 못ᄒᆞ더라.
>
> 싱 등이 낙담ᄒᆞ여 왈, "소싱은 용존ᄒᆞᆫ ᄉᆞ룸니 안니라 ᄇᆞᆫ다시 후환이 되리로다."
>
> 졍 싱 왈, "이의라 홀일업스니 말을 ᄂᆡ되, '쇼 싱이 쥬인의 은혜을 잇고 ᄒᆞ직도 안이ᄒᆞ고 무단이 나갓다.' ᄒᆞ먼 놈이 불힝이 알 거시니, 쇼제들 부모 은혜 모로ᄂᆞᆫ ᄉᆞ롬을 엇지 ᄉᆞ렴ᄒᆞ리요."
>
> 이 싱 등이 올히 여계 죠영의 신체을 치우고 ᄂᆡ당의 들어가 쇼 싱이 조영을 쥬기고 간 ᄃᆡ 업ᄂᆞᆫ ᄉᆞ연을 부인계 고ᄒᆞ니 부인이 ᄯᅩᄒᆞᆫ 두려오나 쇼 싱 나간 것만 깃거ᄒᆞ더다.[91]

---

91) <소대성전> 완판43장본, 14b-15a.

> [경] : ᄎᆞ시 니 싱 등이 날이 밝으믹 외당의 나아가 숣히니 인젹이 고요ᄒᆞ거ᄂᆞᆯ 문을 열고 본즉 한 죽엄이 잇스믹 쇼 싱인쥴 알앗더니 죠현의 죽엄이라. 딕경ᄒᆞ여 셔로 의혹ᄒᆞ며 숣히더니 벽상의 예 업든 글이 잇거ᄂᆞᆯ 보니 쇼 싱의 필젹이라 경왈, "이 글 ᄯᅳᆺ이 ᄉᆞ젹을 아랏스니 반다시 후환이 될지라 이를 엇지 ᄒᆞ리요." ᄒᆞ며 즉시 조현의 죽엄을 치우고 부인게 슈말을 고한 후 의논 왈, "쇼싱이 무상ᄒᆞ여 빅은ᄒᆞ고 하직 업시 갓다." ᄒᆞ더라.[92]

두 판본에서는 공히 이 생 등이 소대성의 편지를 보고 나서 후일에 자신들을 찾을 뜻이 담겨있음을 확인하고 후환을 두려워하는 장면이 나온다. 그런데 완판본의 경우에는 후환을 두려워하기 전에 자신들의 질못을 뉘우친다. 소대성이 후일에 찾을 뜻을 일러놓은 것을 보고 '뉘우침을 측량할 수 없었다.'고 말하는 것이다. 이는 사소한 표현의 출입으로 볼 수 없다. 갈등의 한 축이라 할 수 있는 왕씨 부인의 가족들 중에 소대성에 대한 미움과 배척의 마음이 잘못된 것이라고 판단하는 사람이 있게 되면 자연스럽게 갈등의 양상이 약화될 수 있기 때문이다.

만약 경판본처럼 단순히 후환을 두려워하는 것이라면 문제가 다르다. 후환을 두려워하는 것은 엄밀히 말해 잘못을 뉘우친 것이 아니기 때문에, 소대성의 앙갚음을 막기 위한 계책을 마련하는 과정에서 오히려 이후의 갈등 양상이 보다 확대될 수도 있다는 가능성을 열어놓게 된다. 그러나 완판본의 이 생 등과 같이 스스로의 잘못을 뉘우치게 되면 갈등이 커질 여지가 많지 않게 된다.

이어지는 내용에서 완판본의 경우에만 왕씨 부인의 뉘우치는 장면이 등장한다. 이 또한 같은 맥락이다.

---

92) <소대성전> 경판16장본, 11b.

> [완] : (채봉이) 셜ᄑᆡ의 문을 닷고 나오니 ᄉᆡᆼ 등이 홍광이 낫빗셰 올나 아모 말도 ᄃᆡ답지 못ᄒᆞ거늘 부인 왈, "여아히 졀힝이 빙셜 갓ᄐᆞ니 부월이 당ᄒᆞ여도 고집ᄒᆞᆯ지라. 도로혀 소ᄉᆡᆼ 구박ᄒᆞ믈 회과ᄒᆞ노라."
>
> ᄉᆡᆼ 등 왈, "아히 춘광이 차지 못ᄒᆞ여 그러ᄒᆞ옵건이와 장ᄎᆞ ᄌᆞ연 변ᄒᆞ린이다." 부인도 그러이 알더라.[93]

채봉이 왕씨 부인에게 소대성이 집을 나간 정황과 관련하여 묻자 왕씨는 채봉을 나무라지만, 채봉은 이에 굴하지 않고 소대성과의 결연 약속을 지키겠다고 끝까지 다짐한다. 그리고 이 생 등의 모습에 실망했다며 문을 박차고 나간다. 이 부분까지는 완판본과 경판본의 차이가 크지 않다. 그런데 완판본의 경우엔 그 뒤에 채봉의 결연한 의지를 확인한 왕씨 부인이 소대성을 구박한 것을 후회하는 장면이 등장한다. 앞서 경판본과의 차이를 비교했듯이, 기실 소대성에 대한 구박은 오히려 경판본에서 더 심하게 표출된다.

여하간 앞서 이 생 등이 자신들의 잘못을 뉘우쳤고, 연이어 왕씨 부인도 소대성을 구박한 것에 대해 후회를 한다. 이 두 장면이 연이어 등장한다는 것은 〈소대성전〉의 결연 및 가문 서사에서 갈등의 주체로 형상화되었던 인물들의 소대성에 대한 적개심이 전반적으로 약화된다는 것을 의미한다.

실제로 그 뒤에 소대성과 이들 간에 갈등이나 마찰이 일어나지 않고 오로지 소대성이 우위에 놓인 상태에서만 서사가 진행된다. 소대성과 이들은 작품의 말미에 국가적 위기를 해결한 공로로 노국왕이 된 소대성과 채봉이 혼례를 치르면서 다시 만나게 되는데, 두 판본에서 공히 결연과 가문 형성의 서사가 소대성을 중심으로 묘사된다.

---

93) <소대성전> 완판43장본, 17a.

그렇지만 이 과정에서도 차이가 발견된다. 앞서 경판본에서는 단지 후환을 두려워할 뿐이며 완판본에서 잘못을 뉘우친다는 점을 지적하였다. 동일한 맥락에서 소대성이 채봉과 혼인을 하고 영화로운 결말을 맺는 작품의 말미에서, 경판본의 경우엔 짤막한 화해의 서사 하나로 갈등이 봉합되지만, 완판본의 경우엔 왕씨 부인과 이 생이 지난 과오를 걱정하고, 이를 소대성이 용서하는 과정이 비교적 길게 서술된다.

[경] 부인이 바다 보니 쇼 싱의 필적이라, 밧비 쇼져 침방의 드러가 쇼져를 뵈여 왈, "셰상의 엇지 이런 일이 잇스리요." 소졔 바다 보니 일은 자쵸지종을 말ᄒᆞ엿고, 일봉은 자긔 지은 글이라 문득 유체ᄒᆞ니 부인이 후회ᄒᆞ고 소져를 위로ᄒᆞ더라. …(중략)… 그 후의 ᄉᆞ관을 보니여 왕 부인과 니 싱을 청ᄒᆞ여 잔치ᄒᆞ시 관ᄃᆡᄒᆞ며 전ᄉᆞ를 일호도 괘려치 아니ᄒᆞ고 니 승상 분묘의 치졔ᄒᆞ니,[94]

[완] 호련 경셩의서 니 싱의 셔간이 왓ᄂᆞᆫ지라. 떼여보니 ᄃᆡ강 문안 후의 소 싱이 노왕 된 ᄉᆞ연이라. ᄆᆡ제의 혼ᄉᆞᄂᆞᆫ 거절치 못ᄒᆞ린이와 소 싱이 노국으로 가올 제 소ᄌᆞ을 찻드라 ᄒᆞ오니 그 ᄯᅳ슬 아지 못ᄒᆞ나이다. 부인이 견필의 정신 아득ᄒᆞ여 소졔을 주며 왈, "셰상 이를 측양치 못ᄒᆞ리로다." 소졔 보고 탄왈, "거거의 셔출이 분명ᄒᆞ오니 다시 노국의 셔 기별이 잇스리로다." …(중략)…

왕이 후의 손을 잡고 왈, "ᄒᆞᆫ 나무 열ᄆᆡ 만ᄒᆞ되 각각 달으단 말이 진실노 후를 두고 이르미로다."

후 눈물을 흘녀 왈, "형인 줄 아ᄂᆞᆫ잇가."

ᄒᆞ시고 고ᄀᆡ을 수기고 ᄃᆡ답지 안이ᄒᆞᆫ이, 왕이 그 ᄯᅳᆺ슬 살피고 ᄒᆞ령ᄒᆞᄉᆞ, "잔치 기구을 ᄎᆞ리라." ᄒᆞ시거날, 후 연고을 뭇ᄶᆞ오니 왕 왈, "모

94) <소대성전> 경판16장본, 16a.

> 여 동기지정을 길우워 ᄒᆞᄂᆞᆫ 고로 일국의 낙봉연을 ᄒᆞ려 ᄒᆞ난니다." …(중략)…
>
> 파연 후의 부인과 싱 등은 별궁으로 드러가고 왕과 후는 ᄃᆡ닉의 드러가ᄉᆞ 왕이 가라ᄉᆞᄃᆡ, "오늘날 쳘윤을 이여 낙봉연을 ᄒᆞ오니 엇더ᄒᆞ옵신잇가."
>
> 후 왈, "ᄒᆞ히 갓튼 은덕으로 부모 동싱을 졍으로써 만나계 ᄒᆞ옵시니 감사무지로소이다." 왕 부인과 니 싱 등이 도라가믈 청ᄒᆞᆫᄃᆡ 왕이 ᄯᅩᄒᆞᆫ 소연을 비셜ᄒᆞ사 젼송ᄒᆞ실 시 치단과 금은옥빅을 만이 상ᄉᆞ하시니 그 위엄과 영화 일국의 진동ᄒᆞ미 이른바 원슈 변ᄒᆞ여 은인 되고 화 도로여 복이 되야ᄯᅩ다.[95]

소대성은 지난날 자신을 죽이려 했던 채봉 가족의 음모를 잊고 있다가 떠올리고는 분노하지만, 이내 채봉이 소대성에게 왕씨 부인과 이생의 용서를 청하고 소대성은 이를 받아들인다. 이 내용이 상당히 길게 서술되고 소대성이 그들의 용서를 수락한 뒤에 잔치를 베푸는 장면이 나온다.

결과적으로 〈소대성전〉에서 결연 및 가문 서사를 이끌어나가는 왕씨 부인과 이 생을 비롯한 일종의 가문 세력들이 이미 작품 초반부에 소대성의 후환을 두려워했다는 점에서, 뒤이은 내용에서 결연 및 가문 서사가 그리 적극적으로 펼쳐질 가능성이 적다는 점은 어느 정도 예상이 되었다고 할 수 있다. 다만 그 가운데에서도 경판본의 경우에는 가문 세력이 작품의 결말까지 소대성을 적대시하는 악한 존재로 그려지면서 두려운 후환을 피하기 위한 방책을 마련하는 과정을 통해 결연 및 가문 서사가 다소나마 지속될 것이라는 기대를 할 수 있다. 그러나

95) <소대성전> 완판43장본, 40a-43a.

완판본은 아예 이러한 가능성을 차단해버렸다. 작품 초반부에서 이미 가문 세력들이 자신들의 행동이 잘못되었다고 뉘우치고 있기 때문이다. 조금 극단적으로 말하면, 사실 이미 스스로의 잘못을 뉘우쳤던 그 시점에서 완판본 결연 및 가문 서사는 마무리가 되었던 것이라고 봐야 할 것이다. 서사적 측면에서 보면 남성영웅의 서사가 결연 및 가문 서사를 압도한 셈이다.

(2) 〈용문전〉의 결연 및 가문 서사

〈용문전〉의 차이의 양상도 〈소대성전〉과 유사해서, 경판본에 등장하는 결연 서사가 완판본에는 없거나 다른 내용으로 바뀌어 등장한다. 국난 극복과 관련한 위기 상황이 마무리되고 나서 용문의 배필이 정해지는데, 〈용문전〉의 경우 완판본과 경판본에서 결연 대상 자체가 달라진다.

> [완] : ᄯᅩ ᄒᆞᆫ ᄯᆞᆯ이 잇스되 일홈이 게춘이라. 어려서보톰 오ᄅᆡ비와 ᄒᆞᆫ가지로 창쓰기와 칼쓰기을 조와ᄒᆞ며 역ᄃᆡ 홍망을 둘통ᄒᆞ니 니ᄂᆞᆫ 천ᄒᆞ의 여즁군ᄌᆞ라. 게춘이 일일은 그 모친게 엿ᄌᆞ오ᄃᆡ, "소여 평ᄉᆡᆼ 원ᄒᆞ옵기를 ᄉᆞᆷ국 시절 구게산 ᄊᆞ홈의 ᄉᆞ십만 ᄃᆡ병 즁의 무인지경갓치 나오든 상산 조ᄌᆞ룡 갓턴 ᄃᆡ장의 안ᄋᆡ 되고저 ᄒᆞ난이다."
>
> 부인이 이 말을 듯고 어이 업서 갈오ᄃᆡ, "규즁 처ᄌᆞ의 몸으로 엇지 외람ᄒᆞᆫ 말을 전파ᄒᆞ여 타인의 우슴이 되게 ᄒᆞ난다. 혼인은 일뉸ᄃᆡᄉᆞ라. 엇지 ᄉᆞᆷ국 시절의 조ᄌᆞ룡 갓탄 명장이 잇시리뇨."
>
> 게춘이 ᄃᆞ시 엿ᄌᆞ오ᄃᆡ, "ᄌᆞᆷ간 듯ᄉᆞ오니 니번 호국 멸망ᄒᆞ던 용문 장군이 천ᄒᆞ 명장이라 하오니 그 장군를 섬기고저 ᄒᆞᄂᆞᆫ이다."
>
> 부인이 직시 노왕을 청ᄒᆞ여 게춘의 소원을 엿ᄌᆞ온ᄃᆡ 노왕이 왈, "나도 ᄉᆡᆼ각이 그러ᄒᆞ노라." ᄒᆞ고 직시 용문을 청ᄒᆞ여 왈, "짐의 여식 ᄒᆞ나

> 잇스되 십세 전보톰 육도슴약을 능통ᄒᆞ고 기골이 웅장ᄒᆞ여 밤이면 창 쏘기와 말타기을 슉십ᄒᆞ던니 지금 나히 십오 세의 당ᄒᆞᆫ지라. 천ᄒᆞ의 쪽이 업ᄂᆞᆫ 고로 장군의 비필을 숨고져 ᄒᆞᄂᆞᆫ이 장군의 뜻시 엇더ᄒᆞᆫ요."
>
> 용문이 이러나 절ᄒᆞ고 엿ᄌᆞ오ᄃᆡ, "전ᄒᆞ게옵서 소ᄌᆞ 갓ᄐᆞᆫ 용잔ᄒᆞᆫ ᄉᆞ롬을 유렴ᄒᆞ옵신이 엇지 존명을 좃지 안니ᄒᆞ오릿가."
>
> 직시 정혼ᄒᆞᆫ 말솜을 부친 호왕게 엿ᄌᆞ온ᄃᆡ 호왕이 감사ᄒᆞ여 허락ᄒᆞ고 직시 턱일ᄒᆞ여 보ᄂᆡ니라. 이러구러 혼일이 당ᄒᆞᄆᆡ 양국이 혼례를 지닐시 명제 아르시고 ᄃᆡ신과 만조을 명ᄒᆞ여 시위ᄒᆞ라 ᄒᆞ신니 그 위의와 거동이 찰난ᄒᆞ더라.[96]

완판본에서는 소대성의 딸 계춘이 있는데, 그녀가 조자룡과 같은 장군의 아내가 되기를 바라고 이에 용문과 혼인을 하게 된다. 〈용문전〉에서 소대성의 역할이 작지 않음을 감안하면 어느 정도 수긍이 가는 연결이기는 하지만, 사실 서사적으로 보면 계춘의 등장은 급작스러운 느낌이 든다. 작품에 급작스럽게 등장을 했다면 보다 자세한 서술이 필요한데 그에 비하면 계춘의 출현에 대한 설명이 친절하지 못하고 매우 간단하다.

더욱이 용문과 계춘의 혼인 또한 아무런 갈등이나 어려움 없이 단번에 이루어진다. 이는 완판본에서 결연이 서사의 중심축이 아님을 상징적으로 보여주는 것이다. 만약 국난 극복만큼이나 결연 성사가 작품에서 중요한 위치였다면, 꼭 갈등이 없다 하더라도 결연 성사의 과정이 비교적 자세하게 서술되어야 마땅하다. 그러나 완판본에서 결연은 마치 작자가 의도한 결론에 빨리 도달하기 위한 하나의 수순 정도로 느껴진다. 완판본에서 결연은 행복한 결말로 나아가는 일종의 수단인 셈

96) <용문전> 완판38장본, 35b-36b.

이다.

그러나 경판본의 결연 성사는 완판본처럼 간단하게 설명할 수 있는 것이 아니다. 일단 결연을 하게 되는 여성이 달라지고, 그 과정 또한 간단치 않으며 작품에서 상당히 많은 분량을 차지한다.[97] 편의상 주요 내용 단락을 중심으로 소개하면 다음과 같다.[98]

[경] : ① 장사국 승상 장노의 딸 경애와 시비 이애가 용모재덕이 뛰어나다.[99]
② 장노가 딸을 사랑하여 擇壻에 고심하나 마음에 드는 사람이 없다.[100]
③ 집안에서 경애를 결혼시키려 하자, 경애가 부모에게 이애와 함께 신물을 나누며 정혼한 꿈을 꾸었다고 아뢴다.[101]

---

97) <용문전> 경판36장본, 26a-29b.

98) 아래 내용 단락은 서경희의 논문을 참조하여 일부 변형한 것이다. 서경희(b), 앞의 논문, 101쪽.

99) 이ᄯᅢ 장사국 승상 댱뇨의게 일녀 잇스니 일홈은 경ᄋᆡ오, 시녀 춘향의 일녀 이ᄋᆡ난 소져의 동갑이라. 일시의 용모ᄌᆡ덕이 소저로 일상 명쥐라.

100) 승상 부쳐 사랑ᄒᆞ야 노주 분의를 찰이지 아냐 소저로 거처 의복 음식을 함ᄭᅴᄒᆞ야 '부듸 갓튼 쌍을 정ᄒᆞ여 일싱을 빗나게 ᄒᆞ랴.' ᄒᆞ니, 방년 십칠의 향명이 원근의 진동ᄒᆞ여 구혼ᄒᆞ 리 운집ᄒᆞ되 ᄒᆞᆫ 곳도 뜻의 업서 ᄆᆡ양 근심ᄒᆞ더니,

101) 금오랑의 아지 아름다오믈 듯고 장차 정ᄒᆞ고저 ᄒᆞ니 소제 모친긔 고왈, "이애 비록 춘향의 자식이나 정동형뎨라. 임의 의탁을 ᄒᆞᆫ가지로 ᄒᆞ려 맹세ᄒᆞ여시니 부모ᄂᆞᆫ 소녀의 뜻을 살피소서." ᄒᆞ고 이러 다시 ᄌᆡ비 후 젼일 몽중의 북두추셩과 정약ᄒᆞᆫ 바를 고ᄒᆞ니 승상 왈, "북두추성은 천상 성신이어늘 엇지 인간의 잇스며, 비록 인세에 적강ᄒᆞ여시나 엇지 분간ᄒᆞ리오 극히 허탄ᄒᆞ도다." 소제 묵언이 침소의 도라왓더니, "장뇌 판부 조양성의 아들과 성혼ᄒᆞᆫ다." ᄒᆞ거늘 부인 민시 소저를 ᄀᆡ유 왈, "혼인은 인간ᄃᆡᄉᆞ라, 맛당히 부모의 녕을 조ᄎᆞ미 인자의 되리어늘, 너난 ᄉᆞ사로 신낭을 갈희고져 ᄒᆞ니 이ᄂᆞᆫ 가문의 흠ᄉᆡ오, 부모의게 붓그러오믈 깃치미니, ᄎᆞ후ᄂᆞᆫ 이런 말을 말나." ᄒᆞ고 소저의 손을 잡고 왈, "네 무슨 소회 잇나니 쾌히 일너 나의 ᄆᆞ음을 싀원케 ᄒᆞ라." 소제 왈, "소네 중심의 그윽ᄒᆞᆫ 소회 잇스나 수괴ᄒᆞ와 일즉 고치 못ᄒᆞ여습더니 오늘 모친이 무르시니 엇지 은휘ᄒᆞ리잇고. 칠세 되던 칠월 망일의 일몽을 어드니 몽죄 여ᄎᆞ여ᄎᆞᄒᆞ옵거늘, 이ᄋᆡ다려 몽사를 이르니 제 ᄭᅮᆷ이 ᄯᅩᄒᆞᆫ 이 갓습고 난대업슨 옥당되 손의 쥐어ᄉᆞ오ᄆᆡ 마암의 경아ᄒᆞ오니 감이 입밧긔 내지

④ 장노가 조정에 나가니 용문이 선우의 족속 100인을 죽여 후환을 없앴다 한다.[102]

⑤ 용문의 꿈에 노인이 나타나 무릉선녀와의 혼인을 재촉하고 '긴 활에 살 둘 달린 자'를 찾으라 한다.[103]

⑥ 천문관이 용문에게 꿈을 풀어 장씨와 두 여자를 찾으라 아뢴다.[104]

⑦ 장노가 용문에게 딸의 사연을 아뢰니 용문이 신물을 청해 보고 장노의 딸과 이애와 혼인을 정한다.[105]

못ᄒᆞ여숩더니, 일전 부친긔 ᄃᆡ강을 고ᄒᆞ오니 허탄ᄒᆞᆫ 몽ᄉᆡ라 ᄒᆞ오나 신물이 완연ᄒᆞ오니 엇지 의심되지 아니리잇고." 부인이 경아왈, "네 말 갓틀진ᄃᆡ 진실노 허탄타 못ᄒᆞ리로다." ᄒᆞ더니,

102) 맛참 공이 드러오거늘 니시 녀ᄋᆞ의 몽사를 이르고 저의 뜻이 철석 갓트믈 고ᄒᆞ더니, 문득 픠명이 ᄂᆞ려 급히 명초ᄒᆞ거늘 즉시 예궐ᄒᆞ온ᄃᆡ 왕이 국사를 의논ᄒᆞ여 조정 출척을 발킬 시 호왕의 지친 선우의 족속을 초출ᄒᆞ여 백여 인을 죽이고 사문의 방 부처 안무ᄒᆞ다.

103) ᄎᆞ야의 왕이 닐몽을 어드니 일위노인이 갈건포의로 드러와 가로ᄃᆡ, "젼ᄒᆡ 엇지 무릉 션녀를 일위여 금슬지낙을 아니ᄒᆞ시ᄂᆞᆫ잇고." 왕 왈, "무릉선네 어ᄃᆡ 잇ᄂᆞᆫ잇고." 노인왈, "일성지ᄂᆡ에 잇스니 긴 활의 살 둘 달닌 자를 차즈소서." ᄒᆞ고 간 고지 업거늘 놀나 ᄭᆡ여 헤오ᄃᆡ, '무릉선녀 ᄒᆞᆫ쌍으로 정혼ᄒᆞ고 신물을 바다더니, 도ᄉᆡ 이제 ᄯᅩ 이르나 억만호의 어ᄃᆡ가 차즈리오. 긴 활과 살 둘 달닌 자는 무어슬 이름고.'

104) 명일 파조 후의 천문관이 주왈, "뎐ᄒᆡ 즉위 일년의 농두 봉궐의 외로이 계시니, 거야의 천문을 보오니 일쌍 명쥐 동정으로 조차 궁중의 비최오니, 일정 무릉선ᄋᆡ 성중의 잇서 뎐ᄒᆞ 곤위를 도울 징죄오니, 복망뎐ᄒᆞᄂᆞᆫ 제신 중 유녀자를 간선ᄒᆞ소서." 왕 왈, "정궁은 만민의 어미오 공사의 근원이라, 거양의 일몽을 어드니 여ᄎᆞ여ᄎᆞᄒᆞ여 ᄭᆡ닷지 못ᄒᆞ노라." 천문관이 이윽키 ᄉᆡᆼ각다가 주왈, "긴 활의 살 두낫치 달녓다 ᄒᆞ오니 활궁 변의 긴 당 ᄌᆡ니 베풀 당 ᄌᆡ오. 살 두낫츤 두낫 옥녀를 일으미가 ᄒᆞᄂᆞ이다."

105) 왕이 점두ᄒᆞ니 ᄎᆞ시 댱뇌 이 말을 듯고 일변 놀납고 일변 깃거ᄒᆞ더니 상서 뎡ᄒᆞ의 주왈, "승상 댱뇨의게 일녀 잇스니 성덕이 무쌍ᄒᆞ고, 그 비자 니애 ᄯᅩᄒᆞᆫ ᄌᆡ용이 출세ᄒᆞ야 노쥐 참치 상ᄒᆞᄒᆞ고 동년 일시라 ᄒᆞ오니, 신의 어린 뜻은 이를 간선ᄒᆞ소서." 댱뇌 복디주왈, "신이 일녀 잇삽더니 밤의 몽죄 여ᄎᆞ여ᄎᆞᄒᆞ옵고." 보비 밧든 연유를 고ᄒᆞ니 왕과 제신이 긔이히 너기고 왕이 그 장도를 가저오라 ᄒᆞ니, 댱뇌 즉시 ᄒᆞ리를 보ᄂᆡ여 소유를 전ᄒᆞ고 댱도를 가져와 드리니 왕이 보시고 왈, "과인이 십세 전 일이ᄆᆡ 거의 이젓더니 오ᄂᆞᆯᄂᆞᆯ 장도를 보니 진실노 하늘이 정ᄒᆞ신 인연이라."

⑧ 용문이 장 소저·이애와 혼인하고 소저를 정궁에 이애를 귀비에 봉한다.[106)]

경판본의 결연 성사 과정은 완판본에 비해 상대적으로 내용이 길고 갈등의 전개와 그것의 해결 양상이 복잡하고 흥미진진하게 전개된다. 완벽한 수준은 아니지만 결연 성사 과정이 위기를 맞았다가 그 위기가 극적으로 해소되는 구조를 갖고 있기 때문이다. 장 승상의 딸 경애는 장 승상이 정해놓은 남자와 결혼을 할 뻔했지만 경애와 이애가 자신들의 과거의 경험과 현재의 소신을 밝히게 되면서 쉽사리 결론날 것 같았던 결연이 지연된다. 그리고 용문은 꿈에서 두 여성과의 결연에 대

ᄒᆞ고 즉시 글월을 ᄆᆡᆫ들고 보비를 봉ᄒᆞ여 보ᄂᆡᆫ니라. ᄎᆞ시 시지 승상 말삼을 전ᄒᆞ고 옥장도를 차즈니 소제 경황ᄒᆞ더니, 부인이 소제ᄭᅴ 이르러 장도를 주어보ᄂᆡ고 차탄ᄒᆞ더니 문득 "틔감이 녇단을 거ᄂᆞ려 온다." ᄒᆞ며 댱뇌 옥디환과 원픠를 써가지고 드러와 소졔를 주고 수말을 전ᄒᆞ니 소제 불안ᄒᆞ나 부득이 공경ᄒᆞ여 바다보니 일봉 서찰과 보ᄇᆡ 싼 ᄉᆞ시라. 소제 ᄂᆞᆷ픠의 다시 살피니 금픠 옥환을 ᄒᆞ되 봉ᄒᆞ여거늘 각각 ᄂᆡ어 비교ᄒᆞ니 엇지 어긋나미 잇스리오. 모부인과 가중 상히 즐기물 마지 아니ᄒᆞ더라. 승상부뷔 소제를 어루만저 탄왈, "세상의 엇지 이런 긔이ᄒᆞᆫ 일이 잇스리오. ᄂᆡ별이 비록 격일ᄒᆞ나 녀필종부ᄂᆞᆫ ᄂᆡᆫ륜상ᄉᆡ라, 드러가 맛당이 임사지덕으로 효측ᄒᆞ여 만민의 바라물 쓰지 말나." ᄒᆞ며 ᄂᆡ정이 연연ᄒᆞ니 이윽고 네뷔 봉년을 드리니 장소제 마지 못ᄒᆞ여 ᄒᆡᆼᄒᆞ려 ᄒᆞᆯ 식 모녜 서로 손을 잡고 피차 청뉘환락ᄒᆞ더라. 틔감이 위의를 휘동ᄒᆞ여 별궁으로 ᄒᆡᆼᄒᆞ니 긔구의 댱녀ᄒᆞ미 비ᄒᆞᆯ 듸 업더라.

106) 허다 궁녜 홍삼 채의로 좌우의 뫼셔 정뎐의 안돈ᄒᆞ엿더니, 수일이 지나ᄆᆡ 길일이라, 왕이 위의를 갓초와 별궁의 ᄂᆞ아가 홍안을 전ᄒᆞ고, 합환교ᄇᆡ를 표ᄒᆞᄆᆡ 동서 교의에 좌정ᄒᆞᆯ 시, 전후의 오채 영롱ᄒᆞ더라. 왕이 비로소 눈을 드러 냥인을 보니 월중계쉬 쌍으로 빗츨 자랑ᄒᆞ니 정신이 황홀ᄒᆞ고 석일 몽중의 보던 ᄇᆡ의 더ᄒᆞ니 문득 반가온 마암이 유출ᄒᆞ야 기리 읍ᄒᆞ고 왈, "석일 몽중의 상봉ᄒᆞ고 기리 사모ᄒᆞ더니 오날날 셩친ᄒᆞᆯ 줄 엇지 알니오. 막텬쉬니 도망치 못ᄒᆞ리로다." 냥 소제 붓그럼을 머금고 답언이 업더라. 일모ᄒᆞᄆᆡ 왕이 환궁ᄒᆞ고 냥비 처소를 정ᄒᆞᆯ 식 댱 소제난 정전 백화전의 처ᄒᆞ고 ᄂᆡ이ᄂᆞᆫ 귀비를 봉ᄒᆞ여 정전 좌편 백자전의 처ᄒᆞ여 밤을 지ᄂᆡ고 명일 왕비로 더부러 황금뇽탑과 백옥교 위에 좌정ᄒᆞ고 뉵궁 비빙과 삼천궁애 차례로 조현ᄒᆞᆯ 식 장녀ᄒᆞᆫ 거동이 측량업더라.

한 예감을 얻으며 결국 혼인에 이른다.

더욱이 완판본의 경우 계춘과의 결연 성사가 불쑥 튀어나온 느낌이 있었던 것에 반해, 경판본의 경우 이미 작품 초반부에 경애와 이애의 출현을 암시하는 장면이 두 차례 등장한다. 호국 청수강가에 살던 용훈 부부가 용문을 낳았는데 서해 용궁시녀가 와서 갓난아이를 씻겨주며 장차 용문의 배필이 장 승상의 딸 경아(경애)와 그 시비라고 일러준다.[107] 이미 태어날 때부터 결연이 예정되어 있었던 것이다. 용문 또한 두 여인의 존재를 어린 시절에 알게 된다. 용문은 열 살 즈음에 용훈이

---

107) 과연 그달부터 태긔 잇서 십삭이 차ᄆᆡ 일일은 상운이 만실ᄒᆞ며 채의ᄒᆞᆫ 시비 드러와 관시를 ᄃᆡᄒᆞ여 왈, "때 느져시니 부인은 잠간 누으소서." 관시 경황 중 자리에 누으니 이윽고 순산ᄒᆞᄆᆡ 곳 남ᄌᆡ라. 그 시녜 향탕을 나와 ᄋᆞ희을 씻겨 누이고 왈, "쳡은 서해 뇽궁시녜러니 뇽왕의 명을 밧자와 부인 산실을 살피고 말삼을 전ᄒᆞ랴 ᄒᆞ오미니, 이 ᄋᆞ희 ᄇᆡ우난 승상 댱뇨의 여아 경아 소저와 그 비자 이애라. 부인은 상심ᄒᆞᄉᆞ 천연을 닐치 마르소서." 몸을 이러 토상 아ᄅᆡ 나리며 간 바를 모롤너라. …(중략)…

일일은 훈의 자분 바 고기를 팔너 성중의 드러갓더니 도라올 때 큰비를 만나ᄆᆡ 길가의 ᄒᆞᆫ ᄃᆡ가 잇거늘 문의 드러서 피우ᄒᆞᆯ 시, 날이 맛도록 비 개지 아니ᄆᆡ 정이 민망ᄒᆞ더니, 문득 보니 ᄃᆡ문 우희 놉흔 누각이 잇거늘 그 우희 올너 안젓더니 홀연 ᄒᆞᆫ 도ᄉᆡ 드러와 뇽문의 손을 잡고 왈, "선녀를 보고저 ᄒᆞ거든 날를 조차오라." ᄒᆞ거늘 문이 고이 너겨 도사를 따라 ᄒᆞᆫ 고ᄃᆡ 이르니 궁실이 장녀ᄒᆞᆫᄃᆡ 조고만 정자의 사창을 열고 등촉이 명낭ᄒᆞᆫ듸 도ᄉᆡ 드러가 이르되, "북두주성이 왓시니 무릉선녀는 나와 마즈라." ᄒᆞ니 ᄒᆞᆫ 선녜 홍상채의로 ᄒᆞᆫ쌍 소비를 인도ᄒᆞ여 뇽문을 청ᄒᆞ여 녜필 좌정ᄒᆞᄆᆡ 문이 눈을 드러 보니 명월이 운무를 헷친듯 ᄆᆞ옴이 황홀ᄒᆞᆫ지라. 도ᄉᆡ 두 소제를 가르쳐 왈, "주성은 의심치 말나 이난 봉ᄂᆡ산 쟝시오 저난 북원성이라." 문이 흠신왈, "소ᄌᆡ 본ᄃᆡ 빈ᄒᆞᆫᄒᆞᆫ ᄋᆞ희니 무어스로써 신물을 삼으리오." 도ᄉᆡ 소왈, "그ᄃᆡ 비록 빈ᄒᆞᆫᄒᆞ나 순금 장도와 옥서장이 몸의 잇난 ᄇᆡ니 빨니 ᄂᆡ라." ᄒᆞ니 문이 더옥 놀나 두 가지를 ᄂᆡ여 도사를 주니 도ᄉᆡ 바다보고 왈, "이난 천ᄒᆞ무쌍지뵈라." ᄒᆞ고 두 션녀를 주며 왈, "이난 뇽전ᄒᆞ의 백년 신물이니 삼가 간수ᄒᆞ고 너희도 각각 보ᄇᆡ를 ᄂᆡ여 뇽전ᄒᆞ끠 드리라." 냥소제 붓그리믈 띄어 주저ᄒᆞ니 도ᄉᆡ 웃고 ᄌᆡ촉ᄒᆞ니, 장씨난 옥지환 ᄒᆞᆫ 짝을 벗고 니씨난 순금패를 ᄂᆡ여 도ᄉᆡ끠 드리니, 도ᄉᆡ 바더 뇽문을 준ᄃᆡ 문이 밧고 다시 뭇고저 ᄒᆞ더니 놀나 깨다르니 두상일몽이라. <용문전> 경판36장본, 1a-2b.

잡은 고기를 성중에 내다 파는 심부름을 하게 되는데, 돌아오는 길에 한 도사를 통해 장씨와 이씨 선녀를 만나고 신물을 교환하게 된다.

이렇듯 경판본은 이미 작품 초반부부터 용문의 결연자를 암시하는 복선을 깔고 있다. 이는 경판본 간행인이나 경판본 향유자들이 완판본의 그들에 비해 결연의 문제에 대해 상당히 많은 관심을 갖고 있었음을 증명하는 것이다. 물론 〈용문전〉은 남성영웅 중심의 작품이기 때문에 전체적인 흐름에서 결연 및 가문 서사가 차지하는 비중이 크지는 않다. 하지만 중요한 것은 길지 않은 결연 및 가문 서사라 하더라도 판본을 서로 비교해보면 완판본과 경판본에서 적지 않은 차이가 확인된다는 점이다. 이는 남성영웅이나 조력자가 해당 판본에서 어떻게 형상화되고 있는가의 문제와 결부되어, 완판본과 경판본 간행 지역의 향유층이나 그들이 선호했던 서사의 유형이 무엇이었는지를 알게 해주는 핵심적인 단서가 될 수 있다는 점에서 유의미하다 하겠다.

이상으로 〈소대성전〉·〈용문전〉의 완판본과 경판본에 나타나는 결연 및 가문 서사의 양상을 살펴보았다. 그 결과는 〈장풍운전〉에 나타난 양상과 크게 다르지 않았다. 완판본에서는 결연 및 가문 서사가 간략하게 마무리되는 반면 경판본에서는 결연 및 가문 서사가 활발하게 전개되었다. 〈소대성전〉은 완판본의 경우 결연 및 가문 서사의 갈등을 주도하는 왕씨 부인과 이 생 등이 이미 작품 초반부에 자신들의 잘못을 뉘우치는 모습을 보여주면서, 서사 내에서 악인으로서 해야 할 역할을 충분히 수행하지 못했다. 이에 비해 경판본의 경우에는 왕씨 부인과 이 생 등이 작품의 결말까지 소대성을 적대시하는 악한 모습을 유지하면서, 서사 내에서 악인의 역할을 적절히 수행했다. 〈용문전〉의 경우에는 완판본에서 용문의 결연이 소대성 딸 계춘과 급작스럽고 간단하게 처리되는 데 비해, 경판본에서는 결연 및 가문 서사가 작품 초반부의 복선과 연결되면서 – 완판본에 비해 – 유기적이면서 흥미로운 특성을 보였다.

3. 〈조웅전〉의 완판본과 경판본

〈조웅전〉의 완판본과 경판본의 차이도 앞선 작품들과 비슷한 패턴이다. 완판본에서 남성영웅의 영웅성이 강화되고 결연 및 가문 서사가 약화되는 양상이 확인된다. 다만 차이가 있다면 부친이나 조력자보다 모친의 행동에서 더 큰 차이가 확인된다는 점이다. 이는 기본적으로 조웅의 부친인 조정이 애초에 세상을 떠난 인물로 등장하는 것과 관련이 있다. 주지하다시피 〈조웅전〉은 다른 작품과 달리 초반에 조웅과 모친의 고난담이 길게 제시되는데, 이 과정에서 완판본과 경판본 속 모친의 행동에 차이가 나타난다. 완판본이 경판본에 비해 모친의 능동성이 약화되고, 남성영웅의 영웅성이 강화되며, 가문 서사가 약화된다. 그 구체적인 양상을 차례대로 살펴보도록 하겠다.

1) 조웅 모친 형상화의 측면

〈조웅전〉에서 조웅 모친의 역할은 여느 영웅소설 속 모친과 다르다. 이는 부친인 조정이 이미 세상을 떠난 상태에서 작품이 시작되기 때문이다. 조웅은 편모 가정에서 모친을 통해 부친에 대한 존경심을 키우며 성장하고, 이두병의 전횡에 불만을 품었다가 긴 세월을 모친과 함께 도망을 다니고 은신하며 지내게 된다. 이렇듯 조웅에게 모친은 어머니이면서, 고난을 함께 한 역경의 동반자이자 보답해야 할 은인이다.

조웅의 모친이 조웅의 성장 과정에 큰 영향을 미쳤다는 점은 완판본과 경판본에서 모두 확인된다. 이는 〈조웅전〉 이본의 공통점이다. 그러나 모친의 행동이 두 판본에서 동일하게 형상화되는 것은 아니다. 조웅에게 큰 힘이 되어준 존재임은 분명하지만, 모친인 왕씨 부인의 행동은 판본별로 일관된 차이가 있다. 완판본의 왕씨 부인이 상대적으로 소극적인 면모를 보인다면, 경판본의 왕씨 부인은 능동적인 성향이 강하다. 작품에 드러나는 특징을 서사의 흐름을 따라가며 살펴보겠다.

> [경] : 잇ᄯᅢ 졔신이 다 나올 ᄉᆡ 호련 ᄇᆡᆨ회 ᄂᆡ다라 궁녀를 물고 닷거ᄂᆞᆯ, 샹이 ᄃᆡ경허ᄉᆞ 졔신으로 길흉을 졈복고져 ᄒᆞ시더라. ᄎᆞ시 상셔 왕열은 됴웅의 종형이라, ᄎᆞ변을 보고 놀나 왕 부인에게 셔찰을 올여 길흉을 알고져 ᄒᆞ니, 원ᄂᆡ 왕 부인이 ᄌᆞ미노슐을 능통ᄒᆞ는지라, 왕 부인이 듯고 ᄃᆡ경ᄒᆞ여 답셔를 보시고 웅다려 왈, “ᄂᆡ 징조는 간신이 작당ᄒᆞ여 셩샹과 현인을 모히ᄒᆞ는 ᄇᆡ라. 너를 위ᄒᆞ여 근심ᄒᆞ노라.”
> 웅이 ᄃᆡ왈, “ᄉᆞ람의 회복은 님의로 못 ᄒᆞ옵ᄂᆞ니 모친은 근심치 마르쇼셔.” 부인 왈, “후일 모히 밋칠가 ᄒᆞ노라.” ᄒᆞ더라.
> ᄎᆞ시 왕 승샹이 슉모의 셔찰을 보고 ᄃᆡ경ᄒᆞ여 벼살을 하직ᄒᆞ고 고향의 도라가니라.[108]

> [완] : 이 날 진시에 경화문으로 난ᄃᆡ업는 ᄇᆡᆨ호 드러와 궐ᄂᆡ예 횡힝ᄒᆞ거ᄂᆞᆯ 만조 ᄇᆡᆨ관과 삼천 궁졸이 황겁ᄒᆞ야 아모리 ᄒᆞ 줄 모로더니, 이윽고 궁녀 ᄒᆞ나을 물고 후원을 쒸여 넘어 다라나더니 인ᄒᆞ야 간 ᄃᆡ 업거ᄂᆞᆯ 상이 ᄃᆡ경ᄒᆞ야 졔신다려 물으시니, 조신이 ᄯᅩᄒᆞᆫ 아지 못ᄒᆞ고 궁즁과 쟝안이 요동ᄒᆞ야 ᄂᆡ두 길흉을 아지 못ᄒᆞ더라. 황졔 일노ᄡᅧ 근심ᄒᆞᄉᆞ 침식이 불평ᄒᆞ시니 졔신이 쥬왈, “수일 북풍이 ᄃᆡ취ᄒᆞ고 ᄌᆞ히 남은

108) <조웅전> 경판30장본, 3a-3b.

> 빅셜이 순야을 덥펏습그로 여러 날 주린 볌이 의지홀 곳 업슬 쑨 안이라 긔갈을 견딕지 못ᄒᆞ야 빅주의 닉다라 갈 곳 업셔 숩풀만 녀겨 왓ᄉᆞ오이 폐하 엇지 글노써 근심ᄒᆞ신잇가." 황졔 마음을 노으시나 직변인 쥴 짐작ᄒᆞ시더라.
>
> 이젹의 할임 왕녈은 왕 부인의 ᄉᆞ촌이라, 이변을 보고 왕 부인쎄 편지ᄒᆞ여 보닉니, 잇쩌 왕 부인이 웅을 다리고 독셔도 권ᄒᆞ며 고국ᄉᆞ을 셜화ᄒᆞ더이 시비 드러와 편지을 드리거놀 펴여보니 그 셔의 ᄒᆞ여시되, '일견의 명당의 젼좌ᄒᆞ시고 조신을 모와 국ᄉᆞ을 강논ᄒᆞ시더니 그날 경화문으로 난딕업슨 빅호 드러와 작난ᄒᆞ다ᄀᆞ 궁녀을 물고 인ᄒᆞ야 ᄀᆞᆫ 딕업ᄉᆞ오니 이거시 극키 고히ᄒᆞ온지라, 황상 근심ᄒᆞ시고 됴경이 ᄯᅩᄒᆞᆫ 화복을 갈히지 못ᄒᆞ오이 눈임은 이을 힉득ᄒᆞ와 알게 ᄒᆞ소셔.' ᄒᆞ엿더라.
>
> …(중략)…
>
> 이젹의 왕할임이 왕 부인 답셔을 보니 ᄒᆞ여시되, '놀납고 놀납도다. 머지 안이ᄒᆞ여셔 소장지환이날 거시니 너난 부질업시 벼살 탐치말고 일직 힉관 걸귀ᄒᆞ라.' ᄒᆞ엿거놀 할임이 문득 씨다라 칭병부조ᄒᆞ고 고향의 도라ᄀᆞᆫ이라.[109]

어느 날 천자가 있는 궁중으로 갑자기 白虎 한 마리가 들어와 궁녀를 물고 가는 일이 발생하여 궐내가 어수선해지는데, 이 사건을 왕씨 부인과 조웅이 알게 되는 경로가 다르다. 경판본의 경우 왕씨 부인과 조웅은 왕열[110]이 보낸 편지를 받아보고는 사정을 알게 된다. 그런데 편지를 보낸 이유가 흥미롭다. 왕씨 부인이 길흉을 점칠 수 있는 능력을 갖고 있기 때문이었다. 다시 말해서 궁중에 영물인 백호가 들어와 궁녀

109) <조웅전> 완판104장본 조웅上, 4a-5a.

110) 왕열(왕렬)은 경판본에서는 조웅의 從兄으로 나오고 완판본에서는 왕 부인의 사촌으로 나온다. 신분도 다르다. 경판본에서는 상서로 나오고 완판본에서는 한림으로 나온다.

를 잡아간 사건에 대한 해석을 왕씨 부인에게 맡긴 것이다. 왕씨 부인은 이를 간신이 作黨謀議하여 성스러운 임금과 어진 신하들을 음해하려는 것으로 해석한다. 서사의 복선을 왕씨 부인이 제공하고 있다.

그러나 완판본에서 왕씨 부인은 이러한 능력을 보여주지 않는다. 완판본에서는 白虎의 침입으로 궐내가 어수선해지자 제신들이 이 사건에 특별한 의미를 부여하는 것을 경계한다. 그러나 황제의 심기는 상당히 불편해지는데 이러한 정황을 눈치 챈 왕열이 사촌인 왕씨 부인에게 편지를 보내 불길한 상황을 알리고 조웅과 더불어 조심할 것을 이른다. 즉 왕열에 의해 이미 상황에 대한 판단이 이루어진다는 것이다. 왕씨 부인은 다만 왕열의 상황 판단을 따를 뿐이다. 이렇듯 경판본의 왕씨 부인은 주어진 상황을 능동적으로 분석하는 반면, 완판본의 왕씨 부인은 이미 정해진 상황 판단을 잘 따른다는 특징을 보여준다.

> [경] : ᄒᆞᆫ 곳의 니르ᄆᆡ 요슈역이라 쥬졈의 안ᄌᆞ 쉬고져 ᄒᆞ더니 역촌 ᄉᆞ람드리 숫더려 니르되, "황셩 조셔 ᄂᆞ려 '됴웅이라 허는 ᄋᆞᄒᆡ를 잡으면 쳔금 상의 만호 후를 쥬리라.' ᄒᆞ니 각별 살피리라." ᄒᆞ더라.
>
> 됴웅 모ᄌᆡ 이 말을 드르ᄆᆡ 낙담상혼ᄒᆞ여 황황이 도망ᄒᆞ여 산듕의 드러 셔로 붓들고 통곡 왈, "이제 우리 만일 잡히면 죽을지라. 장차 엇지 ᄒᆞ리오." 하다가, 부인이 ᄉᆡᆼ각ᄒᆞ고 왈, "나ᄂᆞᆫ 승이 되고 너ᄂᆞᆫ 상졔 되여 단니다가 나종을 보미 엇더ᄒᆞ뇨."
>
> 웅이 쳬읍 왈, "엇지 두발을 ᄇᆡ이리잇고."
>
> 부인이 유쳬 왈, "싹가 목숨을 구허믄 너를 위ᄒᆞ미라."
>
> 하고 일장통곡허다가, ᄉᆞᆨ발위승 ᄒᆞ고 의복을 고치고 웅을 압세고 길을 ᄎᆞᄌᆞ 촌촌걸식 허다가 쥬졈의 드러 밤을 지ᄂᆡ더니,[111]

111) <조웅전> 경판30장본, 6b-7a.

[완] : 발이 붓고 긔운이 피곤ᄒᆞ여 일녁은 일으나 머물려 ᄒᆞ고 드러가니 역촌 ᄉᆞ롬드리 모다 이로ᄃᆡ, "신황졔 각도 열읍의 힝관ᄒᆞ여 됴웅 모ᄌᆞ을 좁아 밧치면 쳔금상의 만호후을 봉할이라 ᄒᆞ니 우리도 쳔힝으로 잡으면 벼살ᄒᆞ리로다." ᄒᆞ며 힝인을 살피난지라.

웅의 모ᄌᆞ 이 말을 드르니 간쟝이 셔늘ᄒᆞ고 잔혼칠빅이 훗터지는지라 급피 몸을 슘겨 역촌을 ᄯᅥ나 도망ᄒᆞ니 곤ᄒᆞ던 긔운도 업고 어렵던 발도 아프지 안이ᄒᆞᆫ지라. …(중략)…

부인이 웅을 붓들고 무슈이 통곡ᄒᆞ니 쳥산이 욕녈ᄒᆞ고 목셕이 다 스러ᄒᆞ는지라 ᄋᆡ통으로 밤을 지닌이 ᄒᆞ로밤 식긔예 눈이 붓고 어골이 ᄃᆡ픽ᄒᆞ여 달은 ᄉᆞ롬 것더라. …(중략)…

마춤 들네난 소리 나거ᄂᆞᆯ 일변 반긔며 일변 겁ᄒᆞ야 살펴보니 녀승 오육 인이 오거ᄂᆞᆯ 부인이 녀승다려 문왈, "어ᄂᆡ 졀의 잇스며 어ᄃᆡ로 ᄀᆞ난다." ᄒᆞ니, 그 즁이 문왈, "부인은 어ᄃᆡ 계시관ᄃᆡ 이러헌 산즁의 외로이 계신잇ᄀᆞ." …(중략)…

부인이 승을 하직ᄒᆞ고 도라와 그 밥을 두리 먹으니 요긔 족ᄒᆞᆫ지라. 웅이 이러ᄂᆞ 힝쟝을 슈습ᄒᆞ야 길을 지촉ᄒᆞ니 부인이 왈, "어ᄃᆡ로 가ᄌᆞ ᄒᆞ난다. 반다시 관인의게 잡필 거시니 엇지 남의 손의 쥭으리오. ᄎᆞ라리 이 산즁의셔 쥬려 쥭긔만 ᄀᆞᆺ지 못ᄒᆞ다." ᄒᆞ시니, 웅이 …(중략)… 가긔을 지촉ᄒᆞ니 부인이 슬허 왈, "너난 종시 큰말 말라 우리 두리 길을 ᄀᆞ면 결단코 힝식으로 잡필 거시니 엇지 두렵지 안이 ᄒᆞ뇨. ᄂᆡ ᄉᆡᆼ각ᄒᆞ니 힝식을 달이 ᄒᆞ면 조흘 듯ᄒᆞ다. ᄂᆡ 삭발ᄒᆞ야 즁이 되고 너난 상ᄌᆞ 되면 뉘알이요."112)

위 두 인용문에서도 비슷한 양상이 보인다. 왕씨 부인과 조웅은 계속된 도피 생활로 지쳐 있는 상황에서 한 역참에 머물러 하룻밤을 보내려고 하는데, 역촌 사람들이 모자가 수배 중이라는 사실을 말하기에

112) <조웅전> 완판104장본 조웅上, 12b-13b.

기겁을 하고 산중으로 들어간다. 모자는 더 이상 도망을 다닐 기력이 남아 있지 않아서 산중에 머물며 자포자기의 심정으로 나아갈 바를 모른 채 안타까움을 토로하는데, 이 이후로 판본 간 차이가 보인다.

경판본의 경우 모자가 서로 붙들고 통곡을 하다가, 문득 왕씨 부인이 계교를 내어 부인은 머리를 깎고 승려 행세를 하고 조웅은 上佐 행세를 해서 사람들의 눈을 속이자고 한다. 완판본도 이와 비슷하지만 상황 전개에 약간의 차이가 있다. 경판본과 마찬가지로 역촌 사람들의 대화를 엿들은 모자가 산중으로 피신하는데, 서로 붙들고 통곡하던 경판본과는 달리 완판본에서는 왕씨 부인이 조웅을 붙잡고 통곡을 한다. 그리고 어찌 할 바를 모르던 와중에 마침 여승 몇 명을 만나게 되고, 여승들의 도움으로 허기를 달랜 후 조웅이 다시 길을 떠날 채비를 하는데 이때 왕씨 부인이 행색을 바꿀 것을 제안한다.

두 판본은 얼핏 비슷해 보이지만 왕씨 부인의 행동에 차이가 드러난다. 경판본에서 왕씨 부인은 평소 차림으로 계속해서 도망을 다닐 수 없다는 고민 끝에 본인이 스스로 승려와 상좌 행세를 생각해낸다. 그러나 완판본에서 왕씨 부인은 여승들의 도움을 얻고 난 후 그녀들로부터 아이디어를 얻어 행색을 바꾸자고 한다.

완판본에 보이는 왕씨 부인의 판단이 개인적인 고민으로부터 나온 것이라기보다 여승과의 만남이라는 우연한 계기에 의해 제기되었다는 사실은, 그 이전에 왕씨 부인이 상황을 개선하려는 의지보다는 자포자기의 심정으로 일관했던 행동을 통해서도 증명이 된다. 완판본에서 왕씨 부인은 산중을 떠나 이동을 하자는 조웅의 제안에 어디를 가든 반드시 관인에게 잡힐 것이 명약관화이니 차라리 산중에서 굶어 죽는 것이 낫다고 말한다. 앞서 산중으로 피신할 수밖에 없는 처지를 비관할 때도 완판본에서는 – 경판본과 다르게 – 왕씨 부인만 통곡을 했다. 이렇듯 왕씨 부인은 상황 개선이 어렵다는 판단을 하고 산중에서 나아갈 생각을 하지 못하다가, 여승들을 보고 갑작스레 머리를 깎을 생각을 하게 된 것이다. 결국 경판본의 왕씨 부인이 상황을 능동적으로 바꿔 보려는 노력을 했다면, 완판본의 왕씨 부인은 자포자기의 심정이었다가 우연히 대책을 마련한 셈이다. 왕씨 부인의 판본 간 차이는 월경대사를 만나는 장면에서도 확인된다.

[경] : 웅 왈, "우리 모지 단니다가 쏘 무슨 화를 볼지 모로오니 졀을 ᄎᄌ 의지ᄒ미 엇더ᄒ니잇고."

부인이 올히 억녀 ᄉ출을 ᄎᄌ갈 ᄉᆡ 잇ᄯᅢ 웅의 나히 십이 셰라 종일 힝허다가 슈음의 안ᄌ 쉬더니 ᄒᆞᆫ 도승이 지나거놀 웅이 합장빈례 왈, "쇼승은 ᄉ부를 다리고 졍쳐 업시 단니는 걸승이라, ᄇ라건ᄃᆡ ᄃᆡᄉ는 구ᄒ쇼셔."

ᄃᆡᄉᆡ 황망이 답네ᄒ고 왈, "빈승의 별호는 월경이라 ᄒ옵거니와, 공직 두병의 난을 피ᄒᆞᆫ 쥴 아라스나 멀이 맛지 못 ᄒ엿ᄂ니다."

웅이 ᄃᆡ경 왈, "엇지 ᄌ시 아는이잇고."

도ᄉᆡ 왈, "우리 연분이 잇스믜 엇지 모로리오." ᄒ고 공ᄌ와 부인을 뫼셔 본ᄉ로 도라가니 졔승이 다 빈례ᄒ거놀,

부인 왈, "인간 유락헌 ᄉ람이 션경을 구경ᄒ니 외람ᄒ도다."

졔승이 ᄉ샤 왈, "십년 젼의 부인계옵셔 천금을 쥬셔 이 졀을 즁슈ᄒ오니 엇지 큰 공이 아이리잇고." ᄒ더라.

월경이 공ᄌ를 다리고 글과 슐법을 가르치더라.[113]

[완] : 슬푸다 셰월이 여류ᄒ야 쟉긔ᄒ연지 ᄉᆷ년이요. …(중략)… ᄒ로난 종일토록 ᄀ되 ᄉ롬은 보지 못ᄒ고 인가 쏘ᄒᆞᆫ 업난지라. 긔갈 심ᄒ

113) <조웅전> 경판30장본, 8a-8b.

여 길가의 안ᄌᆞ더니 동남ᄀᆞᆫ 산곡 험노로 일ᄃᆡ 산승이 철쥭을 집고 나오거날 …(중략)…

그 즁이 웃고 왈, "좀ᄀᆞᆫ 요긔ᄒᆞ신 거슬 은헤라 ᄒᆞ올진ᄃᆡ 소승은 부인게 천금을 어더 왓ᄉᆞ오니 그 은혜 엇덧타 ᄒᆞ리잇ᄀᆞ."

부인이 놀너 왈, "소승은 본ᄃᆡ 가난ᄒᆞᆫ 즁이라 ᄉᆞ방의 걸식을 면치 못ᄒᆞ옵거날 엇지 천금지직을 알이요."

그 즁이 웃고 왈, "ᄃᆡ국 됴츙공의 부인이 안니신잇ᄀᆞ. 일신을 ᄀᆞᆷ초와 변행을 굿개 ᄒᆞ온들 소승이야 모로릿ᄀᆞ."

부인과 웅이 ᄃᆡ경 실식 왈, "이졔난 우리 종젹이 현로ᄒᆞ여 예와 잡피여 원슈의 칼의 쥭그리로다." ᄒᆞ며 모ᄌᆞ 통곡ᄒᆞ며 그 즁으게 익걸 왈, …(중략)…

그졔야 부인이 ᄌᆞ셰 보니 그ᄯᅢ 화상 그리던 즁과 방불ᄒᆞᄂᆞ 셰상ᄉᆞ을 엇지 알이요 천금지을 쥴 시난 젹실ᄒᆞ나 분명이 명신ᄒᆞᆫ 일이 안니라 이난 긔역지 못 ᄒᆞ니 존ᄉᆞ난 긔이지 말고 바론 ᄃᆡ로 ᄀᆞ르치소셔 ᄒᆞ고 진이 익걸ᄒᆞ니, …(중략)…

부인이 ᄃᆡ경실식 왈, "비러먹난 ᄉᆞ롬이 무슨 화상이 닛ᄉᆞ오리요. 존ᄉᆞ난 무미ᄒᆞᆫ 인싱을 ᄃᆡᄒᆞ여 긔이지 말고 바론 ᄃᆡ로 ᄒᆞ소셔. 이졔난 됴상지육이라 쥭고 살긔는 존ᄉᆞ의 쳐분이오니 임의로 ᄒᆞ소서." ᄒᆞ며 무슈히 통곡ᄒᆞ니, …(중략)…

부인이 견필의 ᄃᆡ경ᄃᆡ희ᄒᆞ야 월경을 븟들고 슬피 통곡 왈, "엇지 그리 몰ᄂᆞ볼소야. 우리난 신명을 도망ᄒᆞ엿건이와 즉금 황졔 우리을 ᄌᆞ바드리라 ᄒᆞ고 열읍의 힝관ᄒᆞ엿다 ᄒᆞ미 일심의 겁이 만ᄒᆞ여 변형ᄒᆞ고 단이더니 천덕으로 이곳의 일으어 존ᄉᆞ을 만ᄂᆞ시니 엇지 즐겁지 안이ᄒᆞ며 ᄯᅩ 엇지 슬푸지 안이ᄒᆞ리요." ᄒᆞ고 그졔야 신승인 줄 알고 못닉 즐겨 전후 고힝ᄒᆞ던 ᄉᆞ년을 다 셜화ᄒᆞ니, …(중략)…

빅예 오르니 좌우의 년화 만발ᄒᆞ야 힝긔난 습의ᄒᆞ고 무심ᄒᆞᆫ 빅구드른 오락ᄀᆞ락 ᄒᆞ난지라 귀경ᄒᆞ미 드러ᄀᆞ니 표년ᄒᆞᆫ 션경이러라. ᄉᆞ문의 빅을 미고 형당의 드러ᄀᆞ니 호즁천지오 진ᄀᆡ 별건곤이라 졀을 시로 즁

슈ᄒᆞ야 정쇄ᄒᆞ미 극진ᄒᆞ더라.114)

두 판본에서 월경(월정)대사가 모자의 정체를 알아차릴 때 놀라는 인물이 다르다. 경판본에서는 조웅이 자신과 모친을 정처 없이 다니는 걸승이라고 속여 말했다가 이를 월경대사가 알아채자 놀라는 기색을 보인다. 반면 완판본에서는 주로 부인이 놀라는데, 월경대사가 모자와의 인연의 증표를 언급할 때마다 계속 놀라며 월경대사를 경계한다.

이러한 경판본과 완판본의 차이를 왕씨 부인에 초점을 맞춰 정리해 보면, 왕씨 부인은 경판본에서는 전혀 놀라는 기색이 없는 데 비해 완판본에서는 자주 놀라며 예민하게 반응한다. 실제로 경판본에서 왕씨 부인은 월경대사와 山寺에 대한 두려움보다는 仙境에 대한 경외심과 호기심만을 언급하고 있다. 반면 완판본에서 왕씨 부인은 월경대사를 수차례 검증한 뒤에야 마음을 놓고 동행을 받아들인다. 경판본의 왕씨 부인이 더 의연한 모습을 보여주는 것이다.

이러한 의연한 모습은 조웅이 모친과 월경대사를 떠나 세상에 나아가고자 할 때도 나타난다.

> [경] : 이ᄯᅢ 웅의 나히 십ᄉᆞ 세라, 슐법을 비호ᄆᆡ 무불통지라. 일일은 웅이 ᄉᆡᆼ각ᄒᆞ되, 'ᄂᆡ 이졔 긔탄이 업스니 산문의 나 황셩 쇼식을 탐지ᄒᆞ리라.' ᄒᆞ고, 모친긔 고ᄒᆞ니 부인 왈, "너를 보ᄂᆡ고 ᄂᆡ 엇지 홀노 잇스리오. 네 스승긔 고ᄒᆞ고 경션이 구지 말ᄂᆞ."
>
> 웅이 물너와 ᄃᆡᄉᆞ긔 ᄉᆞ연을 고헌ᄃᆡ 도ᄉᆡ ᄃᆡ희 왈, "네 법슐이 족키 념녀 업스니 슈이 도라와 모친을 뫼시라."
>
> 웅이 ᄉᆞ례ᄒᆞ고 모친긔 하직ᄒᆞ고 인ᄒᆞ여 산문을 나ᄆᆡ 안하의 거릿길

---

114) <조웅전> 완판104장본 조웅上, 16b-19a.

ᄇᆡ 업ᄂᆞᆫ지라.[115]

[완] : 셰월이 여류하야 웅의 나희 십오 세라, 골격이 웅장하고 긔운이 졀윤하더라. 일일은 웅이 모친께 청ᄒᆞ여 왈, "소ᄌᆞ 즉금 나희 십오 세요, 이 곳시 션경이오니 ᄀᆞ히 살암즉 ᄒᆞ오나, 남ᄌᆞ 쳐세하ᄆᆡ ᄒᆞᆫ 곳의셔 늘글 거시 안니옵고 신션도 두로 놀나 박납ᄒᆞ옵난니, 소ᄌᆞ 슬하을 ᄌᆞᆷᄀᆞᆫ 써나 산 박긔 나ᄀᆞ 셰상을 귀경ᄒᆞ고 황셩 소식도 듯고ᄌᆞ ᄒᆞ나니다."

부인이 ᄃᆡ경ᄃᆡ칙 왈, "쳘이 타향의 너는 날만 밋고 나는 너만 밋어 셔로 상의ᄒᆞ야 부지ᄒᆞ거날 네 일시들 ᄂᆡ 슬하의 써나며 ᄂᆡ 엇지 너을 ᄂᆡ여보ᄂᆡ고 일신들 이즐소냐. 네 어ᄃᆡ을 ᄀᆞ량이면 ᄒᆞᆫᄀᆞ지로 ᄒᆞᆯ 거시라. ᄎᆞ후난 그런 ᄆᆞ음 두지 말나, ᄀᆞ장 황ᄒᆞ도다." ᄒᆞ시니 웅이 다시난 알외지 못ᄒᆞ아 나와 월경ᄃᆡᄉᆞ다려 의논 왈, …(중략)…

부인 왈, "말은 당녀ᄒᆞᄂᆞᆫ 말이타국의 보ᄂᆡ고 ᄂᆡ 엇지 젹막강산 ᄉᆞ고 무친쳑ᄒᆞᆫᄃᆡ 일시들 잇고 잇시며 ᄯᅩᄒᆞᆫ 제 나희 어리고 인ᄉᆞ 미거ᄒᆞᆫ지라 분분ᄒᆞᆫ 셰상의 나ᄀᆞ 엇지 될 줄 알이요." …(중략)…

여ᄎᆞ 등셜노 만단긔유ᄒᆞ니 부인이 ᄋᆡᆨ키 ᄉᆡᆼ각ᄒᆞ여 왈, "만일 ᄃᆞᆫᄉᆞ의 말슴과 ᄀᆞᆺ지 못ᄒᆞ면 엇지 ᄒᆞ리요."

월경 왈, "공ᄌᆞ의 편ᄉᆡᆼ 영욕을 다 알앗ᄉᆞ오니 일분도 념네을 마옵소셔."

부인니 마지 못ᄒᆞ야 허락ᄒᆞ니, ᄃᆡᄉᆞ와 웅이 긋거 잇튼날 길을 써날시 부인께 하직ᄒᆞ니 부인이 ᄋᆡ련ᄒᆞ여 쉬히 도라오믈 당부ᄒᆞ시고 ᄯᅩ 졔승의게 ᄒᆞ직ᄒᆞ니 월경이 ᄉᆞ문의 나와 악슈상별ᄒᆞ고 길을 ᄀᆞ르쳐 호송ᄒᆞ거날 길을 써ᄂᆞᆫ 셰상의 나오니 심신이 광활ᄒᆞ야 안ᄒᆞ의 두려온 거시 업더라.[116]

경판본에서는 조웅이 세상을 구경하기 위해 모친에게 허락을 득하

115) <조웅전> 경판30장본, 8b.

116) <조웅전> 완판104장본, 19b-20b.

는 과정이 상당히 간단하다. 조웅이 모친에게 허락을 받으러 가자 왕씨 부인은 허락지 않으면서도 월경대사와 상의해서 결정하라는 여지를 남긴다. 그리고 월경대사의 허락이 떨어지자 조웅은 다시 모친에게 허락을 얻지도 않고 바로 하직하고 세상으로 나아간다.

그러나 완판본에서는 모친의 허락이 쉽게 떨어지지 않는다. 처음 조웅이 모친에게 허락을 받으러 갔을 때에도 왕씨 부인은 조웅에 대해 상당히 의존적인 경향을 보이며 조웅의 떠남을 허락하지 않는다. 월경대사와 상의를 하라는 여지 같은 것도 없이 무조건 반대를 한다. 이에 조웅이 답답한 마음에 월경대사와 의논을 하고, 월경대사가 부인을 萬端改諭로 자세히 설명을 한 끝에 모친의 허락이 떨어진다. 하지만 그렇다고 해서 왕씨 부인이 쾌히 허락을 한 것은 아니다. 왕씨 부인은 월경대사의 설득에 마지못해 허락을 하고 마지막까지 빨리 돌아오기를 당부한다.

경판본에서 왕씨 부인이 조웅의 떠남을 반대하거나 조웅의 결정에 대해 망설이지 않은 것은, 경판본에서 일관되게 묘사되고 있는 왕씨 부인의 의연한 성격과 관련이 있다. 반대로 완판본에서 왕씨 부인이 조웅의 떠남을 계속해서 만류하는 것은, 완판본에서 일관되게 묘사되고 있는 의심 많고 의존적인 왕씨 부인의 성격과 관련이 있는 것이다.

조웅이 출전을 결심하는 장면에서도 이는 동일한 형태로 등장한다. 경판본에서 왕씨 부인은 아들의 출전을 걱정하기는 하지만 망설이지 않는다. 부디 조심하라는 말로 출전 허락을 대신한다.[117] 그러나 완판

117) 도식 왈, "이졔 시졀이 요란ᄒᆞ 셔번이 위국을 침노허미 위ᄐᆡ허미 조셕의 잇ᄂᆞᆫ지라. 밧비 가 공을 닐우라." 웅이 하직고 강션암의 가 모친긔 뵈오니 부인이 일변 반기고 일변 슬허 ᄒᆞ거ᄂᆞᆯ, 웅이 ᄯᅩ 장시 구헌 일과 츌젼ᄒᆞ는 ᄉᆞ연을 고ᄒᆞᆫᄃᆡ 부인 왈, "젼장은 ᄉᆞ디라 부ᄃᆡ 조심허라." 웅이 하직고 힝ᄒᆞ니 진짓 일ᄃᆡ 영웅이라. <조웅전> 경판30장본, 12a.

본에서는 조웅이 출전을 고하자 왕씨 부인이 일단 출전을 반대하고, 조웅이 선생의 명령이라고 하자 그제야 어쩔 수 없이 허락을 한다. 그런데 이 허락도 완벽한 것은 아니어서 일단 조웅의 부친과 同列인 위왕 신광을 도와 대공을 이루고 다시 모친에게 돌아오기를 약속한다.[118] 전장에 나아가는 아들의 모습이 마냥 걱정스러운 것이며 한편으로는 왕씨 부인이 혼자 지내는 것을 상당히 두려워하는 것이다. 이 차이 또한 경판본과 완판본 속 왕씨 부인의 성격을 잘 보여주는 사례라 하겠다.

마지막으로 살펴볼 부분은 강호자사와의 강제 혼인을 피해 강선암으로 온 장 소저, 즉 조웅의 배필을 월경도사와 왕씨 부인이 알아보는 장면이다.

> [경] : '도망ᄒᆞ면 불효는 막ᄃᆡ허나 ᄒᆡᆼ장을 찰이라.' ᄒᆞ고 별셔를 써노코니 밤의 십여 리를 ᄒᆡᆼᄒᆞ니 ᄃᆡ강이 잇는지라. 노쥐 졍히 망조ᄒᆞ더니 호련 일쳑 어션이 와 오르물 쳥ᄒᆞ거놀 반겨 ᄇᆡ의 오르니 슌식산 건너거놀 쇼졔 노옹다려 길을 무른ᄃᆡ 노옹 왈, "이리로 가면 강션암이 잇스니 ᄎᆞᄌᆞ 가쇼셔."
>
> 쇼졔 깃거 ᄉᆞ례ᄒᆞ고 강션암을 ᄎᆞᄌᆞ 가니 슈십 녀승이 쇼져를 보고 합장비례 왈, "양위 낭낭은 엇지 이곳의 오신요." ᄒᆞ고 부인긔 뵌ᄃᆡ 부인

118) 각셜 웅이 엿자오ᄃᆡ, "지금 셔번이 강셩ᄒᆞ와 ᄃᆡ국을 탈취코져 ᄒᆞᆫ오니 쇼ᄌᆡ 비록 무지ᄒᆞ오나 ᄒᆞᆫ 변 구경코져 ᄒᆞ나이다." 부인 답왈, "ᄌᆞ식을 나혀 젼장의 보ᄂᆡ고 엇지 살러 오기을 발라이요. 오할ᄒᆞ 말을 말나." ᄒᆞ신이 웅이 다시 엿ᄌᆞ와 왈, "쇼ᄌᆞ들 모친을 오로이 두옵고 젼장의 가긔을 질기잇가만은 션ᄉᆡᆼ의 명영이 이려이려 ᄒᆞ오이 엇지 ᄒᆞ올잇가." 부인이 이윽키 ᄉᆡᆼ각ᄒᆞ다가 왈, "션ᄉᆡᆼ의 지위 그려ᄒᆞ면 마지 못ᄒᆞ련이와, 가되 위왕은 네 부친과 동열이요, 일홈은 신광인이 몬져 위왕을 도와 ᄃᆡ공을 일우고 돌라와 ᄂᆡ 얼골을 다시 보거 ᄒᆞ라." ᄒᆞ신이 웅이 하직ᄒᆞ고 도ᄉᆞ의 가르치던 길노 쳘니 쥰총 우의 삼쳑 ᄌᆞᆼ검을 들고 나가이 안하의 ᄐᆡ산이 구름 갓턴지라 뉘 능이 당홀 ᄌᆞ 잇스리요. <조웅전> 완판104장본 조웅二, 1a.

이 쇼져의 아리다온 졀식을 보고 왈, "그딕는 엇지ᄒᆞ여 이곳의 왓ᄂᆞ뇨."
 쇼제 왈, "난중의 부모를 닐코 의지헐 딕 업셔 왓ᄂᆞ이다."
 왕 부인 왈, "나도 팔지 긔박ᄒᆞ여 일즉 가군을 여희고 일ᄌᆞ의게 의지ᄒᆞ엿더니 난을 피ᄒᆞ여 온 지 발셔 칠팔 년이라." ᄒᆞ고 아던 ᄉᆞ람갓치 반기며 한가지로 의지ᄒᆞ며 부인이 월졍다려 왈, "강호의 댱 쇼졔를 어늬 ᄯᅢ의 셔로 보리오." 쇼제 겻히 잇다가 경ᄋᆞᄒᆞ여 문왈, "댱 쇼졔를 엇지 아르시ᄂᆞᆫ잇고." 부인 왈, "일즉 드른 ᄇᆡ라. 그딕 아는냐." 쇼졔 왈, "동향의셔 혹 쇼문만 드를 ᄯᆞ름이로쇼이다." ᄒᆞ더라.
 일일은 쇼제 붓치를 가지고 불젼의 츅원ᄒᆞ거ᄂᆞᆯ 부인이 그 부치를 보니 ᄋᆞᄌᆞ의 부치라 고히 녁여 문왈, "이거슬 엇지 어덧ᄂᆞ뇨." 쇼졔 츔괴ᄒᆞ여 묵묵ᄒᆞ거ᄂᆞᆯ 시비 가ᄋᆡ 왈, "쇼졔 낭군을 니별헐 졔 바든 신물이로쇼이다."
 부인이 쇼져의 옥슈를 잡고 왈, "그딕 아니 강호 장 쇼져냐. 쇼져는 곳 나의 며ᄂᆞ리라. 이 붓치는 ᄋᆞᄌᆞ 됴웅의 긔물이니 ᄋᆞ지 젼일 강호의 댱 진ᄉᆞ 녀ᄌᆞ를 취허다 허나 보지 못 ᄒᆞ믈 한ᄒᆞ더니 이졔 예셔 만ᄂᆞᆯ 쥴 엇지 ᄯᅳᆺᄒᆞ리오." ᄒᆞ고 깃거ᄒᆞ니 쇼졔 비로쇼 ᄭᆡ다라 니러 졀ᄒᆞ고 됴 공ᄌᆞ 만나던 젼후 ᄉᆞ연과 본현 ᄌᆞ식 핍박ᄒᆞ여 도망ᄒᆞᆫ 말솜을 고ᄒᆞ니 부인과 졔승이 그 졀긔를 탄복ᄒᆞ더라.[119]

[완] : 화셜 쇼져 견필의 일희 일비ᄒᆞ야 시비 가ᄋᆡ을 블너 힝장을 ᄎᆞ려 급피 셔강으로 나가 갑슬 후이 쥬고 비션을 ᄌᆞ아타고 이날 밤 슈로 삼빅 이을 힝ᄒᆞ야 날이 식ᄆᆡ 비예 날려 촌촌 젼진ᄒᆞ야 강션암을 ᄎᆞᄌᆞ가이 청산 긔암은 겹겹이 둘너 잇고 간슈는 잔잔ᄒᆞ야 골골의 흘너난이 진지 졀승 강산이요 각별ᄒᆞᆫ 천지라. …(중략)…
 월경딕ᄉᆞ 소졔을 자셔니 보다가 문왈, "소졔의 모양을 보오니 가취을 ᄒᆞ신가 시프오니 아지 못게라. 엇쪄ᄒᆞ신 문별의 츌가ᄒᆞ시며 가군도

119) <조웅전> 경판30장본, 13a-14a.

난중의 일이 졔신잇가." 소졔 염용 딕왈, "아직 음양을 아지 못ᄒᆞ오니 엇지 낭군니 닛ᄊᆞ올닛가." 월경 닉렴의 고이 여겨나 쇼졔 그니기로 다시는 뭇지 못ᄒᆞ고 부인다려 왈, "그 쳐ᄌᆞ을 보온이 셰상의는 다시 업슬 뜻ᄒᆞ오와 강호 장쇼졔을 보지 못ᄒᆞ여삽건이와 엇지 이에 밋칠잇가 그려ᄒᆞ오나, 분명을 졍ᄒᆞᆫ가 시프오딕 죵닉 긔졍홈이 니렷틋 ᄒᆞ오니 혹 챵여가 ᄒᆞ와 살피 보온직 충여 안니요 풍우의 놀는 옥셤이 겨슈남글 ᄎᆞᄌᆞ온 거동이라 니 안니 장쇼졔가 장쇼졔 안이면 다시 졀련 졀ᄉᆡᆨ이 업ᄉᆞ올 거시이 ᄲᅧᆨᄲᅧᆨ이 장쇼졔가 ᄒᆞ노라." …(중략)…

월경이 왈, "그 여자 분명 낭궁이 이시되 일양 긔졍ᄒᆞᆫ이 그 힝진를 보면 가고할 거시 이시이라." ᄒᆞ고 의논ᄒᆞ더라. 일일은 쇼져 시비을 다리고 목탕의 가 모욕ᄒᆞ거늘 부인과 월경이 쇼져의 힝장을 펴여 보이 달은 거슨 고ᄉᆞᄒᆞ고 힌 ᄌᆞ로 부치 잇거늘 ᄌᆞ셰이 본이 과연 공자의 부치 ᄲᅮᆫ 안이라 부지예 풍월을 써시되 '장씨을 신믈노 쥬노라.' ᄒᆞ고 '됴웅은 셔ᄒᆞ노라.' ᄒᆞ엿신이 다시 의심이 업셔 부인과 월경이 딕회ᄒᆞ야 부인이 월경다려 치ᄒᆞ 왈, "딕ᄉᆞ의 영감은 귀신도 칭양치 못홀지라. 이 사ᄅᆞᆷ이 무삼 연고로 힝ᄉᆡᆨ이 니려ᄒᆞ고 긔히ᄒᆞᆫ 일이로다."[120]

두 판본 공히 장 소저와 왕씨 부인의 관계를 알아간다는 점에서는 동일하다. 그러나 강선암에 온 처자가 장 소저이며, 장 소저가 조웅의 배필임을 알아가는 과정은 사뭇 다르다. 여러 측면에서 차이가 있지만 그중에서도 실마리를 풀어가는 주체가 누구인가를 기준으로 경판본은 왕씨 부인으로 완판본은 월경대사로 나뉜다는 점이 흥미롭다.

경판본을 먼저 살펴보도록 하겠다. 왕씨 부인은 강선암을 찾아온 장 소저를 반갑게 맞이한다. 장 소저가 난 중에 부모를 잃고 의지할 데가 없어 찾아왔다고 말하자 왕씨 부인은 同病相憐의 정을 느낀 것이다.

120) <조웅전> 완판104장본 조웅二, 11a-13a.

이렇듯 마치 알던 사람처럼 지내다가 문득 왕씨 부인이 장 소저에게 애초부터 그녀가 장 소저임을 알았다는 식의 말을 던진다. 장 소저는 자격지심에 놀라며 동향이라서 소문만 들을 따름이라고 거짓으로 둘러댄다. 하지만 이내 장 소저의 실체가 밝혀지고 왕씨 부인은 아들과의 인연을 확인한 후 장 소저에 대한 사랑이 더욱 깊어진다. 경판본에서 장 소저의 존재를 눈치 챈 인물은 왕씨 부인이다. 그녀는 자신의 직감으로 당시까지 누구인지 제대로 몰랐던 그녀에게 장 소저가 아니냐고 질문을 던지는 예리한 시선을 갖고 있는 것이다.

반면 완판본에서는 예리한 시선이 월경대사에게 보인다. 우선 월경대사는 장 소저가 이미 嫁娶한 몸일 것이라 추측한다. 장 소저는 끝내 부인했지만 월경대사는 그 생각을 버리지 않고 이를 위해 장 소저의 행장 속 물건을 확인하는데 거기서 조웅과의 信物이 발견된다. 이에 왕씨 부인은 월경대사에게 '대사의 영감은 귀신도 칭양치 못할 것'이라며 놀라움을 금치 못한다.

결국 경판본에서 왕씨 부인이 갖고 있었던 장 소저의 출신과 행적에 대한 의문과 추측을 완판본에서는 월경대사가 담당하고 있는 것이다. 완판본에서 왕씨 부인은 월경대사의 추측과 판단에 맞장구를 칠 뿐 본인이 스스로 능동적인 결정을 내리지 못한다. 경판본과 완판본에서 왕씨 부인의 모습이 전혀 다르게 묘사되고 있는 것이다.

이렇듯 조웅 모친은 경판본에서 보다 능동적이고 적극적인 능력을 갖고 있으며 주체적으로 문제를 해결하려 한다. 반면 완판본에서는 조웅 모친이 조웅이나 월경대사에게 의지하는 경향이 강하다. 경판본에 비해 수동적이고 소극적인 것이다.

2) 남성영웅 서사의 측면

앞서 살펴본 작품들에서 발견한 특성과 마찬가지로 〈조웅전〉의 경우도 조웅의 영웅적 면모가 두 판본에서 차이를 보인다. 경판본에서 영웅적 면모가 비교적 약화된다면 완판본에서는 반대로 강화된다. 이는 작품 전반에서 일관되게 확인된다. 먼저 왕열이 왕씨 부인과 조웅에게 궐내에서 일어난 변고에 대해 이르는 상황에서 조웅의 반응을 살펴보겠다.

> [경] : 왕 부인이 듯고 디경ᄒᆞ여 답셔를 보시고 웅다려 왈, "니 징조는 간신이 작당ᄒᆞ여 셩샹과 현인을 모히ᄒᆞ는 비라. 너를 위ᄒᆞ여 근심ᄒᆞ노라." 웅이 디왈, "ᄉᆞ람의 화복은 님의로 못 ᄒᆞ옵ᄂᆞ니 모친은 근심치 마르쇼셔." 부인 왈, "후일 모히 밋칠가 ᄒᆞ노라." ᄒᆞ더라.[121]

> [완] : 왕 부인 견필의 디겁 실식ᄒᆞ여 이윽키 싱각ᄒᆞ다ᄀᆞ 답셔을 ᄒᆞ여 보닌 후 웅을 다리고 왈, "국가의 이러틋ᄒᆞᆫ 직변이 이러ᄂᆞ니 네 젼두의 벼술ᄒᆞ면 ᄀᆞᆫ신의 망측지환을 엇지 면ᄒᆞ리요."
>
> 웅 왈, "모친은 그런 념네 마옵소셔. ᄉᆞᄅᆞᆷ의 영욕 임의로 ᄒᆞᆯ 비 안이옵건이와 디긔 이화 도화 만발ᄒᆞ온 가온디 겨화 일지 피여나되 그 유의 셕긔지 안이ᄒᆞ오니 이화난 이화요 겨화난 겨화라. 그런 고로 소인이 만됴ᄒᆞ오들 니 빅옥 무죄ᄒᆞ오이 죄업시 모히ᄒᆞ리잇가."
>
> 부인 왈, "너은 지긔일이요 미지긔이로다. 형산의 불이 나미 옥셕구분지탄이 잇거날 이졔 국가 불힝ᄒᆞ면 네 원슈 무죄라 ᄒᆞ고 그져 두랴. 아히 소견이 져리 디범ᄒᆞ거든 엇지 밋으리오."
>
> ᄒᆞ시디 웅이 답고 왈, "ᄉᆞᄅᆞᆷ이 일을 당ᄒᆞ야 근심을 깁피 ᄒᆞᆫ 직 셩말라 빅사불이하오니 시고로 함지ᄉᆞ지 이후예 싱ᄒᆞ고 치지망지 이후예

121) <조웅전> 경판30장본, 3a-3b.

> 든ᄒᆞ난이다. 우린들 하날이 혈마 무심ᄒᆞ릿가." 부인이 너렴의 아희 쓰시 활달ᄒᆞᆫ 쥴 알고 염예을 덜더라.[122]

경판본과 완판본에서 공히 왕씨 부인은 궐내의 불길한 징조를 보고 奸臣들이 成勢할 것을 염려하고, 이에 조웅은 사람의 禍福이나 榮辱은 임의로 못하는 것이니 크게 걱정하지 말라고 답변한다. 이 지점까지는 두 판본의 내용이 대동소이하다. 그러나 경판본은 여기서 조웅의 발언이 끝나는 반면 완판본은 뒤이어 답변이 더 이어진다.

완판본에서 이어지는 내용인 즉 아무리 간신들이 많아도 올곧은 충정을 갖고 있으면 그 안에서 살아남을 수 있다는 것이다. 조웅은 이를 꽃에 비유하여, 배꽃과 복숭아꽃이 가득 핀 가운데 계수나무 꽃이 한 가지만 피어나도 그 무리에 섞이지 않고 배꽃은 배꽃이요 계수나무 꽃은 계수나무 꽃[123]이라며 스스로를 백옥처럼 죄가 없는 존재라고 설명하고 있다. 이는 간신들과 함부로 섞이지 않을 자신이 있다는 의지의 표현이고 동시에 머지않아 벼슬을 얻어 궐내에 들어가겠다는 소신의 반영이다.

조웅의 자신감 넘치는 대답에 왕씨 부인은 玉石俱焚之嘆을 언급하면서 아무리 그들과 다른 부류라 하더라도 궐내에 들어가게 되면 그들과 섞이거나 혹은 그들과 같은 부류의 인물로 타락할 수 있음을 항시 경계해야 한다고 조언한다. 그러나 이 조언에도 역시 조웅은 자신감 있는 대답으로 받아친다. 사람이 앞서 근심을 하면 잘 될 일도 그르칠 가능성이 높다고, 또 죽을 곳에 떨어진 후에도 살아날 길이 있고 망할 곳에 팽개쳐진 후에도 살아날 방도가 있다고 말한다. 본인은 어떤 상

---

122) <조웅전> 완판104장본 조웅上, 4b-5a.

123) 이헌홍 역주, 『한국고전문학전집』23, 고려대 민족문화연구소, 1995, 23-25쪽 참조.

황에 놓여도 잘 버텨낼 수 있다는 것이다. 모친의 걱정이 한낱 기우에 불과하다고 말함으로써 본인이 스스로에 대해 갖고 있는 믿음과 자신감을 우회적으로 표현하고 있다.

완판본에서 왕씨 부인과 조웅 사이에 몇 차례 오가는 대화를 통해 조웅의 첫 발언이었던 '사람의 영욕은 임의로 정해지는 것이 아니다.'라는 말이 경판본과 완판본에서 각기 다른 의미를 내포하게 되는 것을 확인할 수 있다. 경판본에서는 뒤에 부연되는 설명이 없기 때문에 말 그대로 사람의 화복은 사람이 결정할 수 없는 문제라는 의미를 지니게 된다. 반면 완판본에서는 뒤에 지속적으로 조웅 개인의 차별성이나 극복 의지 등이 서술되면서, 사람의 영욕이 임의로 정해지는 것이 아니라는 말 속에 조웅의 적극적인 의지가 반영된다. 경판본보다 더욱 능동적인 의미가 더해지는 것이다.

〈조웅전〉에서 조웅의 영웅 됨됨이를 보여주 '경화문 大書特筆' 장면도 비슷한 양상이다.

> [경] : ᄇᆡᆨ셩 등이 노릐ᄒᆞ되, "국파군망ᄒᆞ니 난신이 만토다, 텬지 불변ᄒᆞ니 산쳔인들 변할쇼냐, 삼강이 불명ᄒᆞ니 오륜인들 온젼허랴, 쳥텬ᄇᆡᆨ일이 우비비ᄒᆞ니 튱신 원귀 아니신가, 셜만ᄉᆞ창 잉난졔ᄒᆞ니 쇼인득지 아니 되랴, 슬푸다 창ᄉᆡᆼ들은 오호의 편쥬 타고, ᄉᆞ히의 단니다가 시절을 기다리라." ᄒᆞ더라.
>
> 웅이 듯고 튱심이 복발허나 삼쳑 쇼동이라 엇지 할 길 업셔 두루 단니다가 궐문 밧긔 인젹이 고요ᄒᆞ믈 보고 두병의 죄상을 경화문의 쓰고 도라 오니라.[124)]

124) <조웅전> 경판30장본, 4b.

[완] : 관동이 모다 시절 노ᄅᆡ을 불으거놀 들으이 그 노ᄅᆡ예 ᄒᆞ여시되, "국파군망ᄒᆞ니 무부지ᄌᆞ 나시도다, 문제가 슈제되고 ᄐᆡ평이 난셰로다, 천지ᄀᆞ 불변ᄒᆞ니 산천을 곳칠손야, 삼강이 불퇴ᄒᆞ니 오른을 곳힐손야, 청천ᄇᆡᆨ일 우소소난 충신 원루 안이시면 소인의 화싀로다, 슬프다 챵ᄉᆡᆼ들야 오호의 편쥬타고 ᄉᆞ히예 노이다가 시절을 기다려라."

웅이 듯긔을 다ᄒᆞᄆᆡ 분을 이긔지 못ᄒᆞ고 두로 거러 경화문의 다다라 ᄃᆡ궐을 ᄇᆞ라보니 인젹은 고요ᄒᆞ고 월ᄉᆡᆼ은 만졍ᄒᆞᆫᄃᆡ 슈쌍 부안은 지당의 볌볌ᄒᆞ고 십이 원즁의 무비젼죠지경물이라. 젼됴ᄉᆞ을 ᄉᆡᆼ각ᄒᆞ니 일편단심의 구뷔구뷔 싸힌 근심 즉지 졸발ᄒᆞ난지라. 단장을 넘어 드러ᄀᆞ 이두병을 ᄃᆡᄒᆞ야 ᄉᆞᄉᆡᆼ을 결단코져 시부되 강약이 부동이라. 문안의 군ᄉᆞ 슈다ᄒᆞ고 문을 구지 다덧는지라 할 셰 업셔 그져 도라셔며 분을 춤지 못ᄒᆞ야 필낭의 붓슬 ᄂᆡ여 경화문의 ᄃᆡ셔특필ᄒᆞ여 이두병을 욕ᄒᆞ난 글 슈삼구을 지여 쓰고 자최을 감초와 도라오니라.[125)]

황제가 숨을 거두고 이두병이 실권을 장악하자 왕씨 부인과 조웅의 근심은 날로 더해간다. 이두병이 태자를 태산 계량도에 定配 安置하여 문제의 소지를 모두 없애려 하자 모자는 슬픔이 극에 달해서 함께 통곡한다. 조웅은 이에 울적한 기분을 참지 못하고 집밖에 나가 장안을 걷다가 사람들이 황제의 죽음을 슬퍼하고 간신의 권력 쟁탈을 안타까워하는 노래를 부르는 것을 듣고는 경화문에 가서 대서특필을 하여 이두병의 분노를 사게 된다.

경판본과 완판본에서 차이가 보이는 지점은 백성들[126)]의 노래에 대한 조웅의 반응 부분이다. 경판본에서 조웅은 백성들의 노래를 듣고 忠心이 復發하지만 본인이 三尺小童이라 어찌 할 수 없어서 두루 다

125) <조웅전> 완판104장본 조웅上, 7a-7b.

126) 완판본에서는 관동(冠童)들이라고 나온다.

니다가 궐문 밖에 인적이 고요함을 보고 이두병의 죄상을 경화문에 쓰게 된다. 반면 완판본에서 조웅은 백성들의 노래를 듣고 분을 이기지 못하고 걷다가 경화문에 이르러, 고요하고 월색이 가득하여 예전 풍취를 그대로 갖고 있는 대궐에서 전 왕조를 떠올린다. 그리고는 북받쳐 오르는 감정에 당장 그 자리에서 담장을 넘어 이두병과 사생결단을 내고 싶지만 현실적으로 어렵다는 것을 깨닫고 경화문에 대서특필하는 것으로 대신한다.

두 판본의 조웅 모두 현실적으로는 이두병에게 맞서는 것이 불가능하다는 것을 보여준다는 점에서는 같다. 그런데 '인적이 고요하다.'는 말의 위치가 달라지면서 조웅의 행동이 다르게 묘사되고 있다. 경판본을 먼저 보겠다. 여기서 조웅이 대서특필을 하게 되는 이유는 맥락 상 '분노가 치밀어 오르지만 이직 이런 관계로 어찌 할 수 없었는데, 때마침 인적이 고요하여 사람들 눈을 피할 수 있었기 때문'이다. 완판본은 조금 다르다. 여기서 조웅이 대서특필을 하게 되는 이유는 맥락 상 '분노가 치밀이 올라 경화문에 도착했는데, 인적이 고요하고 월색이 가득한 대궐을 보니 옛 황제의 영화로움이 떠올라 더욱 분노를 금할 길이 없어서, 담장을 넘고자 하나 현실적으로 힘이 모자라 돌아서되 그 분노를 어떻게든 표현하고 싶었기 때문'이다.

경판본은 대서특필을 하게 되는 직접적인 계기가 인적이 고요했다는 주변적 정황에서 나오지만, 완판본의 계기는 현실적으로 궐내에 들어가 이두병과 사생결단을 내지 못하는 분노를 어떻게든 표출하고 싶은 조웅의 마음에서 나온 것이다. 완판본 조웅의 분노의 깊이가 더 깊고 그것을 표출하려는 방식 또한 훨씬 진지하고 당당하다고 할 수 있다.

진지하고 당당한 조웅의 면모는 완판본에서 보다 두드러지고 일관되게 등장한다.

[경] : 여러 놀만의 광산의 드러가 도스를 ᄎᆞᄌᆞ 빅례ᄒᆞᆫ듸 도식 왈, "그듸 이 험노의 나를 ᄎᆞ지니 그 경셩은 알거니와 무어슬 빅호고져 ᄒᆞᄂᆞ뇨."
 웅이 지빅 왈, "빅혼 빅 업습기로 의ᄉᆞ를 열고져 ᄒᆞ나니다."
 도식 웃고 왈, "그듸ᄂᆞᆫ 장뷔라 엇지 모로리오."[127]

[완] : 웅이 혀리예 삼쳑 쟝검을 ᄎᆞ고 남방을 향ᄒᆞ야 여러 날 만의 관슨을 ᄎᆞᄌᆞ 드러ᄀᆞ니, …(중략)… 외당 젹요ᄒᆞ고 슈긔 동ᄌᆞ 안져 바돌을 희롱ᄒᆞ거날 웅이 나아ᄀᆞ 션싱 유무을 므르니, 동ᄌᆞ 이러ᄂᆞ 읍ᄒᆞ고 왈, "근근 쳘녑의 골몰ᄒᆞᄉᆞ 벗임을 다리고 나ᄀᆞ겨ᄉᆞ오니 늣긔야 오시리다." …(중략)…
 잇튼날 쏘 ᄀᆞ니 초당이 젹막ᄒᆞ거날 동ᄌᆞ을 쳥ᄒᆞ여 므르니 답왈, "숌경의 도라와 계명의 나ᄀᆞ 겨나이다." ᄒᆞ거날, 웅이 낙담ᄒᆞ야 심ᄉᆞ을 들듸 업는지라. 쏘 반일되도록 종젹이 업거놀 도로 촌녀의 와 밤을 지닉며 숌경의 ᄀᆞ니 쏘 업난지라. 민망ᄒᆞ여 동ᄌᆞ다려 므르니 듸왈, "계초명이면 나ᄀᆞ시나이다." ᄒᆞ거놀, 웅이 탄식 왈, "십년을 경셩ᄒᆞ여 션싱을 ᄎᆞᄌᆞ왓삽더니 뵈옵지 못ᄒᆞ오니 바릭옵건듸 동ᄌᆞ난 가신 곳슬 ᄀᆞ라치소셔." 동ᄌᆞ 웃고 왈, "초인니 긔러긔을 쏘아 맛츠지 못ᄒᆞ니 졔 공부 부족ᄒᆞ믈 ᄭᅵ닷지 못ᄒᆞ고 궁시을 썩거ᄇᆞ리니 그듸도 초인과 갓쏘다. 그듸 경셩 부족ᄒᆞᆫ 쥴 ᄭᅵ듯지 못ᄒᆞ고 도로혀 쥬인 업스믈 원망ᄒᆞ니 심이 웃습도다. 다만 션싱이 이 산즁의 잇것마는 천봉이 놉고 만학니 긔퍼시니 종젹을 엇지 알이요." ᄒᆞ거놀 무류ᄒᆞ여 다시 뭇지 못ᄒᆞ고 반일을 기다리되 종젹이 망년ᄒᆞᆫ지라 울울ᄒᆞᆫ ᄆᆞ음을 이긔지 못ᄒᆞ야 붓슬 자바 못 보고 ᄀᆞ난 쓰스로 글을 쓰고 동ᄌᆞ을 불너 하직ᄒᆞ고 나오니 심ᄉᆞ을 충양치 못ᄒᆞᆯ네라.
 이ᄯᅢ 철관도ᄉᆞ 산즁의 그윽기 안져 그 거동을 보더니 벽상의 글 쓰고 ᄀᆞ믈 보고 마음의 쳑연ᄒᆞ야 급피 나려와 벽상의 글을 본니 그 글의 ᄒᆞ엿

127) <조웅전> 경판30장본, 9a.

> 시되, '기작십연긔니, 영건말이외라, 몽퇴의 용유비여놀, 시셩이 미달야라.' 도ᄉᆞ 보긔을 다ᄒᆞ미 딕경ᄒᆞ야 급피 동ᄌᆞ을 산 박긔 보닉여 청ᄒᆞ니, 웅이 동ᄌᆞ을 보고 문왈, "션싱이 왓던잇ᄀᆞ?" 동ᄌᆞ 왈, "이졔야 와셔 청ᄒᆞ시나이다." 웅이 반겨 동ᄌᆞ을 ᄯᅡ라 드러ᄀᆞ니, 도ᄉᆞ 시문의 나와 웅의 손을 잡고 흔연 소왈, "긔구 험노의 여러 번 근고ᄒᆞ도다." ᄒᆞ고 동ᄌᆞ로 ᄒᆞ여금 셕반을 지촉ᄒᆞ여 쥬거날, 웅이 먹은 후의 치샤 왈, "여러 날 쥬린 긔장의 션미을 만니 먹으니 향긔 만복ᄒᆞ와 감ᄉᆞ하여이다."[128]

위 인용문은 조웅이 조웅검을 얻고 난 후, 관산(광산)으로 가서 천관도사를 만나는 내용이다. 일단 표면적으로 완판본의 내용이 상당히 긴 것을 알 수 있다. 실제로 완판본에서 조웅은 관산에 도착한 후 천관도사를 만나기까지, 분량만큼이나 많은 시간을 기다리게 된다. 일전에 조웅에게 칼을 건네준 노옹은 천관도사의 존재를 알리며, '정셩이 지극ᄒᆞ면 만나 보련이와 그러치 안이ᄒᆞ면 낭픽홀 거시니 각별 근셩ᄒᆞ야 선싱을 정ᄒᆞ리'고 앞날을 예견한다. 과연 이 말대로 완판본에서 조웅은 세 번의 기다림 끝에 어렵게 도사를 만나게 되는 것이다.

반면 경판본에서는 단지 '여러 놀만의 광산의 드러가 도ᄉᆞ를 ᄎᆞᄌᆞ' 라고만 간략하게 서술되어 있어, 이때의 여러 날이 관산(광산)에 가기까지의 여정을 말하는 것인지 아니면 도사를 만나기 위해 기다린 시간을 말하는 것인지 분명치 않다. 여하간 경판본에서 도사를 만나기 위한 기다림은 없다고 봐도 무방하다.

이 세 번의 기다림은 주지하듯 『삼국지연의』의 三顧草廬를 떠오르게 한다. 또한 이는 〈소대성전〉에서 노왕 소대성이 연화선생을 만나기 위해 고생을 했던 장면과도 맥락이 비슷하다. 따라서 조웅이 천관

---

128) <조웅전> 완판104장본 조웅上, 22b-23b.

도사를 만나는 과정에서 겪는 어려움은 도사와의 만남이 쉽지 않은 만큼 도사가 신비로운 존재이며, 여러 노력 끝에 만나게 된 도사와의 인연이 상당히 소중한 것임을 우회적으로 보여주는 것이다. 그만큼 서사의 진행 과정에 있어서 그리고 영웅적 면모의 형상화 과정에 있어서 천관도사와의 만남은 중요한 것임을 알 수 있다. 실제로 조웅은 천관도사에게 수련을 받아서 지략을 갖추게 되고, 그러한 조웅을 본 천관도사는 조웅이 송나라를 재건할 인재임을 예언한다.

그런데 이러한 중요성에 비하면 경판본에서 천관도사와 만나는 과정은 상당히 소략하고, 그로 인해 조웅과 천관도사의 만남이 갖고 있는 의미가 전혀 부각되지 않으며, 이에 자연스럽게 조웅의 영웅적 면모가 잘 드러나지 않게 된다. 반면 완판본은 조웅에게 어려운 과정을 인내한 끝에 천관도사를 만나게 함으로써 천관도사의 신비로운 능력과 둘 사이의 인연을 부각시킴은 물론, 조웅이 진지하고 끈기 있게 본인이 이루고자 하는 바를 위해 노력하는 인물임을 자연스럽게 강조하게 되는 것이다.

완판본의 조웅은 성장 과정에서 이렇듯 진지하고 당당하며 끈기 있는 인물로 묘사된다. 반면 경판본에서는 조웅의 이러한 특징이 별로 부각되지 않는다. 전형적이고 형식적인 영웅의 모습이 매우 소략하게 기술된다. 이는 조웅이 영웅으로서 입공을 하는 과정에서도 비슷하게 확인된다. 〈조웅전〉에서 조웅의 입공은 크게 두 가지이다. 첫 번째는 번국의 침략으로 위기에 처한 위국을 구해내고 번국을 격파하는 것이고, 두 번째는 조웅에게 패했던 번왕이 계략을 써서 조웅을 죽이려 할 때 다시 한 번 번국을 물리치는 것이며, 세 번째는 송나라 조정을 장악한 이두병 세력을 물리쳐서 송 황실을 재건하는 것이다. 이 세 입공의 과정에서도 판본 간 차이가 드러난다.

대표적으로, 위기에 처한 위국을 구해내고 번국 세력을 쫓아내는 첫 번째 입공 과정을 보도록 하겠다. 우선 분량 상에 큰 차이가 있음이 눈으로 확인된다. 첫 번째 입공의 과정이 상당히 길게 서술되기 때문에 직접 인용을 통한 비교는 불가능하다. 대신 통계적으로 비교를 해 보겠다. 면수로 따지면 경판본의 경우 첫 번째 입공의 과정이 3면에 걸쳐 진행되는 반면,[129] 완판본의 경우 13면에 걸쳐 서술된다.[130] 면수를 통한 비교가 정확한 통계는 아니기 때문에 보다 정확한 비교를 위하여 글자수를 비교해보겠다. 첫 번째 입공의 과정에 대한 서술이 경판본의 경우에 총 3면에 걸쳐 912자로 서술되어 있다. 반면 완판본에서는 총 13면에 걸쳐 5,412자로 서술되어 있다.

혹자는 이것이 완판본과 경판본이 갖고 있는 분량의 차이와 같은 맥락에서 이해되어야 할 뿐 특별한 의미를 지니지 않는다고 주장할 수 있다. 그러나 구체적인 비교를 통해 보면 그러한 선입견을 넘어서는 의미가 있음을 확인할 수 있다. 본서가 대본으로 삼고 있는 판본의 경우 경판본은 30장본이며, 완판본은 104장본이다. 장수를 통한 단순 비교로는 약 3.5배의 분량 차이가 예상된다. 그러나 첫 번째 입공은 경판본에서 3면에, 완판본에서 13면에 걸쳐 서술된다. 면수만으로도 3배 이상인 약 4.3배의 분량 차이가 난다. 글자수를 비교해보면 차이가 더욱 자명해진다. 경판본은 912자인 반면 완판본은 5,412자로 약 6배의 차이가 난다. 장수의 차이인 3배에 비하면 두 배의 격차가 나는 셈이다.

요컨대 입공의 과정은 우리가 일반적으로 예상할 수 있는 경판본과

129) <조웅전> 경판30장본, 12a-13a (총3면).

130) <조웅전> 완판104장본 조웅二, 2b-8b (총13면).

완판본의 분량 차이를 넘어서는 또 다른 의미를 지니고 있다고 예상할 수 있다. 이 차이는 비단 첫 번째 입공에만 해당되지 않는다. 나머지 입공의 과정에서도 비슷한 차이가 확인된다. 그것은 완판본이 경판본에 비해 입공을 이루어가는 과정에 대해 많은 관심을 갖고 있다는 것으로 정리된다. 입공에 대한 서사는 곧 남성영웅의 영웅적 면모를 드러내는 서사이므로 결국은 완판본이 남성영웅의 영웅적 면모를 드러내는 서사에 더 많은 관심을 갖고 있다는 결론이 나온다. 분량 관계상 입공의 전체적인 내용에 대한 직접적인 비교가 쉽지 않으므로 내용 단락을 중심으로 비교를 해보도록 하겠다.

조웅의 첫 번째 입공 과정 비교

	경판본	완판본
1	위국과 서번이 전쟁을 하는데 위국이 계속해서 패하다.	위국과 서번이 전쟁을 하는데 위국이 계속해서 패하다.
2	번왕의 공격으로 위왕이 위기에 처하다.	번왕의 공격으로 위왕이 위기에 처하다.
3	조웅이 나아가 번장의 머리를 베다.	조웅이 나아가 번장의 머리를 베다.
4	조웅이 위왕에게 보고 없이 진중에 나간 것을 사죄하다.	조웅이 위왕에게 보고 없이 진중에 나간 것을 사죄하다.
5	조웅이 죽마고우인 조정인의 아들임을 알고 위왕이 감격하다.	조웅이 죽마고우인 조정인의 아들임을 알고 위왕이 감격하다.
6	·	조웅이 송나라의 정황을 말해주고 위왕과 앞으로의 대책을 논하다.
7	·	번왕이 조웅에게 크게 놀라다.
8	번장 맹상이 출전하나 곧 조웅이 맹상의 목을 베다.	번장 맹상이 출전하나 곧 조웅이 맹상의 목을 베다.
9	위왕이 조웅을 대원수에 봉하다.	위왕이 조웅을 대원수에 봉하다.
10	·	이튿날 번장 이황과 또 다른 번장이 합세하여 접전하나 조웅이 둘의 목을 베다.
11	조웅이 번진을 장악하다.	조웅이 번진을 장악하고 번왕은 변복을 하고 도망가다.

12	·	생포한 번장 14인의 이마에 패군장이라 쓰고 살려 보내다.
13	·	위왕이 대연을 배설하다.
14	·	조웅이 위왕을 모시고 본국으로 돌아오는 길에 번양 땅에 머물다.
15	·	번왕과 번국 패잔병들이 숨어서 조웅을 공격할 기회를 노리다.
16	번왕을 잡아 무릎을 꿇리다.	조웅이 가소로워하며 장수를 시켜 번왕을 생포하고 위왕에게 보고하다.
17	조웅이 번왕을 용서하다.	번왕을 참하려다 번왕이 목숨을 애걸하자 풀어주다.
18	위왕이 잔치를 배설하다.	위왕이 대연을 배설하다.
19	·	위왕과 조웅이 환궁하고 조웅이 상벌을 정하다.
20	·	위왕이 왕위를 조웅에게 물려주려 하나 조웅이 사양하다.
21	위왕이 조웅에게 군사를 주고 태자를 모셔오게 하다.	조웅이 태자를 구하고 편모를 뵙고자 하자, 위왕이 위국으로 모셔올 것을 제안하고 장졸을 동행시키다.

표를 통해 확연히 드러나듯이 첫 번째 입공 과정에 대한 두 판본의 서술에는 적지 않은 차이가 보인다. 일단 경판본은 상당히 축약되어 있다는 것이 확인된다. 그 특징은 우선 개별 사건 하나하나가 매듭지어지는 지점을 중심으로 서사가 간략하게 진행된다는 점을 꼽을 수 있다. 표를 통해 확인할 수 있듯이 경판본의 경우, 위기에 처한 위국을 조웅이 구하고(1·2·3), 조웅의 부친과 위왕의 인연을 확인하며(5), 번장 맹상을 베고 조웅이 대원수를 제수 받고(8·9), 마침내 조웅이 번진을 장악한 후 번왕을 사로잡는(11·16) 내용까지 군더더기 없이 빠르게 진행이 된다. 그 뒤에도 번왕을 용서하고(17) 잔치를 배설한 뒤(18) 태자를 모셔오라고 명하는(21) 과정이 상당히 간단하다.

반면 완판본은 우선 서사 진행이 간략하지 않다. 매듭과 매듭 사이에도 세세한 서사가 전개된다. 가령 경판본의 11과 16은 실제 작품에서 한 문장으로 서술되어 '조웅이 번진을 장악하고 번왕을 잡아 무릎을 꿇리다'는 내용으로 짤막하게 결론이 나지만, 완판본에서는 경판본처럼 쉽게 번왕이 잡히지 않는다. 조웅이 번진을 장악하자 번왕은 변복을 하고 도망가고(11), 그 과정에서 생포한 번장 14인을 살려 보내며 그들의 이마에 '패군장'이라 쓴다(12). 전쟁에서 승리하자 위왕이 전장에서 대연을 배설하고(13), 그 뒤 조웅이 위왕을 모시고 본국으로 돌아오는 길에 번양 땅에 머물게 되는데(14), 이때 도망간 번왕과 번장의 무리가 조웅을 공격할 기회를 노리지만(15), 결국 다시 잡힌다(16). 이렇듯 완판본은 결과를 향해 치닫기보다는 입공을 하기까지의 과정에 흥미를 유발시킬 수 있는 다양한 요소들을 배치하고, 그 요소들을 해결하기 위해 완벽한 결론을 유보하면서 서사적 흥미를 만들어내는 것이다.

완판본의 이러한 지향은 결국 자연스럽게 영웅의 활약상을 보다 증대시키는 방향으로 진행될 수밖에 없다. 반대로 경판본은 완판본에 비해 영웅의 활약상이 축소된 모습을 띨 수밖에 없다. 위 표를 보면 경판본의 경우 10에 해당하는 내용이 없다. 10은 조웅이 번장 이황과 無名의 또 다른 번장을 동시에 상대하는 흥미로운 군담이다. 앞서 언급한 12~15도 마찬가지이다. 장수 간의 대결이 아니라는 점에서 색다른 군담의 소재로 기능할 수 있는 부분인데 경판본에는 빠져 있다. 이렇듯 완판본은 서사가 길어지면서 흥미도 배가시켰을 뿐만 아니라 영웅의 활약상이 증대되면서 남성영웅의 면모 또한 일신하게 된다. 그러나 경판본은 짧은 서사 진행에 꼭 필요한 부분만 남게 되면서 흥미가 반감하고 영웅적 활약 또한 형식적인 수준에 그치고 만다.

18~20의 과정도 이러한 차이를 극명하게 보여주는 사례이다. 보다

자세한 이해를 위해 해당 부분을 인용해보도록 하겠다.

> [경] : 위왕이 잔치를 비셜ᄒᆞ고 원슈와 졔쟝을 모화 즐기고 군ᄉᆞ를 상ᄉᆞᄒᆞ며 ᄇᆡᆨ셩을 안무ᄒᆞ고 왕이 됴 원슈로 군ᄉᆞ 십만을 쥬어 계양도의 가 ᄐᆡᄌᆞ를 뫼셔 오라 ᄒᆞ니 원슈 ᄃᆡ희ᄒᆞ여 ᄒᆞᆼ ᄐᆡᄌᆞ 젹쇼로 향ᄒᆞ니라.131)

> [완] : 잇ᄯᅢ 위왕이 환궁ᄒᆞ시이 장안 ᄇᆡᆨ셩이 ᄇᆡᆨ리 밧긔 나와 만셰을 부르며 각각 친척을 차자 즐기는 쇼릐 원근의 진동ᄒᆞ더라. 항군 삼일의 ᄃᆡ연을 경셔문의 비셜ᄒᆞ고 장졸 호귀와 상별을 원슈 ᄌᆞ단ᄒᆞ야 ᄒᆞ라 ᄒᆞ시이 원슈 경셔문의 좌긔ᄒᆞ야 군위을 뎡졔ᄒᆞ고 호궤와 상별을 고로계 ᄒᆞ이 ᄒᆞᆫ 사람도 원망ᄒᆞᆯ 리 업고 다 송덕을 ᄒᆞ는 쇼릐 자자ᄒᆞᆫ지라. 잔치을 파ᄒᆞᄆᆡ 방포일셩의 금고을 울녀 군사을 노흘ᄉᆡ 원슈 분부 왈, "너의 군졸들아 각각 도라가 잘 쉬라." ᄒᆞ이 십민 군시 일시에 이러나 가기을 잇고 고두ᄒᆞ야 원슈의 공덕을 무슈이 치ᄒᆞᄒᆞ고 혹 츔추며 ᄯᅱ노라 질거 도라가더라.
>
> 원슈 위왕ᄭᅴ 일외이 왕이 문무졔신으로 더부려 원슈의 공을 의논ᄒᆞ여 왈, "나라흔 ᄒᆞᆫ 사람의 나라이 아이요, 과인의 연광이 늘거 정신이 졈쇠ᄒᆞ이 이졔 위국 옥식을 원슈의게 젼코져 ᄒᆞ노라." ᄒᆞᆫᄃᆡ 원슈 황공복지 왈, "신은 이곳의 잇실 터이 못되오이 엇지 부귀을 탐ᄒᆞ야 고국을 비반ᄒᆞ리잇가. 신의 공은 의논치 말으쇼셔." ᄒᆞ고 인ᄒᆞ야 ᄒᆞ직ᄒᆞ여 왈, "쇼장이 지둔질박ᄒᆞ오나 쳔위신죠ᄒᆞ옵고 ᄃᆡ왕의 덕턱으로 다ᄒᆡᆼ이 승젼ᄒᆞ옵고 망친의 고우을 맛나ᄉᆞ오이 부형을 뵈온 ᄃᆞ시 질거오나 편모을 ᄀᆡᆨ지에 두옵고 존망을 아지 못ᄒᆞ오이 인ᄉᆞ 도리예 엇지 일시들 이지리요. 이졔 ᄐᆡᄌᆞ 젹소로 가오와 ᄐᆡᄌᆞ을 모시고 편모을 보오려 ᄒᆞ오이 다시 보올 긔약을 뎡치 못ᄒᆞ이로쇼이다." 왕이 더옥 놀나 왈, "과인이 ᄯᅩᄒᆞᆫ ᄒᆞᆫ이럿도다. 흠긔 가 ᄐᆡ자을 뫼셔 이리로 오리라." ᄒᆞ신ᄃᆡ 졔

131) <조웅전> 경판30장본, 13a.

> 신과 원슈 쥬왈, "국니을 엇지 일시들 비오릿가." 왕이 글려ᄒᆞ오와 원슈ᄃᆞ려 왈, "ᄉᆞ세 동힝치 못ᄒᆞ이 싱젼의 ᄐᆡᄌᆞ을 뵈오면 죽어 지ᄒᆞ의가 문졔쪄 군신지의로 뵈오려이와 글려치 안이면 엇지 신히라 ᄒᆞ이요. 슬푸다 과인이 엇지 황밍을 바다 군신지의을 몰로고 잇도다." ᄒᆞ시고 ᄐᆡᄌᆞ 젹쇼을 향ᄒᆞ야 통곡ᄒᆞ이 원슈와 졔신이 위로 왈, "진졍ᄒᆞ옵쇼셔 ᄃᆡ국 쇼식이 업ᄉᆞ오이 쳔만 보즁ᄒᆞ쇼셔." ᄒᆞ고 만단 위로ᄒᆞ이 왕이 다시 원슈의게 부탁 왈, "ᄐᆡᄌᆞ 이졔 가실 곳이 업삽는지라 모시고 이리와 ᄃᆡ국을 홍복ᄒᆞᆯ 의논을 ᄒᆞᆯ 거시이 부ᄃᆡ 긔약을 져ᄇᆞ리지 말고 과인의 쳔지간 용납지 못ᄒᆞᆯ 불츙지젹을 면케 ᄒᆞ라." ᄒᆞ고 입직ᄒᆞᆫ 졍병 일쳔과 명장 슈십 원을 쥬어 왈, "원노의 연고을 아지 못ᄒᆞ이 약간 장졸을 거놀여 가라." ᄒᆞ이 원슈 다힝ᄒᆞ야 치사 ᄒᆞ직ᄒᆞ고 이날 써나 힝군ᄒᆞ야 숑 ᄐᆡ자 젹쇼로 향ᄒᆞ시이나.[132]

경판본은 상당히 간단하다. 위왕이 잔치를 열고 나서 조웅에게 태자를 모셔오라고 명하는 것이 주요 골자이며 동시에 내용의 전부나 다름없다. 반면 완판본은 자세하다. 위왕이 대연을 배설한 후, 조웅은 상벌을 논한 뒤에 병사들을 쉬게 하고, 이어서 위왕이 조웅을 새로운 왕으로 추대하려는 제안과 그것을 거절하는 조웅의 답변이 이어진다. 그리고 조웅의 입에서 태자를 모시러 간다는 말이 나오자 위왕 또한 함께 동행하고 싶어 하지만 위국을 비울 수 없어 다만 조웅에게 장졸을 붙여준다.

경판본과 완판본의 차이는 어쩌면 분량의 제한이라는 단순한 이유에서 비롯되었을 수 있다. 그렇지만 그 분량의 차이라는 형식적 제약이 내용의 지향을 바꿔놓았다. 살펴본 것처럼 경판본은 내용이 축약되는 것은 물론이고 그 과정에서 남성영웅의 주체적인 행동들이 많이 탈

---

132) <조웅전> 완판104장본 조웅二, 7a-8b.

각되는 것을 확인할 수 있다. 이 부분에서도 그러한 특징을 잘 살펴볼 수 있다. 경판본에서 19와 20이 빠지면서 잔치를 배설하고 태자를 모셔오기로 결심한 주체가 모두 '위왕'이 된다. 내용을 보면 위왕이 잔치를 배설한 후, 위왕이 조웅에게 태자를 모셔오라고 명령을 내리고 있는 것이다.

그러나 완판본에서는 그렇지 않다. 잔치를 배설하는 주체는 '위왕'이지만, 태자를 모셔오기로 마음먹은 것은 '조웅'이다. 태자를 모셔오는 일은 조웅이 작품 초반부부터 갖고 있었던 생각일 뿐 아니라, 역적 이두병을 몰아내고 송 황실을 복원해야 하는 작품의 궁극적인 목표와 긴밀하게 연관되어 있다. 따라서 당연히도 이는 남성영웅의 과제이며 몫인 것이다.

그런데 경판본에서는 내용의 축약과 함께 태자를 모셔와야 한다는 고민의 주체가 위왕으로 바뀌어버렸다. 남성영웅 중심의 서사가 일관되게 진행되어야 한다는 관점에서 보자면, 경판본은 그 일관성이 약간 흐트러진 것이다. 반면 완판본은 일관되게 보는 역할과 공을 남성영웅에게 돌리고 있다. 남성영웅 중심의 서사가 일관되게 진행되고 있는 것이다. 이러한 양상은 나머지 두 차례의 입공 서사도 마찬가지이다.

3) 결연 및 가문 서사의 측면

〈조웅전〉은 경판본과 완판본 공히 가문 서사가 약하다. 이 작품에서는 가문 서사가 개입할 수 있는 부분이 많지 않다. 조웅과 결연 관계에 놓이는 여성 인물은 장 소저와 금련인데, 특별한 가문 서사는 보이지 않는다. 그 이유는 작품 속 이들의 존재를 확인해보면 납득할 수 있다.

장 소저는 조웅이 모친을 뵙기 위해 수련 중이던 관산을 떠나 강선암으로 오는 도중에 강호 땅에서 만난 故 장 진사의 딸이다. 조웅과 장 소저는 함께 하룻밤을 보내며 가약을 맺고는 조웅이 부채를 신물로 주고 곧장 떠나면서 다음 만남을 기약하게 된다. 앞서 살펴본 〈장풍운전〉이나 〈소대성전〉의 경우 남성영웅이 조력자의 집안으로 들어가 기거하게 되면서 가문 서사가 발단이 되었다. 조력자를 만나면서 자연스럽게 가문 서사도 진행이 되는 것이다.

그런데 〈조웅전〉에서는 조력자와 결연 상대가 따로 존재한다. 〈조웅전〉의 조력자는 월경대사와 천관도사이다. 월경대사는 승려이고 천관도사는 仙人에 가깝기 때문에 그들에게 가족이나 가문이 존재할 수 없다. 그리하여 결연 상대를 만나는 과정은 또 다른 서사를 통해 등장한다. 조웅이 천관도사라는 조력자를 잠시 떠나 월경대사라는 조력자와 모친이 기거하는 곳으로 가는 노정에서 결연 상대를 만나게 되는 것이다.

〈장풍운전〉과 〈소대성전〉은 조력자와 결연 상대가 한 집안에 존재하고, 가문의 구성원들 사이에 – 당시로선 볼품없는 – 남성영웅에 대한 찬반이 엇갈린다. 이때 남성영웅의 시각으로 선악의 구도를 보면, 대체로 조력자인 가문의 가부장이 선이고 조력자의 부인과 자제들이 악이다. 그런데 〈조웅전〉은 상황이 다르다. 장 소저의 경우 부친인 장 진사가 이미 고인이 됐으며 모친인 위 부인이 조웅에 대해 호의적인 감정을 갖고 있다. 결국 장 소저 집안은 조웅과 갈등을 일으킬 여지가 없는 것이다.

금련도 상황은 마찬가지이다. 금련은 번왕이 조웅을 유혹하기 위해 일부러 조웅에게 접근시킨 여인 중 하나이다. 번왕은 조웅을 유혹하기 위해 금련을 이용했지만, 금련은 원래 번국 사람이 아니라 위국 서강 땅 두유성의 여식으로 전란의 와중에 번국에 잡혀 온 것이라 조웅에게 마음을 터놓고 자신을 데려갈 것을 청한다. 조웅도 금련의 용모와 됨됨이를 마음에 들어 하면서 결연을 맺게 된다.[133] 그녀 또한 부친을 일찍 여의고 모친과 생이별을 한 상태에서 조웅을 만난 것이기 때문에 가문의 측면에서 조웅과 갈등을 일으킬 소지가 없는 것이다. 실제로 금련은 작품 속에서 비중도 미미하다.

이렇듯 〈조웅전〉은 판본의 차이를 논하기 이전에 가문 서사가 존재하기 어렵다는 공통적인 특징을 확인할 수 있다. 따라서 이 작품의 두 판본에서 가문 서사의 차이를 찾기는 힘들다. 그럼에도 불구하고 부분적으로 가문 서사가 등장하고, 그 일부분에서 차이가 드러난다. 이에 해당하는 부분은 결말부에 등장하는 '가문의 부귀영화에 대한 언급'이다. 완판본에서는 이 내용이 보이지 않는 반면, 경판본에서는 확인된다.

133) 빈ᄋᆡᆼ니 ᄃᆡ히ᄒᆞ여 본ᄋᆡ 이난 금년이라 벼왕이 왈, "진심 셩ᄉᆞ케 ᄒᆞ라." ᄒᆞᄃᆡ 금년이 슈명ᄒᆞ고 나와 원슈계 션신ᄒᆞᄃᆡ 원슈 본이 진지 졀ᄃᆡ 가인이여를 원슈 문왈, "네 나히 얼마나 ᄒᆞ요." 금년이 ᄃᆡ왈, "십구 세로소이다." 원슈 ᄀᆡ특니 여겨 갓가이 안치고 거문고를 안고 셤셤옥슈로 ᄒᆞᆫ 곡됴을 희롱ᄒᆞ이 그 소ᄅᆡ 코겨 쳥ᄋᆡᄒᆞ야 산호ᄎᆡᆨ을 들어 옥반을 ᄭᆡ치 듯ᄒᆞᆫ지라. 그 곡조의 ᄒᆞ여시되, '월ᄃᆡ 월ᄃᆡ 망월ᄃᆡ야, 일월가치 빗ᄂᆞᆫ ᄎᆞᆷ을, 청가 일곡으로 네가 엇지 굽필소야, 미직라 송실지보혀여 송실지보혀로다.' 금연니 거문고을 노코 눈을 흘여 왈, "소쳡 본ᄃᆡ 번국 ᄉᆞᄅᆞᆷ이 아이오고 위국 셔강ᄶᅡ의 두유성의 여식이옵더니 일즉 아비 쥭습고 노모을 ᄃᆞᆯ이고 근근 ᄌᆞ싱ᄒᆞ옵더이, 셔변난 중의 모녀 피란ᄒᆞ옵다가 어미을 일습고 쳡은 번진의 잡펴왓ᄊᆞ오나 원명이 일시어 쥭지 못ᄒᆞ옵고 노모의 ᄉᆞ싱을 몰나 쥬야 셜어ᄒᆞ옵더이 천의 신조ᄒᆞ사 장군을 만나ᄉᆞ온이 엇지 질겁지 안이 ᄒᆞ올잇가. 복원 장군은 위국 ᄃᆡ원슈라 쳡이 함긔 ᄯᆞᆯ라가 어미 존망 여부을 알게 ᄒᆞ옵쓰믈 바라ᄂᆞᆫ니다." ᄒᆞ고 ᄋᆡ걸ᄒᆞ거늘 원슈 들으믜 긍칙ᄒᆞ고 인믈이 비범ᄒᆞᆫ지라. "글리 ᄒᆞ라." ᄒᆞ고 져의 문별과 위국 ᄉᆞ젹을 들른 후의 인ᄒᆞ여 동침ᄒᆞ고 이튼날 금년을 ᄃᆞᆯ이고 힝군흘ᄊᆡ 변왕ᄶᅧ ᄀᆡ별ᄒᆞ여 왈, "ᄃᆡ왕의 관ᄃᆡᄒᆞ신믈 닙ᄊᆞ온이 지극 감ᄉᆞᄒᆞ옵거이와 보ᄂᆡ신 궁녀난 위국ᄉᆞ람이라 ᄯᅩᄒᆞᆫ 져 어미을 보와지라 ᄒᆞ기로 ᄃᆞᆯ려가온이 허물 말으쇼셔." <조웅전> 완판 104장본 조웅二, 20a-21a.

[완] : 니날 황제 황극전의 젼좌ᄒᆞ시고 틱평연를 빅셜ᄒᆞ여 츌젼 졔장를 ᄎᆞ려로 공을 쓸 식, 죠원슈로 변왕를 봉ᄒᆞ시고 그 부인 장씨로 졍숙왕비를 봉ᄒᆞ시고 원슈의 외숙부 왕틱슈로 우승상를 ᄒᆞ니시고 강빅의 부로 좌승상를 ᄒᆞ시고 강빅으로 딕ᄉᆞ마 겸 딕원슈 틱학ᄉᆞ를 ᄒᆞ니시고 그 남은 제장은 ᄎᆞ예로 공를 쓰실 식 ᄒᆞᆫ나도 부죡다 ᄒᆞ 리 업더라. …(중략)…

닛씌여 황제 죠웅를 변국으로 보닐 식 황제 다시 원슈의 손을 잡고 옥누를 흘여 왈, "짐니 경의 츙셩를 셰아리진딕 다만 변국으로 보닐 비 안니라. 쳔ᄒᆞ는 짐의 쳔ᄒᆞ가 안니니 경를 막긔고 짐은 물너 안고져 ᄒᆞ나 경의 츙셩졀를 아는니 밧지 안니ᄒᆞ고 도로여 경의 범연혈가 ᄒᆞ는지라." …(중략)…

황졔 딕경ᄒᆞ시며 왕를 붓들려 안치고 다시 말솜ᄒᆞ여 왈, "짐니 경를 말니 외여 보닉고 닐시들 엇지 니질이요. 닐연 닐ᄎᆞ식 죠회ᄒᆞ라." ᄒᆞ시니 변왕니 슉비ᄒᆞ직ᄒᆞ고 가솔를 거날여 변국으로 가니라.

닛딕예 송황졔 직위ᄒᆞ신 후로 연년니 풍년ᄒᆞ니 도불십유ᄒᆞ고 산무도적ᄒᆞ니 빅셩니 젹양가를 부르며 강구연월의 요지닐월니요 순지견곤니라 ᄒᆞ더라. 쳔ᄒᆞ 틱평ᄒᆞ미 변방니 고욕ᄒᆞ이 반심를 두지 안니ᄒᆞ니 송 황제 셩덕니 졔국의 가득ᄒᆞᆫ니 빅셩니 노릭ᄒᆞ되, "우리 황상은 만만셰지 무궁ᄒᆞ옵쇼셔." ᄒᆞ며 다 셩덕를 닐칼으며 울니도 권혹강무ᄒᆞ야 갈츙보국 ᄒᆞ올셔라 요순 갓턴 울니 황상 천천만만 셰나 무궁ᄒᆞ옵소셔. 혈혈단신 죠원슈는 일월 갓치 빗난 츙를 기닌각 졔일칭이 졔명ᄒᆞ고 셩은를 ᄒᆞ직ᄒᆞ고 변국으로 도라가 왕화를 펴니여 민졍를 술핀니 만민니 틱평가를 불으며 셩덕를 다 일칼으며, "쳔셰 만셰ᄒᆞ옵소셔." ᄒᆞ더라. 숑 황제의 셩덕과 죠원슈의 츙셩은 젼고무비ᄒᆞ온니 일필 난긔 ᄒᆞ옵노라. 보난 ᄉᆞ람니 셩덕과 츙열를 셰알니소셔.[134]

완판본의 결말은 역적인 이두병 세력을 몰아내고 송 황실이 복원되

134) <조웅전> 완판104장본 조웅三, 36b-38a.

고 나서 천하가 태평해지고, 번왕이 된 조웅이 선정을 베풀어 태평가가 나라 안에 가득하다는 내용이다. 다시 말해서 남성영웅의 치적이 마지막을 장식하는 것이다. 물론 경판본에도 결말부에 이러한 내용이 나온다.

> [경] : 잇ᄯᆡᄂᆞᆫ 신뉴 삼월 갑ᄌᆞ일이라 샹이 직위ᄒᆞ시고 조셔를 나리오ᄉᆞ 산중의 은거ᄒᆞ엿든 졔신을 불너 각각 벼슬를 더ᄒᆞ시고 ᄃᆡ연을 ᄇᆡ셜ᄒᆞ시고 즐기시니 만됴 ᄇᆡᆨ관이 만셰를 호창ᄒᆞ며 슈쳔 궁녀ᄂᆞᆫ 황후를 뫼시고 즐기더라. …(중략)… 인ᄒᆞ여 금ᄌᆞ광녹ᄐᆡ우 좌복야를 ᄒᆞ이시고 그 부친 튱열공으로 왕을 츄징ᄒᆞ시고 왕 부인으로 졍열 왕비를 봉ᄒᆞ시고 댱시로 튱열 부인을 봉ᄒᆞ시고 위 공쥬로 졍슉 부인을 봉ᄒᆞ시며 쥬시로 부인 지쳡을 나리오시고 일변 튱열ᄉᆞ를 즁슈ᄒᆞ여 화상을 도로 봉안ᄒᆞ시고 강ᄇᆡᆨ을 ᄇᆡᄒᆞ여 형쥬 ᄌᆞᄉᆞ를 허이시고 기여 쟝졸을 다 각각 승품ᄒᆞ며 쳔금으로 상ᄉᆞᄒᆞᄉᆞ ᄃᆡᄉᆞ텬하ᄒᆞ시고 ᄇᆡᆨ셩을 무휼ᄒᆞ시니 뉘 아니 즐겨ᄒᆞ리오.[135]

경판본에서는 황제가 조웅에게 금자광록태우 좌복야를 명하고 부친을 비롯하여 조웅 가문의 구성원들에게 벼슬을 내린다. 그리고 천하가 태평하다는 내용도 이어진다. 약간의 세부적인 차이는 있지만 완판본과 비슷하다. 그런데 경판본은 이 내용으로 끝나지 않으며 그 내용이 경판본 치고는 상당히 길다. 뒤이은 내용을 살펴보자.

> [경] : 됴 복애 텬은을 슉ᄉᆞᄒᆞ고 부즁의 도라와 모 부인과 위 부인을 뫼시고 텬은을 ᄉᆞ례ᄒᆞ고 셕ᄉᆞ를 ᄉᆡᆼ각ᄒᆞ며 슬허ᄒᆞ더라. ᄎᆞ시 위왕 본국의 도라가물 고ᄒᆞ니 샹과 휘 니별ᄒᆞ믈 슬허 ᄒᆞ고 위 공쥐 ᄯᅩᄒᆞᆫ 슬허ᄒᆞ

135) <조웅전> 경판30장본, 28a-28b.

더라.

왕 부인이 복야를 디ᄒᆞ여 왈, "젼일 계양현 빅ᄌᆞ촌 뉴가 녀ᄌᆞ의 은혜 잇스물 일컷고 ᄉᆞ람으로 ᄒᆞ여금 금빅치단을 보니여 은혜를 ᄉᆞ례ᄒᆞ고 셕ᄉᆞ를 츄감ᄒᆞ더라."

복야 광산도ᄉᆞ와 월경디ᄉᆞ를 ᄎᆞ지려 ᄒᆞ여 상긔 쥬달헌디 상이 윤허ᄒᆞ시고 가로ᄉᆞ디, "짐이 젼일 계양도의 잇슬 ᄶᅢ의 그 ᄯᅳᆨ히 잇ᄂᆞᆫ 창기 짐을 극히 디졉ᄒᆞ미 그 은혜를 엇지 니즈리오." ᄒᆞ시고 급히 죠셔를 ᄌᆞᄉᆞ 빅경츈의게 나리오샤 그 기싱을 ᄎᆞᄌᆞ 복호를 쥬시고 금은을 ᄉᆞ급ᄒᆞ시니라.

ᄎᆞ시 됴복야 두 부인긔 ᄒᆞ직ᄒᆞ고 힝니를 슈습ᄒᆞ여 강션암을 향헐 ᄉᆡ 날이 져물미 쥬졈의 드러 쉬더니 밤든 후 도ᄉᆞ와 월경이 드러와 반기며 그 ᄉᆞ이 귀히 되믈 치하ᄒᆞ여 왈, "그디 불원쳔니ᄒᆞ고 나를 보려ᄒᆞ니 감격ᄒᆞ거니와 그디ᄂᆞᆫ 하늘이 니신 ᄉᆞ람이라 이졔 송실을 회복ᄒᆞ여시니 일홈이 ᄉᆞᄒᆡ의 진동ᄒᆞ고 영화 부귀 무궁ᄒᆞ니 엇지 희한치 아니리오."

복야 황망이 ᄉᆞ비ᄒᆞ고 왈, "션싱 계신 곳의 ᄒᆞᆫ가지로 가시미 엇더ᄒᆞ시니잇고."

도ᄉᆞ와 월경디ᄉᆡ 왈, "후일 상봉헐 ᄶᅢ 잇스리이 부졀 업시 허힝치 말고 도라가 무냥ᄒᆞ라." ᄒᆞ고 하직고 가거ᄂᆞᆯ 복야 도ᄉᆞ의 옷슬 붓들고 ᄒᆞᆫ가지로 가려ᄒᆞᆯ 졔 문득 ᄭᆡ다르니 침상 일몽이라. 마음의 신긔ᄒᆞ물 탄복ᄒᆞ고 공즁을 향ᄒᆞ여 무슈 ᄉᆞ례ᄒᆞ고 도라와 모부인긔 슈말을 고ᄒᆞ고 텬ᄌᆞ긔 비알ᄒᆞ온디 상이 반기샤 그 졍셩을 탄복ᄒᆞ시더라.

광음이 여류ᄒᆞ여 보야의 년긔 ᄉᆞ십의 ᄌᆞ녀를 갓쵸 싱ᄒᆞ니 듕열 부인 댱시ᄂᆞᆫ 삼ᄌᆞ 일녀를 싱ᄒᆞ고 위 공쥬 졍숙 부인은 이ᄌᆞ 일녀를 싱ᄒᆞ고 쥬시ᄂᆞᆫ 일ᄌᆞ 일녀를 싱ᄒᆞ니 기기히 부풍모습ᄒᆞ여 일셰의 문장이라 ᄎᆞ례로 남취녀가ᄒᆞ니 댱 부인의 장ᄌᆞ 셩훈은 니부상셔 쵀란의 녀를 취ᄒᆞ고 ᄎᆞᄌᆞ 셩열은 디ᄉᆞ도 뎡산의 녀를 취ᄒᆞ고 삼ᄌᆞ 셩협은 시랑 유신의 ᄉᆞ회 되고 녀ᄋᆞᄂᆞᆫ 호위공신 강셩의 며ᄂᆞ리 되고 위 공쥬의 ᄌᆞ 셩회ᄂᆞᆫ 티상경 뇌담의 ᄉᆞ회 되고 ᄎᆞᄌᆞ 셩흔은 공부상셔 녀황의 ᄉᆞ회 되고 쥬

> 시의 ᄌᆞ 셩연은 병부낭즁 송진의 녀를 취ᄒᆞ여 각각 명문거족의 연혼ᄒᆞ니 ᄀᆡᄀᆡ히 일ᄃᆡ 군ᄌᆡ오 일셰 슉녀라. ᄯᅩᄒᆞᆫ 쇼년 등과ᄒᆞ여 각각 벼ᄉᆞᆯ이 지상의 거ᄒᆞ니 부귀 작녹이 일세를 움즉이ᄆᆡ ᄀᆡ세헌 횡낙이 곽분양을 압두ᄒᆞᆯ너라. 셰월이 오ᄅᆡᄆᆡ 복야의 나히 칠슌이라 샹이 인견ᄒᆞ샤 궤장을 샤급ᄒᆞ시고 왈, “짐의 긔력이 졈졈 쇠ᄒᆞ니 경도 늙근지라 ᄆᆡ양 됴회의 들 졔 교ᄌᆞ를 타라 ᄒᆞ시더라.”
>
> ᄎᆞ셜 왕 부인과 위 부인이 호련 침병ᄒᆞ여 졸ᄒᆞ니 복야와 당 부인이 망극 ᄋᆡ통ᄒᆞ며 션산의 안장ᄒᆞ고 삼상을 맛친 후 복애 당분인과 위공쥬와 여러 ᄋᆞ들을 불너 안치고 영결ᄒᆞ는 말을 니르며 일시의 졸ᄒᆞ니 일ᄀᆡ 발상 통곡ᄒᆞ미 삼위 영좌를 ᄇᆡ셜ᄒᆞ니 샹이 ᄯᅩᄒᆞᆫ 슬히 통곡ᄒᆞ사 왕쟉으로 증직하고 왕예로 안장ᄒᆞ며 친제ᄒᆞ시고 ᄌᆞ로 치제ᄒᆞ시기를 허ᄒᆞ시고 ᄃᆡ위를 ᄐᆡᄌᆞ의게 젼ᄒᆞ시며 ᄐᆡ상황이 되시고 ᄎᆞ년 츄의 붕ᄒᆞ시니 ᄐᆡᄌᆡ 직위ᄒᆞ시니 셩ᄌᆞ 신손이 계계승승 ᄒᆞ시고 상셔 셩훈 등 늑인이 진튱보국허ᄆᆡ 시화셰풍ᄒᆞ고 ᄌᆞ숀이 창셩ᄒᆞ여 관쟉이 ᄭᅳᆫ치지 아니ᄒᆞ더라.[136]

위 인용문의 주요 내용을 순서대로 살펴보면, 먼저 위왕이 본국으로 돌아가고, 황제가 고난에 처해 있을 때 곁에 있었던 계양현 백자촌 창기에게 사은을 베풀며, 조웅은 조력자였던 월경도사와 천관도사를 만나러 가다가 꿈속에서 두 도사를 만나서 은혜에 감사하는 내용으로 이어진다. 황제와 조웅에게 도움을 주었던 이들에 대해 보답을 하는 것이다.

그리고 나서는 자녀들의 이야기가 나온다. 충렬부인 장씨는 삼자일녀을 낳고 위 공주 정숙부인은 이자일녀를 낳고 주씨는 일자일녀를 낳는다고 되어 있으며, 이어서 이들이 각각 누구와 혼사를 맺었는지 상

136) <조웅전> 경판30장본, 28a-30a.

세히 서술하고 있다. 장 부인의 장자 성훈은 이부상서 최란의 딸과, 차자 성열은 대사도 정산의 딸과, 삼자 성협은 시랑 유신의 딸과 혼인을 맺고, 딸은 호위공신 강성의 며느리가 된다. 한편 위 공주 정숙부인의 장자 태상경 성회는 뇌담의 사위가 되고 차자 성흔은 공부상서 여황의 사위가 되며, 주씨의 아들 성연은 병부낭중 송진의 딸을 아내로 맞이한다. 위 공주 정숙부인의 딸과 주씨의 딸에 대한 언급은 없지만, 거의 대부분의 자제들을 거론하며 그들이 어떤 명문거족의 자제들과 혼인을 했는지 일일이 설명하고 있다. 가문 성립과 관련한 서사가 추가된 것이다.

이것만으로는 경판본에 추가된 가문 성립의 짤막한 일화가 무엇을 의미하는지 명확하지 않다. 그러나 여타 작품의 양상을 비교해보면 충분히 납득이 간다. 왜냐하면 〈소대성전〉이나 〈용문전〉에서도 마찬가지로 경판본에만 가문 성립의 서사가 들어가고 완판본에는 들어가지 않기 때문이다. 〈소대성전〉의 결말부를 보면 경판본에는 '소대성이 십이자삼녀를 두었는데 오자일녀는 채봉의 소생이고 칠자이녀는 비빈의 소생'이라는 내용이 나온다. 그러나 완판본에는 자녀가 어떻게 구성되었고 그 자녀들이 누구의 소생인지와 같은 가문 형성의 구체적인 내용이 나오지 않는다.[137] 또한 〈용문전〉의 경우도 – 앞서 서술한 바와 같이 – 결말 부분의 결연 서사에서 경판본과 완판본이 큰 차이를 보인다. 경판본에서는 결말부의 결연 서사가 길고 자세하게 서술되어 있는 반면,[138] 완판본에서는 소대성의 딸 계춘과 아무런 우여곡절 없이 쉽

137) 서경희(a), 앞의 논문, 79쪽 참조.

138) ① 장사국 승상 장노의 딸 경애와 시비 이애가 용모재덕이 뛰어나다.
② 장노가 딸을 사랑하여 擇壻에 고심하나 마음에 드는 사람이 없다.
③ 장노가 다른 사람과 정혼시키려 하자 소저가 이애와 함께 신물을 나누며 정혼

게 결연이 성사되었음을 확인했다. 요컨대 〈조웅전〉 경판본과 완판본 결말부의 가문 서사의 차이는 두 판본이 가문 서사에 대해 어떠한 생각을 갖고 있는지 말해주는 중요한 표식이라 할 수 있다.

4. 남성영웅소설 서사의 지역적 특성

대표적인 방각본 영웅소설이면서 완판본과 경판본을 모두 갖고 있는 〈장풍운전〉, 〈소대성전〉·〈용문전〉, 〈조웅전〉을 통해 남성영웅소설의 지역별 서사적 특성을 살펴보았다. 〈장풍운전〉의 경우 완판본은 주변 남성인물의 충절이 부각되며 남성영웅 서사가 확대되는 특성을 보였고 경판본은 결연 및 가문 서사가 확대되는 특성을 보였다. 〈소대성전〉·〈용문전〉의 경우 완판본은 용문 부친인 용훈의 절의가 상대적으로 강하게 표출되었으며 남성영웅 서사가 강조되었고 경판은 결연 및 가문 서사가 확장되는 경향이 강했다. 〈조웅전〉의 경우 완판본은 남성영웅인 조웅의 활약이 보다 상세하게 서술되었고 경판본은 조웅 모친이 능동적으로 형상화되었으며 결연 및 가문 서사 또한 자세하게

한 꿈을 꾸었다고 아뢴다.

④ 정혼하려던 자가 선우의 친척인 까닭에 장노가 걱정한다.

⑤ 장노가 조정에 나가니 용문이 선우의 족속 100인을 죽여 후환을 없앴다 한다.

⑥ 용문의 꿈에 노인이 나타나 무릉선녀와의 혼인을 재촉하고 '긴 활에 살 둘 달린 자'를 찾으라 한다.

⑦ 천문관이 용문에게 꿈을 풀어 장씨와 두 여자를 찾으라 아뢴다.

⑧ 장노가 용문에게 딸의 사연을 아뢰니 용문이 신물을 청해 보고 장노의 딸과 이애와 혼인을 정한다.

⑨ 용문이 장 소저·이애와 혼인하고 소저를 정궁에 이애를 귀비에 봉한다. 서경희(b), 앞의 논문, 101쪽.

그려졌다.

이를 종합해보건대 완판본은 공히 남성영웅 서사가 확장되는 양상이 확인되고 경판본은 결연 및 가문 서사가 확장되는 양상을 확인할 수 있었다. 물론 영웅소설은 애초에 영웅적 형상을 서사의 중심에 놓은 장르이기 때문에 서사구조의 근간이나 틀이 무너질 정도로 판본의 특징이 큰 변화를 가져다주는 것은 아니다. 그럼에도 불구하고 완판본과 경판본에서 공통적으로 이러한 특성이 발견된다는 것은 영웅소설의 지역적 향유에 있어서 중요한 의미를 갖는다. 왜냐하면 이러한 차이가 발견되는 것은 이미 확고한 장르적 틀이 정해진 장르의 작품을 수용할 때에도 흔히 그 지역이 갖고 있거나 특정 계층이 갖고 있는 소설 향유의 관습이나 지향을 반영했다는 사실을 의미하는 것이기 때문이다.

따라서 이 차이를 통해 전주 지역은 남성영웅 서사를 선호하는 문화가 강하고 그것이 작품에 반영된 것이며, 같은 맥락에서 남성영웅 서사를 선호하는 독자층이 영웅소설 향유의 주된 계층이었을 것임을 추론할 수 있다. 마찬가지로 서울 지역은 결연이나 가문 서사를 선호하는 문화가 강하고 그것이 작품에 반영된 것이며, 동일한 맥락에서 결연이나 가문 서사를 선호하는 독자층이 영웅소설 향유의 주된 계층이었을 것임을 추론할 수 있다.

주변 인물들의 활약이 부각되거나 약화되는 모습도 이와 별반 다르지 않다. 주변 인물들의 활약이 갖고 있는 지향은 크게 두 가지로 나누어 생각해볼 수 있다. 하나는 성별이고 다른 하나는 그 부각되는 활약의 내용이다. 〈장풍운전〉 완판본에서는 장풍운의 아버지인 장희의 황제와 조정에 대한 믿음과 헌신의 자세가 부각되었다. 이를 다른 말로 표현하면 완판본의 경우엔 남성 주변인물의 국가에 대한 충절이 강화된다고 말할 수 있다. 〈용문전〉 완판본에서는 변방 땅에 사는 용문의 아버지 용훈이 오랑캐에게 잡혀 가서 중화의 도리를 언급하며 소신을 굽히지 않는 모습이 부각되었다. 이를 다른 말로 표현하면 완판본의 경우엔 남성 주변인물의 중화에 대한 도리가 강화된 것이라 할 수 있다. 〈조웅전〉 경판본에서는 조웅 모친 왕씨 부인이 상황을 능동적으로 판단함으로써 위기에 대처하는 적극적인 면모를 보여준다. 이는 달리 말하면 여성 주변인물의 서사적 역할이 커진 것이라고 표현할 수 있다.

요컨대 주변인물의 판본별 차이의 지향을 살펴보면 완판본은 남성인물의 주체적·윤리적 면모를 선호하고 경판본은 여성인물을 선호한다는 사실을 알 수 있다. 앞서 완판본이 남성영웅의 서사를 지향하고 경판본이 결연 및 가문 서사를 지향하는 것과 그 맥락이 닿아 있다. 한편 부각되는 활약의 내용을 살펴보면 완판본은 국가에 대한 충성이나 중화 질서에 대한 확고한 믿음을 바탕으로 한 활약이 강조되고 있다는 것이 확인되고, 경판본은 국가나 이념에 대한 가치판단보다는 위기 상황을 헤쳐 나갈 수 있는 앞서가는 판단력과 적극적이고 능동적인 실천력이 확인된다. 이는 각기 전주 지역과 서울 지역의 소설 향유의 차이를 의미하면서 동시에 소설 향유 저변에 흐르고 있었던 이념의 맥락과도 닿아 있을 가능성이 높다. 이에 대해서는 4장에서 본격적으로 다루고자 한다.

그에 앞서 다음 장에서는 2장에서 고찰한 완판본과 경판본의 지역적 차이를 보다 명확히 결론짓기 위해 여성영웅소설을 살펴보도록 하겠다. 여성영웅소설의 완판본과 경판본에 드러나는 차이를 덧붙인다면 보다 더 확실한 결론을 얻을 수 있으리라 생각한다.

제3장 여성영웅소설의 지역별 서사적 특성

경판본의 능동적 여성영웅과 완판본의 미온적 여성영웅

2장에서 살펴본 바와 같이 방각본 남성영웅소설은 동일한 작품이라 하더라도 완판본이냐 경판본이냐에 따라 서사적 지향이 달랐다. 완판본에서는 주로 남성 인물들이 부각되고 남성주인공의 영웅적 면모를 강조하는 서사가 확장되는 데 비해, 경판본에서는 상대적으로 여성 인물들이 부각되고 남녀 결연이나 가문과 관련한 서사가 늘어나는 경향을 보였다.

그렇다면 이는 다만 남성영웅소설의 특성에 불과한 것인가. 이러한 경향이 방각본 영웅소설 전반의 성향일 수 있다는 전제 하에, 이 장에서는 영웅소설의 다른 한 축인 여성영웅소설이 방각본 판본별로 어떠한 차이를 보이는지 살펴보고자 한다.

여성영웅소설 중 방각본으로 간행된 작품은 다섯 편에 불과하다. 더욱이 이들 작품 중 경판본과 완판본으로 동시에 간행된 작품이 없다. 경판본으로 네 작품, 완판본으로 단 한 작품이 간행되었을 뿐이다. 따라서 앞서 남성영웅소설처럼 한 작품의 경판본과 완판본을 비교하는 방법을 선택할 수 없다.

다만 앞서 2장에서 남성영웅소설을 통해 판본별 서사의 지향이 어느 정도 윤곽을 드러냈기 때문에 그 결과를 기준으로 여성영웅소설의 판본별 서사의 지향을 가늠해볼 수 있다. 남성영웅소설은 경판본의 경우 여성 인물들에 많은 관심을 보였고 완판본의 경우 남성 인물들에 관심을 보였다. 만약 이 경향성이 여성영웅소설에도 그대로 적용되었다면 경판본의 여성영웅들은 말 그대로 여성영웅으로서의 면모를 완벽히 갖추었을 것이고 반대로 완판본의 여성영웅은 그러지 못했을 것이다. 또한 여성영웅소설 경판본의 남성인물들은 상대적으로 부각되지 못했을 것이고 반대로 완판본의 남성인물은 부각되었을 가능성이 높다.

여성영웅소설의 판본별 지향은 이본 비교를 통한 결론 도출이 불가능하기 때문에 이와 같이 작품 속 인물들이 성별에 따라 어떠한 위상으로 존재하는지를 경판본과 완판본의 경향성과 함께 고려하여 증명해야 한다. 일단 인물을 중심으로 비교하기에 앞서 방각본 여성영웅소설에 나타나는 지역별 편차의 징조들을 살펴보도록 하겠다.

여성영웅소설 장르 내에 귀속될 수 있는 방각본 고전소설은 총 다섯 편이다. 경판본은 〈백학선전〉, 〈정수정전〉, 〈황운전〉, 〈옥주호연〉 등 네 편이고, 완판본은 오직 〈이대봉전〉뿐이다. 논자에 따라서는 경판본과 완판본의 간행 작품 수가 균일하지 않기 때문에 비교 자체가 성립될 수 없다고 볼 수도 있다. 그러나 본서에서는 오히려 그 지점에서부터 의문을 가지게 되었다. 왜 완판본으로는 오직 〈이대봉전〉만 간행되었는가? 왜 더 많은 여성영웅소설이 파생될 수 없었는가?

결론부터 언급하자면 이러한 차이는 완판본 향유층의 기호와 여성영웅소설이 그리 부합하지 않았기 때문인 것으로 보인다. 이후 구체적인 서술을 통해 논증하겠지만 경판본과 완판본은 공히 여성영웅소설로서의 서사 구조를 공유하고는 있으면서도 한편으로는 여성 영웅의 위상이나 윤리 의식 및 서사 전개 과정 등에서 무시할 수 없는 차이를 보이고 있다. 즉 서울과 전주 지역은 각기 그 지역의 문화적 특색을 기반으로 여성영웅소설을 다르게 수용하고 있었던 것이다. 그 차이는 무엇일까?

작품 문면에서 판본 간 차이를 현상적으로 증명해주는 몇몇 사례들을 발견할 수 있는데, 우선 작품의 제목을 들 수 있다. 완판본인 〈이대봉전〉의 경우엔 남성주인공을 제목으로 삼음으로써 일반적인 영웅소설의 형태를 따랐지만, 경판본의 경우에는 제목 선정 방식이 자유롭다. 〈백학선전〉은 남성주인공 '유백로'와 여성주인공 '조은하'를 매개하는 信物인 '白鶴扇'을 제목으로 삼았고, 〈옥주호연〉은 출생을 암시했던 꿈에 등장하여 여섯 주인공의 이름에까지 들어가게 된 '玉'과 '珠'로 제목을 지었다. 심지어 〈정수정전〉은 여성주인공인 정수정의 이름을 따서 제목으로 삼았다.

〈백학선전〉에서 백학선은 조은하의 확고한 절의를 부각시키는 대상이면서, 여성주인공이 남성주인공과의 결연을 위해 뛰어난 능력을 발휘하게 만드는 근본적인 계기가 되는 물건이다. 〈옥주호연〉에서 玉과 珠는 각기 세 명의 남성주인공과 여성주인공을 대변하는 것으로, 작품 속 남녀 주인공을 상징하는 단어가 나란히 제목에 등장하는 것은 영웅소설에서 흔치 않은 일이다. 요컨대 경판본 여성영웅소설이 대체로 양성을 대등한 입장에 놓거나 혹은 여성을 우위에 상정한 제목을 정한 것이다.

남성주인공을 제목으로 내건 〈황운전〉은 예외인 듯 보이지만, 기실 이 작품도 비슷한 맥락의 변화를 경험한다. 방각본의 제목은 〈황운전〉이지만, 서울에서 주로 향유되었을 것으로 추정되는 이 작품은 후기로 가면 제목이 〈황운설연전〉이라고 적혀있는 경우가 많았다.[1] 〈옥주호연〉과 마찬가지로 양성을 대등한 입장에 놓고 있다는 것을 단적으로 보여주는 것이다.

또한 여아 출생 서사에서도 이러한 차이를 볼 수 있다. 경판본 〈정수정전〉을 보면 여성주인공인 정수정의 출생과 관련한 서사가 작품 시작과 함께 배치되어 있는 반면, 남성주인공인 장연의 출생과 관련한 서사는 아예 등장하지 않는다. 정수정의 부모인 정국공과 양씨 부인이 자식이 없어 고민하다가 정수정을 얻게 되는 내용에 이어, 정국공이 동료인 장운의 집을 방문하였다가 아들인 장연을 보고 혼약을 결정하는 장면으로 바로 이어진다.

> 화셜 ᄃᆡ송 ᄐᆡ종황뎨 시졀의 병부상셔 겸 표긔장군 뎡국공이란 직상이 이스니 문뮈 겸젼ᄒᆞ기로 죠애 공경츄앙ᄒᆞ며 명망이 일세의 들네ᄃᆡ 다만 슬하의 일졈 혈육이 업셔 슬허ᄒᆞ더니 …(중략)… 이ᄯᆡ 샹셰 밧비 드러와 보니 부인은 인ᄉᆞ를 모르고 한 아희 겻희 누엇거늘 상셰 일변 부인을 붓드러 구ᄒᆞ며 아희를 보니 진짓 월궁쇼ᄋᆡ라. 샹셰 즉시 십월 일시를 긔록ᄒᆞ고 일홈을 슈졍이라 ᄒᆞ다. 이러구러 셰월이 훌훌ᄒᆞ여 슈졍의 나히 오셰의 일으ᄆᆡ ᄇᆡᆨ티쳔염이 날노 ᄉᆡ로오니 상셔부뷔 장즁보옥 갓치 ᄋᆡ지즁지ᄒᆞ더라.
>
> 잇ᄯᆡ 장운이란 ᄉᆞᄅᆞᆷ이 이스니 벼슬이 니부샹셔에 거ᄒᆞ고 한 아들을 두엇스니 얼골은 두목지오 힝실은 증자를 효측ᄒᆞ더라. 상셰 죠회를 파ᄒᆞ고 도라오더니 병부상셔 뎡국공을 맛나 셔로 녜를 파ᄒᆞ고 장 상셰 왈, "현형은 모로미 쇼졔의 집으로 가시미 엇더ᄒᆞ시니잇가." 뎡상셰 흔연 허락고 …(중략)… 슐이 반취ᄒᆞᄆᆡ 졍 상셰 왈, "쳥컨ᄃᆡ 형의 귀자를 한번 구경코져 ᄒᆞ노라." 장상셰 즉시 공ᄌᆞ를 부르니 공ᄌᆡ 슈명ᄒᆞ고 즉

---

1) 박숙례, 「정문연본 <황운전>에 나타난 여성적 시각」, 『장서각』5집, 한국학중앙연구원, 2001, 222쪽.

시 이르러거늘 정공이 잠간 보니 진짓 영풍호쥰이라. 일견의 딕희 왈, "닉 일즉 한 녀식을 두엇스니 나히 십셰라. 진짓 차인의 빅위로다. 우리 양인이 이럿틋 심밀헌 가운딕 가히 슬ᄒᆞ의 자미를 보엄즉 ᄒᆞᆫ지라. 가히 빅우를 경ᄒᆞ미 엇더ᄒᆞ뇨." 장공이 답왈, "형이 이의 먼져 쳥혼ᄒᆞ시니 불승황공ᄒᆞ여이다."[2]

대개 남성주인공이 먼저 소개되거나 兩性의 주인공이 함께 소개되는 것에 비하면,[3] 더딘 시간을 기다린 후 신이한 과정을 통해 비범함을 얻게 되는 출생의 과정이 여성주인공에게만 주어지고, 또한 작품의 서두를 시작했다는 점은 인상적이다.

〈백학선전〉에서는 직접적으로 여아 출생을 반긴다.

일일은 부인이 곤뇌ᄒᆞ여 잠간 조을 싀 오운이 남방으로 이러나며 풍악 소릭 들니거늘 순시 귀경코져 ᄒᆞ여 사창을 열고 바라본 즉 여러 션녀 금덩을 옹위ᄒᆞ여 순시 압히 이르러 지비 왈, "우리는 상졔 시녀러니 칠월 칠셕의 은하슈 오작교를 그홋 노흔 죄로 인간의 닉치시믹 일월셩신이 이리로 지시ᄒᆞ여 이르러스니 부인은 어엿비 여기소셔. 이 낭ᄌᆞ의 비필은 남경 짜 뉴시오니 천졍 빅우를 일치 말나." ᄒᆞ고 말를 맛치며 낭직 방즁으로 드러가거늘, 부인이 감격ᄒᆞ여 방즁을 쇄소코져 ᄒᆞ다가 믄득 씨다르니 침상일몽이라. 조공을 쳥ᄒᆞ여 몽ᄉᆞ를 이르니 조공이 딕희 왈, "창천이 우리 지셩을 감동ᄒᆞᄉᆞ 귀녀를 졈지ᄒᆞ시도다."[4]

---

2) <정수정전> 경판17장본, 1a-2a.

3) 여성영웅소설 중에서 남성주인공 출생이 먼저 나오는 경우는 <백학선전>, <옥주호연>, <이대봉전> 등이 있고, 양성 주인공 출생이 함께 등장하는 경우는 <황운전>이 있으며, 여성주인공 먼저 등장하는 경우는 <홍계월전>이 있다. 대체로 남성주인공의 출생이 빠지지 않으며 또한 먼저 등장한다.

4) <백학선전> 경판24장본, 2b.

기자치성을 하던 부인 순씨가 어느 날 꿈을 꾸고, 그 꿈에 상제의 시녀들이 등장하여 여아의 출산을 암시해준다. 부인 순씨는 이 꿈을 남편인 조성로에게 알리는데, 조성로는 '창쳔이 우리 지셩을 감동ᄒᆞᄉᆞ 귀녀를 졈지ᄒᆞ시도다.'라고 말하며 여아의 임신을 기뻐한다. 그 달 임신을 하게 된 부인이 열 달 후 예견대로 여아를 출산하는데, 소설의 화자는 이때 조성로의 반응을 '녀ᄌᆞ믈 혐의치 아니ᄒᆞ고'라고 직접 명시하기까지 한다.5)

마찬가지로 〈옥주호연〉에서도 여아의 출산을 기뻐한다.

> 이ᄯᅢ 뉴싱이 집의 도라와 몸이 피곤ᄒᆞ여 잠간 조으더니 그 부체 현셩 왈, "네 젼싱의 죄 즁ᄒᆞ므로 금셰의 무ᄌᆞᄒᆞ게 졈지ᄒᆞ엿더니 이번 ᄃᆡ시쥬ᄒᆞᆫ 공덕으로 귀녀 셰흘 졈지ᄒᆞᄂᆞ니, 비록 녀지나 가문을 빗ᄂᆡ고 부모의게 영양ᄒᆞ리라." ᄒᆞ고 푸기로셔 셰 낫 구슬를 ᄂᆡ여 왕시를 쥬거ᄂᆞᆯ 싱이 ᄭᆡ러 바다본 즉 그 구슬이 명광이 찬난ᄒᆞ여 ᄒᆞᆫ나흔 붉고 ᄒᆞᆫ나흔 푸르고 ᄒᆞᆫ나흔 흰지라 품의 품고 이러 ᄉᆞ례ᄒᆞ다가 ᄭᆡ다르니 침변일몽이라. 왕시더러 몽ᄉᆞ를 이른즉 왕시 몽ᄉᆡ 일반이여ᄂᆞᆯ 부뷔 만심환희ᄒᆞ더니 과연 그달부터 ᄐᆡ긔 이셔 십삭이 ᄎᆞᄆᆡ 녀아 셰흘 싱ᄒᆞᄆᆡ ᄯᅩᄒᆞᆫ 신묘년 신묘월 신묘일 신묘시라 부뫼 환희ᄒᆞ여 일흠을 지으되 쟝녀는 ᄌᆞ쥬오 ᄎᆞ녀는 벽쥬오 삼녀는 명쥬라 ᄒᆞ여 각 유모를 맛겨 보호ᄒᆞ더라.6)

유원경은 그의 부인 왕씨와 자식이 없음을 한탄하는데, 특히 아들이 없음을 아쉬워한다. 그럼에도 유원경과 부인 왕씨가 동시에 꿈에서 여

---

5) 그 달붓터 잉ᄐᆡᄒᆞ여 십 삭이 차ᄆᆡ 방즁의 향긔 ᄌᆞ욱ᄒᆞ며 부인이 슌산혈ᄉᆡ ᄒᆞᆫ 썅션네 ᄂᆞ려와 아희를 바다 누이고 향슈의 씩긴 후 믄득 간ᄃᆡ업스니 공이 크게 깃거ᄒᆞ여 일홈을 은희라 ᄒᆞ여 그 녀ᄌᆞ믈 혐의치 아니ᄒᆞ고 만금보옥갓치 ᄉᆞ랑ᄒᆞ더라. <백학선전> 경판24장본, 2b.

6) <옥주호연> 경판29장본, 3b.

아 셋을 점지해준다는 말을 듣고 매우 기뻐하며, 실제로 출산을 한 이후에도 기뻐하는 모습을 보인다. 당시 여아의 출산에 대한 일반적인 반응을 예상해보면 상당히 이례적인 것이다.

이들 세 작품에 비하면 경판본 〈황운전〉은 여아의 출산에 대한 반응이 상당히 소략하고, 일면 완판본인 〈이대봉전〉과 닮아있다. 두 작품 모두 여성주인공과 남성주인공의 집안이 애초에 교류를 하고 있었고, 두 주인공이 비슷한 시기에 출생하며, 그 과정을 양쪽 집안이 함께하기 때문이다. 〈황운전〉에서는 황운의 모친 왕씨와 설월중단의 모친 조씨가 아이를 얻기 위해 함께 노력했으며, 〈이대봉전〉에서는 이대봉의 아버지 이익과 장애황의 아버지 장화가 서로에게 자기 집안의 출산 소식을 알린다.

그런데 표면적으로는 두 작품 모두 여아의 출산에 대해서 특별한 언급을 하지 않아 비슷해 보이지만, 자세히 살펴보면 〈황운전〉과 〈이대봉전〉에서는 여아 출산에 대한 반응이 다르다. 먼저 〈황운전〉을 살펴보자.

> 황 샹셔 부인 왕시 셜 학ᄉᆞ 부인 조시로 더부러 망월누의 올나 월ᄉᆡᆨ을 구경ᄒᆞ며 담소ᄒᆞ더니 조 부인이 믄득 츄연 탄왈, "두 집 ᄂᆡ외 졍의 형졔갓튼 바로뼈 이졔 나히 ᄉᆞ슌의 ᄒᆞᆫ낫 ᄌᆞ녀를 두지 못 ᄒᆞ여스ᄆᆡ 구쳔 타일의 조샹을 엇지 뵈오리오 쳡은 ᄉᆡᆼ각건ᄃᆡ 부인으로 더브러 하ᄂᆞᆯ긔 졍셩을 드려볼가 ᄒᆞᄂᆞ이다." …(중략)… "부인 몽ᄉᆡ ᄯᅩᄒᆞᆫ 긔이ᄒᆞ도다." ᄒᆞ며 셔로 깃거ᄒᆞ는지라 과연 그달붓터 각각 티긔 이셔 십삭이 ᄎᆞᄆᆡ 왕시는 남ᄌᆞ를 낫코 조시는 녀아를 나ᄒᆞᄆᆡ 냥ᄀᆡ 깃거ᄒᆞ여 황 샹셔의 아ᄌᆞ의 명은 운이오 ᄌᆞ를 우룡이라 ᄒᆞ고 셜 학ᄉᆞ의 녀아의 명은 월즁단이오 ᄌᆞ를 봉ᄂᆡ션이라 ᄒᆞ니라[7]

〈황운전〉의 초반부이다. 이 작품에서는 황운과 설월중단 출생 서사가 한데 묶여 나온다. 황 상서 부인 왕씨와 설 학사 부인 조씨는 자식이 없음을 한탄하고 함께 기자치성을 하게 되며, 결국 동시에 아이를 낳게 되는데, 왕씨는 아들을 조씨는 딸을 낳는다. 그런데 그 과정에서 출생한 아이의 성별에 대한 반응이 상이하다거나, 여아를 남아의 배필로만 인식함으로써 남아 중심의 결연을 위한 종속적 매개물로 여아를 인식하는 모습이 보이지 않는다. 인용문에서 확인할 수 있는 것처럼 양쪽 집안은 성별과 상관없이 출산 자체를 기뻐하고 있다.

반면 〈이대봉전〉에서는 여아인 장애황의 출생이 마치 남아인 이대봉과의 결연을 위한 것처럼 비춰진다. 이대봉과 장애황의 출생을 둘러싼, 이 시랑과 부인 양씨, 장 한림과 부인 소씨의 행적을 살펴보자.

> 각셜 잇ᄯᆡ 기주 장미동의 장화라 하난 사람이 잇스되 …(중략)… 부인 소씨 우연이 ᄐᆡ기 잇셔 십삭이 당ᄒᆞᄆᆡ 일일은 호련 몸이 곤폅ᄒᆞ야 침금을 으지ᄒᆞ여 ᄒᆞᆫ곤ᄒᆞ더니 비몽 간의 천상으로서 봉황 ᄒᆞᆫ 쌍이 나려오더니 봉은 모란동 이시랑ᄋᆡ 집으로 가고 황은 부인 품안ᄋᆡ 나러든니 이르난 바 봉이 나ᄆᆡ 황이 나고 장군이 나ᄆᆡ 용마가 나는ᄯᅩ다 힝ᄂᆡ 만실ᄒᆞ고 취운이 어려더니 혼미 중의 탄싱ᄒᆞ니 이난 곳 ᄋᆡ황이라 할임계 몽사를 셜화한ᄃᆡ 할임이 ᄃᆡ히ᄒᆞ야 일홈를 ᄋᆡ황이라 ᄒᆞ시고 직시 모란동 이 시랑 집의 가셔 본니 ᄂᆡ 시랑 ᄃᆡᆨ 부인도 ᄯᅩ한 ᄒᆡᄐᆡᄒᆞ엿거늘 …(중략)… 할임이 답왈, "나도 작일 사시에 한 여아를 나어삿오니 진실노 당힝ᄒᆞ온지라 우리 피차 정ᄋᆡ 자별ᄒᆞᆫ 중의 ᄯᅩ한 기이한 이리로다." ᄒᆞ고 할임이 자기 부인 몽사를 셜화하신ᄃᆡ 시랑이 ᄃᆡ히ᄒᆞ야 직시 ᄂᆡ당의 드러가 장 할임ᄋᆡ 부인 몽사를 양씨 부인계 셜화ᄒᆞ신ᄃᆡ 부인이 ᄯᅩ한 몽사를 말삼ᄒᆞ거날 두 부인 몽사 피차 업난지라 …(중략)… 할임이

---

7) <황운전> 경판30장본 권지일, 1a-1b.

> 집으로 도라와 이 시랑 부인 양씨 몽사를 셜화ᄒᆞ고 시랑의 아자 ᄃᆡ봉를 취ᄒᆞ야 정혼한 말삼를 ᄒᆞ신ᄃᆡ 부인도 못ᄂᆡ 사랑ᄒᆞ시더라 잇ᄯᅢ 시랑이 ᄂᆡ당에 드러가 장할임으 여아 ᄋᆡ황를 취ᄒᆞ야 아자 ᄃᆡ봉으 짝을 경ᄒᆞ엿사오니 진실노 우리 집으 다힝이로소이다 ᄒᆞ시니 부인 양씨 못ᄂᆡ 사랑ᄒᆞ시더라 양가이 셔로 봉황 장셩ᄒᆞ기를 기다러 힝예를 바ᄅᆡ더라[8)]

이 시랑의 부인 양씨와 장 한림의 부인 소씨는 동시에 같은 꿈을 꾸고서 이대봉과 장애황을 낳는다. 그 꿈인 즉, 鳳凰 한 쌍이 내려와서 鳳은 모란동 이 시랑의 집으로 가고 凰은 장미동 장 한림의 집으로 가는 것이다. 그리고 이르기를 "봉이 나ᄆᆡ 황이 나고 장군이 나ᄆᆡ 용마가 나는ᄯᅩ다."라고 하였다. 물론 '봉이 나매 황이 난다'나 '장군이 나매 용마가 난다'는 말은 사랑하는 남녀의 天生緣分을 뜻하는 것이다. 그러나 우리가 관용적으로 굳어진 개념 이면에 그 말이 함유하고 있는 주체와 객체의 관계를 살필 필요가 있다. 위 두 관용구는 凰과 龍馬를 鳳과 將軍의 후자에 놓고 부수적인 존재로 설정하는 구조를 갖고 있다. 鳳과 將軍이 전제되어야만 凰과 龍馬의 존재가 성립될 수 있는 것이다. 사유와 언어가 상호 영향 관계 속에 있으며, 반복적이고 일상적인 언어 속 권력관계가 사용자의 사유 구조에 반영된다는 사실을 감안하면, 이러한 표현은 단순히 남녀의 아름다운 인연을 말하는 것의 문제로만 끝나지 않는다. 이미 그 안에는 인연의 두 주체인 남녀의 우열을 가리는 위계가 존재하기 때문이다.

물론 전근대 사회에서 산출된 작품을 놓고 이렇듯 일상의 언어들 속에 내재되어 있는 – 남성을 주체로 여성을 객체로 인식하는 – 차별적인 경향으로부터 벗어나지 못했다고 해서 이를 지적하거나 문제 삼아

8) <이대봉전> 완판84장본 이대봉上, 2b-4a.

서는 안 된다. 이는 근대적 여성 인식을 갖고 있는 사람이 조선 후기로 거슬러 올라가 임의의 한 사람을 만나서 그 사람에게 왜 여성주의에 대해 알지 못하냐고 꾸짖는 것과 마찬가지의 행위이다. 그리고 심지어 우리가 살아가고 있는 현대 사회의 일상 언어들 속에도 우리가 느끼지 못하는 사이에 주체와 객체를 이분하고 객체로 하여금 주체의 사고를 하도록 강제하는 지배-피지배의 구조를 허다하게 발견할 수 있다는 점에서 과거에 대한 비판은 더더욱 신중해질 수밖에 없다.[9)]

다만 이러한 지적을 할 수 있는 이유는 경판본의 여성 중심적 서사가 상당히 돋보이기 때문이다. 앞서 살펴본 것처럼 경판본의 제목은 다분히 여성주인공을 인식하고 있으며, 그러한 여성주인공의 출생을 언급함에 있어, 여느 고전소설과는 달리 상당히 호의적인 언사들이 등장하고 있다. 진근대 사회의 문학 속에서 이러한 모습을 발견하는 것은 쉽지 않은 일이다. 반면 완판본에서는 여아의 출생 자체보다는 결연에 대한 기대에 무게를 두고 있다. 여아의 출생이 결연이라는 목적

9) 현대 사회의 언어 속 불평등한 구조와 관련해서는 다음의 글이 적확한 설명을 해준다. "제주도 사람의 입장에서 南海는 틀린 말이다. 그들에게는 北海다. 왜 박완서는 '제3세계' 문학이고, 괴테는 '세계'문학인가? '유색 인종'은, 흰색은 하나의 색이 아니라 색의 기준이 된다는 백인 우월주의의 표현이다. 왜 한국의 프로야구 최종 결선은 '코리안 시리즈'인데, 미국은 아메리칸 시리즈가 아니라 '월드 시리즈'인가? 한국어나 영어에서 만남(meet)은 본다(see)는 것을 의미하는데('또 봐요' 등), 이는 시각 장애인을 배제한 말이다. 남성에게 성교는 삽입이지만 여성에게는 흡입이다. 사례를 들자면 끝이 없다. 우리가 자연스럽게 사용하고 있는 거의 모든 말은 백인, 남성, 중산층, 성인, 비장애인, 이성애자, 서울 사는 사람의 시각에서 구성된 것이다. 중립적인 말, 누구에게나 적용될 수 있는 보편적인 언어는 존재하지 않는다. 특히, 남성의 관점은 가장 오랫동안 지속되어왔고, '피해' 집단도 가장 광범위하다. 또한 성차별은 다른 사회적 억압의 모델을 제공하여, 사회적 약자는 여성으로, 강자는 남성으로 성별적으로 재현된다. 여성주의가 중요한 것은 성차별이 가장 중요한 모순이어서가 아니라, 지배-피지배의 관례를 제공하기 때문이다." 정희진, 「여성주의, '가장 현실적인' 세계관」, 『페미니즘의 도전』, 교양인, 2005, 72-73쪽.

의 수단처럼 느껴진다. 만일 이러한 경향성이 구조적인 것으로서, 판본의 지역적 차이와 비례한다면, 이는 여성영웅소설의 향유 지형을 보다 구체적으로 해명하는 계기가 될 수 있다.

실제로 경판본과 완판본의 여성영웅소설은 현상적 측면을 넘어서 구조적으로 차이를 보이는데, 이때 차이는 여성주인공이 서사 내에서 차지하는 역할의 중요성과 관련이 깊다. 경판본에서는 남성에 종속되는 여성의 형상들이 잘 나타나지 않는다. 오히려 여성이 서사를 주도하고 문제를 해결하는 주체로서 등장하고, 남성을 서사의 중심으로 견인하는 경향이 강하다. 반면 완판본은 경판본에 비해 여성주인공 역할의 비중이 다소 떨어진다. 이는 남성영웅소설이 완판본에서 남성영웅의 면모를 보다 확대하는 양상과 깊은 관련이 있다. 보다 구체적으로 살펴보자.

1. 경판본 여성영웅소설

1) 남성영웅 질책과 외란 극복, 〈정수정전〉

뒤에 살펴볼 〈황운전〉의 설연이 내란을 극복한다면, 정수정은 외란을 극복한다. 여성영웅의 활약의 측면에서 보자면 국난의 양상과 관계없이 그 극복에 있어 가장 뛰어난 능력을 보여주는 인물은 정수정이다. 단순히 능력만 뛰어난 것이 아니라 서사의 대부분을 주도한다. 주요 화소별로 살펴보자.

정수정의 아버지 정국은 황제에게 간신인 진공을 멀리하기를 간청했다가 이를 알아챈 진공에 의해 절강으로 귀양을 간다. 그리고 그곳에서 병을 얻어 세상을 뜨고 이 소식을 들은 부인 양씨 또한 병을 얻어 죽게 된다. 뒤이어 장연의 아버지인 장운도 세상과 작별을 고한다. 부모가 俱沒한 정수정은 그 뒤로 항상 남복을 입고 밤이면 병서를 읽으며 낮이면 말달리기와 창 쓰기를 익히게 되고, 아버지를 잃은 장연은 어머니의 권유로 과업에 힘써서 결국 모두 급제를 하게 된다.

하루는 황제가 정수정과 장연을 불러 詩賦 짓기를 권하는데 짓기를 마친 두 젊은 신하에게 황제가 벼슬을 내린다.

> 일일은 상이 경풍누에 젼좌ᄒᆞ시고 뎡 장 냥인을 명쵸ᄒᆞᄉᆞ 왈, "경 등이 시부를 지어 짐의 젹요ᄒᆞᆷ을 쇼창케ᄒᆞ라." ᄒᆞ신ᄃᆡ 냥인이 응명ᄒᆞ고 지필을 취ᄒᆞ니 썩 졍히 숌월 망간이라, 시흥이 발양ᄒᆞ여 산호필을 드러 일필휘지ᄒᆞ여 인시의 밧치니 상이 보신 즉 시지 민쳡ᄒᆞ고 경물이 구비ᄒᆞ여 진션진미ᄒᆞ미 충찬불니ᄒᆞ시고, 특별이 장연으로 ᄃᆡᄉᆞ도를 삼고 뎡슈졍으로 ᄌᆞ졍젼 ᄐᆡ학사를 ᄒᆞ이시니 간관이 쥬왈, "장뎡 양인의 ᄌᆡ죠는 비상ᄒᆞ오나 년긔 최쇼ᄒᆞ오니 그 직임이 과헐가 ᄒᆞ나이다." 상이 진로ᄒᆞᄉᆞ 왈, "년긔 과쇼로 벼슬을 헐진ᄃᆡ 지자고ᄒᆞ를 의논치 말미 올흐냐." ᄒᆞ시고, 다시 뎡슈졍으로 병부상셔 겸 표긔ᄃᆡ장군 병마도총독을 ᄒᆞ이시고 장연으로 니부상셔 겸 ᄃᆡ사도를 ᄒᆞ이시니, 양인이 감당치 못ᄒᆞ므로 구지 ᄉᆞ양호되 상이 죵불윤ᄒᆞ시고 환ᄂᆡᄒᆞ신ᄃᆡ 양인이 홀일업셔 사은ᄒᆞ고 각각 부즁으로 도라오니라.[10)]

두 젊은 신하가 일필휘지로 써내자 황제는 감동을 하고, 장연에게 대사도라는 직책을, 정수정에게 자정전 태학사라는 직책을 임명한다. 대사도는 시기나 지역마다 약간의 차이가 있지만, 대체로 호조판서를 지칭하는 용어이다. 주지하듯 호조판서는 戶口·貢賦·전토·식량·

10) <정수정전> 경판17장본, 5b-6a.

재화·경제에 관한 政務를 맡아보는 戶曹의 우두머리이고, 태학사는 弘文館의 으뜸벼슬이다.

이 당시 황제는 두 사람과 詩賦 짓기를 하였다. 다시 말해 이들의 文飾을 시험해보려 했거나, 이미 명성이 자자한 이들의 실력을 눈으로 확인해보고자 한 것이다. 물론 둘 다 뛰어난 솜씨를 보였기 때문에 벼슬이 내려졌겠지만, 공교롭게도 장연이 받은 대사도는 문식과는 다소 거리가 먼 관직이다. 반면 정수정이 제수 받은 태학사는 문식뿐만 아니라 문장과 학문 전반에 대한 능력을 검증 받은 사람만이 오를 수 있는 직책이다. 황제는 장연보다 정수정이 훨씬 더 뛰어난 학문적 수준을 갖추고 있다고 봤던 것이다.

한편 나이가 어린 두 사람에게 과한 직책이라는 건의에도 불구하고 오히려 황제는 이들의 벼슬을 높여 정수정에게 병부상서 겸 표기대장군 병마도총독을 제수하고, 장연에게는 이부상서 겸 대사도를 맡긴다. 이번에는 정수정에게 군사를 관할하는 권한을 준 것이다. 결국 황제가 두 젊은 신하와 詩賦 짓기를 한 후 내린 벼슬을 볼 때 황제는 정수정이 문무를 겸비한 탁월한 능력을 지니고 있다고 판단한 것으로 보인다. 이는 후에 정수정과 장연이 보여주는 서사 속 비중의 차이를 간명하게 대변해주는 사례라 할 수 있다.

정수정을 병부상서 겸 표기대장군 병마도총독에 앉힌 이유는 얼마 지나지 않아 확인된다. 그 뒤 북방 오랑캐가 기병하여 관북 칠십여 성을 무너뜨리는 국가적 위기가 닥치기 때문이다. 이 위기를 타개할 장수로 정수정이 적극 천거되면서 황제는 정수정을 불러 평북대원수 겸 제도병마도총대도독을 제수한다. 아울러 정수정으로 하여금 직접 중군을 선발하라고 하는데 정수정은 주저하지 않고 장연을 뽑아 부원수로 삼는다. 정수정에게는 장연이 기실 평생을 약속한 배필이자 가장 가까운 동료이고, 이미 장연이 이전에 위승상의 딸과 첫 번째 혼인을 한 상태라 예전만큼 돈독한 관계가 유지되기 어려웠을 것이기 때문이다.

이렇듯 정수정은 황제와 대신으로부터 가장 인정받는 인물로 성장하였고, 이 과정에서 장연을 자신의 뜻대로 마음껏 부리는 모습을 보여준다. 반면 장연은 영웅소설 속 남성주인공의 모습과는 다르게 전장에 나아가고자 하는 등의 적극적인 모습을 보여주지 못한다. 오히려 그러한 부름을 싫어하는 눈치이다.

> 상이 즉시 장연으로 부원슈를 삼으신ᄃᆡ, "원쉬 물너나와 진국장군 관영으로 십만병을 죠련ᄒᆞ라." ᄒᆞ고 인ᄒᆞ여 궐하의 하직ᄒᆞ고 교장의 나아가, "즁군 장연의게 젼령허여 ᄲᆞᆯ니 진상으로 ᄃᆡ령ᄒᆞ라." ᄒᆞ고 졔장의게 군례를 바든 후 관영으로 션봉장을 숨고, 양쥬ᄌᆞᄉᆞ 진시ᄒᆡ로 ᄒᆞ군장을 숨고, ᄃᆡ장군 셔틔로 군량춍독관을 삼으니라.
>
> 이ᄯᅢ 즁군 젼령이 장상셔 부즁의 이ᄅᆞ니 상셰 마음의 가장 불호ᄒᆞ나 임의 국가 ᄃᆡ사요 군즁호령이라 장녕을 거역지 못ᄒᆞ여 모부인긔 하직ᄒᆞ고 갑쥬를 갓쵸고 밀긔 올나 교장의 나아가니 원쉬 갑쥬를 갓쵸고 장ᄃᆡ의 놉히 안ᄌᆞ 불너 드리니 장연이 드러와 군례로 ᄊᆞ러 뵈ᄂᆞᆫ지라.
>
> 원쉬 ᄂᆡ심의 반기고 실쇼ᄒᆞ나 외모를 엄졍이 ᄒᆞ고 왈, "이졔 젹셰 급ᄒᆞ엿스ᄆᆡ 명일 ᄒᆡᆼ군ᄒᆞ여 긔쥬로 가리니 그ᄃᆡ는 평명의 군사를 영솔ᄒᆞ여 ᄃᆡ령ᄒᆞ되 군즁은 ᄉᆞ졍이 업ᄂᆞ니 창념ᄒᆞ라." ᄒᆞᆫᄃᆡ 즁군이 쳥영ᄒᆞ고 물너ᄂᆞ니라.[11)]

정수정은 장연이 부원수로 오게 된 것을 속으로 반기고 있지만 겉으로는 전혀 내색하지 않고 上官의 면모를 보여준다. 한편 장연은 황제의 출전 명령이 내려졌지만 싫어하는 기색이 역력하다. 영웅소설의 주

---

11) <정수정전> 경판17장본, 7a-7b.

인공들이 대체로 체제와 이데올로기를 복원하고 수호하는 사람들이라고 봤을 때, 남성주인공 장연의 이와 같은 감정 표출은 그가 주인공으로서의 자질을 지니고 있지 않다는 것을 반증하는 것이다.

정수정은 이 전쟁에서 오랑캐 왕 마웅으로부터 승리를 이끌어내고 황성으로 회군하여 황제에게 더 높은 벼슬을 제수 받는다. 그리고 황제가 정수정과 장연을 아껴서 부마로 삼고 싶은 마음을 표출하자, 정수정은 그간 속였던 정황을 설명하고 황제에게 사실대로 말을 한다. 이후 정수정은 장연과 혼인을 하고 장연의 다른 부인들과 더불어 잘 지내는 듯하더니, 본래 갖고 있었던 장수로서의 기질을 버리지 못하고[12] 부임지였던 청주로 돌아가 다시금 장수가 된다.

한편 패전 후 재침의 기회를 노리고 있던 오랑캐가 다시 쳐들어오자 정수정이 정북대원수로서 출전하게 된다. 그리고 당시 기주후였던 장연에게 명령을 전하여 군량을 수송하도록 하였다. 기주에 당도한 전령으로부터 이 명령을 들은 장연은 애통해 하고 곧장 이 소식을 어머니에게 전하니 그녀 또한 매우 슬퍼한다. 장연은 가고 싶지 않은 속내를 그대로 드러내면서도 軍令이라 마지못해 따르게 되는 것이다.[13] 영웅소설의 남성주인공이라고 하기엔 그 행동이 주체적이거나 자발적이지 못하고 언제나 정수정의 계획과 의도에 수동적으로 이끌려 다니는 모습을 보이는 것이다.

더욱이 장연은 군량을 제때에 수송하지 못하여 정수정으로부터 심

12) 장연의 총희 영춘을 예의를 모른다고 하며 크게 혼내고, 한편으로는 술을 마시고 대취하기도 한다.

13) ᄎ셜 원슈에 젼령이 긔쥬의 이ᄅ니 장연이 남필의 통히ᄒ여 ᄂ당의 드러가 이 쇼유를 고ᄒᆫᄃ, ᄐ부인이 ᄯᅩᄒᆫ 통히ᄒ더라. 장휘 ᄉ각ᄒ되 군령이라 마지 못ᄒ여 ᄐ부인게 ᄒ즉ᄒ고 하북으로 갈 ᄉ 운량관을 불너 분부ᄒ되, “군량을 강하로 운젼ᄒ여 일한의 밋게 ᄒ라 ᄒ고 ᄇ도ᄒ여 나아가니라.” <정수정전> 경판17장본, 15a.

한 질책을 받는다.

> ᄎᆞ셜 원슈 우양을 ᄌᆞᆸ아 삼군을 호궤ᄒᆞ고 원슈 ᄯᅩᄒᆞᆫ 슐을 연ᄒᆞ여 나와 취홍이 도도ᄒᆞᄆᆡ 좌우를 호령ᄒᆞ여, "장연을 나입ᄒᆞ라." ᄒᆞ니 무ᄉᆡ 쇠사슬노 장연의 목을 올가 장하의 이ᄅᆞᄆᆡ 장휘 ᄭᅮ지 아니ᄒᆞ거ᄂᆞᆯ 원슈 ᄃᆡ로ᄒᆞ여, "이졔 도적이 침노ᄒᆞᄆᆡ 황상이 날노ᄡᅧ 도적을 막으라 ᄒᆞ시니, ᄂᆡ 황명을 밧ᄌᆞ와 쥬야 용녀ᄒᆞ거ᄂᆞᆯ 그ᄃᆡᄂᆞᆫ 엇지ᄒᆞ여 막즁 군량을 진시 ᄃᆡ령치 아니ᄒᆞ엿나뇨. 장녕을 어긔엿스니 군법은 ᄉᆞ식 업느니 그ᄃᆡᄂᆞᆫ 나를 원치 말나." ᄒᆞ고 무사를 명ᄒᆞ여, "ᄂᆡ혀 버히라." ᄒᆞ니 장휘 ᄃᆡ로 ᄃᆡ즐 왈, "ᄂᆡ 비록 용녈ᄒᆞ나 그ᄃᆡ의 가뷔라. 쇼쇼 혐의로ᄡᅧ 군법을 빙자ᄒᆞ고 가부를 곤욕ᄒᆞ니 엇지 녀자의 도리리오." ᄒᆞ거ᄂᆞᆯ 원슈 ᄎᆞ언을 듯고 더욱 항복밧고져 ᄒᆞ여 짐짓 ᄭᅮ지져 왈, "그ᄃᆡ ᄉᆞ쳬를 모ᄅᆞᄂᆞᆫ도다. 국가 즁임을 맛트ᄆᆡ 곤이외ᄂᆞᆫ ᄂᆡ 장즁의 이슬 ᄲᅮᆫ더러 그ᄃᆡ 이믜 범법ᄒᆞ엿스니 엇지 부부지의를 ᄉᆡᆼ각ᄒᆞ여 군법을 착난케 ᄒᆞ리오. 그ᄃᆡ 비록 나를 쵸ᄀᆡ 갓치 녀기나 ᄂᆡ ᄯᅩᄒᆞᆫ 그ᄃᆡ 갓ᄒᆞᆫ 장부ᄂᆞᆫ 원치 아니ᄒᆞ노라." ᄒᆞ고 무사를 ᄌᆡ촉ᄒᆞᄂᆞᆫ지라.
>
> 장휘 이의 디다라ᄂᆞᆫ ᄂᆡ납헐 말이 업스ᄆᆡ 다만 고ᄀᆡ를 슈기고 왈, "군량을 뉵노로 슈운치 못ᄒᆞ여 강ᄒᆞ로 슈운ᄒᆞᄆᆡ 슌풍을 만나지 못ᄒᆞ여 지완ᄒᆞ미니 엇지 홀노 ᄂᆡ 죄라 ᄒᆞ리오." ᄒᆞᆫᄃᆡ 졔장이 ᄯᅩᄒᆞᆫ ᄉᆞ셰 그러ᄒᆞᆫ 줄노 구지 간ᄒᆞ거ᄂᆞᆯ 원슈 양구의 왈, "두로 낫츨 보아 용ᄉᆞᄒᆞ나 바히 그져 두지 못ᄒᆞ리라." ᄒᆞ고 무사를 명ᄒᆞ여 결곤 십여장의 이ᄅᆞ러ᄂᆞᆫ 분부ᄒᆞ여 나츌ᄒᆞᆫ 후 즉일 회군ᄒᆞ여 황셩으로 향헐 시,[14]

재침한 오랑캐를 무찌르고 항복하는 적장들을 본토로 보내는 호의를 베푼 정수정이지만, 군법을 어긴 수하의 장수에게는 엄격한 질책을 한다. 장연은 쇠사슬에 목이 감긴 채 장수로서도 그리고 남편으로서도

---

14) <정수정전> 경판17장본, 16a-16b.

자격이 부족함을 문책 당한다. 그런데 이 상황에서도 장연은 군량을 제때 수송하지 못한 것은 본인의 잘못이라기보다 江河로 輸運하는 과정에서 순풍을 만나지 못했기 때문이라고 항변한다. 주변 장수들의 권유로 장연의 징계는 決杖 10여 회로 마무리되지만, 결과적으로 정수정은 장연에 대해 큰 실망을 하게 된다.

요컨대 정수정은 여성임에도 불구하고 국가의 위기 상황을 타개하는 데 뛰어난 능력을 보인다. 그녀는 단순히 뛰어난 무예의 소유자가 아니라, 국가적 위기를 해결하려는 능동적인 의지를 지닌 인물로 해석해야 한다. 이에 반해 장연은 표면적으로는 전장에도 나아가고 공적을 세우는 것처럼 보이지만 여느 영웅소설에 보이는 남성주인공처럼 적극적이고 능동적으로 문제를 해결하는 모습을 보여주지 못한다.

2) 남성영웅 계도와 내란 극복, 〈황운전〉

〈황운전〉에서는 총 두 차례의 국가적 위기가 등장하는데, 모두 내부에서 일어난 반란이다. 첫 번째는 승상 진권이 삼형제와 일으킨 것이고, 두 번째는 엄평이 오랑캐와 연합하여 일으킨 것이다. 주지하듯 〈황운전〉은 남성주인공의 이름을 따 지은 제목으로, 여성주인공은 설월중단이다. 황운과 설월중단(설연[15])은 남경 응천부 양주 땅에서 한날한시에 태어나 약혼을 한 사이로, 이후 작품에서 벌어지는 국가적 위기 상황을 타개하는 두 주체이기도 하다. 그런데 〈황운전〉에서도 여성주인공의 활약이 두드러지게 나타난다.

15) 태항산에서 무예를 닦으며 개명한 이름으로 작품에서 주로 이 이름을 쓰기 때문에 후술할 때는 '설연'으로 통일하도록 하겠다.

화셜 ᄎ시는 츄칠월이라 쳔지 황극젼의 젼좌ᄒ시고 쳔하 영웅을 모화 지조를 시험홀 ᄉ …(중략)… 샹이 하교 왈, "져 말를 ᄐ며 갑쥬를 갓초며 쟝창 ᄃ검을 들고 능히 치빙ᄒ는 ᄌ 이스면 ᄃ원슈를 봉ᄒ리라." ᄒ신ᄃ 이윽고 ᄒᆞᆫ 소년이 황신긔 아리로 좃ᄎ 닉다라 갑쥬를 갓초고 ᄃ검을 들고 말긔 올나 치빙ᄒ다가 믄득 몸을 날녀 팔십 보 밧긔 쒸여 나렷다가 다시 말긔 올나 안ᄌ며 칼를 둘너 ᄉ면으로 왕닉 츙돌ᄒ니 이른바 나는 ᄉ라도 싸로지 못홀지라.

샹이 ᄃ희ᄒᄉ 그 쇼년을 부르ᄉ 숣펴본 즉 용모와 긔골이 진짓 일ᄃ 호걸이라 그 셩명을 무르신ᄃ 그 쇼년이 ᄃ왈, "쇼신은 남방 ᄉ람 황운이로쇼이다." ᄒ거늘, 샹이 그 나흘 무르신 후 긔특이 녀기ᄉ 어쥬를 나리와 포쟝홀 즈음의 믄득 ᄒᆞᆫ 쇼년이 쇼릐를 지르며 반공으로 소ᄉ 닉다라 갑쥬를 갓초고 좌슈의 구십 근 장창과 우슈의 팔십 근 ᄃ검을 들고 ᄃ완마를 일빅 오십 보 밧긔 세우고 두 번의 쒸여 올나 창검을 둘너 츔 츄어 동의 가 번듯 셔의 가 잇고 남의 가 번듯 북의 가 잇셔 ᄉ람의 눈을 현황케 ᄒ는지라.

샹이 멀니 바라보신 즉 그 쇼년이 신쟝은 칠 쳑이오 얼골은 관옥갓고 팔ᄌ 츈산의 쳔디조화를 감쵸왓는 듯 ᄒ거늘 샹이 ᄃ희ᄒᄉ 즉시 명쵸ᄒ여 셩명과 년긔를 무르신ᄃ 그 쇼년이 부복쥬왈, "쇼신은 남방 ᄉ람 셜연이오, 나흔 이십이로소이다." ᄒ니 샹이 냥인을 명ᄒᄉ 탑하의 세우고 다시 쟝ᄌ를 시험ᄒ시되 다시 셜연 황운을 ᄃ두홀 ᄌ 업는지라. 샹이 황 셜 냥인을 갓가이 인견ᄒᄉ 칭찬ᄒ시며 그 부명을 무르신ᄃ, 황운은 쥬ᄒ되, "젼 샹셔 황한의 아들이라." ᄒ고, 셜연은 쥬ᄒ되, "젼 학ᄉ 셜영의 아들이라." ᄒ거늘 샹이 탄왈, "짐이 불명ᄒ여 진권의 참쇼를 신청ᄒ고 너의 아비를 졀역의 닉첫더니 금일 너의 냥인을 ᄃᄒ미 도로혀 붓그럽도다. 그러ᄒ나 이졔 국가 위란을 당ᄒ여 급ᄒ미 조셕의 이스미 너의 진심 갈력ᄒ여 종ᄉ를 보젼케 ᄒ라." ᄒ시고 셜연으로 ᄃ원슈를 삼고 황운으로 부원슈를 삼오시니,[16]

제목은 남성주인공인 황운의 이름을 따랐지만, 작품 속 두 주인공의 면모를 살펴보면 여성주인공인 설연이 더욱 뛰어나다는 것을 알 수 있다. 그 첫 번째 사례는 천자가 황극전에서 천하의 영웅들을 모아 시험하는 장면에서 확인된다. 천하의 영웅들을 살피던 황제가 황운의 실력에 감탄하여 御酒를 내리려고 하는 순간 느닷없이 설연이 등장하여 더욱 뛰어난 실력을 뽐내고, 결국 황제는 여성주인공인 설연에게 대원수를 명하고 남성주인공인 황운에게 부원수를 명하게 된다. 여성영웅이 더 높은 벼슬을 제수 받은 것이다.

승상 진권이 주도한 첫 번째 위기의 국면에서도 설연의 능력은 돋보인다. 황운도 물론 뛰어난 무예 실력을 자랑하지만, 정작 전쟁에서 승리할 수 있는 계교를 부리는 주체는 언제나 설연이다.

> 원쉬(설연이) 놉흔 산의 올ᄂᆞ 동관 셩즁을 ᄉᆞᆲ펴 보고 ᄒᆞᆫ 계교를 ᄉᆡᆼ각ᄒᆞ고 본진으로 도라와 졔장을 분발ᄒᆞᆯ ᄉᆡ, 우시츈과 셔하규와 홍윤과 강슈쳔 등 졔장을 불너 각기 군ᄉᆞ를 쥬며 약쇽을 졍ᄒᆞ여 보ᄂᆡ고 ᄯᅩ 황운을 불너 왈, “그ᄃᆡ는 궁노슈 이쳔을 거ᄂᆞ려 진권의 군ᄉᆞ 복식을 쥰비ᄒᆞᆫ 후 각각 화젼 다 소사ᄒᆞ고 등ᄃᆡᄒᆞ엿다가 부르는 ᄯᆡ를 기다려 거힝ᄒᆞ라.” ᄒᆞ니 황운이 고왈, “동관 셩즁의 ᄆᆡ복ᄒᆞ여 엇지코져 ᄒᆞᄂᆞ뇨.” 원쉬 정식 왈, “그ᄃᆡ 부원슈 인슈를 ᄎᆞ고 니럿틋 무식ᄒᆞ뇨. □□□ 임이 지즁ᄒᆞᄆᆡ ᄉᆞ긔를 보아 감당ᄒᆞ이 올커늘, 몬져 뼈 계를 누셜코져 ᄒᆞ니 엇지 한심치 아니 ᄒᆞ리오.” ᄒᆞᆫᄃᆡ 황운이 무류히 물너나니라[17)]

설연은 계교를 내어 황운에게 지시를 내리는데, 황운은 이 상황에서 설연의 계책에 반문을 한다. 그러자 설연이 비밀리에 논의되고 있는

16) <황운전> 경판30장본 권지일, 11a-12a.

17) <황운전> 경판30장본 권지일, 16b-17a.

계책에 대해서 왈가왈부하는 것은 한심한 짓이라고 꾸짖고, 황운 또한 이에 아무런 저항을 하지 못하고 물러난다. 이후 황운은 설연의 명령에 복종만 하게 된다. 황운은 火箭을 쏜 후 진권을 사로잡으라는 설 원수의 명령을 충실히 따르게 될 뿐이다.[18]

실제로 설 원수는 대원수로서의 권위와 위엄을 중시하는 인물로 등장한다. 황제의 명으로 설연을 정탐하러 갔던 엄맹을 그 자리에서 죽인 사건이 이를 잘 대변한다.

> 이ᄯᆡ 샹이 셜연의 용군ᄒᆞ믈 탐지코져 ᄒᆞᄉᆞ 시즁 ᄐᆡ부 엄밍을 보ᄂᆡ시ᄆᆡ 엄밍이 봉명ᄒᆞ고 진젼의 나아가 문을 열나 ᄒᆞ니 군ᄉᆡ 답왈, "진즁은 문쟝군녕이오 불문쳔ᄌᆞ죄라." ᄒᆞ거늘, 엄밍이 ᄃᆡ로ᄒᆞ여 불문곡직ᄒᆞ고 문을 헷치고 드러가는지라. 원문쟝 엄슝픠 ᄃᆡ경ᄒᆞ여 원슈긔 보ᄒᆞᆫᄃᆡ 원쉬 분노ᄒᆞ여 즉시 녕ᄒᆞ여 표미긔를 둘너 원문 밧긔 세우고 무ᄉᆞ를 명ᄒᆞ여 엄밍을 미러ᄂᆡ여 긔 아ᄅᆡ 쑬니고 크게 쑤지져 왈, "네 황명을 빙ᄌᆞᄒᆞ여 군법을 경히 녀기니 죽으믈 맛당히 면치 못ᄒᆞ리라." ᄒᆞ고 방포일셩의 엄밍을 ᄂᆡ혀 군즁의 호령ᄒᆞᆫ 후 이 ᄉᆞ연으로 쳔ᄌᆞ긔 표를 올녀 청죄ᄒᆞᆫᄃᆡ, 샹이 표를 보시고 ᄃᆡ경ᄒᆞᄉᆞ 아모리 ᄒᆞᆯ 쥴 모로시더니, 믄득 엄밍의 종족 등이 궐하의 나아와 샹언 왈, "이졔 셜연이 황명을 표시ᄒᆞ여 엄밍을 무단히 참ᄒᆞ오니, 이는 엄밍의 아오 엄관이 져의 ᄃᆡ쟝 쇼임

18) 원쉬 가마니 황운의게 젼녕 왈, "쌜니 셩하의 나아가 일시의 화젼을 쏘아 불이 이러나거든 셩을 너머 드러가 불를 구ᄒᆞ는 쳬ᄒᆞ고 진권을 ᄎᆞᄌᆞ ᄉᆞ로 잡으라." ᄒᆞ니 황운이 청녕ᄒᆞ고 물너간 후 원쉬 두어 쟝슈를 머므러 ᄎᆡ를 직희오고 놉흔 ᄃᆡ 올ᄂᆞ 동정을 ᄉᆞᆲ피더라. 이ᄯᆡ 황운이 궁노슈를 모라 셩하의 이르러 일시의 화젼을 노흐니 살이 나려지는 곳마다 불이 이러나며 급ᄒᆞᆫ 바람이 화셰를 도으ᄆᆡ 경각 ᄉᆞ이의 셩즁이 다 불빗치라. 조명건이 셩문을 ᄭᆡ치고 물미듯 드러가 츙살ᄒᆞ니 진권이 ᄃᆡ경ᄒᆞ여 삼군을 지휘ᄒᆞ여 불를 구ᄒᆞᆯ ᄌᆞ음의 황운이 셩을 너머 드러가 진권을 ᄎᆞᄌᆞᆯ ᄉᆡ 진권의 부쟝 진곽이 압흘 당ᄒᆞ거늘 황운이 ᄒᆞᆫ 칼노 진곽을 버히며 불를 무릅쓰고 쎄쳐 드러가니 함셩이 쳔디진동 ᄒᆞ는지라. <황운전> 경판30장본 권지일, 17a-17b.

> 이 불가ᄒᆞ믈 쥬달ᄒᆞᆫ 연고로 져의 ᄉᆞ혐을 삼아 이럿틋 ᄒᆞ오미니 복망 폐하는 ᄉᆞᆲ피소셔." ᄒᆞ고 ᄯᅩ 엄밍의 동당이 일시의 쥬ᄒᆞ되, "셜연이 ᄒᆡᆼ군 젼의 감히 폐하의 ᄉᆞ신을 살뉵ᄒᆞ오니 이는 길죄 아니라 맛당히 ᄃᆡ원슈 인슈를 거두시고 죄를 밝히소셔." ᄒᆞ거ᄂᆯ 샹이 유예미결ᄒᆞ실 즈음의 니엄이 츌반쥬왈, "셕일 한신이 은ᄀᆡ를 버히ᄆᆡ 고죄 누슈를 드리워 포장하여스니 폐하도 이를 효측ᄒᆞ소셔."[19]

설연은 황제의 명을 받아 군영을 방문한 엄맹에게 문을 열어주지 않는데, 이에 엄맹이 격분하자 군법에 의거하여 그를 참수하고 황제에 보고하는 당당함을 보여준다.

그렇다고 해서 언제나 권위나 군법만을 중시하는 것은 아니다. 설연과 황운이 엄평을 잡기 위한 거의 마지막 계책을 논하는 과정에서, 황운은 형주성을 포위하고 밤에 불을 놓아 엄평을 고립시키자는 작전을 제안한다. 이 제안에 대해서 설연은 밤에 불을 놓아 포위를 할 경우 무고한 백성들이 무수히 죽을 수 있다는 말을 하면서 거절한다. 백성들의 안위를 걱정하는 어진 관리의 모습을 보여주기도 하는 것이다. 이때도 마찬가지로 황운은 설연의 의견에 동의한다.[20]

〈정수정전〉의 정수정과 〈황운전〉의 설연은 남성주인공의 능력을 능가함은 물론, 서사의 주체로서 남성주인공의 판단과 행동을 장악하고, 그들을 자신의 의도대로 견인하는 모습을 보여준다는 점에서 공통점을 지니고 있다. 두 작품 모두 결국은 남녀 주인공이 결연을 맺고

---

19) <황운전> 경판30장본 권지일, 12b-13b.

20) ᄎᆞ시 황운이 ᄃᆡ진을 옴겨 형쥬셩을 두루고 밤을 타 불노 치기를 의논ᄒᆞᆯ ᄉᆡ 셜연 왈, "불노 치면 쉬우ᄂᆞ 엇지 엄평 잡기를 위ᄒᆞ여 무죄ᄒᆞᆫ ᄇᆡᆨ셩을 ᄐᆡ와 쥭게 하리오. 다만 엄평을 유인ᄒᆞ는 게교를 ᄒᆡᆼᄒᆞ여지라." ᄒᆞ니 황운이 올히 녀겨, <황운전> 경판30장본 권지이, 24b-25a.

행복한 결말을 맺는 것으로 끝나지만, 기실 여성주인공들의 능력이 국가적 위기를 해결하는 데 더 많이 할애된다는 점에서 〈백학선전〉과 〈옥주호연〉과는 서사의 방점에 차이가 있다고 봐야 할 것이다. 〈백학선전〉과 〈옥주호연〉은 상대적으로 결연에 초점이 맞춰져 있기 때문이다. 이 중 〈백학선전〉을 자세히 살펴보도록 하겠다.

3) 능동적 결연 성사, 〈백학선전〉

이 작품은 남성주인공인 유백노와 여성주인공인 조은하가 결연을 맺는 것을 궁극의 목적으로 하고 있다. 따라서 서사의 대부분은 두 주인공이 오랜 이별을 끝내고 서로 만나서 사랑을 이루기 위한 노력의 과정으로 점철된다. 그런데 이때 결연을 성사시키는 데 뛰어난 능력을 보이는 인물은 여성주인공인 조은하이다. 남성주인공은 그 갈망하는 바는 조은하와 비슷할지 모르나 그 의지를 실천하는 면에서는 부족한 모습을 보인다.

> 낭지 이 말를 드르ᄆᆡ 일희일비ᄒᆞ여 즉시 쥬인의게 도라와 힝장을 ᄎᆞ려 본토로 도라가고져 ᄒᆞ더니, 천만의외 십여 명 치식 다라드러 낭ᄌᆞ를 결박ᄒᆞ여 관젼의 잡아드리니, 낭지 불의지환을 당ᄒᆞ여 혼ᄇᆡᆨ이 비월ᄒᆞ고 정신이 아득ᄒᆞ여 아모란 쥴 모로고 관정의 굴복ᄒᆞᆫᄃᆡ ᄌᆞ시 문왈, "ᄂᆡ 드르니 네게 ᄇᆡᆨ학션이 잇다 ᄒᆞ니 만일 은휘ᄒᆞ면 장하의 쥭으리라." ᄒᆞ거늘 낭지 인ᄉᆞ를 ᄎᆞ려 ᄃᆡ왈, "소싱의게 과연 ᄇᆡᆨ학션이 이스되 션세로붓터 젼ᄂᆡ지물이여늘 무슴 연고로 무르시나잇고." ᄌᆞ시 ᄃᆡ로왈, "그 ᄇᆡᆨ학션은 본ᄃᆡ ᄂᆡ 집 긔물이라 우연이 일헛더니 너 가지물 드럿거늘 엇지 네 집 젼ᄂᆡ지물이라 ᄒᆞᄂᆞ냐. 그 부치는 범상ᄒᆞᆫ 긔물이 아니라 농궁보물이ᄆᆡ ᄉᆞ람마다 가지가지 못ᄒᆞ고 다만 녈절 잇는 슉녀야 가지ᄂᆞ

> 니 네게는 당치 아니ᄒᆞᆫ지라. 이졔 그 부치을 드리면 도로혀 천금을 쥬려니와 불연즉 네 이 곳셔 죽으믈 면치 못ᄒᆞ리라." ᄒᆞ니, 낭ᄌᆡ ᄂᆡ렴의 혀오ᄃᆡ, '이 부치가 보물이ᄆᆡ 위녁으로 아스려 ᄒᆞ미로다.' ᄒᆞ고 ᄃᆡ왈, "소싱의 조부가 종계 현령으로셔 용왕이 현몽ᄒᆞ고 엇ᄉᆞ와 소싱의게 젼ᄒᆞᆫ 긔물이라 비록 천금이 즁ᄒᆞᆫ들 엇지 ᄌᆞ손의 도리의 파라 업시ᄒᆞ고 구천 타일의 무슴 면목으로 조션긔 뵈오리오." ᄌᆞᄉᆡ 왈, "네 말이 가쟝 간ᄉᆞᄒᆞ도다. 나의 오ᄃᆡ조로붓터 나려오는 거슬 우연이 일코 찻지 못ᄒᆞ엿거놀 네 감히 이갓치 말를 ᄭᅮ며 발악ᄒᆞ니 이는 살지무셕이로다." 낭ᄌᆡ ᄃᆡ왈, "쇼싱의 조션긔물이 아니면 엇지 이럿틋 항거ᄒᆞ리잇고. 자ᄉᆡ 굿ᄒᆞ여 가지려 ᄒᆞ시거든 소싱을 죽이고 탈취ᄒᆞ소셔. 소싱이 몸을 바리고 일는 거슨 ᄂᆡ 죄 아니오니 현마 엇지ᄒᆞ리잇고." ᄒᆞ거놀, ᄌᆞᄉᆡ 더욱 분노ᄒᆞ여, "착가엄슈ᄒᆞ라." ᄒᆞ니 슬푸다, 낭ᄌᆡ 슈쳔 니 타향의셔 일시의 부모를 여희고 망극ᄒᆞᆫ 가온ᄃᆡ ᄯᅩᄒᆞᆫ 쳔만몽외지변을 맛나니 그 명되 긔험ᄒᆞ믈 엇지 측냥ᄒᆞ리오. 츈낭 옥연 등을 불너 가마니 당부ᄒᆞ여 왈, "ᄂᆡ ᄇᆡᆨ학션을 죽기로써 쥬지 아니ᄒᆞ면 응당 겁탈헐 거시니 부ᄃᆡ ᄌᆞ최를 모로게 깁히 간슈ᄒᆞ고 만일 너의를 잡아드려 '부치를 ᄎᆞᄌᆞ드리라.' ᄒᆞ고 엄형헐지라도 반다시 ᄂᆡ게 미루고 죽기로 허치 말나. 만일 그거슬 일ᄒᆞᆫ즉 ᄂᆡ 몸은 죽을 거시니 부ᄃᆡ 마음을 굿게 잡아 깁히 간슈ᄒᆞ라." 츈낭 등이 낙종ᄒᆞ고 옥즁 조셕을 졍셩으로 공궤ᄒᆞ더라.[21]

조은하는 유백노와의 信物인 백학선을 빼앗기지 않기 위해서 감옥살이는 물론 목숨을 내놓는 것도 마다하지 않는다. 조은하가 유백노를 찾기 위해 다시 고향으로 돌아가려던 찰나에 관가의 差使들에 의해 관가로 끌려가고, 그곳에서 자사에 의해 백학선을 빼앗길 위기에 처한다. 이때 조은하는 백학선이 집안 대대로 내려오는 귀한 물건이라며

21) <백학선전> 경판24장본, 8a-9a.

위기를 모면하려고 하고, 자사는 더욱 의심을 하며 조은하를 추궁한다. 조은하는 조상들로부터 물려받은 것이기 때문에 목숨을 내놓을지라도 백학선은 내놓지 않겠다는 뜻을 강력하게 표출하고, 이에 자사는 조은하를 감옥에 가둔다.

> 슬셩 통곡ᄒᆞ다가 인ᄒᆞ여 긔졀ᄒᆞ더니 ᄆᆞ득 향ᄂᆡ 진동ᄒᆞ고 ᄑᆡ옥이 징징ᄒᆞ며 쳥의 션녜 ᄒᆞᆫ 쌍 녀동을 다리고 낭ᄌᆞ 압희 나아와 일오ᄃᆡ, “우리 낭낭의 명을 밧ᄌᆞ와 낭ᄌᆞ을 쳥ᄒᆞᄂᆞ이다.” ᄒᆞ거ᄂᆞᆯ 낭ᄌᆡ 급히 니러 ᄉᆞ례 왈, “낭낭은 뉘시며 어ᄃᆡ 계시뇨.” 션녜 ᄃᆡ왈, “가시면 ᄌᆞ연 알니이다.” ᄒᆞ니 낭ᄌᆡ 고이 녀기며 션녀를 ᄯᅡ라 ᄒᆞᆫ 곳의 이른즉, 셔긔 영농ᄒᆞᆫᄃᆡ 쥬궁 ᄑᆡ궐이 가장 엄슉ᄒᆞ고 ᄎᆡ의 입은 션녀등이 규문으로 분분이 출입ᄒᆞ는지라. 녀동이 왈, “아직 녜ᄎᆞ를 졍치 못ᄒᆞ엿스니 낭ᄌᆞ는 잠간 버므소셔.” ᄒᆞ고 인도ᄒᆞ여 동편 헐소의 안치고 드러가거ᄂᆞᆯ, 낭ᄌᆡ 유유ᄒᆞ고 안져 쉴 ᄉᆡ 문틈으로 여허본 즉, 뇽봉긔치는 좌우의 버렷고 슈십 관원이 동셔로 ᄇᆡ립ᄒᆞ고 부인 슉ᄇᆡ를 인도ᄒᆞ여 옥계의셔 ᄒᆡᆼ녜ᄒᆞᆫ 후 젼상이 올녀 좌우 반널를 경제ᄒᆞ고 그게 풍악을 ᄌᆞ약히 울니거ᄂᆞᆯ 낭ᄌᆡ 녀동더러 무러 갈오ᄃᆡ, “오ᄂᆞᆯ이 무슴 ᄂᆞᆯ이며, 무슴 녜ᄎᆞ를 져리 ᄒᆞᄂᆞ뇨.” 녀동이 답왈, “오ᄂᆞᆯ이 망일인 고로 모든 부인이 망하례ᄒᆞ는 졀ᄎᆡ라.” ᄒᆞ더니, 이윽고 녜관이 나와 낭ᄌᆞ를 인도ᄒᆞ여 옥계의 나아가 ᄇᆡ례ᄒᆞᆫ 후 즉시 젼상의 올녀 좌ᄎᆞ를 졍ᄒᆞ거ᄂᆞᆯ 낭ᄌᆡ 잠간 눈을 드러 ᄉᆞᆲ펴본즉, 냥위 낭낭이 머리의 뇽봉관을 쓰고 몸의 푸른 나삼을 입으며 손의 옥홀를 쥐고 황금교의의 놉히 안고 좌우의 시비 뫼셔스니 그 위의와 녜뫼 가장 단아졍슉ᄒᆞᆫ지라. 낭ᄌᆡ 황공ᄒᆞ여 말셕의 안잣더니 이의 낭낭이 무러 갈오ᄃᆡ, “조낭ᄌᆡ 우리를 아라볼소냐.” 낭ᄌᆡ ᄃᆡ왈, “소녀는 인간 미천ᄒᆞᆫ 게집이오라, 엇지 션계 낭낭을 알니잇고.” 낭낭이 츄연 탄왈, “낭ᄌᆡ 일즉 고셔를 통달ᄒᆞ여스ᄆᆡ 우리 ᄌᆞᄆᆡ ᄉᆞ젹을 알 거시여ᄂᆞᆯ 엇지 모론다 ᄒᆞᄂᆞ뇨. 우리는 과연 요의 ᄯᆞᆯ이오 슌의 쳐이니 ᄉᆞ긔에 이른바

> 아황 녀영이오 상군 부인이라." ᄒᆞ거늘, 낭지 그제야 ᄭᆡ닷고 고두ᄉᆞ례 왈, "소네 고셔를 보옵고 항상 셩덕 졍녈을 ᄉᆞ모ᄒᆞ옵더니, 오늘놀 뵈오믹 죽어도 여한이 업슬가 ᄒᆞᄂᆞ이다." 낭낭이 위로ᄒᆞ여 갈오ᄃᆡ, "간련ᄒᆞ도다 낭ᄌᆞ여, 그ᄃᆡ의 졍덕과 렬졀이 구천의 ᄉᆞᄆᆞᆺ기로 ᄒᆞᆫ번 보고져 ᄒᆞ여 청ᄒᆞ엿거니와 그ᄃᆡ 부듸 이졔 고힝을 한치 말고 일 년만 기다리면 ᄌᆞ연 낭군을 ᄌᆞᄌᆞ 맛나리라."[22]

심지어 조은하는 백학선을 지키겠다는 일념 하나로 버티다가 혼절을 하고, 시녀들이 깜짝 놀라 절명한 것으로 알고 있던 순간에, 그 꿈에서 아황과 여영으로부터 유백노의 행방에 대한 단서를 얻는다. 이름조차 알지 못했던 자신의 배필에 대한 정보를 이 순간에 얻게 되는 것이다. 지성이면 감천이라고, 배필에 대한 조은하의 굳은 절개와 의지의 결과인 셈이다.

반면 유백노는 자신의 배필인 조은하를 찾는 과정에서 본인의 유약한 모습을 그대로 드러낸다. 유백노 또한 조은하와 마찬가지로 평생의 배필을 언젠가는 꼭 찾아야 한다는 생각을 갖고 있던 와중에, 천자가 巡撫使의 책무를 맡기게 되어 지역을 돌아볼 기회를 얻고 청주로 향하게 된다. 그래서 유백노는 청주에 가서 조은하의 종적을 찾게 되는데, 얼마 지나지 않아 알 길이 없다고 판단하고, 탄식하며 그만 병에 걸리고 만다.

> 청쥬의 드러가 민졍을 ᄉᆞᆲ피며 방방곡곡이 유의ᄒᆞ여 심방ᄒᆞ되 맛참ᄂᆡ 종젹을 알 길이 업셔 낙막ᄒᆞᆫ 심ᄉᆞ를 이긔지 못ᄒᆞ여 침식이 불감ᄒᆞ여 오미ᄉᆞ복ᄒᆞ더니, 이러구러 ᄌᆞ연 병이 되여 ᄒᆡ음업시 침즁ᄒᆞ믹 말게

---

22) <백학선전> 경판24장본, 9b-10b.

> 실녀 하향현의 도라오니 현녕 젼홍노는 어ᄉᆞ의 외슉이라 어ᄉᆞ의 병세 예ᄉᆞ롭지 아니ᄒᆞᆷ을 보고 어ᄉᆞ더러 왈,[23)]

배필에 대한 사랑이 크기 때문에 그만큼 찾기 어렵다는 현실은 충격으로 다가왔을 것이다. 하지만 조은하가 그러한 상황에서도 꿋꿋이 배필을 찾기 위해 노력하는 것에 비하면, 유백노의 노력과 의지는 박약한 수준이라고 할 수 있다.

결정적인 위기 또한 배필을 구하고자 하는 조은하의 노력에 의해 해결된다. 유백노는 병부상서 진남대원수로서 남경을 침범한 오랑캐를 무찌르라는 황제의 명을 받고 출전을 하게 된다. 그런데 기실 이 명령은 유백노와 조은하를 곤경에 빠뜨리려는 최국양의 계책에서 비롯된 것이다. 군량 보급을 끊어 유백노의 군대를 위기에 처하도록 만들려는 계책이었다. 실제로 전쟁은 장기화되고 유백노의 군대는 식량 문제로 곤란에 처하게 된다. 결국 유백노는 오랑캐에게 사로잡힌다.

그런데 이 과정에서 문제를 해결하는 주체는 다름 아닌 조은하이다. 배필인 유백노를 찾기 위해 길을 떠나던 중 조은하는 우연히 유백노가 자신을 만나지 못함을 한탄하며 새겨놓은 글씨를 보고 충격을 받는다. 연이어 유백노가 오랑캐들에게 잡혔다는 소식까지 듣고 조은하는 더 큰 충격에 휩싸인다.

그러나 조은하는 포기하지 않고, 그녀 스스로가 전쟁에 나아가기로 결심한다. 황제에게 표문을 올려 공식적으로 군대를 요청하고 그에 합당한 무예 실력을 뽐내어 황제를 설득시킨다. 선인과 신인의 도움이 있어 가능했지만 결과적으로 조은하는 전쟁에서 승리하고 유백노를

---

23) <백학선전> 경판24장본, 8b.

구하는 데 성공한다. 결연을 성사시키기 위한 그녀의 끊임없는 노력이 빛을 발하게 된 것이다.

경판본 여성영웅소설들이 모두 여성의 영웅적 활약을 기반으로 하고 있지만, 〈정수정전〉과 〈황운전〉에 비하면 〈백학선전〉은 그 활약들이 결연의 성사에 초점을 맞추고 있다는 차이를 확인할 수 있다. 반면 경판본 여성영웅소설에서 남성은 대부분 상당히 무능력한 존재들로 그려진다. 그들은 상황을 개선할 의지나 노력이 부족하다. 대신 여성주인공들이 문제를 해결하는데 그 과정이 서사의 중심을 차지하고 있다. 이러한 경판본 여성영웅들의 능동적인 모습은 완판본과의 비교를 통해 더욱 확실히 드러난다. 완판본 〈이대봉전〉과 비교해보면서 그 차이를 확인해보자.

2. 완판본 여성영웅소설

1) 미온적 여성영웅, 〈이대봉전〉

경판본 여성영웅소설의 여성주인공들이 서사 내에서 주도적 활약을 하는 반면에 완판본 〈이대봉전〉의 여성주인공 장애황은 상대적으로 그 역할이 줄어든다. 완판본으로 간행된 여성영웅소설이 〈이대봉전〉뿐이므로 이대봉전의 여성영웅에 대해 간략히 언급하도록 하겠다.

경판본 여성주인공들이 서사 전반을 주도하면서 국난 극복, 남성주인공 질책과 계도, 결연의 성사 등을 위해 주력했다면, 장애황은 국난 극복의 서사 전체를 장악하지도 않고 남성주인공을 질책하거나 계도하지도 않으며 결연의 성사를 위해 노력하지도 않는다. 경판본 여성주인공들과 비교해보면 여성의 능동성이 한발 물러난 형국이다. 남성주인공인 이대봉과 여성주인공인 장애황의 서사 내 역할이 어느 한쪽에 치우치지 않고 대등한 편이며, 작품 속 남녀 주인공의 역할은 물리적으로 반분할 수 있을 것 같은 느낌이 들 정도로 확연히 나뉜다.

〈이대봉전〉에서 국난은 선우족의 중원 침공과 연이은 북흉노의 중원 침공으로 비롯된다. 경판본의 작품들과는 달리 이 작품에서 두 국난은 각기 장애황과 이대봉이 나누어 맡는다. 그리고 승전보를 천자에게 알리기 전까지 둘은 별다른 교류를 하지 않는다. 각기 서로의 역할만을 수행하기 때문에 물론 여성주인공의 남성주인공에 대한 관심이나 결연의 성사를 위한 노력들도 인상 깊게 진행되지 않는다.

또한 결정적인 위기가 해결되는 서사는 주로 남성주인공인 이대봉이 차지한다. 선우족과 북흉노족의 연이은 침공은 작품의 서사적 맥락으로 볼 때 북흉노의 그것이 더욱 심각하고 의미가 크다. 장애황에 의해 해결될 것으로 보였던 밖으로부터의 위협이 비슷한 시점에 또 다른 곳에서 등장하면서 작품의 서사는 독자들로 하여금 국가의 위기가 최고조에 달하고 있음을 보여주기 때문이다. 그 상황에서 이대봉은 천자에게 보고도 하지 않은 채 홀연 등장하여 가장 심각한 문제를 해결하는 주체가 된다. 경판본과 비교했을 때 여성영웅의 활약이 작품의 서사에서 결정적인 역할을 하는 것은 아니라고 할 수 있다.

오히려 〈이대봉전〉은 남성 주인공의 활약을 중심으로 서사가 진행되는 남성영웅소설과 닮아있다는 느낌을 갖게 할 정도이다.

> 일일은 시랑이 ᄃᆡ봉으 조달ᄒᆞ물 근심ᄒᆞ사 ᄃᆡ칙 왈, "셩현으 글도 무수ᄒᆞ거늘 네 엇지 ᄐᆡ평셩ᄃᆡ에 귀신도 칭양치 못ᄒᆞ난 병셔를 심쓰난다."
>
> ᄃᆡ봉이 주왈, "셕일의 황졔 헌원씨난 만고영웅이로되 치우난를 맛나시고 졔요 도당씨난 만고셩현이로되 사휭으 변를 당ᄒᆞ엿사오니 ᄐᆡ평

를 엇지 장구이 밋사오릿가. 딕장부 세상의 쳐ᄒᆞ올진딕 시셔빅가어와 육도삼약를 심즁에 통달ᄒᆞ와 용문의 올나 요순 갓탄 인군를 셤기다가 국운이 불힝ᄒᆞ와 난셰를 당할진딕 요하의 딕장절월을 쓰고 황금인수를 빗겨 차고 머리의 빅금투고를 쓰고 몸에난 엄신갑를 입고 우수의 보검을 자바 좌수의 홀기를 들고 용졍봉기 빅모황월리며 장창검극을 나열ᄒᆞ야 딕병을 모라 젼장의 나어가셔 반젹를 쇠멸ᄒᆞ고 사히를 평졍ᄒᆞ야 공를 죽빅에 올여 기린각에 졔명ᄒᆞ고 나라에 충신이 되야 만종녹를 누룰진딕 션군의 덕턱과 부모으 은덕을 아라 종신 부귀를 할 거시여늘 셔칙만 상고ᄒᆞ와 유졍한 셰월 무졍이 보닉릿가."[24]

인용문을 통해 확인할 수 있듯이 이대봉이 병서를 읽고 있을 때 아버지가 와서 성현의 글을 읽지 않고 병서를 읽는 아들을 나무라자 이대봉이 치우의 난이나 사횡의 변 등을 거론하며 태평성대일수록 더욱 병서 학습에 매진하여야 한다는 주장을 하는 모습은 남성영웅소설에서 익숙하게 등장하는 화소이다.

요컨대 〈이대봉전〉의 여성주인공 장애황에게서 중심 서사로부터 한 발 물러난 듯한 모습을 확인할 수 있다는 것은 완판본에서 여성영웅의 활약이 작품에 제대로 발현되지 못했다는 것을 의미하는 것이다. 완판본 여성영웅소설이 오직 〈이대봉전〉뿐이고 그 또한 남성영웅소설의 성격으로 옮아간다는 점 또한 이를 뒷받침한다.

3. 여성영웅소설 서사의 지역적 특성

이로써 경판본과 완판본으로 각기 간행된 여성영웅소설의 차이를

24) <이대봉전> 완판84장본 이대봉上, 4a-4b.

확인해 보았다. 〈정수정전〉, 〈황운전〉, 〈백학선전〉, 〈옥주호연〉 등을 간행한 경판본은 대체로 여성영웅의 활약이 남성을 능가하고, 여성주인공이 서사의 중심에 위치하며, 그 안에 유기적으로 녹아들어가서 작품을 이끌어 감은 물론 남성주인공을 견인하는 경향이 강하다는 것이 확인된다. 반면 〈이대봉전〉을 간행한 완판본은 여성영웅의 활약이 남성과 비슷하거나 혹은 열등하고, 여성주인공이 서사의 한 부분만을 차지하며, 남성주인공과 유기적으로 엮여 서사를 이끌기보다는 개별적으로 서사의 일부분을 담당하는 경향이 강하며, 나아가 남성주인공 이대봉의 모습은 남성영웅소설의 모습과 닮아있다는 것이 확인된다. 그렇다면 이러한 차이는 무엇으로부터 발생하는 것인가?

여성영웅소설의 판본별 차이는 앞서 살펴본 남성영웅소설의 판본별 차이와 함께 고려했을 때 큰 의미를 갖게 된다. 남성영웅소설의 경우 완판본은 남성영웅의 서사가 강화되고 주변인물 또한 남성의 국가적·중화주의적 충절이 강화되는 반면 경판본은 결연 및 가문 서사가 강화되고 주변인물 또한 여성의 능동적이고 적극적인 실천력이 강화되었는데, 이러한 판본별 특징이 여성영웅소설에도 거의 같은 맥락에서 적용되었기 때문이다.

살펴본 그대로 완판본 여성영웅소설에서는 여성영웅 대신 남성영웅의 활약이 보다 더 부각되면서 여성영웅 중심의 서사를 흐트러뜨리는 결과를 가져왔다. 반면 경판본 여성영웅소설에서는 여성영웅의 활약이 최대한 강조되고 그 과정에서 남성영웅의 활약은 약화될 뿐만 아니라 남성영웅이 상대적으로 무능력한 존재로 그려지면서 여성영웅을 부각시켜주는 결과를 낳았다.

결국 경판본은 여성의 적극적 능력과 실천력이 강조되고 완판본은 남성의 국가에 대한 충성과 절의가 부각된다는 점에서 남성영웅소설이나 여성영웅소설을 막론하고 판본의 지역성이 그 지역 이본에 일관되게 영향을 미쳤다는 결론이 나온다.

그렇다면 여기서 의문이 발생한다. 과연 그 지역 이본에 일관되게 영향을 미칠 수 있었던 지역성의 실체는 무엇인가? 다시 말해서 판본의 지역성 혹은 지역의 소설 향유 문화를 형성하게 된 동인은 무엇인지가 궁금해진다는 것이다. 이를 해결하기 위해 다음 장에서는 방각본 영웅소설이 지역적 특성을 갖게 된 이유를 살펴보도록 하겠다.

제4장 방각본 영웅소설의 지역적 특성과 이념적 지향

완판본의 대명의리론과 경판본의 가부장제

2장과 3장을 통해 방각본 영웅소설에 – 남성영웅소설이나 여성영웅소설에 상관없이 – 일관된 지역적 특성이 반영되었음을 확인했다. 동일한 지역에서 산출된 여러 작품이 공통된 특성을 공유한다면, 그것은 의심할 여지없이 그 지역의 문화나 소설 향유 분위기와 관련이 있다.

재차 확인하는 셈이 되지만, 이에 따라 완판본은 남성인물이나 남성영웅 서사에 착목하고 경판본은 여성인물이나 결연 및 가문 시시에 집중한다. 그런데 이러한 차이는 보다 깊이 따져보면 – 남성영웅소설과 여성영웅소설을 막론하고 – 완판본 남성 인물 및 남성영웅의 경우 오랑캐에 대한 적대감이 강화되고 중화의 질서를 중시하며, 경판본 여성인물 및 여성영웅의 경우 고난이나 결연에 있어 능동적이고 실천적인 모습을 보여준다는 점으로 해석될 수 있다. 실제로 작품의 문면에서 이러한 차이가 드러남을 여러 차례 확인한 바 있다. 따라서 텍스트 비교를 통해 드러난 지역적 특성은 우리에게 영웅소설이 갖고 있는 이념적 지향이 무엇인지 강한 의문을 갖게 한다.

이에 이 장에서는 영웅소설의 지역적 특성이 갖고 있는 이념의 실체가 무엇인지 살펴보고자 한다. 두 지역의 서사 지향이 다르므로 아마도 이념의 지향 또한 다를 것으로 예상된다. 본격적인 논의에 앞서 영웅소설의 이념 지향을 논하기 위한 전제부터 언급하고자 한다.

1. 영웅소설 이념의 전제

영웅의 이야기는 언제나 인간의 이야깃거리였다. 인간은 끊임없이 문학 혹은 그에 준하는 상상과 허구를 통해 영웅의 형상을 만들고, 만들어진 영웅의 형상에 감동 받으며 또 다시 새로운 영웅을 만들곤 했다. 이는 문학의 보편적 역사를 통해 자명하게 밝혀진 사실이다.

조선후기의 영웅소설은 바로 이러한 문학사의 연장선상에서 배출된 것이다. 이때 영웅에 대한 갈망은 곧 당대 현실과 사회에 대한 향유층의 갈망과 크게 다르지 않다. 그런데 이 문제를 고민할 때마다 항상 해결되지 않은 질문이 있다. 그것은 바로, 일부의 경우를 제외하고 '왜 대부분의 영웅소설 속 영웅이 중국을 배경으로 하는가?'이다.[1)]

이에 대한 답은 이미 제시된 바 있다. 흔히 고전소설 전반에 등장하는 중국이라는 시공간은 조선을 작품의 배경으로 삼을 수 없었던 당시 소설 창작의 제약 조건에 의해 인위적으로 설정된 허구의 공간이라는 것이다. 이 논리를 따르면 중국이라는 배경은 소재적 측면의 修辭에 불과하고 결국 소설 속 문제의식은 소설이 향유되던 당시 조선의 문제의식으로 전환되는 것이다.

---

1) 최근 한국 고전소설에서 중국 배경이 등장하게 된 다양한 양상과 요인, 시대나 소설 유형에 따른 변화와 특징을 거시적이고 개괄적으로 검토한 논의가 있어 주목을 요한다. 강상순, 「한국 고전소설 속 중국 배경과 중국 인식」, 『고전과 해석』15, 고전문학한문학연구학회, 2013.

그러나 여기서 세밀히 구분해야 할 내용이 있다. 기실 조선후기 소설 배격론의 방점은 '소설이 조선을 배경으로 해서 창작되었다.'는 점이 아니라, '허구적인 이야기가 인구에 회자되어 사람들을 현혹시킨다.'는 점에 있었다. 다시 말해 소설 창작 그 자체가 문제였던 것이다. 가장 극단적인 예로 조선을 배경으로 하면서 조선의 제도적·이념적 모순을 지적하고, 심지어 체제 전복의 이상향을 갖고 있었던 〈홍길동전〉을 생각해보자. 만약 이 작품이 동일한 포맷을 갖고 있되 그 배경을 중국으로 설정했다면 당시 조정의 감시와 처벌을 피할 수 있었을까. 작품이 갖고 있었던 날카로운 현실 인식 때문에 아마도 조선을 배경으로 했을 때와 그 사정은 별반 다르지 않았을 것이다. 요컨대 중국을 배경으로 설정한 것은 엄밀히 말하면 조선후기 소설 배격의 분위기와 별개의 사안인 것이다. 조선을 소설의 시공간적인 배경으로 삼기 어렵기 때문에 중국이라는 代喩의 공간을 상정한 것이 아니라는 말이다.

그렇다면 오히려 문제는 간단해진다. 영웅소설의 배경이 중국인 이유는 말 그대로 중국을 소설의 시공간적인 배경으로 설정해야 할 혹은 설정하고 싶은 필연적인 이유가 있었기 때문인 것이다. 그렇다면 그 이유는 무엇일까.

이를 해명하기 위해 다시 중국이라는 배경이 조선을 배경으로 설정할 수 없기 때문에 선택한 허구적 설정이라는 입장을 떠올려보자. 허구적 배경으로 중국을 단순 차용했다는 입장에는 조선이 중국을 대타적으로 인식했다는 전제가 깔려 있다. 중국을 완벽하게 별개의 공간으로 인식했다는 것이다. 그런데 과연 중국을 별개의 공간으로 인식했을까?

이를 더 명확히 밝히기 위해서는 중국을 배경으로 하는 조선의 소설들이 중국의 어느 시대를 배경으로 설정하고 있는지 주목할 필요가 있다. 결국 영웅소설의 배경을 중국으로 범칭할 것이 아니라 보다 구체적으로 따져보자는 말인데, 주지하듯 소설 속 중국의 배경은 대개 '송나라'와 '명나라'이다. 간혹 원나라가 배경으로 등장하기는 하지만, 이 또한 송 건국의 과정을 그리고 있다는 점에서 송나라를 배경으로 삼고 있다고 봐도 무방하다. 공히 중화주의의 정통성을 갖고 있던 나라인 것이다.

그렇다면 송나라와 명나라가 과연 조선후기에 대타적 공간으로 인식되었는가. 기실 조선후기에 대타적 존재는 송나라나 명나라가 아니라 청나라였다. 변방의 오랑캐로서 중원을 장악한 청나라는 중화 질서의 정통성을 인정하는 조선의 입장에서는 적대적 존재였다. 반대로 송나라와 명나라는 중화 질서의 정통성을 계승한 국가라고 인식했기 때문에 조선의 입장에서는 우호적인 존재였다. 따라서 이러한 논리 구조 속에서 보자면, 영웅소설이 송나라와 명나라를 시공간적 배경으로 삼은 것은 이들을 대타적으로 인식했기 때문이 아니라 오히려 반대로 송나라와 명나라를 긍정적으로 그리고 호의적으로 기억하고 싶었기 때문일 것이다.

1) 영웅소설의 이념적 배경

송나라와 명나라라는 시공간적 배경은 영웅소설의 서사가 지니고 있는 윤리적·이념적 지향을 상징적으로 보여주는 대상이다. 영웅소설은 정통의 중화 질서에 대해 거부감을 갖고 있지 않았다. 그리고 중화 질서에 대한 관심은 정통에 대한 기억을 재구성하고, 재구성된 기억은 과거를 다시금 회상하게 했다.

실제로 이는 영웅소설이 〈설인귀전〉을 수용했다는 점을 통해 구체적으로 증명될 수 있다. 설인귀는 송나라나 명나라 인물은 아니지만,

정통이라는 가치 기준에 의해 체계화된 논리에 따라 호명될 수 있었던 당나라 시기의 인물이었다. 당나라 또한 정통 중화 질서의 연장선상에 있기 때문이다.

이미 선학들의 연구를 통해 밝혀진 바와 같이 다수의 영웅소설에는 〈설인귀전〉의 흔적이 고스란히 묻어있다. 김태준[2]에 의해 〈설인귀전〉과 영웅소설의 관련성이 제기된 이후, 둘의 관련 양상은 이명구,[3] 성현경,[4] 서대석[5] 등에 의해 계승·발전되었고, 성현경에 의해 제기된 서사구조의 관련성은 서대석의 논의에 이르러 상당 부분 구체화 되었다.[6] 실제로 지금까지 〈설인귀전〉과의 관련성을 설명하는 가운데 거론된 작품만도 〈소대성전〉, 〈용문전〉, 〈장익성전〉, 〈장풍운전〉, 〈유충렬전〉 등 남성영웅소설은 물론, 〈홍계월전〉, 〈정수정전〉, 〈황운전〉, 〈이대봉전〉 등의 여성영웅소설까지 주요 영웅소설을 막론한다. 영웅소설과의 관계는 비단 〈설인귀전〉에만 국한되지 않는다. '汎 〈설인귀전〉'에 포함될 수 있는 〈서정기〉, 〈설정산실기〉, 〈번리화정서전〉 등의 속편도 마찬가지로 직간접적인 영향관계 속에 있다.

필자는 〈설인귀전〉이 영웅소설에 영향을 주었다는 선행 연구의 주장에는 동의하지만, 그렇다고 해서 영웅소설의 형성 그 자체가 〈설인귀전〉만을 계기로 했다고 보지는 않는다. 중국의 설인귀 관련 소설[7]

---

2) 김태준 저, 박희병 교주, 앞의 책.

3) 이명구, 「이조소설연구서설」, 『성대논문집』13, 성균관대학교, 1968.

4) 성현경, 앞의 논문, 1973 ; 성현경, 앞의 논문, 1974.

5) 서대석, 「군담소설과 중국소설」, 『군담소설의 구조와 배경』, 이화여자대학교 출판부, 1985.

6) <설인귀전>은 <삼국지>와 달리 영웅적인 한 인물의 일생을 기술한 작품으로서 군담소설과 구조적으로 일치하고 있다. 설인귀의 출생과 결혼 및 초년의 고난과 정동 과정에서의 영웅적 활약 등은 모두 군담소설 주인공의 일생과 상통하는 성격이다. 서대석, 앞의 책, 302쪽.

이 유입되어 〈설인귀전〉으로 재탄생하기 전에 몇몇 영웅소설은 이미 유통되고 있었다는 실증적 자료들이 새롭게 제시되었기 때문이다.[8)9)]

그런데 혹여 이러한 자료들이 새롭게 제시되지 않았다 하더라도, '〈설인귀전〉은 곧 영웅소설의 모태'와 같은 식의 단선적 등식이 성립될 수 없다는 것은, 서사문학의 형성과 전개가 그 서사문학이 형성된 지역의 시공간과 끊임없이 소통하는 과정 속에서 진행된다는 당연한 전제만으로도 증명이 가능하다. 영웅소설이 기왕에 조선에서 성행하던 서사문학의 전통을 계승했다는 점에 대해서는 – 그 구체적인 면면에 대한 고찰을 통해 직접적인 계승의 대상을 찾아야 하겠지만 – 의심과 반론의 여지가 없다는 말이다.

---

7) <설인귀전>의 원작은 55회본 <說唐後傳>과 42회본 <說唐薛家府傳>이라는 중국 강사화본계 소설 중 하나라 할 수 있다. 전자는 최소한 건륭3년(1738)에는 초간본이 나왔고, 후자는 도광18년(1838년)에 전자로부터 갈라져 나온 신각본이다. 양승민, 「<설인귀전>의 소설사적 존재 의미」, 『우리어문연구』41, 우리어문학회, 2011, 391쪽.

8) 가령 <설저전>과 <이현경전>의 창작연대를 17세기 후반과 18세기 초반으로 소급한 것이나, <장풍운전>에 선행하는 한문본 이본 <금선각>이 1722년 혹은 1782년에 창작되었다는 주장은 실증적 근거들을 통해 제시된 것이고, 이는 영웅소설이 <설인귀전>의 영향력이 미치기 이전에 이미 형성되었음을 보여주는 중요한 사례들이다. 최호석, 「<설제전> 연구」, 『고소설연구』6, 한국고소설학회, 1998 ; 지연숙, 『장편소설과 여와전』, 보고사, 2003 ; 김준형, 「<金僊覺>의 발굴과 소설사적 의의」, 『고소설연구』18, 한국고소설학회, 2004.

9) 한편 최근 「금선각」과 관련한 연구가 추가되면서 작품의 의미와 해석에 대한 보다 구체적인 논의가 진행되고 있다. 김준형, 「조선후기 하층민의 삶과 이데올로기, <장풍운전>」, 『고소설연구』33, 한국고소설학회, 2012 ; 김준형, 「<장풍운전> 이본고 : 한문본 <금선각>을 중심으로」, 『우리어문연구』45, 우리어문학회, 2013 ; 김민정, 「<금선각>의 소설사적 전통과 <구운몽>」, 『인문과학논총』32-3, 순천향대학교 인문과학연구소, 2013 ; 김민정, 「<금선각>의 서사구성과 문예지향」, 고려대학교 박사학위논문, 2016 ; 김준형, 『교감 금선각』, 보고사, 2015 ; 김준형, 『국역 금선각』, 보고사, 2015.

그런데 오히려 당시 조선의 서사문학으로부터 영향을 받았다는 사실에 대해 의심의 여지가 없기 때문에, 〈설인귀전〉과 영웅소설의 관련성이 유독 도드라져 보일 수밖에 없는 듯하다. 〈설인귀전〉이 영웅소설을 만들어낸 것은 아니지만, 분명 〈설인귀전〉이 대다수의 영웅소설 작품에 강한 영향력을 행사했다는 점은 부정할 수 없는 사실임이 확인되었기 때문이다.[10] 즉, 이 글에서 '〈설인귀전〉이 영웅소설에 영향을 주었다'는 말은 영웅소설의 형성 초기 단계부터 〈설인귀전〉이 영웅소설의 산모 역할을 했다는 말이 아니라, 명확히 규정할 수 없는 임의의 시점부터 영웅소설의 전승에 〈설인귀전〉이 강한 영향을 미쳤다는 것을 의미한다. 그리고 그 영향이 삽화는 물론 서사구조까지 상당 부분에 이른다는 점에서, 영웅소설에 강한 여운을 남긴 〈설인귀전〉의

---

10) 서대석은 <설인귀전>과 영웅소설이 영웅의 일대기라는 구조적인 측면은 물론이고 구체적인 장면의 측면까지 일치하는 측면이 많음을, 여러 영웅소설 작품과의 비교를 통해 증명함으로써, 영웅소설 분석의 중요한 단서를 제공하였다. 그럼에도 불구하고 서대석의 연구 이후 한동안 <설인귀전>과의 관련성을 논한 연구가 진행되지 않았다. 그 이유는 여러 가지가 있겠으나, <설인귀전>과의 친연성을 강조한 서대석의 연구가, 지엽적이고 부차적인 측면에 집중한 것이며, 그로 인하여 자생적 형성 경로 모색을 차단했다는 이강엽의 비판을 통해 어느 정도 짐작을 해볼 수 있다. 이강엽의 입장은 영웅소설의 형성 경로를 외부적 요인보다는 내부적 요인을 통해서 찾고자 했던 일련의 연구 경향을 대변한다. 그런데 이강엽이 서사구조에 별다른 영향을 끼치지 않는다고 비판한 서대석의 논지는, 실상 작품에 적지 않은 영향을 미치는 것들이다. 후에 영웅이 되는 주인공이 조력자의 집에서 기식하고 조력자의 딸과 결연을 맺는 것이나, 극단적인 위기의 상황 속에서 천자를 구출하는 장면이 유사한 형태로 등장하는 것을 예로 들어 둘의 친연성을 언급한 서대석의 근거를, 주제로부터 거리가 먼 단순한 삽화에 기댄 것이라고 규정한 것은 과한 듯하다. 실제로 영웅소설의 자생적 움직임을 논할 때에도 삽화는 중요한 단서로 기능하는 것이 일반적이고, 이때 조력자의 존재와 결연의 양상 혹은 천자 구출의 양상은 굉장히 중요한 요소이다. 그럼에도 불구하고 서대석의 논의를 비판한 것은 설인귀 및 <설인귀전>이 당나라를 기반으로 하고 있다는 사실 때문일 것이다. 근대적 민족 개념에 의한 가치판단이 연역적으로 작용한 결과인 셈이다. 이강엽, 앞의 논문.

영향력은 고찰의 대상이 되어야 하는 것이다. 따라서 〈설인귀전〉과 영웅소설의 연관성을 밝혀내는 작업은 단지 둘 사이의 서사적 授受 관계를 해명하는 차원의 문제로 끝나지 않는다. 이 관계는 영웅소설의 정체성을 밝히는 중요한 열쇠가 될 수 있다. 앞서 언급한 것처럼 〈설인귀전〉의 주요 서사와 화소를 다수의 영웅소설이 공통적으로 받아 안을 때에는 그 나름의 이유가 분명 존재했을 것이기 때문이다. 그렇다면 영웅소설은 왜 〈설인귀전〉을 수용한 것일까?

영웅소설이 〈설인귀전〉을 수용한 이유를 직접적으로 알 수 있으면 좋지만, 현재까지 이를 확인해줄 수 있는 명확한 근거는 없다. 대신 〈설인귀전〉이 널리 인기를 끌고 있었기 때문에 〈설인귀전〉을 수용했을 것이라는 현상적인 논리로부터 접근해보자. 다른 이유도 있었겠으나, 일단 〈설인귀전〉의 수용은 대중적 인기가 가장 직접적인 원인이었을 가능성이 높다. 영웅소설에 〈설인귀전〉과 유사한 서사구조나 삽화가 들어간 것은, 그래야 사람들의 반응이 좋을 것이라는 기대 때문이었을 것이다.

그렇다면 당시에 〈설인귀전〉은 인기의 척도로서 향유층들로부터 많은 호응을 얻었으리라는 추정이 가능하다. 〈설인귀전〉의 인기는 이 작품의 내적 변모에도 영향을 주었을 것이다. 다시 말해 〈설인귀전〉 이본은, 그 호응을 追隨하는 방향으로 파생되어 나아갔을 가능성이 높다. 따라서 이본의 변모 양상은 곧 〈설인귀전〉에 대한 향유층의 관심이 쏠리던 방향을 의미하는 것이다. 그렇다면 〈설인귀전〉 이본은 어떠한 모습으로 변화했는가?

〈설인귀전〉 이본 연구는 이윤석에 의해 시작되었다.[11] 이윤석은 현

---

11) 이윤석, 「<설인귀전> 이본고」, 『연구논문집』27, 효성여자대학교, 1983 ; 이윤석, 「<설인귀전>」, 『고전소설작품론』, 집문당, 1990 ; 이윤석, 「<설인귀전>의 원천에

전하는 이본들을 〈설인귀정동〉[12]의 번역본인 것과 번역본이 아닌 것으로 구분하고, 번역본이 아닌 것이 조선에서 새롭게 창작된 조선의 〈설인귀전〉이며, 다수의 사람들이 이 이본을 읽었으리라 추정했다.[13] 이어 이금재는 원전 〈설인귀정동〉을 수용하는 과정에서 나타나는 〈설인귀전〉의 변화 양상에 주목하였다. 설인귀와 연개소문의 갈등 양상을 비교해보면 접전 횟수, 접전 양상이 약화되는 경향이 발견되는데, 이는 서술자의 자국 입장에 따른 결과라 하였다. 다시 말해 〈설인귀전〉의 설인귀는 우리나라와 대립하는 당 장수가 아니라 자국화된 인물로 인식되었다는 것이다.[14] 두 논의는 〈설인귀전〉의 이본 중 번역본과 거리를 두고 있는 이본에 관심을 갖고, 이 이본들이 소위 말하는 자국화 과정에서 민족의식을 배양하는 방향으로 변모하였다고 주장한다는 점에서 공통적이다. 조기 연구에서 〈설인귀전〉 이본의 변화는 민족의식 강화의 맥락으로 이해된 것이다.

그러나 최근에 새롭게 진행된 이본 연구를 통해 민족의식 강화의 맥락으로 이본의 변이를 해석하는 것은 무리가 있다는 주장이 제기되었다. 이유진은 '민족의식의 반영'이라는 한정된 시각이 이본들의 계열을 좌우할 만한 객관적 기준이 될 수 있는가에 대해서 충분한 검토가 이루어져야 한다고 보았으며,[15] 양승민은 당시 '설인귀·당 태종·곽

대하여」, 『연민학지』9, 연민학회, 2001 ; 이윤석, 「경판 <설인귀전> 형성에 대하여」, 『동남어문논집』19, 동남어문학회, 2005.

12) 양승민의 설명에 따르면 한국에서 흔히 <정동>이라 불리는 <설인귀정동>의 정확한 명칭은 <설당설가부전>이다. 양승민, 앞의 논문, 391쪽.

13) 이윤석, 앞의 논문, 1983, 7-22쪽.

14) 이상의 단락은 기존에 진행된 연구사 정리와 큰 틀에서 방향이 같기 때문에 참조하였다. 이유진, 「설인귀전 이본 연구」, 고려대학교 석사학위논문, 2010, 3-4쪽 참조.

15) 이유진, 앞의 논문, 4쪽.

분양' 등의 인물에 대한 조선 사람들의 긍정을 민족의식의 맥락에서 파악할 수는 없는 일이라고 봤다.[16] 실제로 이들은 당시에 많은 인기를 얻은 반면, 연개소문의 경우엔 남아있는 기록이 없어 조선시대 지식인들은 잘 알지도 못했으며, 민족영웅으로 형상화되었던 것도 근대 이후에나 본격화된 일이다.[17] 설인귀를 민족의식 혹은 민족의 테두리로 끌어들여 해석하려는 시도 자체가 작품 해석에 상당한 오류를 발생시킬 수 있음을 전제한 것이다.

이에 이유진은 선행 연구의 토대 위에서 〈설인귀전〉 변모 양상의 순차적 단계를 밝혔다. 이윤석이 〈설인귀전〉을 번역본인 것과 번역본이 아닌 것으로 구분했지만, 〈설인귀정동〉이 조선에 번역된 양상이나 〈설인귀전〉 이본이 전승되는 양상에 대해서는 구체적으로 언급하지 않았기 때문이다. 논자에 따르면 〈설인귀전〉은 크게 다음과 같이 세 갈래의 이본으로 나뉜다.

① 원전 <설인귀정동>을 세밀히 재현한 이본군
② 요동정벌을 배경으로 설인귀 개인의 활약상을 강조하는 이본군
③ 요동정벌 이후 남만정벌이라는 또 다른 원정을 통하여 설인귀의 영웅성이 한층 고양된 이본군[18]

그리고 이본의 변이는 ①⇒②⇒③의 순서로 진행된다고 보았다. ①이 원전에 가장 가까운 것이기 때문에 이는 어쩌면 당연한 것이다.

요컨대 〈설인귀전〉 이본을 통해 설인귀라는 주인공의 영웅적 활약

16) 양승민, 앞의 논문, 402쪽.
17) 양승민, 앞의 논문, 402쪽.
18) 이유진, 앞의 논문 참조.

이 한층 고양된 형태로 발전하고 있다는 것을 확인할 수 있다. 그렇다면 영웅적 활약의 증가는 무엇을 의미하는가? 민족주의적 입장을 견지한 논의에서는, 한민족인 고구려를 멸망시키고 연개소문을 죽인 장본인인 설인귀의 영웅적 활약이 이토록 보다 강조되는 상황에 대해서 일종의 딜레마로 인식했다.[19] 반면 양승민은 설인귀의 영웅적 캐릭터가 조선본에 와서 더 강화되는 사실을 민족의식과 결부시키기보다는 있는 그대로 받아들여야 한다고 보았다.[20] 결국 설인귀의 영웅적 면모가 훨씬 더 부각된다는 사실에는 모두가 동의하는 것이 분명하며, 이를 어떻게 해석할 것인가의 문제에서는 각기 이견을 보이는 셈이다.

다시 처음의 문제로 돌아가자. 앞서 영웅소설에 깊은 영향을 준 〈설인귀전〉은 당시 대중적 인기를 보장할 수 있는 작품이었을 가능성이 높고, 따라서 〈설인귀전〉의 조선적 변모는 당시 향유층의 설인귀에 대한 인식의 지향을 가늠할 수 있는 단서라고 전제한 바 있다. 이 전제는 선행 연구에서 밝힌 바와 같이 일단 '〈설인귀전〉의 이본은 후대로 갈수록 설인귀의 영웅적 활약이 보다 강화된다.'는 객관적인 연구 결과를 통해 답을 얻었다. 설인귀는 조선에 와서 보다 긍정적인 이미지로 변모하고 있었음이 확실해진 것이다.

그렇다면 설인귀의 영웅적 활약 강화는 어떻게 해석되어야 할까? 이윤석·이금재·권도경 등은 이를 민족의식의 차원에서 해석하려고 하였다. 하지만 기실 작품의 변모에서 민족의식이 강화되는 징후를 찾기 힘들고, 작품의 맥락은 오히려 정반대의 방향으로 흐르는 경향이 강하다. 이에 이유진이 민족의식을 기반으로 한 연역적 연구를 지양하

19) 권도경, 「국립도서관본 계열 <설인귀전>의 형성 과정에 나타난 고당전쟁 문학의 교섭양상에 관한 연구」, 『동북아역사논총』15, 동북아역사재단, 2007.

20) 양승민, 앞의 논문, 402쪽.

고, 이본 자체에 집중하여 그 변화를 찾고자 했던 것이다.

이를 기반으로 가장 최근에는 민족의식의 문제를 떠나서, 설인귀의 영웅성 강화를 통속성의 맥락에서 해석해야 한다는 입장이 등장하고 있다. 이유진은 후속 논문에서 설인귀를 완전무결한 영웅으로 만들려는 통속적 욕망이 작품의 이본 변이에 반영된 것이라고 보았다.[21] 양승민도 당시 설인귀·당 태종·곽분양 등의 인물이 소설을 비롯한 서사문학에서 매우 긍정적인 이미지로 등장하는 것을 민족의식의 문제로 해석할 수는 없으며, 더 근본적으로는 정치의식의 지향으로 읽어서는 안 된다고 보았다. 그리고 〈설인귀전〉의 분석이 당대 통속성의 지향을 해명할 수 있는 중요한 열쇠라고 보았다. 요컨대 두 논의가 공히 〈설인귀전〉의 후대본에서 확인되는 영웅적 활약의 면모를 역사의식과는 별개의 문제로 보고 통속성으로 접근해야 한다는 입장을 취하고 있는 것이다.

필자 또한 〈설인귀전〉 이본 변모의 추동력은 그것의 통속적·대중적 인기라고 생각한다. 이는 어쩌면 당연한 이야기이다. 사람들에게 많이 읽혔다는 말은 곧 인기가 있었다는 것이기 때문이다. 오히려 중요한 것은 '무엇으로부터' 통속적 인기가 유발되었는가의 문제이다. 이에 대답하기 위해서는, 그렇다면 '왜 하필 설인귀의 영웅적 활약, 그리고 당 태종과 곽분양과 같은 인물의 영웅적 활약'이 소설의 대상으로 유입되어 들어온 것인지, 그 인물들이 선택된 이유를 따져봐야 하는 것이다. 이것을 단순히 통속적 소설에 대한 흥미라고 하기엔 미진한 감이 있다.

왜 하필 당시 중국에 성행하던 수많은 종류의 소설 중에서 이들 작

---

21) 이유진, 「<설인귀전>의 전승과 통속화 경향」, 『중국학연구』56, 중국학연구회, 2011, 72쪽.

품을 선택하였을까? 분명 이들을 주인공으로 한 소설이 유입되어야만 했던 필연적인 이유가 있을 것이라고 본다. 그리고 그 필연적인 이유가, 〈설인귀전〉이 영웅소설에 영향을 끼친 바를 해명해주는 단서가 되리라고 본다. 영웅소설과 인척 관계라 할 수 있는 〈설인귀전〉이 조선의 독자들에게 고민과 갈등의 여지없이 자연스럽게 받아들여질 수 있었던 수용의 맥락을 살피다보면, 영웅소설의 특징 또한 도출될 수 있을 것이기 때문이다.

명확한 한 가지 공통점은, 이들이 당나라 인물이라는 점이다. 당 태종은 두말할 것도 없거니와 설인귀나 곽분양은 모두 당나라 장수이다. 따라서 당시 당나라에 대한 인식을 우선적으로 이해할 필요가 있다. 이를 위해서 〈설인귀전〉이 향유되던 당시 역사서나 문학 텍스트에서 설인귀와 설인귀 주변의 역사적 정황을 어떻게 이해하고 있는지 살펴보고자 한다.

그런데 이러한 분석 방법에 대해서는, '역사서에 등장하는 설인귀에 대한 인식과 소설 속 주인공으로 등장하는 설인귀에 대한 인식을 같은 맥락에서 볼 수 있을까?' 하는 반론이 제기될 수 있다. 다시 말해서 '역사서 속 설인귀의 형상'과 '소설 속 설인귀의 형상', '역사서를 읽었던 계층'과 '소설을 읽었던 계층'을 동일한 잣대로 이해할 수 있냐는 질문이 예상된다는 것이다. 결론부터 말하자면 이러한 의문은, 역사서가 상층의 전유물이라는, 반대로 소설이 하층민의 전유물이라는 고정적 인식이 전제되어 있는 것인데, 실상은 그렇지 않았다고 본다.

물론 당연하게도 소설 향유층들은 역사서를 꼼꼼히 읽거나 학문을 깊이 연구했던 사람들은 아니다. 하지만 그렇다고 해서 문자를 전혀 몰라 남들이 읽어주는 이야기만 귀로 듣는 사람들이 향유층의 전부는 아니었을 것이다. 완판본에는 영웅소설이 역사서·교화서·윤리서 등과 함께 병렬적으로 놓일 수 있을 정도의 위상이었다. 이때 역사서·교화서·윤리서 등은 기존에 존재하던 완벽한 형태의 책이라기보다는, 학문적 능력이 부족하거나 시간이 부족한 이들이 짧은 시간 안에 읽을 수 있도록 만든 일종의 요약본이다. 다시 말해서 역사서·교화서·윤리서라고 해서 계층적·경제적으로 상층부의 사람들만이 읽었던 것은 아니라는 말이다. 실제로 이 당시 전라도 태인 지역에서 간행된 역사서 『사요취선』의 경우, 일종의 요약본 역사서 역할을 했으며, 간행된 수량이 엄청났다.[22] 사정이 이렇다면, 영웅소설 작품 내용 중에서 소박하게나마 한문 해독 능력을 요하거나 역사적 전고에 대한 스키마를 요구하는 경우가 자주 등장한다는 사실은, 적어도 이를 잘 이해할 수 있는 계층이 영웅소설을 향유했을 것이라는 점을 보여주는 것이나 다름이 없다.

따라서 이 시기 역사서 속 설인귀에 대한 인식은 소설 향유층이 지향하는 바와 크게 다르지 않았으리라는 결론을 얻을 수 있다. 그리고 이는 자연스럽게 고구려와 당나라의 관계, 당 태종과 연개소문의 형상에 대한 기억의 문제로 나아가게 될 것이다. 18세기 이후 조선에서 7세기에 벌어졌던 역사적 사건을 어떻게 기억하고 있는지, 그 기억의 재현 구도를 재구해보자.

(1) 조선후기 역사서 속 설인귀

주지하듯 설인귀는 당 태종 시대의 장수이다. 설인귀가 활약한 시기가 高唐전쟁기, 즉 7세기 중반이므로 〈설인귀전〉이 유행했던 18~19

---

22) 기존 역사서들의 요약본이다 보니, 당시 성행하던 역사서들의 역사관과 동일한 관점을 유지하고 있다.

세기와는 천 년 이상의 차이가 난다. 그럼에도 불구하고 설인귀는 소설 속 주인공으로서 시대적 간극을 뛰어넘어 조선후기 당대인들의 정서와 교감하는 인물로 받아들여졌고, 앞서 선행 연구에서 살펴본 것처럼 조선에 유입되어 시간이 지날수록 향유층의 더 많은 관심과 호응을 받았다.

소설 속 주인공으로 등장했다는 것만으로 이미 설인귀에 대한 당대의 호의적인 인식을 확인한 셈이다. 그런데 설인귀가 당나라 장수였다는 사실을 감안하면, 당나라에게 패해 멸망한 고구려를 민족적 정통성의 하나로 보고 있는 우리의 인식이 이를 쉽게 받아들일 리는 없다. 과연 당시 설인귀에 대한 인식은 어떠한 것이었는가? 이를 보다 구체적으로 확인할 필요성이 제기되는 것이다. 이를 위해 이 글에서는 역사서류를 살펴보고자 한다. 〈설인귀전〉은 18세기 이후에 조선에서 활발하게 향유되었다.[23] 따라서 이 시기 역사서 속 설인귀의 형상에 대한 고찰이 필요하다.

18세기 이후 대표적 역사서로는 安鼎福(1712-1791)의 『東史綱目』과 韓致奫(1765-1814)의 『海東繹史』를 들 수 있다. 『동사강목』은 안정복이 1756년에서 1758년 사이에 초고를 완성하고, 22년이 지난 1778년에야 비로소 완성한 방대한 분량의 通史이다. 『해동역사』는 한치윤이 죽기 10여 년 전부터 착수해 본편 70권만 이루고, 작고한 후에 조카 鎭書가 地理考 15권을 속편으로 추가하여 완성한 기전체의 역사서이다. 이로 보자면 『동사강목』은 18세기 중반, 『해동역사』는 19세기 전

23) 조수삼(1762-1849)의 『추재기이』에 <설인귀전>에 대한 언급이 있었다는 점, 또 <설인귀전>이 경판본으로 간행되었다는 점만 보더라도, 이 작품이 18세기 이후에 활발하게 향유되었다는 것을 짐작할 수 있다. 또한 앞서 언급했듯이, <설인귀전>의 중국 원전으로 예상되는 55회본 <說唐後傳>과 42회본 <說唐薛家府傳>이 각각 1738년과 1838년에 간행되었다는 점도 이 사실을 뒷받침한다.

반의 역사 인식을 담고 있다고 전제할 수 있다. 이는 〈설인귀전〉이 성행했던 때임은 물론, 영웅소설이 방각본의 형태로 활발하게 유통되던 때와 시기적으로 가까운 것이다. 따라서 이들 역사서를 통해 '설인귀'가 당대인들에게 어떻게 인식되었는지 가늠해볼 수 있다.

① 『삼국사기』와 『동사강목』·『해동역사』의 인식 주체의 차이

두 역사서 속에 등장하는 설인귀에 대한 보다 세밀한 고증에 앞서, 두 책의 성격에 대해 간단하게나마 언급을 해야 할 것이다. 이를 위해 시대적 차이가 다소 나지만 역사 인식의 변모 양상을 보다 명징하게 확인하기 위한 비교 대상으로 金富軾(1075-1151)의 『三國史記』를 삼고자 한다. 흔히 김부식의 『삼국사기』는 一然(1206-1289)의 『三國遺事』와 비교되며 공식적 역사서로서의 지위를 갖는다. 그리고 이때 김부식의 성리학적 정체성을 거론하며, 『삼국사기』가 중국 중심의 사대주의적 역사관을 기반으로 하고 있다는 평가를 한다.

그러나 『삼국사기』와 조선후기의 『동사강목』·『해동역사』를 근대적 민족의식의 잣대에 비추어 놓고 본다면, 『삼국사기』가 상당히 주체적인 편이라고 말할 수 있다. 이를 단적으로 보여주는 것이 바로 '텍스트의 주체'의 문제이다. 모든 언어에는 특정 주체의 시선이 내포되어 있는데, 후자의 경우에는 '실제 주체'와 '인식 속의 주체'의 차이가 더욱 강하게 드러난다.[24] 다음의 인용문을 보자.

---

24) 본서에서 이미 인용한 내용이지만 다시 한 번 그 일부를 인용한다. "제주도 사람의 입장에서 南海는 틀린 말이다. 그들에게는 北海다. 왜 박완서는 '제3세계' 문학이고, 괴테는 '세계'문학인가? '유색 인종'은, 흰색은 하나의 색이 아니라 색의 기준이 된다는 백인 우월주의의 표현이다. 왜 한국의 프로야구 최종 결선은 '코리안 시리즈'인데, 미국은 아메리칸 시리즈가 아니라 '월드 시리즈'인가?" 정희진, 앞의 책, 72-73쪽.
제주도 사람들에게 있어 '남해'는 진정한 의미의 남해는 아니다. 그들이 몸담고 사

[삼국사기] <645년>

道宗이 흩어진 군사를 수습하고 높은 곳에 올라가 我軍의 陣이 어지러운 것을 바라보고는 驍騎兵 수천 명으로써 이를 치니, 李世勣이 군사를 이끌고 와서 도와 我軍이 大敗하여 죽는 자가 1,000여 명이었다.[25]

[동사강목] <645년>

도종이 높은 곳에 올라 고구려 軍陣이 어지러운 것을 바라보고 날쌘 기병 수십 명(『삼국사기』에는 수천 명)과 함께 돌격하였는데 이세적이 군사를 이끌고 도우니 고구려 군사가 크게 패하여 죽은 자가 천여 사람이나 되었다.[26]

위 인용문은 『삼국사기』와 『동사강목』에서 동일한 내용의 기사를 뽑은 것이다. '고구려'에 대한 표현이 『삼국사기』에서는 '아군'으로, 『동사강목』에서는 '고구려 군사'로 되어 있다. 단순한 표현상의 문제로 치

유하고 있는 실질적이고 물리적인 공간을 기준으로 말한다면 그들에게 남해는 '북해'이나. 하지만 그들은 자연스럽게 남해를 '남해'라고 부른다. 이는 서울에 사는 사람이나 제주도에 사는 사람 모두가 주체의 시선을 한반도, 좁게는 수도권에 두어야 한다고 교육받았기 때문에 가능한 것이다. 제주도 사람의 시선이 서울 사람의 시선에 종속되는 것이 일상에서는 아무런 문제가 없어 보이지만, 언어체계가 불평등한 권력관계를 내포한다는 점에서, 제주도와 서울 사이에는 엄연한 우열의 관계가 존재한다고 하겠다. 그럼에도 불구하고 '남해'처럼 이 말을 사용하는 사람들이 별다른 의문의 부호를 달지 않는다면, 그것은 언어 사용자들의 인식에 서울 사람을 주체로 상정하는 것이 너무나 익숙해졌기 때문일 것이다. 이렇듯 '발화자라는 주체'와 '발화자의 말 속 주체' 사이의 관계는 발화자의 삶 속에 이미 익숙해진 권력관계를 반영하고 있다.

25) 道宗收散卒, 登高而望見, 我軍陣亂, 與驍騎數千衝之, 李世勣引兵助之, 我軍大敗, 死者千餘人. 『삼국사기』 제21권 「고구려본기」 제9. 이하 『삼국사기』의 기록은 번역문만 제시하고 원문은 생략하도록 하겠다.

26) 이하 『동사강목』과 『해동역사』의 기록은 한국고전번역원 사이트의 번역을 인용한 것이다. 원문은 생략하고 서지사항만 제시하도록 하겠다.

부할 수도 있지만, 앞서 언급한 '발화자와 발화 속 주체의 거리'를 감안하면 이는 결코 가벼운 문제가 아니다. 전자에서 서술 주체인 김부식과 고구려군의 시선이 일치하고 있다면, 후자에서는 서술 주체인 안정복과 고구려군의 시선이 일치하지 않는다.

그렇다면 자연스럽게 『동사강목』 서술 주체의 주체성은 무엇인지 의문이 발생한다. 또 다른 부분을 인용해보자.

> [삼국사기] <645년>
> 황제가 安市城에 진군하여 치니, 北部耨薩 高延壽와 南部耨薩 高惠眞이 我軍과 말갈병 15만명을 거느리고 안시성을 구하려 하였다.[27]

> [동사강목] <645년>
> 황제가 安市城에 이르러 성을 공격하니, 丁巳日에 고구려 북부의 耨薩 고연수와 남부의 누살 고혜진이 고구려와 말갈 군사 15만을 거느리고 안시성을 구원하였다.[28]

당 태종이 안시성을 공격하자 고구려가 말갈과 함께 대응한다는 내용이다. 두 기록 모두 '황제'가 공격하자 '고구려'가 대응하였다는 논리적 구조를 갖고 있다는 점에서는 공통적이다. 그런데 여기서 눈여겨봐야 할 것은 『삼국사기』의 경우 '황제'와 '아군'이라는 표현이 쓰였고, 『동사강목』의 경우 '황제'와 '고구려군'이라는 표현이 쓰였다는 점이다.[29] 둘 다 당나라의 우두머리를 '황제[帝]'라는 '기표'로 썼지만, 그

27) 『삼국사기』 제21권 「고구려본기」 제9.
28) 『동사강목』 제3하, 「을사 신라 선덕여주 14년, 고구려왕 장 4년, 백제왕 의자 5년」.
29) 『해동역사』의 경우 중국과 일본 문헌을 轉載했기 때문에 오해의 소지가 있으므로 인용하지 않았다. 그러나 『해동역사』가 중국·일본의 문헌을 전재했다는 문제를 떠

것이 담고 있는 '기의'는 다르다. 그것은 고구려군을 지칭하는 표현 때문이다. '황제'와 '아군'이 쓰였을 때, '我軍'이라는 표현을 쓴 발화자는 적어도 '高句麗軍'을 우리 편으로, 따라서 자연스럽게 '황제'를 대타적 존재로 인식한 것이다. 반면 '황제'와 '고구려군'이 쓰였을 때, '高句麗軍'이라는 표현을 쓴 발화자는 '高句麗軍'을 말 그대로 '高句麗軍'이라는 대타적 개념으로 인식한 것이다. 따라서 여기서 '고구려군'의 적대자인 '황제'는 발화자의 주체와 그 시선이 일치할 가능성이 높은 것이다.

결국 전자는 고구려 중심의 표현이며 후자는 중국 중심의 표현임을 알 수 있다. 『삼국사기』가 비록 중국 중심의 역사관을 기반으로 쓰였다 하더라도, 『동사강목』의 그것과는 차이가 있는 것이다. 『삼국사기』가 – 자국의 역사서가 없는 상황에서 – 중국 역사서의 내용을 자국의 관점에서 수용하려고 애썼다고 한다면, 『동사강목』에는 그런 시선조차 찾아보기 힘들며, 마치 서술 주체 스스로 자신이 중원의 주체인 것처럼 서술하고 있다. 중화와 조선 사이에 彼我 구분 자체가 무의미해진 것이다.

보통 『해동역사』는 한치윤 본인이 소장하고 있던 중국 서적 523종, 일본 서적 22종 등 총 545종의 外書 속에서 조선의 역사와 관계된 자료만을 뽑아 집대성한 상당히 객관적인 기준에 의거한 역사서이며, 외국 서적을 인용함으로 인해서 서술의 주체가 자연스럽게 중국 혹은 일본 중심으로 수립된, 그래서 조선의 맥락에서 다시 해석해야 하는 역사서로 인식되어 왔다. 그런데 이는 책의 실상과 다르다. 『해동역사』가 순수한 자료의 나열만은 아님을 보여주는 사례가 여러 곳에서 발견

나서, 한치윤이 갖고 있었던 역사의식 자체가 이미 중국을 중심으로 하고 있음을 알 수 있다. 이에 대해서는 후술하겠다.

되며, 특히 고구려의 기원과 관련한 기록에서 확인되기 때문이다. 이 역사서에서는 고구려의 기원을 高朱蒙이 세운 고구려 이전에 존재했던 秦·漢 시대의 句麗에서 찾고 있는데, 이는 다른 어떤 중국 역사서를 인용한 것이 아니라 한치윤의 아들인 한진서의 직접적인 발언에서 나온 것이라는 점에 주목할 필요가 있다.

> 鎭書가 삼가 살펴보건대, 高句驪는 혹 高驪라고도 되어 있으며, 東史에는 高句麗라고 되어 있다. 대개 句驪라는 칭호는 高朱蒙에게서 시작된 것이 아니다. 秦漢 시대에 이미 그 나라가 있었는데, 漢武帝가 멸망시키고 그 나라를 강등시켜 縣으로 만들어서 현도군에 예속시켰다. 元帝 建昭 2년(기원전 37) 갑신에 이르러서 고주몽이 비로소 옛 句驪의 땅에다가 나라를 세우고 이어 高句麗라고 이름 하였다. 그렇다면 동방에 전후로 두 개의 구려란 나라가 있었음을 알 수 있다.[30]

다시 말해서 이는 외국 자료의 집적 과정에서 나온 필연적인 결론이라고 할 수 없으며, 『해동역사』 史家의 역사인식이라고 할 수 있는 것이다. 이것은 당시 역사 인식을 보여주는 상당히 중요한 메시지이다. 왜냐하면 이는 고구려라는 나라의 역사를 중국의 고대사와 접목시키려는 노력의 일환이기 때문이다. 얼핏 상당히 낯설어 보이는 이러한 의식지향은 기실 19세기 조선의 소중화의식을 지닌 지식인들에게 익숙한 광경이었다. 요컨대 『동사강목』이나 『해동역사』와 같은 역사서를 집필하고 수용했던 18-19세기 조선의 지식인들에게 중국 고대사는 타자의 역사가 아니었던 것이다.[31]

---

30) 『해동역사』 제6권, 「세기」6, <고구려>1.

31) 실제로 19세기 후반으로 갈수록 소중화의식을 강화하려는 입장에 있었던 다수의 지식인들은 중국의 역사와 조선의 역사를 접맥시키려 했다. 이항로와 같은 위정척

이러한 인식 주체의 차이는 바로 이 글에서 밝히려고 하는 '설인귀에 대한 호의적 인식의 이유'를 직접적으로 밝혀주는 열쇠가 될 수 있다. 지금까지 '설인귀'의 등장을 놓고, 그것의 역사적 의미를 해명하고자 많은 시도들이 있었지만, 결국은 국적의 문제가 발목을 잡았다. 그러나 지금까지 서술한 내용만을 놓고 보더라도, 당시 사람들에겐 설인귀에 대한 호의적 인식에 – 현재 우리가 생각하는 민족적 개념의 – 국적 문제가 개입하지 않았을 가능성이 높음을 미루어 짐작할 수 있다. 『동사강목』과 『해동역사』를 구체적으로 살펴보자.

② 『동사강목』·『해동역사』 속 설인귀

두 역사서에서 설인귀에 대한 기록은 645년부터 668년 사이에 보인다. 『동사강목』에는 다섯 차례, 『해동역사』에는 일곱 차례 등장한다.[32] 『동사강목』에 등장하는 다섯 차례의 일화가 『해동역사』에 모두 들어가 있다. 기록된 해는 645·658·659(661)[33]·667·668년이다. 선사가 편년제이고 후자가 기전체이기 때문에 서술 양상이 다르다. 그래서인지 설인귀 관련 사건 서술의 경우에도 상대적으로 후자가 자세한 편이다. 후자가 자세한 이유는 이 역사서가 述而不作의 원칙에 따라 중국·일본의 역사서를 발췌하는 형식을 취했기 때문이기도 하다. 고구려와 같이 중국과 빈번한 교류를 맺고 있었던 나라의 서술이 많을 수밖에 없는 것이다.

사파 인물들에게서 이러한 모습이 잘 드러난다.

32) 이 횟수는 『동사강목』의 경우 '제3하'~'제4상', 『해동역사』의 경우 '世紀8' 내의 내용을 기준으로 도출한 것이다. 『해동역사』에는 이 외에도 '地理考' 등에서 설인귀에 대한 언급이 나온다.

33) 『동사강목』에는 659년으로 기록했고, 『해동역사』에는 이와 같은 당시 통설을 교정하여 661년으로 기록한다고 쓰여 있다.

이 글은 조선후기 역사서가 설인귀를 어떻게 기억하는지 살펴보는 것이 목적이기 때문에, 두 역사서의 차이도 살피지만, 그보다는 그들이 갖고 있었던 설인귀에 대한 공통된 인식에 집중하고자 한다. 시간 순서대로 두 역사서의 기록을 함께 살펴보자.

[동사강목] <645년>

황제가 安市城을 공격하여 성 밑에서 그 구원병을 대파하니, 고구려 장수 高延壽·高惠眞이 항복하였다.

황제가 安市城에 이르러 성을 공격하니, 丁巳日에 고구려 북부의 耨薩 고연수와 남부의 누살 고혜진이 고구려와 말갈 군사 15만을 거느리고 안시성을 구원하였다.

… (중략) …

"英公의 지휘하는 黑旗가 포위되었다."

하니, 황제가 크게 두려워하였다.

마침 우레와 번개가 일어나더니, 응모되어 軍中에 있던 龍門 사람 薛人貴가 기이한 옷을 입고 크게 소리치며 陣 중에 뛰어 들어가니 가는 곳마다 상대가 없어 고구려 군사가 흩어지고 쓰러지매, 대군이 승세를 타 나아가니 고구려 군사가 크게 무너져서 전사한 자가 2만 명이나 되었다.[34]

[해동역사] <645년>

처음에 龍門 사람 薛仁貴가 군사의 모집에 응하여 종군하였다. 안시성에 이르렀을 때 마침 郎將 劉君昻이 고구려 군에 포위되어 매우 위급한 처지였는데, 설인귀가 말을 타고 달려가 구원하면서 앞을 막는 고구려 장수를 참수한 다음, 그 머리를 말안장에 매달고 돌아오니, 고구려 군사들이 모두 두려워하면서 설인귀의 이름을 기억하였다. 이때

34) 『동사강목』제3하, 「을사 신라 선덕여주 14년, 고구려 왕장 4년, 백제왕 의자 5년」.

> 에 이르러 설인귀가 스스로 날래고 용맹한 것을 믿고는 奇功을 세우고자 하였다. 이에 服色을 특이하게 해 흰옷을 입고 창을 잡고 긴 활을 허리에 찬 다음 크게 소리치며 앞장서서 돌진하니, 가는 곳마다 상대가 없어 고구려 군사가 흩어지고 쓰러졌다. 이에 대군이 승세를 타고 진군하였다. 大摠管 劉弘基 역시 힘껏 싸워 고구려 군을 함몰시키고, 楊弘禮가 마병과 보병 24軍을 거느리고 불시에 나아가 치니, 향하는 곳마다 모두 꺾어 참획한 것이 아주 많았다. 고구려 군이 이로 인해 크게 궤멸되어 1만여 급이 참수되었다. 고연수 등이 남은 군사를 이끌고 산을 의지해서 지켰다.[35]

위 인용문은 645년에 무명의 설인귀가 당나라 군대를 위기에서 극적으로 구출하는 장면이다. 앞서 언급한 것처럼 『해동역사』의 서술이 비교적 상세하다. 『동사강목』이 편년체답게 당시 있었던 사건 중심으로 간략하게 서술되었다면, 『해동역사』는 설인귀의 행적에 초점을 맞춰 자세히 서술하고 있다. 설인귀는 용문 사람으로 군사 모집에 응해 전쟁에 나아가게 된, 그것 자체만 놓고 보면 일개 병사에 지나지 않는 인물이다. 그런 그가 당 장수 유군앙이 포위된 위급한 상태에, 말을 타고 달려가 장수를 구하고, 연이어 고구려 군사들을 쓰러뜨려 결국은 만여 명 이상의 목숨을 빼앗는다. 남은 고구려 군사와 고연수는 산으로 도망갔으나 포위되고, 결국은 항복하게 된다. 역사서임에도 불구하고, 당나라 장수인 설인귀가 고구려 군대를 물리치는 장면이 매우 드라마틱하게 서사화 되어 있다. 결과적으로 고구려보다 설인귀의 행적을 훨씬 더 긍정적으로 묘사하고 있는 셈이다. 다음 예문을 통해 서사의 주체가 누구인지를 보면 이러한 구도가 더 명확해진다.

---

35) 『해동역사』제8권, 「세기」8, <고구려>3.

[동사강목] <658년>

하6월 당의 程名振·薛仁貴가 고구려를 쳐서 깨뜨렸다.

營州都督兼東夷都護 정명진과 中郎將 설인귀가 군사를 거느리고 고구려의 赤烽鎭을 쳐서 함락시키고 4백여 級을 斬首하니, 고구려의 대장 豆方婁가 군사 3만을 거느리고 막으므로, 명진이 契丹의 군사로써 역습하여 크게 깨뜨리고 2천 5백 급을 참수하였다.[36]

[해동역사] <658년>

顯慶 3년 보장왕 17년 6월 임자에 營州都督兼東夷都護 정명진과 右領軍中郎將 설인귀가 군사를 거느리고 가 고구려의 赤烽鎭을 쳐서 함락시키고, 4백여 級을 참수하였으며, 수백여 명을 포로로 잡았다. 고구려가 대장 두방루를 파견하여 군사 3만 명을 거느리고 가서 막게 하였다. 정명진이 거란의 군사로써 역습하여 크게 깨뜨리고, 2천 5백 급을 참수하였다.[37]

658년 6월에는 설인귀가 정명진과 함께 고구려의 적봉진을 쳐서 함락시키고 400여 급을 참수하였으며, 이에 고구려 대장 두방루가 군사 3만 명을 거느리고 막았으나, 다시금 정명진이 역습하여 2,500여 급을 참수하였다.

눈여겨 볼 것은, 정명진과 설인귀의 관직 앞에는 국적이 표기되어 있지 않은 반면, 고구려 진영이나 장수 앞에는 꼭 '고구려'라는 국적이 표기되어 있다는 점이다. 앞서 '아군'과 '고구려군'의 차이와 마찬가지이다. 이는 저자가 당나라를 중심에 놓고 고구려를 타자로 설정하고 있기 때문에 발생하는 차이이다. 설혹 중국 기록을 그대로 가져왔기

---

36) 『동사강목』제4상, 「무오 신라 태종 5년, 고구려왕 장 17년, 백제왕 의자 18년」.
37) 『해동역사』제8권, 「세기」8, <고구려>3.

때문에 당나라 중심으로 서술될 수밖에 없었다는 반론을 제기할 수 있지만, 앞서 『삼국사기』의 서술 주체가 고구려 중심으로 되어 있던 사례를 감안하면, 『동사강목』·『해동역사』에서 서술 주체가 변하지 않은 것도 마찬가지로 저자의 의지가 반영된 것으로 봐야 할 것이다. 결국 두 역사서의 서술자들에게는 중국을 주체로 놓고 고구려를 타자의 위치에 놓는 것이 전혀 낯설지 않았다는 이야기가 성립된다.

[동사강목] <659년>

동11월 고구려 장수 溫沙門이 설인귀와 橫山에서 싸우다가 패배하였다.

【按】『盛京志』에 이르기를, "설인귀가 횡산에서 온사문을 깨뜨리고 石城에서 싸울 때, 활 잘 쏘는 사람이 있어 唐軍을 많이 죽이므로, 인귀가 單騎로 돌격하니 적은 弓矢가 모두 부러져 마침내 사로잡았다." 고 하였다.[38]

[해동역사] <661년>

소정방이 梁建方·契苾何力과 함께 요동으로 갔는데, 고구려의 대장 온사문을 만나 횡산에서 싸웠다. 설인귀가 필마로 돌진하면서 고구려의 군사들을 쏘아대자, 쏘는 곳마다 모두 쓰러졌다. 고구려 군사 가운데 활을 잘 쏘는 자가 있어 성 아래에서 수십 명을 쏘아 죽였는데, 설인귀가 단기로 달려가 곧장 돌진하자, 활과 화살을 모두 잃어버린 채 손을 들 생각도 못하고 있었다. 이에 생포하였다. …(중략)…. 『구당서』[39]

---

38) 『동사강목』 제4상, 「기미 신라 태종 6년, 고구려왕 장 18년, 백제왕 의자 19년」.
39) 『해동역사』 제8권, 「세기」8, <고구려>3.

659년 혹은 661년의 기록에서는 한 발 더 나아가서 설인귀의 활약상이 미화되고 있다. 설인귀가 匹馬單騎로 돌진하자 고구려의 군사들은 모두 쓰러지고, 활을 잘 쏴서 당나라 군사들을 수십 명 죽인 궁사 또한 활과 화살을 모두 잃어버린 채 옴짝달싹 못하는 신세로 생포된다. 마치 영웅소설의 한 장면을 보는 듯한 느낌이 들 정도로, 설인귀의 능력이 출중함을 서술하고 있다. 이는 곧 역사서이고, 중세 동아시아에서 역사서는 조금의 허구도 가미되지 않아야 한다고 여겼기에,[40] 이 책을 집필한 사람이나 읽는 사람 모두 이것을 엄연한 사실로 받아들였을 것이다. 그런 점에서 설인귀의 활약이 비교적 강조되어 있는 모습은 의미가 남다르다.

667년과 668년의 기록 또한 설인귀의 활약이 돋보인다. 먼저 667년의 기록이다.

> [동사강목] <667년>
>
> 李勣이 고구려의 新城을 공격하여 함락시키고 16城을 항복받았다. 겨울 10월에 勣이 군사를 이끌고 돌아갔다.
>
> …(상략)… 龐同善·高侃은 아직도 신성에 있었는데, 泉男建이 군사를 보내 그 진영을 엄습하니, 左武衛將軍 설인귀가 이를 격파하였다. 侃이 진군하여 金山에 이르러 고구려의 군사와 싸워 패배시키고 승세를 타서 추격하였는데, 설인귀가 군사를 이끌고 橫으로 공격하여 고구려의 군사 5만여 인을 죽이고 南蘇·木底·蒼巖 등의 3성을 함락시키고 천남생의 군사와 합하였다.[41]

40) 루샤오펑 저, 조미원·박계화·손수영 역, 『역사에서 허구로 – 중국의 서사학』, 길, 2001 참조.

41) 『동사강목』 제4상, 「정묘 신라 문무왕 7년, 고구려왕 장 26년」.

[해동역사] <667년>

9월 신미에 이세적이 고구려의 新城을 공격하여 함락시킨 다음 계필하력으로 하여금 지키게 하였다. 이세적이 처음에 요수를 건너고서 여러 장수에게 말하기를,

…(상략)… 이때 방동선과 고간이 아직 신성에 있었는데, 淵男建이 밤중에 군사를 보내 이들 진영을 엄습하였다. 그러자 설인귀가 이들을 격파하였다. 고간이 진군하여 金山에 이르러 고구려의 군사와 싸웠는데, 전세가 불리하였다. 고구려가 승세를 타서 고간을 추격하였는데, 설인귀가 군사를 이끌고 공격하여 고구려의 군사를 대파하고 5만여 급을 참수하였으며, 남소·목저·창암 등 세 성을 함락시키고 연남생의 군사와 합하였다. 『자치통감』[42)]

내용인 즉, 설인귀가 667년 연개소문의 아들 중 하나인 淵男建(혹은 泉男建)이 엄습하자 이를 격퇴하고, 당 장수인 고간에 의해 패퇴하던 고구려 군대를 횡으로 공격하여 5만여 명을 죽인 뒤, 南蘇·木底·蒼巖 등의 3성을 함락시키고 연개소문의 다른 아들인 淵男生(혹은 泉男生)의 군사와 연합한다는 것이다.

주지하듯 연남생은 당나라와 우호적인 관계를 유지했던 인물이다. 연남생은 동생인 연남건에 의해 자신의 신변에 위협이 가해지자 당나라와 결탁하였고, 함께 고구려를 공격하여 무너뜨리게 된다. 이러한 사건의 발단이 된 667년의 이 사건은 결국 고구려 멸망의 서막을 알리는 계기가 되는 것인데, 이때도 설인귀의 활약이 두드러진다.

668년도 마찬가지이다. 부여성이 함락되는 과정을 담고 있는데, 이때도 설인귀의 영웅적 행적만이 부각되고 있다.

---

42) 『해동역사』 제8권, 「세기」8, <고구려>3.

[동사강목] <668년>

설인귀는 고구려의 군사를 金山에서 격파하고, 승세를 이용하여 3천 인을 거느리고 부여성을 격파하려 하자 여러 장수들이 군사 적은 것을 가지고 말리니 인귀가, "군사는 많다고 하여 이기는 것이 아니라 어떻게 쓰느냐에 달려 있다."
하고, 드디어 前鋒이 되어 나아가서 고구려와 싸워 크게 격파하여 죽이고 사로잡은 것이 1만여 인이었다. 마침내 부여성이 함락되니 扶餘川 주변의 40여 성이 모두 풍문만 듣고 바람에 쓸리듯 항복을 청하였다.[43]

[해동역사] <668년>

2월 임오에 설인귀가 고구려 군사를 金山에서 격파하고 나서 승세를 이용하여 2천 명을 거느리고 扶餘城을 공격하려 하였다. 여러 장수들이 군사가 적다는 이유로 말리니, 설인귀가 말하기를, "장수가 군사를 어떻게 쓰느냐에 달려 있는 것이지 숫자에 달려 있는 것이 아니다." 하고, 드디어 선봉이 되어 달려 나갔다. 고구려 군사들이 와서 막았으나 이를 맞받아쳐 공격하여 크게 격파하고, 1만여 명을 죽이거나 사로잡았다. 이에 마침내 부여성을 함락시키니, 扶餘川 주변의 40여 성이 모두 풍문만 듣고도 두려워하여 한꺼번에 항복을 청하였다. 설인귀가 곧바로 바다를 아우르고 땅을 경략하여 이세적의 군대와 평양에서 만났다. 『구당서』[44]

3000명(『해동역사』 2000명)의 군사를 갖고 공격을 하는 것에 당나라 장수들이 부담을 느끼고 염려를 하자, 설인귀는 군사는 어디에 쓰느냐가 중요한 것이지 숫자가 중요한 것이 아니라며 장수들을 독려하고, 결국 부여성과 그 일대를 함락시켰다는 내용이다.

---

43) 『동사강목』 제4상, 「무진 신라 문무왕 8년, 고구려왕 장 27년」.

44) 『해동역사』 제8권, 「세기」8, <고구려>3.

이로써 『동사강목』과 『해동역사』 속에 등장하는 설인귀의 모습을 살펴보았다. 설인귀는 당나라 장수이지만 조선후기 역사서에서 영웅으로 등장한다. 결정적인 위기로부터 당나라를 구출하고, 결국은 고구려가 멸망하는 데 일등 공신이 되는 것이다. 그럼에도 불구하고 두 역사서는 설인귀에게 그 어떠한 부정적 언사도 남기지 않는다.

이는 고민의 여지가 없는 문제이다. 설인귀의 모습이 역사서에 등장할 수 있었던 것은 당대 조선 사람들이 설인귀를 영웅으로 추앙했기 때문에 가능했던 일이다. 이들 역사서가 당나라의 기록을 가져온 것은 삼국 중에서도 고구려의 기록을 취하기 위한 이유였지만, 굳이 고구려의 이야기가 언급되지 않은 역사적 기록이라 하더라도, 설인귀에 대한 이야기가 나오면 인용하는 모습이, 역사서 속에서 객관적으로 확인된다. 그 이상의 복잡한 논리가 존재할 수 없다. 조선에서 설인귀를 산신으로 모실 정도로 그 선호도가 높았던 것 또한 이를 증명한다.[45]

그런데 여기서 짚고 넘어가야 할 점은, 과연 설인귀에 대한 조선의 호응이 비단 설인귀 한 개인에 대한 호응의 문제였느냐 하는 것이다. 장수만 좋아하고, 그 장수가 속한 나라는 좋아하지 않기란 쉽지 않다. 다시 말해, 설인귀에 대한 긍정적 평가는 곧 당나라에 대한 긍정적 평가였을 가능성이 높다는 것이다. 실제로 앞서 살펴본 인용문에서 당나라를 중심에 놓고 고구려를 타자에 놓은 사례들을 쉽게 찾을 수 있었다. 그럼 설인귀를 둘러싼 인물들에 대해서 좀 더 살펴봄으로써, 설인귀에 대한 호의를 보다 구조적으로 접근해보도록 하겠다.

---

45) 권도경, 「설인귀 풍속신앙 전설의 서사구조적 특징과 전승의 역사적 변동 국면」, 『정신문화연구』 제30권2호(통권107호), 한국학중앙연구원, 2007 참조.

(2) 당 태종과 연개소문에 대한 상반된 인식

설인귀를 둘러싼 중요한 인물은 당 태종과 연개소문일 것이다. 당 태종은 당나라의 입장에서 연개소문은 고구려의 입장에서 매우 중요한 인물이기 때문이다. 다음의 인용문에서 두 인물에 대한 당대인들의 인식의 방향을 짚어볼 수 있다.

> [해동역사] <642년>
>
> 16년에 (영류왕 25년) 西部大人 淵蓋蘇文이 攝職을 하면서 불법을 저지르니, 여러 대신들이 고건무와 비밀히 의논하여 죽이려 하였는데, 그 일이 누설되었다. 이에 연개소문은 部兵을 다 불러 모으고는 열병한다고 하면서 성 남쪽에 술과 음식을 성대히 차려 놓고 대신들을 불러 참관하게 하니, 대신들이 모두 와서 보았다. 그러자 연개소문은 군사들을 시켜 그들을 모두 죽였는데, 죽은 자가 1백여 명이나 되었다. 그러고는 창고를 불태우고 궁궐로 쳐들어가 고건무를 죽이고 고건무의 동생인 高大陽의 아들 高臧을 왕으로 세웠다. 그런 다음 자신은 莫離支가 되었는데, 막리지는 중국의 兵部尙書에 中書令을 겸한 것과 같은 것이다. 이로부터 연개소문은 국정을 전횡하였다. 태종이 고건무가 죽었다고 듣고는 擧哀하였으며, 사신을 파견해 弔祭를 지냈다. 『구당서』[46]

기록을 보면 쉽게 알 수 있듯이, 연개소문은 대신들 100여 명을 무참히 살해하고 권력을 장악하는 추악한 인물로 그려지고 있다. 반면 당 태종은 고건무가 죽었다는 소식에 애도를 표하고 사신을 파견해 弔祭를 지낸다. 이 기록이 인상적으로 증명하듯, 연개소문은 역사서에서 결코 善人으로 등장하지 않음을 알 수 있다. 반면 당 태종은 聖君

---

46) 『해동역사』 제8권, 「세기」8, <고구려>3.

의 인상을 풍기고 있다. 보다 구체적으로 살펴보자.

① 당 태종

당 태종의 聖君다운 행적들은 역사서 도처에서 발견된다. 그 중 몇몇 인상적인 장면들만 소개하도록 하겠다.

> [해동역사] <644년 11월>
> 황제가 조서를 내리기를, "짐이 지나가는 곳에는 陣營을 꾸미지 말고 음식도 사치스럽고 풍성하게 하지 말라. 쉽게 건널 수 있는 물에는 다리를 놓지 말고, 행재소에서 멀리 떨어져 있는 주현에서는 학생과 노인들을 보내 迎謁하는 것을 하지 말라. 짐이 지난날 직접 창을 잡고 난을 평정할 적에는 한 달 먹을 양식조차 없었지만 가는 곳마다 모두 승리하였다. 지금은 다행히도 집집마다 넉넉하고 사람마다 풍족하다. 이에 단지 군량을 운반하는 수고로움이 있을까 하는 것만이 염려되므로, 소와 양을 몰고 가서 군사들을 먹일 것이다. 그리고 이번 출정에서 짐이 반드시 승리할 다섯 가지 이유가 있다. 첫째는 큰 나라로써 작은 나라를 치는 것이고, 둘째는 순리로써 역리를 치는 것이고, 셋째는 다스려진 나라로써 어지러운 나라를 치는 것이고, 넷째는 편안한 군사로 피로한 적을 치는 것이고, 다섯째는 백성들이 반기는 군사로 원망하는 군사를 치는 것이 그것이니, 어찌 이기지 못할까 걱정하겠는가." 하였다.[47]

당 태종이 직접 전쟁에 나아가면서 작성한 조서이다. 황제는 본인이 지나가는 곳에 진영을 꾸미지도 말고, 음식도, 다리도, 학생과 노인의 迎謁도 준비하지 말라고 한다. 황제의 출정을 맞이하여 형식적인 행사나 겉치레로 불필요한 국력을 낭비하지 말라는 당부를 하고 있다.

---

47) 『해동역사』 제8권, 「세기」8, <고구려>3.

황제이지만 검소함이 묻어나는 장면이다.

이후 당 태종의 소박하면서도 인간적인 면모는 곳곳에서 확인된다. 당 태종은 참호를 만드는 데 직접 참여하고,[48] 아군 장군의 화살 맞은 부위의 피를 직접 빨아주기도 하며,[49] 사졸들이 떨어진 옷을 입고 있는데 자신만이 옷을 갈아입을 수 없다고 하면서 새 옷을 거절하기도 했다.[50] 이 기록을 보면 당 태종은 일반 백성과 군사들이 존경하고 따를만한 어진 정치인의 풍모를 유감없이 보여주고 있음이 확인된다.

그뿐이 아니다. 잡혀온 고구려 첩자가 무척 수척해보여서 물어보니

---

48) [해동역사] <645년 4월> 장군예를 참수하여 조리 돌렸다. 정축에 거가가 遼水를 건너와서 다리를 철거하여 사졸들의 마음을 굳게 하고 馬首山에 주둔하였다. 황제가 몸소 요동성 아래에 내려가 사졸들이 흙을 져다가 참호를 메우는 것을 보고, 무거운 것을 진 자의 짐을 친히 나누어 말 위에 실어 옮기니, 뭇 신하들이 모두 두려워하면서 앞 다투어 흙덩이를 날랐다. 『해동역사』제8권, 「세기」8, <고구려>3.

49) [해동역사] <645년 4월> 을미에 군사를 白崖城에 주둔시키고 공격하도록 명하였다. 右衛大將軍 李思摩가 화살에 맞았는데, 황제가 친히 피를 빨아주었다. 장사들이 그 사실을 듣고는 모두들 감격해 하며 흥기하였다. 『해동역사』제8권, 「세기」8, <고구려>3.

50) [해동역사] <645년 9월> 병오에 營州에 도착하였다. 조서를 내려 싸움에서 죽은 군사의 시신을 모아 柳城에서 장사 지내고, 太牢로 제사 지내게 하였다. 황제가 임하여 곡을 하니, 시종하는 신하들이 모두 눈물을 흘렸다. 병진에 황제가 말을 타고 臨渝關으로 들어갔다. 황태자가 길옆에서 맞이하였다. 처음에 황제가 태자와 이별할 적에 褐袍를 입고 임어하여 이르기를, "너를 다시 보게 되는 날 바꾸어 입을 것이다." 하였다. 이에 두 철이 지나도록 바꾸어 입지 않아 옷에 구멍이 났는데, 여러 신하들이 바꾸어 입기를 청하자, 황제가 이르기를, "사졸들이 모두 떨어진 옷을 입고 있는데, 내가 새 옷을 입어서야 되겠는가." 하였다. 이때에 이르러 태자가 깨끗한 옷을 올리자, 바꾸어 입었다. 요동에서 사로잡은 고구려 백성 1만 4천 口를 적몰하여 노비로 삼았는데, 먼저 이들을 幽州에 모아 놓고 장차 장사들에게 상으로 나누어 주려 하였다. 황제가 그들 부자와 부부가 떨어져 흩어지는 것을 불쌍히 여겨서 有司에 명하여 布帛으로 그들의 몸값을 치러 주고 용서하여 백성이 되게 하니, 늘어서서 절하면서 즐거워 외치는 소리가 3일 동안 그치지 않았다. 고연수는 항복한 뒤에 근심하다 죽었고 고혜진만 長安으로 왔다. 『해동역사』제8권, 「세기」8, <고구려>3.

며칠을 굶었다고 하자 먹을 것을 내어주고, 첩자를 통해 막리지에게 우회적으로 경고의 문구를 보내는 대인의 면모를 보여준다. 돌아가는 첩자에게는 신발도 건넨다.[51] 적장인 안시성의 성주에게는 성을 굳게 지킨 것을 가상히 여기며 비단을 하사하기도 한다.[52] 황제가 경전의 말처럼 중원과 변방의 경계를 초월하여 어진 정치로 세계를 장악하는 존재라고 한다면, 자국의 백성과 군인들뿐만 아니라 변방의 성주와 군인 및 백성들에게까지도 善政을 잃지 않는 당 태종의 모습이야말로 황제의 교본이라 할 수 있다. 요컨대 조선후기 역사서에서 당 태종은 가장 전형적인 황제의 모습으로 기억되고 있다. 사람들에게 당 태종은 설인귀라는 인물만큼이나 훌륭한 존재로 각인되었을 것이다.

② 연개소문

반면, 연개소문에 대한 평가는 우리의 기대와 달리 상당히 부정적이다.

---

51) [해동역사] <645년 8월> 8월 갑진에 候騎가 막리지의 諜者 高竹離를 잡았는데, 손을 뒤로 묶은 채 軍門으로 데려 갔다. 그러자 황제가 불러 보고는 결박을 풀어 주면서 묻기를, "어째서 그렇게 수척한가?" 하니, 대답하기를, "몰래 샛길을 택하여 오느라 며칠 동안 먹지 못하여서 그렇습니다." 하였다. 그러자 먹을 것을 주도록 명하고 이르기를, "그대가 첩자가 되었으니 속히 復命해야 할 것이다. 나를 대신해서 막리지에게 '군중의 소식을 알고 싶으면 사람을 곧바로 우리가 있는 곳으로 보낼 것이지, 어찌하여 샛길로 보내어 고생시키느냐.'고 말하라." 하였다. 고죽리가 맨발이었는데, 황제가 신을 주어 보냈다. 『해동역사』제8권, 「세기」8, <고구려>3.

52) [해동역사] <645년 9월> 황제가, 요동은 일찍 추워져 풀이 마르고 물이 얼어 병사와 군마가 오래 머무르기가 어렵고 또 양식이 장차 떨어지려 하므로, 계미에 군사를 돌리라고 칙명을 내렸다. 먼저 遼州와 蓋州 두 주의 戶口를 뽑아서 遼水를 건너게 하고, 이어 안시성 아래에서 군사를 시위하고 돌아가니, 성중에서는 모두 자취를 감추고 나오지 않았다. 안시성의 城主가 성 위에 올라가 拜辭하니, 황제가 굳게 지킨 것을 가상히 여겨 비단 1백 필을 주면서 임금을 잘 섬기라고 격려하였다. 이세적과 강하왕 도종에게 명하여 기병 4만 명을 거느리고 후군이 되게 하였다. 『해동역사』제8권, 「세기」8, <고구려>3.

[동사강목] <642년>

춘정월 고구려가 東部大人 泉蓋蘇文에 명하여 長城을 감독하여 쌓게 하였다.

蓋蘇文은 일명 蓋金이라 하는데 성은 泉씨이니, 자신이 물속에서 낳았다 하여 많은 사람을 현혹시켰다. 형체가 魁傑하고 意氣가 豪逸하였다. 그 아버지 東部大人 大對盧가 죽으매 蘇文이 마땅히 뒤를 이을 것이나 나라 사람들이 그 잔인하고 포악한 것을 미워하여 그를 세우지 아니하였다. 소문은 머리를 조아리며 모든 사람에게 사과하고 攝職할 것을 청하면서 '후일에 만일 옳지 않음이 있으면 비록 폐함을 당해도 후회하지 않겠다.' 하니, 사람들이 측은히 여겨 허락하여 드디어 位를 이었는데, 이때에 이르러 장성의 수축을 감독하라는 명을 받자 남자들은 부역에 종사하고 여자들은 농사를 짓게 하여 백성이 조금도 쉬지 못하였다.[53)]

인용문을 통해 보듯, 역사서에서 연개소문은 자신을 신이한 과정을 통해 출생한 인물로 그려내고 있다. 또한 장성의 수축을 감독하는 자리에서 부역하는 이들을 혹독하게 부려 백성들이 조금도 쉬지 못했다고 서술되어 있다. 연개소문을 소개하면서 자연스럽게 부정적인 가치평가가 개입되어 있음이 확인된다. 이러한 서술은 내내 이어진다.

[동사강목] <642년>

동10월 고구려에서는 泉蓋蘇文이 그 임금 建武를 시해하고서 왕의 조카 藏을 세우고 스스로 莫離支가 되었다.

蓋蘇文이 아버지를 이은 이후 흉포하여 많은 불법을 저지르니, 모든 大人과 왕이 비밀히 의논하여 죽이려 하다가 일이 누설되자 소문이

53) 『동사강목』제3하, 「임인 신라 선덕여주 11년, 고구려 영류왕 25년, 백제 의자왕 2년」.

'部兵을 다 모아 열병한다.' 하고 성 남쪽에서 술과 음식을 성대히 차려놓고 모든 대인을 불러 참관하게 하고는 그들이 이르매 다 죽이니 모두 백여 인이나 되었고 드디어 궁궐에 들어가 왕을 시해하여 두어 동강으로 잘라 개천 가운데에 버리고 榮留王이라고 하였다. 왕의 아우 大陽의 아들인 藏을 세워 왕으로 삼으니, 이가 寶藏王이다. 蘇文이 스스로 莫離支가 되니 막리지는 官名으로, 唐의 兵部尙書에 中書令을 겸한 것과 같은 것이다. 이에 원근을 호령하고 國事를 마음대로 처리하니 아무도 감히 무어라 하지 못하였다. 몸에는 다섯 개의 칼을 찼으며 의복과 冠과 신[履]은 다 金綵로 장식하였고 팔을 휘저으며 걸음을 높이 걸어 제 위에는 사람이 없는 듯이 하니 좌우에서 감히 우러러보지 못하였다. 매양 말을 타고 내릴 때면 반드시 귀인과 무장을 땅에 엎드리게 하여 밟고 오르내렸고, 나오고 들어갈 때에는 반드시 隊伍를 펴서 앞에서 인도하며 길게 외치니 사람들이 모두 달아나서 坑谷에 피하여 길에 보행자가 끊어지니 나라 사람들이 괴롭게 여겼다.[54]

앞서 당 태종과 연개소문에 대한 평가를 단적으로 보여주기 위해 인용한 『해동역사』의 기록처럼 연개소문이 섭정을 거듭하다가 대신들을 죽이고 실력자에 오르는 과정을 서술한 『동사강목』의 대목이다. '왕을 두 동강을 내 개천 가운데 버렸다'는 상세한 서술을 들어 그 잔인함을 더했고, '몸에는 다섯 개의 칼을 찼으며 의복과 冠과 신[履]은 다 金綵로 장식하였고 팔을 휘저으며 걸음을 높이 걸었다'는 내용이나 '매양 말을 타고 내릴 때면 반드시 귀인과 무장을 땅에 엎드리게 하여 밟고 오르내렸고, 나오고 들어갈 때에는 반드시 隊伍를 펴서 앞에서 인도하며 길게 외쳤다'는 내용을 통해, 그가 포악한 권력을 유지하기 위해

54) 『동사강목』 제3하, 「임인 신라 선덕여주 11년, 고구려 영류왕 25년, 백제 의자왕 2년」.

대신들은 물론 백성들까지 고통 속으로 몰아넣었다는 것을 보여주고 있다. 당 태종이 자신의 출정 때 일체의 행사를 자제할 것을 요구한 것에 비하면, 연개소문의 惡政은 상대적으로 더 부각되었을 것이다. 이러한 대비적 서술은 당 태종과 설인귀의 고구려 침략이 곤경에 처한 신하들과 백성들을 위한 것이었음을 간접적으로 정당화하는 논리로 작용했을 가능성 또한 높다.

이밖에도 연개소문에 대한 부정적 시선은 두 역사서에 공히, 그리고 빈번히 등장한다. 연개소문을 민족사의 훌륭한 장수로 기억하고 있는 우리에게는 자못 충격적이기까지 하다. 앞서 언급한 것처럼 이 또한 중국 문헌을 그대로 가져왔기 때문에 당나라에 호의적이라는 논리로 이해하기에는, 당나라와 당 태종에 대한 우호적 시선이 상당히 노골적인 것임을 부정할 수 없다. 그렇다면 조선후기 사회에 이러한 인식이 저변에 확산되었던 이유는 무엇일까? 그 이유를 밝혀가며 영웅소설에 이러한 시각이 반영된 이유를 함께 고찰해보도록 하겠다.

(3) 조선후기 '설인귀' 인식과 영웅소설 반영의 의미

① 소중화의식의 자족적 발현

살펴본 바와 같이 설인귀에 대한 호의적 시선은 단순히 설인귀라는 한 장수에 대한 관심이 아니라, 당 태종에 대한 호의적 시선, 연개소문에 대한 부정적 시선과 맞물려 있다.

그렇다면 현재의 민족적 관점에서 납득하기 어려운 이러한 평가들이 어떻게 나오는 것인가? 이는 단순히 당나라를 좋아하는 차원의 문제를 넘어서, 시대를 통시적으로 관통하는 역사관의 문제와 관련을 맺고 있다. 당시 조선인들이 갖고 있었던 일관된 역사적 맥락 속에서 당나라에 대한 우호적 시선이 표출된 것이라는 말이다. 결론부터 말하자면, 당시 사람들은 특정 역사관에 비추어, 각 시기마다 인정하고 납득할만한 정체성을 지닌 역사적 집단들을 설정하고, 이를 계보학적으로 연결시켜서 이해하는 방식에 익숙했다. 이른바 정통론에 입각한 역사인식이라 할 수 있다.

조선후기에는 촉한정통론이 우세했고, 『동사강목』과 『해동역사』는 이 정통론을 근거로 저술된 역사서이다. 『동사강목』이 산출되게 된 이유를 설명하고 있는 다음의 서술이 이를 잘 설명하고 있다.

> 조선의 지배층 인물들에게 있어서 남송의 말제에게 정통을 부여하는 것은 남명에게 정통을 부여하는 현실 인식의 역사적 투사였던 것이다. 이는 동시에 청나라의 정통성을 인정하지 않겠다는 인식의 또 다른 표현이자 중화계승의식에서 기인한 자존감의 발현이기도 했다. 촉한정통의 입장을 견지했던 안정복이 중국사에서 원나라와 청나라를 도적으로 보면서 천하를 얻었다고 해도 정통을 허락할 수 없다는 인식을 아주 강하게 드러낸 것은, 비록 정조 앞에서 한 말과는 다소 차이가 있지만 당연한 논리적 귀결이었다.
>
> 결국 삼국시대의 촉한, 남송의 단종·말제, 그리고 남명을 정통으로 해석하는 역사인식은 한 맥락에서 일관되게 견지되던 중화계승의식의 학문적 표현이었던 셈이다. 17세기 후반 이후 중화계승의식의 전개와 강화 속에서 1세기 이상 정통론이 조선후기 역사인식을 대표할 수 있었던 것은 바로 이런 이유 때문이었다. 따라서 정통론을 대표하는 서적인 '강목'은 18세기 후반에도 여전히 전범적인 역사서의 위상을 잃지 않고 있었고, '紫陽袞鉞'과 같이 '강목'을 이용한 역사서들도 계속 만들어지고 있었다. 그리고 18세기 후반 안정복은 '여사제강', '동국통감제강', '동사회강' 등 기존의 강목체 역사서를 비판, 종합한 위에서 자국사 전체를 정통론에 입각하여 가장 완성된 형태로 재구성한 '동사강목'을 편찬하였다.[55]

따라서 이러한 정통론에 입각한 역사 속에서 고대사를 바라보게 되면, 북방의 영토를 점유하고 있었던 고구려의 경우에는 명나라를 침범한 청나라나, 송나라를 침범한 원나라를 연상시켰을 가능성이 높다. 당시 역사에서 정통의 자리를 차지하고 있었던 당나라를 중심에 놓고 고구려를 주변부에 배치하는 구도가 설정될 수 있었던 것이다.

그리고 이러한 관점은 연개소문이 정상적인 방법을 이용해 힘을 얻은 것이 아니라 일종의 반역을 통해 권력을 장악했으며, 그런 인물이 당 태종의 군대에 저항하고 중원을 위협했다는 점에서 보다 강화된다. 어찌 보면 촉한정통론의 입장에서는 북방에 존재했던 고대 국가 중에 국가적 倫紀를 어지럽히는 존재가 필요했을지 모른다. 중화 중심의 역사가 중요함을 설명하기 위해서는, 이에 대립하는 惡의 존재를 배치시키는 것도 효과적인 방법이기 때문이다. 따라서 이 과정에서 자연스럽게 연개소문이 선택되었을 수도 있다.

여하간 연개소문과 고구려는 당나라 중심의 질서를 어지럽힌 사악한 존재가 되었고, 설인귀와 당나라는 이를 잘 수호한 존재로 인식되었다. 그리고 중요한 것은 이러한 역사적 선악의 구도를 조선에서도 당연하게 받아들였다는 점이다. 이런 인식이 받아들여질 수 있었던 이유는, 조선이 스스로를 중화의 대체자이자 계승자라고 여겼기 때문이다. 따라서 이러한 역사 인식은 곧 소중화의식, 더 구체적으로는 중화계승의식의 자족적 표현이라고 명명할 수 있을 것이다. 중화와 동일한 역사인식을 공유함으로써, 스스로가 정통 역사의 중심에 놓여있다는 자부심을 갖게 되었기 때문이다. 주지하듯 이는 조선중화주의이거나 혹은 그것으로 나아가는 흐름의 연장선상에 있는 것이라 하겠다.

55) 허태용, 『조선후기 중화론과 역사인식』, 아카넷, 2009, 207-208쪽.

② 문화적 자존감의 상상적 실현

그렇다면 자부심의 구체적 대상이 왜 하필 설인귀인가? 조선의 중화의식에 대한 강력한 지향을 인정한다 하더라도, 왜 그 많은 중국의 영웅과 장수 중에 하필이면 설인귀의 이야기가 사람들에게 회자되었을까?

필자는 그 이유가 당시 조선이 갖고 있었던 '문화적 화이관'으로부터 비롯된 것이라고 본다.[56] 혈통과 영토를 통해 정통성을 계승할 수 없었던 물리적 한계를 인식한 조선은, 18세기 후반에 들어서면서 소중화의식의 논리적 정당성을 확보하기 위해 문화적 차원의 화이관을 강조하게 되는데, 말 그대로 문화적 성숙의 정도를 갖고 중원과 오랑캐를 구분할 수 있다는 논리이다. 이는 어찌 보면 화이관을 보다 강화하려는 논리로 비칠 수 있지만, 역으로 생각하면 華夷의 경계라는 것이 선천적이고 생득적인 것이 아니라 후천적이며 노력 여하에 따라 성취 가능한 것이라는 얘기도 성립되는 것이다.

따라서 이 논리에서는 상대적으로 변방의 위치에 있는 조선에게도 중원의 역할을 수행할 수 있는 명분을 얻을 기회가 주어질 수 있다. 이제 혈통이나 지역의 문제로부터 벗어나서, 문화적 측면만으로도 중화로 인정받을 수 있는 논리적 근거가 생겼기 때문이다. 청나라의 집권이 현실로 인식되고 명나라의 회복이 불가능하다는 것을 깨달으면서, 더 이상 중화가 재탄생하는 것은 불가능하다고 좌절했던 사람들에게 문화적 화이관이 이념적 동력을 불어넣어 준 셈이다.

문화적 화이관이 작동하기 위해서는 그와 유사한 사례 혹은 역사적

56) '문화적 화이관'을 비롯한 이 시기 역사 인식에 대한 논지는 허태용, 앞의 책, 171-214쪽을 참고하였음.

기억이 필요했다. 이런 맥락에서 설인귀는 조선의 문화적 화이관을 정당화시켜 줄 수 있는 역사 속 가장 확실한 인물이라 할 수 있다. 왜냐하면 설인귀는 絳州 龍門 지역 출신이기 때문이다. 이 지역은 엄밀히 말해 중원이 아니다. 중원의 경계를 살짝 넘어선 북쪽 변방이다.

그런데 그럼에도 불구하고, 촉한정통론과 긴밀한 관련을 맺고 있는 주요 인물들이 바로 이 지역에서 배출되었다. 용문은 지금의 山西省 지역에 해당하는데, 원말명초에 『삼국지연의』를 지은 나관중, 그 『삼국지연의』에서 가장 추앙받는 인물 중 하나인 관우, 『자치통감』을 지은 사마광 등은 모두 이 지역 사람들이다. 촉한정통론 자체가 『자치통감』의 문제의식을 기반으로 하고 있으며, 나관중의 소설 또한 『자치통감』과 촉한정통론의 관점으로 서술되어 유비와 관우, 제갈량 등이 부각되었다는 것은 주지의 사실이다.

이러한 지역적 특성은 조선의 문화적 화이관과 묘하게 겹친다. 설인귀가 태어난 지역은 비록 지리적으로 명백히 중원에 포함되는 곳은 아니면서도, 문화적으로 상당한 자부심을 가질만한 역사적 기억을 갖고 있는 곳이다. 특히 이 당시의 역사적 관점인 촉한정통론의 시각에서 주목할 만한 인물들이 많이 배출되었다.

따라서 조선의 사람들은 용문 출신의 설인귀가 뛰어난 지략과 재능으로 전공을 세우는 모습을 보면서, 자신들 스스로의 모습을 바라보고 있었다고 생각했을 가능성이 높다. 조선 또한 중원에 버금가는 변방으로서, 문화적 화이관을 통해 중원을 대체할만한 능력을 검증받았다고 생각했을 것이기 때문이다. 물론 설인귀와의 동질감에는 이러한 논리적인 면모뿐만 아니라, 설인귀가 白袍를 입었다는 점도 크게 작용했을 것이다. 결국 조선 사람들은 설인귀를 통해서, 자신의 존재를 변방의 소중화로서 문화적 자존감을 실현할 수 있는 존재로 인식할 수 있는 명분을 얻었던 셈이다.

요컨대 18세기 후반 이후 조선에서는 문화적 화이관을 기반으로 조선이 중화의 중심임을 끊임없이 확인하고자 했고, 이 과정에서 촉한정통론에 입각하여 남방 지역의 역사를 인정하고 북방의 역사를 부정하는 관점이 자연스럽게 수용된다. 『동사강목』이나 『해동역사』에서 당나라를 긍정하고 고구려를 부정하는 것은, 바로 이러한 역사인식을 기반으로 한 것이었다.

③ 영웅소설의 〈설인귀전〉 수용의 의미

여기서 답은 끝나지 않는다. 필자는 설인귀라는 인물이 왜 문학작품 특히 소설에 많이 등장하고 영향을 미쳤는가에 대한 의문으로부터 이 고민을 시작했다. 따라서 결론은 〈설인귀전〉 수용이 영웅소설 정체성 형성에 어떠한 기여를 했는지에 대한 대답으로 나아가야 한다.

우리는 흔히 영웅소설에 '민족적' 혹은 '민중적'·'귀족적'이라는 수식어를 붙이곤 한다. 전자가 국난을 해결하는 국가적 차원의 영웅적 형상을 전제한다면, 후자의 두 개념은 특정 계층의 민의를 대변하는 계급적 영웅의 형상을 의미한다. 한편 우리는 영웅소설에 대해서 '대중적'·'통속적'이라는 수식어를 붙이기도 한다. 단어의 사전적 의미상으로는, 전자가 향유층의 넓은 범위를 강조하는 것이고, 후자가 작품의 성격을 강조하는 것이라는 점에서 다르지만, 기실 두 단어는 '다수의 중하층 사람들이 누구나 읽고 공감하는 흥미 위주의 독서물 혹은 그 경향'을 의미한다는 점에서 함께 사용된다.

그런데 과연 이 중에 영웅소설의 성격을 포괄할 수 있는 수식어가 있을까. 필자는 이에 대해 회의적이다. 영웅소설이 〈설인귀전〉의 영향을 받았다는 전제를 감안하여 이를 검증해보자. 일단 영웅소설이 중화 중심의 역사와 그것의 재현을 꿈꾸고 있다는 점을 감안하면 첫 번째로 거론된 근대적 의미의 '민족적'이라는 말은 적합하지 않을 듯하다. 굳이 附言하지 않아도, 조선후기 역사서 및 〈설인귀전〉으로부터 도출된 당나라에 대한 호의적 인식과 고구려에 대한 적대적 인식을 통해 쉽게 알 수 있다.

또한 '민중적'·'귀족적'이라는 말도 영웅소설 작품을 포괄할 수 있는 수식어가 되기는 어렵다. 설인귀를 포함하여 대개의 영웅소설 주인공들은 한미하거나 퇴락한 가문의 자제로 태어나서 다양한 고난을 극복하고 높은 벼슬에 오른다. 그들은 항상 제도권 내의 성공을 갈망하기 때문에 '민중적'이라고 하기도 어렵고, 또 그렇다고 해서 그들이 애초부터 귀족이거나 혹은 무조건 귀족의 권위를 대변하는 것도 아니기 때문에 '귀족적'이라는 말로 정의하기도 어렵다.

마지막으로 '대중적'·'통속적'이라는 표현도 영웅소설 작품들이 단순히 흥미만 추구하는 것이 아니라, 일관된 역사 인식과 윤리 의식을 갖고 있기 때문에 보다 구체적인 설명이 필요하다. 각각의 성격을 모두 조금씩 갖고는 있지만, 어떠한 수식어도 영웅소설의 성격을 완벽하게 포괄할 수는 없는 것이다.

이러한 점에서 영웅소설이 〈설인귀전〉의 영향을 받았다는 사실은, 영웅소설의 정체성을 규정하는 데 중요한 단서가 될 수 있다. 〈설인귀전〉은 작품의 서사구조를 포함한 주제 전반에 영향을 미쳤기 때문이다. 그런데 〈설인귀전〉에 열광하기 위해서는 작품 속에서 고구려 장수를 무찌르는 장면들이 자랑스러운 戰功으로 받아들여져야 한다. 현재 우리와는 다른 인식 체계가 필요한 것이다. 다시 말해 설인귀와 〈설인귀전〉에 대한 호감은 곧 중화주의에 대한 동의와 긍정인 셈이고, 영웅소설은 동아시아 중세의 이데올로기에 영합하는 보수적 성향의 장르라고 할 수 있다.

아이러니한 것은 이러한 보수적 성향의 영웅소설을 중하층 신분의 사람들이 읽었다는 점이다. 우리가 흔히 '민중적'·'개혁적'이라는 표현이나, 반대로 '귀족적'·'보수적'이라는 표현을 쓸 때는, 그 자체에 이미 특정 계급을 상정하게 된다. 따라서 이 표현들이 문학에 적용될 경우 자연스럽게, 그 문학은 특정 계급의 문학이 된다. 그런데 영웅소설의 경우 중세 이데올로기에 영합하는 보수적 성향의 장르이면서도 대중들에게 많은 사랑을 받는 장르였다는 점에서, 우리가 일반적으로 생각하는 작품 성격 규정의 어떠한 틀과도 쉽게 일치하지 않는 것이다. 따라서 영웅소설을 설명할 때에는 이러한 두 가지 상반된 성격을 포괄할 수 있어야 한다.

이러한 점들을 감안하면 결과적으로 영웅소설은 '중하층 신분의 사람들이 향유했던 장르이면서 동시에, 중화 중심의 질서를 회고하고 갈망하던 보수적 이데올로기의 장르'로 규정할 수 있다. 그런데 필자가 결론 내린 영웅소설의 정체성과 향유층의 이러한 구도는 일핏 낯설 수 있다. 일반적으로 영웅소설을 규정할 때 상정하는 향유층의 의식이나 작품의 지향과 일치하지 않기 때문이다.

그러나 오히려 중하층 신분의 사람들까지도 영웅소설을 향유했다는 사실은, 당시 조선의 지배적 이데올로기가 다수의 사람들 내면에 자연스럽게 자리를 잡을 수 있었던 사실을 증명해주는 좋은 근거가 될 수 있다. 작품이나 독자를 판단할 때 사용하는 '계급'에 대한 견고한 인식 틀을 걷어낸다면 더욱 실상에 가까워질 수 있다는 말이다. 중하층 신분의 사람들은 통속적인 작품과 통속적인 인식만 선호하는가? 오히려 중하층 신분의 사람들이야말로 구한말 외세의 침략에 맞서 조선을 지키고자 했던 세력의 중심에 있었다. 또 과연 통속적인 작품은 그냥 그 자체로 흥미를 추구하는 것 이상의 의미가 없는가? 오히려 통속성은 이데올로기에 영합하는 경우가 더욱 많고, 그러한 통속성이 은연중에 통치의 도구로 사용되는 예를 쉽게 찾아볼 수 있다. 결국 중요한 것은 '통속적'이라는 성격 규정 너머에서 그들이 통속성을 인식하게 된 이유를 알아야 한다는 것이다. 재미가 있다면 왜 재미가 있는지 그 이유를 보다 구체적으로 따져봐야 한다.

중화주의라고 하면 보통 거대한 이데올로기라는 인식이 강하기 때문에 일반인들은 이를 이해하지 못하거나 혹은 이에 대해 관심이 없을 것이라고 생각할 수 있다. 그러나 반대로 생각해보면 그 이데올로기의 파급력이 워낙 강했기 때문에 우리가 생각했던 것보다 훨씬 낮은 계층에까지 단순한 코드를 타고 전파되었을 가능성이 있다. 다시 말해 평이한 수준의 이해를 동반한 역사 인식이 사회 저변에 깔려 있을 수 있다는 것이다. 가령 현대사회를 보면 사람들 개개인에게는 특정 국가를 신뢰하거나 혹은 과거의 특정 권력자를 지지하는 성향이 있지만, 이러한 성향이 모두 깊은 이해를 기반으로 형성되었다고 볼 수는 없는 것처럼 말이다. 사람들은 깊은 이해를 기반으로 하지는 않지만, 나름의 역사인식 혹은 정치의식에 대해 확신을 갖고 있다. 이는 예나 지금이나 마찬가지일 것이다.

완판본 영웅소설을 보면 대부분의 작품에서 공히 역사적 典故가 다수 삽입되는 경향을 확인할 수 있다. 이 전고들은 기계적으로 들어간다기보다 작품의 내용과 유기적으로 결합하면서 작품의 서사를 풍부하게 하는 역할을 한다. 흔히 전고라고 하면 고전소설 전반에서 두루 쓰이는 상투적 표식이라고 생각하기 쉽다. 그런데 그 전고들의 통계를 내보면 특이한 동향을 발견할 수 있다.

〈소대성전〉·〈용문전〉의 경우 완판본에서 전고의 사용이 두드러지게 확인되는데, 이때 사용한 전고들의 시대적 출처가 秦漢時代에 집중되어 있다. 이러한 시기적 특성은 중요한 의미를 함축한다. 진한시대는 秦과 前漢·新·後漢 그리고 魏·蜀·吳 삼국의 역사를 지칭하는데, 작품 속 전고는 이 중에서도 특히 楚漢戰爭期 漢과 魏·蜀·吳 삼국시대 속 蜀漢을 배경으로 하는 경우가 많기 때문이다.[57]

조선후기에는 '촉한정통론'의 역사인식이 강했다. 이는 청나라가 중원을 장악하고, 명나라가 망해 한족 중심의 질서가 붕괴된 당시의 시대적 정황과 맞물려 있다. 실질적인 명의 복원이 불가능함을 실감한 17세기 말 이후 조선에서는 대명의리를 상징하는 다양한 작업이 진행되었다. 주자학을 절대화하고 정통론을 강조하는 존주론이 보다 본격적으로 대두되기 시작한 것이다.[58] 특별히 다른 매체가 없었던 조선후기의 정황에서 소설이 이러한 역사인식에 기반한 전고들을 활용하는 것은 어쩌면 너무나 당연한 것이다.

그런데 〈소대성전〉과 〈용문전〉에서 한고조, 제갈량, 촉한의 인물인 유비·관우·장비 등이 자주 등장하는 것은, 물론 『삼국지연의』라는 소설의 영향도 있지만, 더 근본적으로는 『삼국지연의』를 수용하게 한 근본적인 역사 인식 및 정치의식의 문제와도 깊은 관련이 있다. 영웅소설은 한편으로는 재미를 추구하는 독서물이면서도, 한편으로는 독자들을 이념적으로 교화하고 견인하는 역할을 했던 장르였기 때문이다. 권력을 갖고 있던 사람들이 이념을 전파하기 위해 소설을 이용했

57) 엄태웅, 「<소대성전>·<용문전>의 경판본에서 완판본으로의 변모 양상 - 촉한정통론과 대명의리론의 강화를 중심으로」, 『우리어문연구』41, 우리어문학회, 2011 참조.

58) 이 단락은 허태용의 논의를 참고하여 정리한 것이다. 허태용, 「17세기말~18세기초 존주론의 강화와 삼국지연의의 유행」, 『한국사학보』15, 고려사학회, 2003 ; 허태용, 「17세기 후반 정통론의 강화와 자치통감절요의 보급」, 『한국사학사학보』3, 한국사학사학회, 2001.

다는 것이 아니라, 대부분의 사안을 이념이나 사상의 기준으로 보는 권력층에게 촉한정통론을 기반으로 한 소설은 굳이 강하게 막아서야 할 대상이 아닌 것으로 여겨졌을 것이라는 말이다. 그리고 독자들은 흥미를 중심으로 소설을 읽으면서도, 소설 속 선악의 구도나 역사인식이 자신의 가치판단에 개입되어, 낮은 수준의 이해이지만 일정한 정치의식을 형성하게 된다는 것이다.

또한 꼭 상층의 사람들만 역사나 교화에 관심이 있었던 것은 아니었으며, 그 이외의 계층들도 당대의 역사인식을 학습할 수 있는 문화적 토대가 마련되어 있었다. 앞서 언급한 것처럼 영웅소설의 향유층과 향유 문화를 살펴보면, 영웅소설을 향유했을 것으로 예상되는 계층, 가령 중인층의 독서 문화에 역사서나 교화서가 빠지지 않고 등장한다는 사실을 확인할 수 있다. 종이 생산지로도 유명한 태인은 일찍부터 방각본이 간행되어서, '방각본의 원류' 혹은 '완판본 형성의 前兆'로 이해되는 지역이다.[59] 이 지역에서 간행된 서적의 초판이 대개 1790년대 후반부터 1800년대 전반에 걸쳐 간행되었음을 알 수 있는데, 대부분 敎化書類이다.[60] 더욱이 이 지역 방각본업자들인 田以采, 朴致維 등은 중인 신분이다. 앞서 완판본에서 전고 활용이 두드러지게 나타난다고 했는데, 태인 지역을 토대로 완판본 간행 주체들이 대부분 중인

---

59) 유탁일, 앞의 책, 22쪽 참조.

60) 『孔子通紀』, 『救荒撮要』, 『農歌集成』, 『大明律詩』, 『童子習』, 『事文類聚抄』, 『詳說古文眞寶大全』, 『史要聚選』, 『素王本紀』, 『新刊救荒撮要』, 『新編古今事文類聚』, 『增删濂洛風雅』, 『孝敬大義』. 서적 목록 및 태인간본에 대한 논의는 다음의 연구를 참고하였다. 김윤수, 「泰仁坊刻本 《詳說古文眞寶大全》과 《史要聚選》」, 『서지학연구』5·6, 서지학회, 1990 ; 유탁일, 앞의 논문, 1981 ; 유탁일, 앞의 논문, 1983 ; 민관동, 「《列國志》의 國內 수용양상에 관한 硏究」, 『중국소설논총』13, 한국중국소설학회, 2001.

신분이라는 가정을 할 수 있다면, 중인 신분의 사람들도 전고를 잘 활용했다는 결론이 나온다. 요컨대 '이념의 통속화를 통한 능동적 교화'가 사회 저변에서 폭넓게 진행되고 있었다는 것을 다시 한 번 확인할 수 있다는 것이다.

이러한 영웅소설의 정체성은 곧 다수의 작품으로 여러 지역에서 산출되었던 영웅소설 개별 작품들의 형성과 변모에 중요한 영향을 끼쳤을 것이다. 영웅소설을 향유했던 사람들이 작품을 통해 사회적 변화나 변혁을 꿈꾸지는 않았을 것이지만, 적어도 명 멸망 이후 무너진 중화 중심의 질서를 대체하고 대신할 수 있는 존재에 대한 갈망, 그리고 그것이 조선이 될 수 있다는 문화적 자존감들을 낮은 수준에서 동의한 상태에서 작품을 향유했을 것이라는 말이다. 이는 모든 작품들이 궁극적으로는 중원의 질서를 수호하거나 회복하는 결말로 나아갔다는 점으로 증명이 된다. 서사는 다양한 방식으로 변화하기도 했지만, 작품의 이념적 성격은 변하지 않았기 때문이다.

요컨대 〈설인귀전〉이 영웅소설에 미친 영향은 단순히 화소의 수용이나 서사 구조의 선택의 문제가 아니다. 〈설인귀전〉은 영웅소설이 장르적 정체성을 유지하고 지탱할 수 있었던 이념적 가치관을 부여해 주었다는 점에서, 그 의미가 작지 않다. 물론 이는 근대적 민족주의의 개념에서 보면, 중국의 문화적 자산 및 중국 중심의 가치관과 이데올로기를, 한국 고전소설의 대표적 장르인 영웅소설이 구조적으로 수용했다는 점에서, 민족국가의 주체적 정체성에 위배되는 것으로 보일 수 있다.

그러나 당대 조선의 문화적 지형에서 이는 어쩌면 매우 당연한 지향일 수 있다. 또한 무능력하고 부패한 권력에 대한 淨化의 의지라는 점에서는 그것이 이데올로기 내적 비판이라고 해서 문제될 것은 아니라고 본다. 기실 기득권을 갖지 못한 모든 사회 구성원인 피지배계층은 체제 내적 淨化의 과정을 통해, 기존 질서를 의심하고 비판하는 시각을 학습하기 때문이다. 역사적으로 기억할만한 혁명이나 변혁들이 모두 체제 내적 정화를 요구하는 과정 속에서 진행되었으며, 처음부터 체제 전복적인 성향을 보였던 경우는 거의 없었음을 상기할 필요가 있다.

흔히 혁명이나 변혁은 기본적으로 체제를 전복하려는 지향을 갖고 있어야 한다는 암묵적 기준이 존재하는 듯하다. 그런데 이러한 기준은 기실 혁명 혹은 변혁이 진행된 후에 역사의 한 장면으로 남겨지는 과정에서 보다 과대평가되면서 형성된, 실상보다는 상당히 무겁고 실현하기 어려운 잣대라고 할 수 있다. 역사를 서술하는 과정에서 혁명이나 변혁은 체제를 전복하는 성향을 갖고 있어야 한다고 이론화·개념화한 것이라는 말이다.

세계사의 가장 대표적인 혁명으로 명명되는 프랑스 혁명조차도 그러하다. 흔히 프랑스 혁명은 '앙시앵레짐(ancien régime)'이 等價의 개념으로 설명되면서, 마치 처음부터 구제도의 문제를 심각하게 비판하고 체제를 전복하려고 했던 혁명으로 이해되거나, 상당히 급진적인 방향으로 진행된 혁명으로 받아들여진다. 홉스봄의 다음의 언급이 이러한 정황을 잘 설명해준다.

> 교육을 받은 비전문가가 프랑스 혁명을 생각할 때 그의 머리속에 주로 떠오르는 것은 1789년의 사건들이지만, 그 중에서도 특히 혁명력2년의 자코뱅공화국이다. 위엄을 부리는 로베스피에르, 밀통하고 있던 거구의 당통, 생-쥐스트의 냉정한 혁명적 우아함, 거친 마라, 공안위원회, 혁명재판소 및 기요틴은 우리가 가장 분명하게 가지고 있는 영상들이다. 1789년 미라보와 라파예트, 1793년의 자코뱅 지도자들 사이에서 나타난 온건파 혁명가들은 이름조차도 역사가를 제외한 모든 사람

들의 기억에서 빠져나가버렸다. 지롱드당은 하나의 집단으로서만 기억될 뿐이며, 아마도 지롱드당을 따랐던, 정치적으로는 무시할 만하지만 낭만주의적인 여성들 - 롤랑 부인(Mme Roland) 또는 샤를로트 코르데(Charlotte Corday) - 기억되고 있을지도 모른다."[61]

위 인용문을 통해서 보듯, 프랑스 혁명에 꾸준한 관심을 갖지 않은 사람들이나 제도적 교육을 통해 대강의 맥락만을 파악하고 있는 교양인들에게 프랑스혁명의 기억은 상당히 급진적이고 과격한 형태의 잔상만이 남아있는 경우가 많다. 하지만 기실 프랑스 혁명은 처음부터 미리 계획된 것도 아니었으며, 급진적인 것도 아니었다. 미리 계획된 것이 아니라는 말은, 프랑스 혁명이 1614년 이래 잊혀왔던 왕국의 봉건적 의회인 삼부회를 소집하고자 하는 필사적인 결정, 즉 국가를 재탈환하려는 귀족계급의 시도로부터 촉발되었다는 사실을 통해 증명할 수 있다. 또한 급진적인 것이 아니었다는 말은, 1789년에 있었던 부르주아들의 요구가 잘 나타난 〈인간 및 시민의 권리선언〉을 보면, 완전한 민주주의나 평등주의를 지향하지 않고, '공동의 이익에 근거했을 경우'라는 단서 조항을 단 채 법 앞의 평등을 이야기함으로써, 사회적 차별의 존재 여지를 남기고 있다는 점을 통해 증명이 가능하다. 결국 러시아혁명을 제외하면, 혁명은 처음부터 의도된 경우가 없었으며, 그 방향 또한 체제나 이데올로기를 전복하는 것은 아니었다.[62]

보다 보편적 차원에서 보더라도, 사실 중세 동아시아의 국제 질서를 근대적 국가 개념과 동일한 잣대로 평가하는 것은 상당히 위험한 것이다. 중화주의 질서를 그리워하는 조선인들은 근대 국민국가의 국민들

61) 에릭 홉스봄 저, 정도영·차명수 역, 『혁명의 시대』, 한길사, 2002, 166쪽.

62) 에릭 홉스봄 저, 정도영·차명수 역, 앞의 책, 146-161쪽 참조.

이 갖고 있는 민족 개념을 인식하던 사람들이 아니기 때문이다. 국가 간의 관계도, 지금처럼 특정 국가가 상위에 존재할 수 없다는 평등의 논리가 '적어도' 국제법으로 규정되어 있는 근대사회와, 국가 간의 위계가 당연한 국제적 질서로 생각되었던 전근대사회는 그 인식의 구도 자체가 다르다. 이런 상황이 전혀 고려되지 않은 채 조선의 중화주의를 주체의 결여로 낮춰보는 것은 곤란하다.

18·19세기를 대표하는 역사서라 할 수 있는 『동사강목』과 『해동역사』 속 설인귀에 대한 평가를 살펴본 결과, 당시 설인귀가 조선에서 상당히 호의적인 인물로 인식되었음이 확인된다. 아울러 주변 인물, 즉 당 태종과 연개소문 등에 대한 평가를 살펴본 결과, 당 태종에게는 우호적 시선이, 연개소문에게는 상당히 부정적 시선이 감지되었다. 기실 이는 한 인물에 대한 호불호의 문제라기보다는, 이 시기 조선이 갖고 있었던 역사의식과 긴밀한 관련을 맺고 있는 것이었다. 다시 말해, 중화계승의식을 기반으로 문화적 주체라고 생각했던 조선은, 오랑캐 지역에 웅거했던 고구려보다는 중화의 자리를 차지하고 있었던 당나라의 시각에서 과거를 기억했던 것이다.

나아가 다른 영웅이 아닌 설인귀가 주목 받은 이유는 중화를 계승하고자 했던 조선의 입장과 설인귀의 처지에서 보이는 유사성에서 비롯한 것이었다. 설인귀는 변방 출신이지만, 중원의 위기를 구하는 영웅적 활약을 하는 인물로서, 그 모양새가 흡사 조선의 당시 상황과 비슷했기 때문이다.

결국 이러한 의식을 갖고 있었던 〈설인귀전〉이 화소의 차원은 물론 구조적 측면까지도 영웅소설에 영향을 주었다는 점은, 영웅소설 또한 이와 같은 정치적·이념적 문제의식을 공유하고 있다는 것으로 해석할 수 있다. 주지하듯 영웅소설은 상층의 전유물이 아니라, 다수의 독자들을 보유하고 있었던 조선후기의 대중적 소설이었다. 따라서 영웅소설의 성행은, 비교적 폭넓은 계층의 조선 사람들이 중화주의의 이데올로기를 내면화하고 있었음을 반증하는 것이다. 이른바 '이념적 통속'의 산물이었던 것이다.

2) 영웅소설 이념의 양 축, 대명의리론과 가부장제

앞의 내용을 이어받으면 또 하나의 질문이 발생한다. 그렇다면 과연 조선후기에 저변에 확산되어 영웅소설에도 깊은 영향을 준 중화 질서의 주요 골자는 무엇이었는가? 흔히 이는 대명의리론으로 막연하게 통칭된다. 그러나 중화 질서에 대한 지향은 그리 단순하지 않다. 만약 대명의리론이라고 통칭한다 하더라도, 그것이 정말 명나라를 진심으로 좋아하기 때문에 나온 것인가? 다시 말해서 그저 단순히 송나라나 명나라를 좋아하는, 한족 중심의 중화 질서에 대한 향수와 같은, 중세 동아시아의 위계적 국가 질서에 대한 회고적 바람일까?

물론 그리 간단하지 않다. 한 국가가 내세우는 정치적 어젠다(agenda)는 분명 그것 자체로 국가의 정치적 방향이면서 동시에 구성원들과 사회를 효과적으로 통제하고 관리하는 명분이 되기 때문에, 어젠다 이면에 존재하는 사회적 메시지에 주목할 필요가 있다. 사회적 메시지는 국가적 어젠다에 수렴되며, 이 둘은 항상 공존하기 때문이다.

가령 이 구조를 영웅소설에 대입해보면 '중화주의'가 작품 전반의 어젠다라고 했을 때, 그 어젠다를 수행하는 구체적인 서사는 '국난 극복'과 '결연을 통한 가문의 유지·형성'이라고 할 수 있다. 영웅소설 장르에 포함되는 작품이라면 이 두 가지 서사의 축은 기본적으로 등장하기 마련이다. 영웅적 주인공은 가문의 위기로 시작하여 국가의 위기로 증폭되는 작품 서사 속 위기를 하나하나 해결해가며 서사를 이끌고 영웅적 주인공으로 塑造된다.

이는 다시 말하면 – 매우 당연한 이야기이지만 – 영웅이 '국난 극복'과 '결연을 통한 가문의 유지·형성' 모두를 완수해야 영웅으로서의 위치를 보장받으며, 동시에 영웅소설이라는 장르의 작품으로 성립될 수 있음을 의미한다. 즉 영웅소설의 서사가 조선후기의 어젠다를 지향한다면 그 과정에서 발생하는 위기와 그 해결의 내용은 곧 그것을 실현시키는 구체적인 실천 과제라고 할 수 있는 것이다.

그렇다면 이 두 가지 실천 과제는 어디서 온 것일까? 보는 이에 따라 이 구도는 성리학적 이데올로기의 대표적인 구현체라 할 수 있는 가문이나 국가의 일반적인 개념과 관련을 맺고 있는 것으로 해석할 수 있다. 조선후기라는 시공간적 특수성과 상관없이 중세 동아시아라면 어느 곳에서나 통용되던 보편적인 가치관의 현현일 뿐이라는 것이다. 이는 근본적으로 틀린 해석은 아니지만 그렇다고 해서 정확한 답도 아니다. 생각해보면 성리학적 이데올로기의 구현은 꼭 국난의 극복과 결연에 방점을 찍어야만 가능한 것이 아니기 때문이다. 앞서 언급한 두 축, 바꿔 말하면 국난 극복과 가문 질서의 유지에 무게중심을 두게 된 보다 실질적이고 구체적인 역사적 기억이 존재했고, 이것이 영웅소설 서사의 두 축, 나아가 조선후기 고전소설의 두 역사적 장르를 형성시켰으리라는 추정이 가능한 것이다.[63]

그와 관련한 역사적 기억은 표면적으로는 정묘호란(1627)·병자호란

63) 만약 보편적인 가문과 국가의 문제로부터 나온 것이라면, 조선전기에는 왜 영웅소설이나 가문소설이라는 '역사적 장르'가 일찌감치 등장하지 못했는가 하는 의문을 제기할 수 있다. 아마도 성리학적 이데올로기가 보다 강화될 수밖에 없었던 직접적인 계기가 있었을 것이다.

(1637)이지만, 보다 근본적으로는 계해정변, 즉 인조반정(1623)으로부터 시작된다. 물론 인조반정과 두 차례의 胡亂은 일관된 정치적 맥락 속에서 존재한다. 그러나 정묘호란과 병자호란이 전쟁에 대한 직접적 경험, 즉 다른 어떤 고통으로도 설명할 수 없는 직접적인 전쟁의 상흔을 남겼다면, 인조반정은 능양군, 즉 인조의 쿠데타를 정당화하기 위한 끊임없는 명분화의 과정 속에서 사람들에게 이념적인 흔적을 남겼다고 보는 것이 옳을 것이고, 후자가 보다 강하고 오래 지속되었다고 판단된다. 이후 두 차례의 호란은 오히려 인조반정의 이념적 명분을 강화시키는 데 큰 도움을 주었을 가능성이 높다.

흔히 개론적 차원에서 설명할 때, 영웅소설 출현의 시대적 동인을 임병양란 이후 국난의 뼈아픈 기억을 치유할 수 있는 영웅에 대한 국민적 기대감으로부터 찾는다. 이는 틀린 말은 아니지만, 엄밀히 말해서 두 가지 추가적인 과제를 남긴다. 우선 임진왜란과 병자호란의 상처를 전쟁이라는 이름으로 쉽게 동일시하는 것이 첫 번째 문제이고, 병자호란을 둘러싼 기나긴 외교적 문제의 전개 과정을 단 하나의 사건으로 표상하는 것이 두 번째 문제이다. 필자는 기실 임진왜란보다는 병자호란으로 대변되는 후금 세력의 強大國化가 직접적이고 충격적인 원인을 제공하였다고 생각하고, 그 중에서 병자호란은 일종의 촉매제 역할을 했을 뿐 근본적으로는 후금과의 외교적 문제가 불거지고 이것이 이념적으로 봉합되는 인조반정 이후의 정치적 명분론이 영웅소설의 성행에 기여했을 것이라고 본다. 이러한 과정 속에서 인조반정의 이념적 명분은 조선후기, 즉 19세기까지 조선의 이념적 명분의 골자를 이루고 있었던 것이다.

실제로 능양군이 쿠데타를 저지르게 된 직접적인 동기가 아니었던 이념적 명분이, 쿠데타를 완성하고 난 이후 곧바로 쿠데타의 직접적

동기로 부각되고, 이 명분이 조선후기 역사 내내 이데올로기로서 강하게 기능했으며, 권력층의 필요에 따라 축소·은폐되거나 확대·강조되었다는 사실에 주목할 필요가 있다. 애초에 정변을 모의하게 된 동기는, 후대에 역사적 기록으로 남겨진 것처럼 조선이 일관되게 유지하고 있었던 성리학적 이념을 지키고 정치·외교적 명분을 수호하기 위한 것이 아니었다. 계해정변의 주모자였던 綾陽君(인조, 1595-1649), 金瑬(1571-1635), 李貴(1551-1634), 申景禛(1575-1643)은 각기 자신들이 처해있던 위기 상황을 모면하기 위해서 혹은 개인적인 야심을 실현하기 위해서 거사를 도모하게 된 것이지,[64] 현전하는 기록에 나와 있는 것처럼 애초부터 기존 정권에 대해 정의로운 차원의 불만을 갖고 있었던 것은 아니다. 더욱이 정변이 쉽게 성공할 수 있었던 이유는 명분의 정당성보다는 광해군 재위 말년의 어수선한 정국에서 찾아야 한다.[65] 다시 말해서 명분의 타당성 때문이 아니라, 주동 인물들의 개인적 처지와 야심 그리고 당시 정국의 불안정성이, 정변을 통한 정치 역학 구도의 전복을 가능케 한 것이다.

---

64) '능양군의 집안은 아우 능창군이 신경희옥사(1615)에 연루되어 죽음을 당하면서부터 역적의 집안이 되었다. 또한 그 아버지 定遠君(1580-1619)의 집터에 王氣가 있었다는 소문을 들은 광해군은 그 집을 빼앗아 慶德宮 공사를 시작하였다. 아들을 잃고 집까지 빼앗긴 정원군은 두문불출하다가 몇 년 뒤에 죽었다. 이런 일련의 사건을 직접 겪은 능양군이 광해군에 대해 원한을 품은 것은 자연스러운 결과일 것이다. …(중략)… 김류의 진짜 동기는 소위 三淸洞結義 사건으로 죽음을 당할 뻔했던 그의 처지에서 찾아야 할 것이다. …(중략)… 이귀의 진짜 동기도 그의 특별한 처지에서 찾아야 할 것이다. 이귀는 광해군 즉위 전부터 대북의 鄭仁弘(1536-1623)과 앙숙이었고, 광해군 즉위 후 대북이 정국을 주도함에 따라 외직으로만 돌았다. …(중략)… 신경원의 진짜 동기 또한 신경희옥사 때문이었을 것이다. 계승범, 「계해정변(인조반정)의 명분과 그 인식의 변화」, 『남명학연구』26, 경상대학교 남명학연구소, 2008, 443-447쪽 참조.

65) 계승범, 앞의 논문, 447쪽 참조.

〈반정교서〉의 내용별 구성비

<table>
<tr><th>구성</th><th>분류</th><th>내용</th><th colspan="2">字數</th><th>失政비율
(334字)</th><th>전체비율
(599字)</th></tr>
<tr><td rowspan="3">서론</td><td>교서 양식</td><td>대비가 교시한다</td><td colspan="2"></td><td rowspan="3">-</td><td rowspan="3">16%</td></tr>
<tr><td>왕의 임무</td><td>紋彝倫, 立經紀, 奉宗廟, 安黎庶</td><td colspan="2" rowspan="2"></td></tr>
<tr><td>자격 상실</td><td>광해군의 나쁜 성품</td></tr>
<tr><td rowspan="11">본론</td><td rowspan="7">내정 문제</td><td>廢母殺弟, 대비집안 魚肉</td><td>90</td><td rowspan="2">103</td><td rowspan="2">31%</td><td rowspan="11">64%</td></tr>
<tr><td>형제, 조카, 庶母 살해</td><td>13</td></tr>
<tr><td>무고한 옥사들</td><td>8</td><td rowspan="2">47</td><td rowspan="2">14%</td></tr>
<tr><td>원로축출, 매관매직, 궁첩득세</td><td>39</td></tr>
<tr><td>민가철거, 궁궐토목공사</td><td>18</td><td rowspan="2">34</td><td rowspan="2">10%</td></tr>
<tr><td>부역과중, 수탈극심, 민생도탄</td><td>16</td></tr>
<tr><td>소결: 宗社의 위기 초래</td><td colspan="2">8</td><td>2%</td></tr>
<tr><td rowspan="3">외교 문제</td><td>명과 君臣·父子관계, 再造之恩</td><td colspan="2" rowspan="3">142</td><td rowspan="3">43%</td></tr>
<tr><td>명 배신, 오랑캐와 화친
密旨를 내려 적에게 투항
請兵 칙서 거절</td></tr>
<tr><td>소결: 금수의 나라로 전락</td></tr>
<tr><td>요약 결론</td><td>별전리 상이득죄어황조
斁人倫 하이득죄어만성
종사 감당에 부적격, 폐위</td><td colspan="2">48</td><td>-</td></tr>
<tr><td rowspan="3">결론</td><td rowspan="2">책 봉</td><td>능양군 칭송, 後嗣에 적격</td><td colspan="2">106</td><td rowspan="3">-</td><td rowspan="3">20%</td></tr>
<tr><td>능양군 부인 韓氏</td><td colspan="2">8</td></tr>
<tr><td>교서 양식</td><td>이에 교시한다</td><td colspan="2">8</td></tr>
<tr><td>계</td><td></td><td></td><td colspan="2">599</td><td>100%</td><td>100%</td></tr>
</table>

따라서 실상이 이러할수록, 새롭게 정권을 잡은 주체의 명분에 대한 집착은 강해질 수밖에 없다. 실상을 은폐하기 위한 가장 효과적인 수단이 납득할만한 명분의 수립에 있다는 사실은 권력 집권층이 보여주는 익숙한 수법이다. 이에 광해군의 '인목대비에 대한 핍박' 및 '친후

금적 외교노선'으로 요약되는 광해군의 失政을 정변의 명분으로 공표하게 된다.[66]

정변 주도 세력 개개인이 얼마나 진정으로 인목대비의 유폐와 명에 대한 배신행위에 분개하였는지 정확히 알 길은 없다. 그렇지만 그들이 광해군의 패륜과 背明 행위를 응징하고 종묘사직을 바른 길로 되돌리기 위해 거사했다고 명분을 밝혔고, 또 거의 모든 양반들이 그 명분을 정당한 것으로 인정한 이상 정변 이후의 조선 사회는 바로 그 윤리와 의리로부터 자유로울 수 없었다. 실제로 반정교서에서 밝힌 거사 명분은 이후 조선왕조가 망할 때까지 광해군 및 계해정변(인조반정)을 평가하는 주요 근거가 되었으며, 더 나아가 조선후기 사회의 가치 기준이 되었다.[67] 두 대표적 명분이 이념적 도구로서 조선후기 이데올로기의 콘텍스트를 좌우하는 큰 가치 기준으로 자리 잡게 된 것이다.

이러한 조선후기 '윤리와 의리'의 문제는 윤리 교화의 활성화와 같은 직접적인 이데올로기 공세를 통해서도 진행되었지만, 소설이라는 장르를 통해서 오히려 더욱 효과적으로 전파되었다. 실제로 조선후기 고전소설의 구도가 이를 잘 증명한다. 조선후기 고전소설을 대표하는 두 역사적 장르인 영웅소설과 가문소설은 공히 '국난 극복'과 '결연을 통한 가문의 영속'을 두 축으로 삼고 있으며, 영웅소설은 상대적으로 전자가, 가문소설은 후자가 작품의 서사에서 큰 비중을 차지한다. 조선후기 내내 이데올로기의 포막을 형성하고 있었던 背明 행위에 대한 경계 및 폐모살제에 대한 비판의 구도가 고전소설 서사의 축과 일치하는 것이다.

---

66) 아래 표는 계승범, 앞의 논문, 450쪽 참조.

67) 이 단락은 계승범, 앞의 논문의 453쪽을 인용하였다.

따라서 영웅소설은 기본적으로 조선후기의 이념 구도 안에서 그 맥락을 살펴봐야 하는 것이다. 그리고 그 맥락이 조선후기 이념의 추이와 어떠한 상관관계를 맺으며 변화하는지 그 세세한 움직임을 포착해야 하는 것이다. 이념의 구도라는 것이 수백 년 간 고정되어 있었던 것이 아니라 상황에 따라 변화했기 때문이다. 이때 背明 행위에 대한 경계 및 폐모살제에 대한 비판의 추이는 조선후기 사회가 '대명의리론'과 '가부장제'를 어떻게 강조하고 구현하여 나가는가를 통해 확인할 수 있게 된다. 이는 앞서 살펴본 완판본과 경판본의 이념적 지향과 일정한 상관관계를 맺었을 가능성이 높다. 두 지역의 이념적 지향을 나누어 살펴보자.

2. 완판본의 서사적 특성과 이념적 지향

1) 완판본 서사적 특성의 이념적 의미

앞서 살펴본 것처럼 완판본은 결연이나 가문에 대한 이야기보다는 남성 인물의 충절·절의를 부각시키고 남성 영웅의 영웅적 면모를 강조하는 경향이 강하다. 그리고 그 과정에서 서사가 늘어난다. 과연 왜 완판본에 이러한 특성이 나타나는가?

그 이유를 설명해줄 수 있는 단서는 향유층에서 찾을 수 있다. 이미 기존 연구에서 언급한 바도 있듯이 완판본의 향유층은 여성이 아닌 남성이 대부분이었으며 신분적으로는 중인 계층이었기 때문이다.[68] 다

68) 경판 방각본이 주로 草書로 쓰이어 보급되고 있었다는 점은 초서로 쓰인 것을 독자들이 능히 해독할 수 있었기 때문일 것이다. 서울의 독자는 여성층이었지만 완판의 독자는 주로 남성들이었다. 이 남성 독자들은 초기에는 대개 중인 서리층이었으

시 말해서 전주 지역 방각본의 주된 소비 계층이었던 중인 남성 독자층들은 영웅소설을 통해서 여성인물의 활약이나 여성영웅의 능동적 면모 혹은 결연이나 가문의 이야기보다는 남성들의 활약을 보고 싶었던 것이다. 다시 말해 전주 일대 중인 계층의 남성 독자층들은 남성영웅이 활약하는 영웅소설을 선호했고 그것이 작품의 서사적 변모에 영향을 끼쳤다고 할 수 있다.

이는 전주 일대 방각본 간행의 특징을 통해 더욱 명확히 드러난다. 전주 근처에 있었던 태인은 종이로도 유명하지만 일찍부터 방각본이 간행된 방각본의 원류 혹은 완판본 형성의 前兆가 되는 지역이다.[69] 독특하게 田以采, 朴致維 등 방각본업자들의 이름도 전해진다. 刊記를 보면 이들 서적 초판이 대개 1790년대 후반부터 1800년대 전반에 걸쳐 간행되었음을 알 수 있다. 아래 목록을 통해 알 수 있듯이 대부분 敎化書類이다.

> 『孔子通紀』, 『救荒撮要』, 『農歌集成』, 『大明律詩』, 『童子習』, 『事文類聚抄』, 『詳說古文眞寶大全』, 『史要聚選』, 『素王本紀』, 『新刊救荒撮要』, 『新編古今事文類聚』, 『增刪濂洛風雅』, 『孝敬大義』[70]

그런데 흥미로운 점은 이 중에는 당시에 꽤나 대중적이었던 역사서도 있었다는 사실이다. 『史要聚選』이 그것인데 중국의 역사를 상세히 서술한 9권의 역사서이다. 이 책은 18세기 중반 이후부터 19세기 중반

나, … (하략) …. 유탁일, 앞의 책, 77쪽.

69) 유탁일, 앞의 책, 22쪽 참조.

70) 앞서 언급한 바와 같이, 서적 목록 및 태인간본에 대한 논의는 다음의 연구를 참고하였다. 김윤수, 앞의 논문 ; 유탁일, 앞의 논문, 1981 ; 유탁일, 앞의 논문, 1983 ; 민관동, 앞의 논문.

까지 방각본으로 널리 찍혀 세간에 상당히 많이 전파되었다. 정확한 통계는 아니나 현재 각 대학 도서관에 존재하는 서적만 200여 권을 상회하니 당시 얼마나 많이 유통되었는지 알 수 있다. 곧 당대인들의 역사인식에 많은 영향을 끼쳤을 것이라는 말이다.

태인은 전주와 가까웠기 때문에 전주에 태인 지역에서 간행한 책들이 많이 유포되었다. 더욱이 『史要聚選』은 태인본이면서도 전주 西溪本이 존재한다.[71] 전주 서계본 서문을 보면 '태인본이 刻成된지 오래되어 字畫이 訛謬하여 魚魯를 難辨할 뿐 아니라 諸家의 글을 모은 것이기 때문에 내용이 疎粗한 것을 안타깝게 여기던 몇 사람의 同志들이 그것을 고치고 增補한 것'임을 알 수 있다.[72] 태인 판본이 낡아서 새롭게 간행하게 되는데 이때 간행한 곳이 西溪였다는 점은 이미 전주 일대에 이 책이 상당히 유포되어 있었고 수요 또한 상당했음을 짐작게 한다.

그런데 이렇게 널리 유포된 역사서가 촉한정통론을 기반으로 서술되어 있다. 목차를 보면 조선후기 특히 18세기 이후에 많은 영향을 끼친 주희의 『강목』처럼 '西漢(前漢)'-'東漢'-'蜀漢'으로 정통을 수립하고 있는 것이다. 앞서 설인귀의 형상을 긍정적으로 언급했던 『동사강목』이나 『해동역사』와도 동일한 역사인식을 공유하고 있는 것이다.

---

71) 물론 이 책은 경판본 由洞本과 武橋本도 존재하고 활자본도 존재한다. 김윤수는 간기를 보고 유동본과 무교본이 각각 1856년과 1865년에 간행되었다고 보았는데(김윤수, 앞의 논문, 378쪽), 필자가 실물을 보지는 못했으나 일제강점기 때 신구서림이나 한남서림에서 이 책들이 새롭게 간행되었다는 사실을 감안한다면 이 또한 확실한 연대라고 확정하기에는 어려움이 있다. 여하간 확실한 것은 『史要聚選』이 활발하게 간행되고 유통되었던 지역이 태인과 전주 지역이었다는 점은 의심의 여지가 없다는 점이다.

72) 『史要聚選』(西溪本) 序 참조 ; 유탁일, 앞의 책, 23쪽 참조.

주지하듯 촉한정통론의 관점에서 주목하는 역사에 송나라·명나라가 포함되기 때문이다.

따라서 완판본을 간행하고 향유했던 사람들에게 촉한정통론의 역사인식을 기반으로 한 대명의리론이 널리 확산되었으리라는 추정이 가능하다. 역사인식은 역사인식으로만 끝나지 않았다. 촉한정통론의 역사인식은 소설 간행의 기준으로도 작용했다. 완판본으로만 간행된 고전소설 목록을 보면 앞서 언급한 楚漢이나 蜀漢을 시대배경으로 한 작품들이 다수 존재하기 때문이다. 楚漢을 배경으로 한 〈楚漢傳〉이라는 작품은 경판본이나 안성판본에는 없고 완판본으로만 존재한다. 아울러 〈三國志演義〉를 배경으로 하고 있는 〈華容道〉 또한 완판본으로만 존재한다.[73]

영웅소설의 서사는 애초에 중화 질서를 긍정하는 바탕 위에 성립되었기 때문에 기본적으로 중국 중심의 질서에 대한 부정적 시선이 존재하지 않는다. 대명의리론을 전제로 작품이 창작된 것이다. 그런데 완판본을 보면 경판본에 비해 남성영웅의 영웅적 활약이 강조되면서 동시에 중화 질서에 대한 열망이 강하게 표출된다. 완판본 서적 출판의 경향을 감안해 볼 때 이는 전주 지역의 이념적 성향과 긴밀한 관련을 맺고 있는 것으로 보인다. 실제 작품에서 이러한 이념적 지향이 어떻

73) 완판으로서 <三國志演義>의 줄거리를 일부 번역 축약하여 한국적 성향에 맞도록 하여 간행한 것이 2종이 있는데 하나는 <三國志>요, 다른 하나는 <화룡도(華容道)>인 것이다. '언삼국지'라 하고 하편을 '제갈공명실긔'로 한 것이 있다. <三國志>는 경판이나 안성판에도 있으나 <華容道>는 완판뿐이다. 완판 삼국지는 <三國志演義> 54회부터 64회까지를 대상으로 하고 있으며, <華容道>는 37회부터 50회까지의 내용을 걸러서 만든 것이다. 이것은 제갈양의 출생과 그 夢兆로서 형주 九月山에 있는 황소저와 결연한 것으로부터 시작하여 조조를 적벽에서 破하여 화용도로 몰리게 한 뒤 관운장이 그를 지키다가 놓아주는 대목에서 끝난다. 유탁일, 앞의 책, 177-178쪽.

게 반영되는지 구체적으로 살펴보자.

2) 완판본 서사 속 대명의리론의 지향

완판본의 특성은 남성영웅소설에 잘 드러난다. 경판본과의 비교를 통해 얻은 결론처럼 완판본은 남성영웅을 중시하는 경향이 강하기 때문이다. 따라서 완판본 남성영웅소설을 통해 완판본의 이념적 지향을 살펴보는 것이 효과적이다.

완판본은 남성영웅을 중시하면서 동시에 이와 관련한 서사들을 길게 서술하는 일관된 경향을 갖고 있다. 분량이 많다고 해서 모든 서사가 균질하게 길어지는 것이 아니라 주로 남성영웅의 영웅적 면모를 설명하는 부분에서만 서술이 길어진다. 그렇다면 그 서술에는 어떠한 내용이 들어갈지 혹은 서술을 길게 하는 방식은 무엇일지 의문이 가지 않을 수 없다.

다시 말해서 남성영웅의 영웅적 면모를 강화하는 것은 대명의리론에 입각한 역사인식·정치의식을 강화한다는 것과 다르지 않은데, 그렇다면 이념적 지향을 작품의 서술에 어떻게 반영하는지 살펴봐야 한다는 것이다. 이를 확인해야 완판본의 서사적 특성이 이념적 지향과 부합하는 지점이 구체적으로 어디인지 알 수 있기 때문이다. 이에 〈소대성전〉·〈용문전〉, 〈조웅전〉, 〈유충렬전〉[74] 완판본에 나타나는 이념적 지향의 특징을 차례대로 살펴보도록 하겠다. 우선 그에 앞서 〈장풍운전〉을 통해 포착할 수 있는 단서들에 잠시 주목해보겠다.

---

74) 주지하듯 <유충렬전>은 완판본만 있다. 그렇기 때문에 판본 비교에서는 제외했다. 하지만 완판본의 정체성을 논하는 데 있어서는 다른 어떤 작품보다 우선적으로 거론되어야 할 작품이기 때문에, 판본 간 비교가 아닌 완판본의 특징을 논하는 자리에서는 언급하게 되었다.

〈장풍운전〉은 영웅소설의 전형적 모습으로 편입되는 초기적 양상을 잘 보여주지만 대명의리론의 이념적 지향을 강하게 반영하고 있지는 않다. 그런데 최근에 〈장풍운전〉과 관련하여 흥미로운 연구가 제출되고 있다. 내용인 즉, 한글본인 〈장풍운전〉에 앞서 한문본 이본인 〈金僊覺〉이 존재했다는 것이다. 김준형은 각지에 散逸해 있던 〈금선각〉의 이본을 한자리에 모아 정리하고, 형성 시기와 작가를 고증했으며, 나아가 한글본 〈장두영전〉과 〈장풍운전〉과의 관계에 대해서도 고찰하였다. 그에 따르면 〈금선각〉은 현전하는 이본만도 한문본 9종과 한글본 3종 등 12종에 달하며, 작가의 발문이 있는 유재영본을 기준으로 할 때 18세기(1722년 혹은 1782년)에 지방에 기반을 둔 진사 계층 申景源이라는 인물에 의해 창작된 것으로 확인된다. 주변적 정황들이 〈금선각〉을 〈장풍운전〉에 先行하는 이본이라고 증명하고 있는 것이다.

따라서 〈금선각〉과 〈장풍운전〉 사이에 보이는 차이의 지점들은 자연스럽게 한글본 영웅소설 형성의 과정을 설명하는 단서가 될 수 있는 것이다. 앞서 영웅소설에 강력한 영향을 끼친 설인귀의 조선후기 형상을 통해 우회적으로 단서를 얻었다면, 이는 보다 직접적으로 결정적인 단서를 제공해줄 공산이 큰 셈이다. 이에 대해서는 이미 김준형이 언급하였기 때문에, 그의 논지를 정리하는 방식으로 서술하도록 하겠다.

김준형은 〈금선각〉과 〈장풍운전〉의 차이를 밝히고, 이를 〈금선각〉과 〈장풍운전〉의 선후 관계를 밝히는 논거로 사용하여 〈금선각〉이 선행함을 밝혔다. 그런데 바꿔 말하면, 두 작품군의 선후 관계를 밝히는 과정에서 발견되는 차이는 곧 영웅소설로의 변화 과정을 의미하는 것이기도 하다. 논문에서 작품의 선후 관계를 밝히는 근거들을 살펴보면 다음과 같다.

① 제목이 '부처님의 깨우침'이라는 의미를 담은 <金僊覺>에서 주인공의 이름을 딴 <장풍운전>으로 바뀐 점
② 주변인물의 역할이 <금선각>에서 <장풍운전>으로 갈수록 줄어들면서 주인공의 영웅성이 강화된다는 점
③ 사건의 전개와 유관한 문예문들이 <장풍운전>에서 소거된 점
④ 후일담이 <장풍운전>에서 상당히 축약되는 점
⑤ <금선각>이 불교적 응보관에 기초한다면, <장풍운전>은 그로부터 이탈하고 있다는 점

위 결과는 분명 〈금선각〉과 〈장풍운전〉으로 대별되는 차이점이지만, 기실 〈장풍운전〉으로 변해가는 모습은 영웅소설의 그것과 같다고 해도 과언이 아니다. ①과 ②는 영웅소설이 주로 주인공 단 한 명의 영웅적 활약을 중심으로 전개되면서 주변 인물이나 주변 서사가 밀 그대로 주변화된다는 점, 작품의 제목에는 주도적인 활약을 하는 주인공의 이름이 붙는다는 점 등 영웅소설의 기본적 속성과 닿아있다. 한편 영웅소설의 구체적 서사의 측면에서, ③과 ④ 또한 보편적인 영웅소설의 특징이라 해도 무방하다. 영웅소설은 대체로 문예문이 잘 등장하지 않거나 생략되고, 후일담 또한 매우 간명하게 처리되는 편이기 때문이다. 마지막으로 ⑤도 기본적인 영웅소설의 속성과 일치한다. 일반적으로 백성들의 삶에 밀착된 불교적 의식이나 행위, 이를테면 불전에 나아가 아이를 기원하는 차원의 문제를 제외하면, 영웅소설에 불교적 색채는 잘 드러나지 않는다.

요컨대 〈금선각〉과 〈장풍운전〉의 교집합을 제하고, 〈장풍운전〉만이 갖고 있는 특징을 살펴본 결과 위와 같이 보편적인 영웅소설의 성격이 도출됨을 확인할 수 있었다. 이는 〈장풍운전〉이 한문소설 〈금선

각〉으로부터 출발하여, 전형적인 영웅소설의 문법으로 수렴되어 가는 양상을 보여주는 것이다. 그 구체적 과정은 각기 다르겠으나, 이렇듯 영웅소설의 전형적인 문법은 작품의 기존 모습들을 영웅소설로 탈색시킬 만큼의 힘을 갖고 있는 것이다.[75)]

(1) 〈소대성전〉·〈용문전〉의 완판본

먼저 대명의리론의 이념적 성향이 전고와 화소의 사용을 통해 작품에 반영되고 있다는 사실을 확인하기 위해 〈소대성전〉과 〈용문전〉을 고찰해보도록 하겠다. 詳論에 앞서 완판본과 경판본의 이념적 차이의 단서를 보여주는 사례들을 나열해보도록 하겠다.

이복규가 〈소대성전〉의 판본 간 변이 양상을 언급하면서 이 작품이 경판본에서 완판본으로 퍼져가는 양상을 보여주는데, 특히 이 과정에서 경판본에서의 어려운 한자성어가 완판본에 와서 쉽게 풀어져 있는 부분이 많이 발견되고, 군담 장면에서 경판본에 비해 훨씬 흥미 있고 상세한 표현과 삽화들이 추가된다고 했다.[76)] 그런데 상세한 표현과 삽화들이 추가되는 것은 인정할 수 있지만, 경판본에 등장하는 어려운 한자성어들이 완판본에 가서 쉬운 표현으로 바뀐다는 말에는 공감할 수 없다. 경판본이 완판본에 비해 어려운 한자성어가 많이 쓰이지도 않을뿐더러 완판본이 단순히 쉬운 표현으로만 바뀌는 것은 더더욱 아니기 때문이다.

75) 김준형, 앞의 논문, 2004 참조.

76) 이복규, 앞의 논문, 16쪽.

[경] : ᄉᆡᆼ이 손ᄉᆞᄒᆞ고 언연이 화젼을 펼쳐 쓰니 뇽ᄉᆡ 비등ᄒᆞ고 언ᄉᆡ 쾌활ᄒᆞ니 ᄒᆞ여스되,
츈풍이 ᄉᆞ롬을 인연ᄒᆞ여 옥경의 올으니 셰샹 진ᄋᆡ예 버셔는듯
샹ᄒᆞ 그림지 경슈의 밋치미여 월ᄉᆡᆨ이 무광ᄒᆞ물 ᄊᆡ닷괘라
ᄒᆞ여ᄯᅥ라. 승샹이 남필의 그 뜻이 화려ᄒᆞ믈 ᄌᆡᄉᆞᆷ 칭찬ᄒᆞ고[77]

[완] : ᄉᆡᆼ이 ᄉᆡᆼ각ᄒᆞ미 업시 즉시 글을 지어 올니이, ᄒᆞ여시되,
춘풍이 유인 상옥경ᄒᆞ이 반셰 진ᄋᆡ 취경장이라.
항아 연셕 반관게ᄒᆞ니 시호 금일 월ᄒᆞ연이로다
이 글 뜻션,
봄꿈이 ᄉᆞ롬을 유인ᄒᆞ여 옥경의 올으미여
반셰 씌결이 경장의 취ᄒᆞ여ᄯᅩ다.
항아로 자리를 연ᄒᆞ미여
불근 져술을 벗ᄒᆞ며 월ᄒᆞ의 연분이 당ᄒᆞ여ᄯᅩ다[78]

위 장면은 소대성이 은인인 청주 땅 이 승상을 만나 그 댁에서 기거하며 이 승상의 둘째 딸인 치봉과의 인연을 주선 받는 자리에서 시를 쓰는 모습이다. 확연하게 알 수 있듯이 경판본이 그 시의 내용을 언문에 가깝게 풀어썼다면 오히려 완판본에서는 이를 다시 한시 원래의 모양으로 회복시키려는 경향을 확인할 수 있다. 뒤이어 붙는 해설은 한시를 언문으로 적되 다만 음만 가져와서 발생할 수밖에 없는 궁금증을 해소시키기 위함이다. 다시 말해 쉽게 풀어쓴 것이 아니라 오히려 한문으로 다시금 고치고 거기에 敷衍을 한 것이다. 이러한 모습은 채봉의 화답시에서도 비슷하게 발견된다.

---

77) <소대성전> 경판16장본, 8b.
78) <소대성전> 완판43장본, 10a.

[완] : 그 글의 ᄒᆞ여씨되
낙낙장송은 군ᄌᆞ절이요, 의의녹죽은 열여경리라.
금일의 수명 셩주옥ᄒᆞ니, 천지위징 일월명이라.
이 글 쓰즌, 질고 진 풀은 솔언 군ᄌᆞ의 졀이요, 의의ᄒᆞᆫ 풀은 ᄃᆡ는 열여의 쓰시로다. 오늘날의 부모의 명을 바다 주옥을 일우니, 천지는 본징이요, 일월은 발가ᄯᅩ다.[79]

한편 한문투의 표현을 자유자재로 사용하는 모습도 도처에서 발견된다.

[완] : 무수ᄒᆞᆫ 어을 자바 죽니며 잠 ᄭᅢ기을 지다리던이, 그 아회 몸을 둘너 누의며 탄식 왈, "형산빅옥이 돌 속으 셕겨신이 뉘 보빈 줄 알아보며, 여상의 ᄌᆞ최은 교ᄃᆡ의 잇건마은 문왕의 그림ᄌᆞ 업고, 와룡은 남양의 누어시되 유황숙의 ᄌᆞ최 업시이, 어ᄂᆡ 놀의 갑ᄌᆞ일을 만나리요."[80]

이 장면은 이 승상이 왈영산(월영산) 조대에 올라 소대성을 발견한 후에 소대성이 깨기를 기다리느라 수많은 물고기를 죽이며 시간을 보내는 와중에 소대성이 마치 잠꼬대처럼 한 말이다. 여기에는 역사적 인물·지명 등이 아무런 여과 없이 그대로 노출되어 있다. 형산백옥이나 강태공을 지칭하는 呂尙, 제갈량의 호인 臥龍, 제갈량과 관련한 지명인 南陽, 유비를 지칭하는 劉皇叔 등 경판본에서는 보이지 않던 표현들이 등장한 것이다.

이러한 예는 작품 곳곳에서 쉽게 찾아볼 수 있다. 완판본이 문장이나 역사에 대한 기본적인 지식을 갖춘 사람들 혹은 역사를 기반으로

79) <소대성전>, 완판43장본, 10b.
80) <소대성전>, 완판43장본, 5a-5b. 경판본에는 이 내용이 없다.

한 소설에 익숙한 사람들을 독자층으로 상정하고 있음이 감지된다. 그렇다면 이러한 변화는 작품 전반에 어떠한 변화를 가져오고 있으며 왜 그러한 변화를 행했는가? 이를 확인하기 위해 경판본과 완판본 사이에 두드러지게 나타나는 차이인 역사인식의 반영 양상을 전고 수용의 측면과 화소 반영의 측면에서 살펴보겠다.

① 典故의 수용

역사인식이 고전소설에 등장하는 경우는 대체로 인물들의 대화 속 비유적 표현에서이다. 가령 주지하듯 영웅소설의 주인공이 입신양명하고 政事를 잘 돌보는 장면에서 등장하는 堯舜은 태평성대를 구가하는 당시의 상황을 역사 인식을 기반으로 표현한 일종의 비유이다. 고전소설의 일반적인 套式인 셈이다. 이러한 방식이 고전소설 전반에서 누누 사용된다는 사실에는 의심의 여지가 없다.

그런데 역사인식의 비유적 표현 또한 모든 판본에서 동일하게 등장하는 것이 아니다. 지금 다루고 있는 〈소대성전〉과 〈용문전〉을 봐도 그렇다. 두 작품의 완판본에는 – 경판본과 비교했을 때 – 역사적 사실, 인물, 공간 등에 대한 비유적 인용이 확연히 많다. 반면 경판본에서는 쉽게 찾아보기가 힘들다. 경판본의 경우 '영웅의 입공'을 중심으로 빠른 사건의 전개를 선호하는 방향으로 나아갔기 때문이다.[81] 빠른 사건의 전개를 중심에 놓고 생각해본다면, 전고를 통한 비유적 표현은 오히려 불필요한 수식이었을 가능성이 높다. 그렇다면 이러한 차이는 무엇을 말해주는 것일까. 이를 위해 경판본과 완판본을 '전고 사용의 양상'을 기준으로 비교해보겠다.[82]

81) 서경희(a), 앞의 논문, 1998, 98쪽 참조.

〈소대성전〉의 경판본과 완판본 속 전고 사용 양상

	내용	경판본	완판본
1	流離乞食하던 소대성을 이 승상이 발견하고 잠깨기를 기다리던 때에 소대성이 잠꼬대처럼 한 말	×	무수흔 어을 자바 죽니며 잠 끼기을 지다리던이, 그 아희 몸을 둘너 누의며 탄식 왈, "형산빅옥이 돌 속으 셕겨신이 뉘 보빈 줄 알아보며, 여상의 ᄌ최은 교디의 잇건마은 문왕의 그림ᄌ 업고, 와룡은 남양의 누어시되 유황숙의 ᄌ최 업시이, 어닉 늘의 갑ᄌ일을 만나리요."
2	소대성이 죽마고우였던 소상서의 아들임을 확인하고 이 승상이 소대성의 流離乞食을 걱정하며 하는 말	" …(상략)… ᄌ고로 현인군지 써를 만ᄂ지 못ᄒ면 쵸야의 곤궁ᄒ미 예ᄉ여니와 …(하략)… ."	승상 왈, "부열의 담쏘키와 니윤의 밧갈기와 무주공산 나무 비기를 조와ᄒ이, 예로부터 셩이군자 싸ㅣ을 만나지 못ᄒ면 초야에 뭇쳐 놉니 알가 ᄒ건이와 …(하략)… ."
3	이 승상이 道路에서 소대성을 데려와 딸 채봉과 연을 맺어주려 하자 왕 부인이 하는 말	" …(상략)… 젼일 녀아를 티사의게 비ᄒ시다가 엇지 붓그럽지 아니릿고?"	"승상이 평일의 여아을 임ᄉ의 비기시던이, 오늘날 걸인을 맛기려 ᄒ신이 그 명감을 몰의리로소이다."
4	병서를 읽는 소대성에게 이 승상이 태평시절에 걸맞지 않는 독서를 한다고 하자, 소대성이 하는 말	"디슌 갓튼 셩군도 ᄉ흉의 난을 보시고 쥬공 갓흔 셩인도 산동지역이 이셔 셩제 명왕도 불우지변이 잇삽거든 엇지 미양 티평을 미드리잇고?"	"요순 갓튼 디셩인도 ᄉ흉의 변을 보와시며, 헌원씨 만고영준리로디 치우의 난을 만나ᄉ오니, 엇지 티평을 장구히 밋ᄉ올잇가?"
5	소대성이 왕 부인과 三子가 보낸 자객(조현(조영))의 공격을 손쉽게 피하고 자객을 희롱하며 부른 노래	전국적 시졀인가 풍진도 요란ᄒ고 쵸한적 건곤인가 살긔도 등등ᄒ다 역발산긔긔셰도 강동을 못 건너거든 필부 조현이야 역슈를 건닐쇼냐	전국적 시졀인가 풍진도 요란ᄒ며, 초한적 천지런가 살기도 무궁ᄒ다 홍문연 잔치런가 칼츔은 무삼 일고? 픽턱의 잠긴 용이 구름을 어더시며 초산의 모진 범이 바람을 일어쏘다 범증의 ᄯ린 구실 빅셜이 되야쏘다 항장의 눕닌 칼이 쓸 고지 젼히 업다. 중양의 퉁소소릭 월ᄒ의 이려나니 장중의 잠든 픽왕 혼빅이 놀닉쏘다 음능 됴분 질의 월식이 희미ᄒ니 오강 널운 물의 슈운이 젹막ᄒ다 역발산기긔셰도 강동을 못 가거던 필부 헝경이야 역슈을 건넬소냐

82) 전고에 대한 확인은 신해진의 교주본을 참조하였음. 신해진, 앞의 논문, 2008 ; 신해진(b), 「완판 38장본 <龍門傳> 해제 및 교주」, 『고전과해석』7, 고전문학한문학연구학회, 2009.

5			거문고 ᄒᆞᆫ 곡죠의 살별이 셧겨시니 가련타 져 장ᄉᆞ야 갈 질리 어ᄃᆡᄆᆡ요 멀고 먼 황천질의 됴심ᄒᆞ야 가것스라. 가다가 ᄊᆡ치거든 현도을 닷거셔라
6	소대성이 떠난 후 왕 부인이 소대성을 잊으라고 하자, 채봉이 절의를 거둘 수 없다며 하는 말	×	"옛날 쵸왕이 오 세 여아를 다리고 희롱ᄒᆞ시되 '이 아히 ᄌᆞ라거든 문밧 ᄇᆡᆨ셩의 면나리을 쥬리라.' ᄒᆞ시던이 공쥬 장셩ᄒᆞ사 부마을 간ᄐᆡᆨᄒᆞ실ᄉᆡ 공쥬 엿ᄌᆞ오ᄃᆡ '신쳡이 오 셰에 부왕이 문밧 ᄇᆡᆨ셩의 며나리 쥬시마.' ᄒᆞ시ᄆᆡ ᄇᆡᆨ셩의 거쥬 밧들물 쥬야 명염ᄒᆞ여솝더이 이졔 들으ᄆᆡ 달른 ᄃᆡ 부마을 간ᄐᆡᆨᄒᆞ신이 신쳡은 달른 ᄃᆡ 안니 가옵고 ᄇᆡᆨ셩의 며나리 되기을 죽기로써 간ᄒᆞᆫᄃᆡ 초왕이 그 명영을 ᄌᆞ칙ᄒᆞ시고 인하야 ᄇᆡᆨ셩으로 부마을 정ᄒᆞ여씨니 지금 쳔츄의 그 절ᄒᆡᆼ을 욕된단 말이 업ᄂᆞᆫ지라."
7	왕 부인의 말을 들으라는 三子의 권유에 채봉이 절의를 꺾을 수 없다며 하는 말	×	"거거ᄂᆞᆫ 모친을 위ᄒᆞ신 말숨이어이와 군ᄌᆞ의 정직ᄒᆞ신 말숨은 안이로소이다. '츙신은 불ᄉᆞ이군이뇨, 열여ᄂᆞᆫ 불경이부라.' 하오니, 소졔 만일 절ᄒᆡᆼ을 숭상치 안이ᄒᆞᆯ지라노 올온 말숨으로써 기결ᄒᆞᆯ 거시어늘, 어린 동ᄉᆡᆼ의 마음을 탐지ᄒᆞ시니 실노 정도 안이라 그윽키 ᄒᆞᆫ심ᄒᆞ여이다."
8	왕 부인의 말을 들으라는 三子의 권유에 채봉이 절의를 섞을 수 없나며 하는 말	×	"ᄃᆡ장부 셰상의 쳐ᄒᆞᄆᆡ 문무을 겸젼ᄒᆞ야 ᄉᆞᆺ다온 일홈을 용방・비간의 츙절을 ᄉᆞ로미 올커늘, 거거의 말숨 갓타시면 츙효을 불관이 여기고 소인의 마음을 품어 계신이, 한적 양웅의 당유라. 후세에 남의 츔밧틈을 면치 못ᄒᆞ리로소니다. 예보틈 츙신의 문의 효ᄌᆞ 안이 ᄂᆞᆫ ᄃᆡ 업고 효ᄌᆞ 문의 츙신 안이 ᄂᆞᆫ ᄃᆡ 업더니, 거거ᄂᆞᆫ ᄒᆞ나도 션군의 셩심을 본바든 ᄇᆡ 업스니, 니ᄂᆞᆫ 걸쥬의 포악으로 우탕의 셩덕을 더례이미로소이다. 엇지 ᄒᆞᆫ심치 아니ᄒᆞ리요?"
9	한 노인이 소대성에게 말[馬]을 건네며 하는 말	×	"그 말을 후여 부릴 임ᄌᆞ 곳 잇스면 도로허 갑슬 쥬고져 ᄒᆞ노라. 옛날 관운장의 독ᄒᆡᆼ쳔리ᄒᆞ던 용ᄆᆡᆼ이 잇스면 불일지라. 그러나 엇지 주기을 ᄋᆡᆨ기리요."
10	노국왕이 된 소대성이 왕후가 된 채봉 앞에서 원수를 해할 듯 말을 하자, 채봉이 그러지 말기를 바라며 하는 말	×	"젼ᄒᆞ 만민의 부모신니 ᄉᆞ롬의 ᄉᆡᆼᄉᆞ 장중의 잇건이와 셕의 ᄒᆞᆫ신도 도즁 소년의계 욕 보고 주기지 안코 원수 변ᄒᆞ여 은인 되어난이다."

〈용문전〉의 경판본과 완판본 속 전고 사용 양상

	내용	경판본	완판본
1	연화도사가 용문을 찾아갔을 때 용문의 모습을 묘사한 내용	×	도ᄉᆞ 그 말을 듯고 그곳슬 ᄎᆞᄌᆞ가니, 과연 ᄒᆞᆫ 아희 몰리로 셩을 ᄊᆞ코 그 셩밧그 오힝을 버리고 셩안의ᄂᆞᆫ 쳔지조화을 응ᄒᆞ야 기치을 세우고 놉피 ᄋᆞᆫ져 황셕공 병법을 희롱ᄒᆞ거ᄂᆞᆯ 도ᄉᆞ 이윽키 술펴보다가
2	호국의 침략에 맞서 노왕 소대성이 출전을 결심하자 천자가 노왕에게 하는 말	×	"ᄉᆞᆷ국시졀 유현덕은 쳔ᄒᆞ을 제갈양의게 맛겻고 짐은 쳔ᄒᆞᄉᆞ을 경의게 맛겨ᄂᆞᆫ이 경은 ᄃᆡ병을 됴발ᄒᆞ여 쳔ᄒᆞ을 평정ᄒᆞ면 짐의 후환을 덜 거시라."
3	노왕이 연화선생을 뵙기 위해 기다리고 있는 가운데, 연화선생이 노왕이 온 줄 모르고 부른, 용문의 위협이 머지않음을 암시하는 노래	×	쇼ᄃᆡ셩의 칠셩검도 벽상의 건 제 십여 연이라. 초픠왕의 십만 ᄃᆡ병도 구니산 츄야월의 옥통쇼 ᄒᆞᆫ 쇼ᄅᆡ예 ᄃᆡ호 강아지 쏫듯 ᄒᆞ여 잇고 역발산기ᄀᆡ세로도 오강의 진토되고, 용봉산 연화ᄃᆡ예 규죡도 ᄒᆞᆯ릴업다. 아마도 북방 용문장군 곳 안이면 명국이 위ᄐᆡᄒᆞ리로다.
4	연화선생이 자신의 자식(손자)를 노왕에게 보내며 하는 말	×	"ᄌᆞ식은 닐직 쥭고 숀ᄌᆞ ᄒᆞ나 잇시되 장약이 과인ᄒᆞ고 ᄯᅩ 검슐은 관우 장비 갓고 뉵도 ᄉᆞᆷ약을 능히 통달ᄒᆞ더니 …(하략)… ."
5	연화선생이 호국의 침략이 위협적임을 걱정하는 말	" …(상략)… 텬관도ᄉᆞ의 지략과 호왕과 션우의 ᄋᆞ들이 만뷔부당지용이 잇서 아비 원수 갑기을 위하여 ᄯᅩ 북방의 영웅이 나시니 이ᄂᆞᆫ 초픠왕의 용밍과 장자방의 지략을 겸ᄒᆞ여시니 가장 념녀로소이다."	" …(상략)… 다만 쳔관도인의 지됴와 호왕의 아들 셔션우의 아들은 북방 영웅이라. 제 아부 원슈을 갑푸려 ᄒᆞ고 심을 다ᄒᆞᆯ 것시오, ᄯᅩ ᄒᆞᆫ 영웅이 잇씨되 ᄒᆞᄂᆞᆯ이 ᄂᆡ신 ᄉᆞ롬이라. 비록 쵸픠왕 시졀이라도 당치 못ᄒᆞᆯ 거시니 엇지ᄒᆞ리요."
6	연화선생이 호국의 침략이 위협적임을 걱정하자 이에 노왕이 대답하는 말	노왕왈 "텬조 운쉬 장원ᄒᆞ오니 제 비록 픠왕의 용녁과 당냥의 지략이 잇스나 엇지 근심ᄒᆞ리잇고."	노왕이 ᄃᆡ왈, "션싱이 호국 ᄃᆡ장을 니ᄃᆡ지 칭찬ᄒᆞ시니, 비록 쵸픠왕의 민인ᄃᆡ적ᄒᆞ던 용역과 ᄒᆞᆫ신 장양의 뉵도ᄉᆞᆷ약을 가저써도 션싱의 말ᄉᆞᆷ 갓ᄉᆞ올진ᄃᆡ, 명국 ᄉᆞ직이 위ᄐᆡᄒᆞ도소이다."
7	연화선생이 용문을 회유하는 편지	' …(상략)… 그ᄃᆡ 맛춤ᄂᆡ 뜻을 두루혀지 ᄋᆞ	' …(상략)… 명국을 셤겨 공명을 일우워 보국ᄒᆞ고 쳔ᄒᆞ을 평정ᄒᆞ야 어진 일홈을

		니면 헛도이 ᄉᆡᆼ녕만 ᄒᆞᄒᆞᆯ ᄯᆞ름이라. 그ᄃᆡ 안면을 ᄃᆞ시 볼날이 업스니 십년ᄉᆞ뎨지의ᄅᆞᆯ ᄉᆡᆼ각ᄒᆞ여 어두온 ᄃᆡ를 ᄇᆞ리고 ᄇᆞᆰ은 ᄃᆡ로 도라와 ᄉᆡᆼ년의 살히와 명국ᄉᆞ직을 위ᄒᆞᆯ 쁜 ᄋᆞ니라 그ᄃᆡ 일ᄉᆡᆼ을 경계ᄒᆞ미니 …(하략)….'	쥭ᄇᆡᆨ의 유전ᄒᆞ문 장부의 ᄒᆞᆯ ᄇᆡ요, 츙신의 본심이라. 그러무로 쥬무왕은 걸쥬을 치고, ᄒᆞᆫ신은 초국을 바리고 ᄒᆞᆫ나라의 도라왓스니 니ᄂᆞᆫ 다름이 안니라 어두온 ᄃᆡ를 바리고 발근 ᄃᆡ로 가미요 ᄯᅩᄒᆞᆫ 졔갈양이 유현덕을 셤기미라. …(하략)….'
8	명나라에 당도한 용문을 회유하는 연화선생의 말	×	"니윤ᄂᆞᆫ 밧갈기을 심 씨다가 은왕 셩탕을 셤겨 ᄃᆡ업을 일우어ᄂᆞᆫ니, 군ᄌᆞ 맛당이 어두온 ᄃᆡ을 바리고 발근 ᄃᆡ 도라가 셩군을 셤겨 ᄉᆞ직을 밧들 거시여ᄂᆞᆯ …(하략)…."
9	용문이 연화선생에게 명나라 장수 되는 것이 도리에 맞지 않음을 들어 망설이며 하는 말	×	"소ᄌᆞ 용열ᄒᆞ와 션ᄉᆡᆼ의 교훈을 거ᄉᆞ러ᄊᆞ오니 비옵건ᄃᆡ 션ᄉᆡᆼ은 죄을 ᄉᆞᄒᆞ소셔. 명국을 셤기라 ᄒᆞ시니 그 말ᄉᆞᆷᄃᆡ로 슈화 즁이라도 피치 안이ᄒᆞ올연이와 츙신은 불ᄉᆞ이군이란 말ᄉᆞᆷ이 잇ᄉᆞ오니 쳔츄의 더러온 일홈을 면치 못ᄒᆞ올 거시오, 그 나라 임규을 멸ᄒᆞ올진ᄃᆡ 옛날 위국 장슈 여포의 ᄒᆡᆼ실과 일반이오니 비옵건ᄃᆡ 션ᄉᆡᆼ은 ᄒᆡ량ᄒᆞ시와 분부ᄒᆞ옵소셔."
10	용문의 망설임에 연화선생이 단호하게 결정하라는 말	×	"노인이 너을 가르쳐거ᄂᆞᆯ 엇지 그 만ᄒᆞᆫ 일을 모로리요, 한국의 장양 한신도 이런 일이 잇스니 다시 그런 말을 말나."
11	용문이 진영을 갖추며 장수에게 하는 말	×	"…(상략)… 한국 ᄃᆡ승상 졔갈션ᄉᆡᆼ이 위국 병마 ᄉᆞ십만을 벽화슈의셔 씨도 업시 뭇질으던 법이라. 굴영을 축실이 거ᄒᆡᆼᄒᆞ라" ᄒᆞ고 ᄯᅩ ᄒᆞᆫ 장슈을 불너 왈, "너히는 ᄉᆞᆷ쳔 병마을 거나려 쳔봉ᄉᆞᆫ 소용목이라 ᄒᆞᄂᆞᆫ 곳션 위국 화룡도 갓치 ᄉᆞᆷ긴 곳시라 …(상략)… 이 법도 졔갈무후의 비겨이 부ᄃᆡ 명심ᄒᆞ여 그 ᄯᅢ을 일치 말나."
12	노왕 소대성의 딸인 계춘이 명장의 아내가 되고 싶다며 하는 말	×	"소여 평ᄉᆡᆼ 원ᄒᆞ옵기를 ᄉᆞᆷ국시절 구게산 ᄊᆞ홈의 ᄉᆞ십만 ᄃᆡ병 즁의 무인지경 갓치 나오든 상산 조ᄌᆞ룡 갓턴 ᄃᆡ장의 안ᄋᆡ 되고저 ᄒᆞ난이다."

표를 통해 확인할 수 있는 것처럼, 같은 내용을 전달하고 있는 부분이라 하더라도, 경판본에는 전고의 인용이 거의 보이지 않는 반면, 완판본에서는 수시로 역사적 전고가 비유적 표현으로 인용된다.

그런데 차이는 여기서 그치지 않는다. 완판본 속 전고들이 일정한 공통점을 지니고 있기 때문이다. 위 표에서 제시한 전고들이 대체로 어떠한 시대의 어떠한 인물·사건들을 배경으로 하고 있는지 살펴보자.

〈소대성전〉 완판본 속 전고

전고	시대	내용
呂尙	周	姜太公
臥龍	蜀漢	諸葛亮
劉皇叔	蜀漢	劉備
傅說	商	재상
伊尹	商	재상
姙	周	文王의 母 太姙
姒	周	武王의 母 太姒
堯舜	堯舜	요순시대
四凶	堯舜	중국 고대 흉악한 요괴
軒轅	(古代)	중국 고대 황제
蚩尤	(古代)	중국 고대 제후
戰國	戰國	전국시대
楚漢	楚漢	초한시대
鴻門宴	楚漢	한고조 유방과 초왕 항우가 홍문에서 베푼 잔치
沛澤	楚漢	한고조 유방이 봉기하여 군대를 일으킨 고을
楚山	楚漢	한고조 유방과 초왕 항우의 비유적 표현
范增	楚漢	초왕 항우를 따라 奇計로 戰功을 세움
구슬	楚漢	홍문연에서 한고조가 항우의 신하 范增에게 선사한 玉玦
項莊	楚漢	홍문연에서 한고조 유방을 죽이려고 한 항우의 부하
張良	前漢	창업의 공신

퉁소소리	楚漢	장양이 항우와의 전쟁에서 분 퉁소소리
覇王	楚漢	項羽
陰陵	楚漢	안휘성 화현의 북쪽 경계, 항우가 패하고 길을 잃었던 곳
烏江	楚漢	안휘성 화현 동북을 흐르는 강, 항우가 자살한 곳
力拔山 氣蓋世	楚漢	항우를 일컬음
강동을 못 가거던	楚漢	항우 자결 관련 일화
荊卿	戰國	전국시대 자객
易水	秦	荊卿이 연 태자의 부탁으로 진시황 암살하러 갈 때 건넌 강
龍龐	夏	걸왕 신하 關龍龐
比干	殷	주왕의 숙부
揚雄	漢	유학자
桀	夏	桀王
紂	殷	紂王
禹	夏	禹王
湯	殷	湯王
關雲長	蜀漢	關羽
韓信	前漢	武將

〈용문전〉 완판본 속 전고

전고	시대	내용
黃石公	秦	병법가
유현덕	蜀漢	유비
제갈량	蜀漢	제갈량
초패왕	楚漢	항우
옥퉁소	楚漢	장양이 항우와의 전쟁에서 분 퉁소소리
力拔山 氣蓋世	楚漢	항우를 일컬음
관우	蜀漢	관우
장비	蜀漢	장비
韓信	前漢	武將
張良	前漢	창업의 공신

周武王	周	武王
桀	夏	桀王
紂	殷	紂王
伊尹	商	재상
여포	後漢末	武將
제갈선생	蜀漢	제갈량
화용도	蜀漢	관우와 조조가 싸우다 조조가 패한 곳
제갈무후의 秘計	蜀漢	제갈량의 신야성 전투에서의 비책
조자룡	蜀漢	武將

작품 속에서 전고가 인용되는 경우를 정리해보았다. 위 표를 통해 전고 속 인물·사건들이 주로 어느 시대를 배경으로 하고 있는지 쉽게 알 수 있다. 바로 중국 고대사 중에서도 특히 秦漢時代에 집중되어 있다. 진한시대는 秦과 前漢·新·後漢 그리고 魏·蜀·吳 삼국의 역사를 지칭한다. 작품 속 전고는 이 중에서도 특히 楚漢戰爭期 漢과 魏·蜀·吳 삼국시대 속 蜀漢을 배경으로 하는 경우가 많다.

이 시기 역사는 이후 동아시아 역사 전개의 어느 시점에서건 모범 혹은 반면교사의 대상이 되었다. 그런데 중요한 것은 진한시대 역사에 대한 평가가 시기마다 달랐다는 점이다. 이는 중화주의 역사의 正統 수립의 양상을 통해 드러나기 마련인데, 특히 魏·蜀·吳 삼국 중에 어느 나라를 정통에 세우느냐가 그 핵심이었다. 시대적 국면마다 다른 역사 해석을 통해, 현재 시점의 문제를 정당화하고 합리화했던 것이다. 그래서 어떤 때는 漢나라의 마지막 황제의 선양을 받고 국력이 강했던 魏나라 중심의 정통론이 대두되는가 하면, 前漢의 후손으로 알려진 유비가 혈통상의 정통성을 토대로 漢나라의 재건을 도모했던 蜀漢 중심의 정통론이 대두되기도 한다.

조선후기에는 촉한정통론의 역사인식이 강했다. 이는 청나라가 중원을 장악하고 명나라가 망해 한족 중심의 질서가 붕괴된 당시의 시대적 정황과 맞물려 있다. 명나라의 실질적인 복원이 불가능함을 실감한 17세기 말 이후 조선에서는 대명의리를 상징하는 다양한 작업이 진행되었다. 주자학을 절대화하고 정통론을 강조하는 존주론이 보다 본격적으로 대두되기 시작한 것이다. 이에 따라 朱熹의 『綱目』이 강조되고, 그것의 보급서로서 『資治通鑑節要』가 중시되었다. 촉한정통론이 일반화되면서 촉한의 인물들에 대한 追崇이 주요한 역사인식으로 자리 잡게 된 것은 필연적 귀결이었다.

소설의 경우 촉한정통론에 기반 한 모종강본 〈三國志演義〉가 대대적으로 유행해서 심지어 여성들이 교화를 목적으로 읽었다고 하는데,[83] 이는 바로 대명의리론이 역사인식이나 정치의식에만 머무른 것이 아니라 소설 향유라는 행위에까지 영향을 미쳤다는 명징한 근거가 될 수 있다.

〈소대성전〉과 〈용문전〉의 완판본도 같은 맥락에서 이해해야 한다. 완판본에 부연되는 역사적 사실들은 대부분 한고조, 제갈량, 그리고 촉한의 인물인 유비·관우·장비를 그 대상으로 하고 있다. 결과적으로 두 작품의 완판본은 촉한정통론에 입각한 대명의리론의 역사인식으로 한 차례 덧씌워진 것이다.

② 話素의 반영

논자에 따라서는 위와 같이 유비·관우·장비를 비롯한 蜀漢 인물들

83) 이 말은 허태용의 논의를 참고하여 정리한 것이다. 허태용, 앞의 논문, 2003 ; 허태용, 앞의 논문, 2001.

이 여러 차례 등장하는 것은 〈三國志演義〉의 유입과 관련이 있는 것이 아닌가 하는 의문을 제기할 수 있다. 물론 당연하게도 이는 〈三國志演義〉의 유통과 깊은 관련을 맺고 있다. 뒤에 언급하겠지만 특히 〈용문전〉에서는 〈三國志演義〉의 몇몇 화소들이 그대로 수용된다.[84)]

그런데 여기서 답이 끝나는 것이 아니다. 어떠한 이유에서 영웅소설의 서사에 〈三國志演義〉의 인물들과 관련 일화가 수용되는지 그 역사적 맥락을 따질 필요가 있다. 결론부터 언급하면 이 또한 촉한정통론 때문이라고 할 수 있다. 이를 증명하기 위해 〈용문전〉의 일부분을 살펴보자.

> [완] : 용문이 ᄉᆞ은ᄒᆞ고 직시 장ᄃᆡ의 좌기ᄒᆞ고 칠십만 ᄃᆡ병을 원앙ᄃᆡ로 결진ᄒᆞ고 장슈를 분발ᄒᆞᆯ ᄉᆡ 션봉장 셜영두을 불너 왈, "그ᄃᆡ는 ᄉᆞᆷ천군 쳘기을 거나러 호진 뒤의 황쳔강 가 벽슈신의 슈목이 창쳔ᄒᆞ여 ᄒᆞ늘을 보지 못ᄒᆞ니 그곳스 가 ᄆᆡ복ᄒᆞ엿다가 명일 오시에 쳘기을 거나러 호병을 쏘치면 호왕과 젹장이 두미을 ᄎᆞ리지 못ᄒᆞ야 황천 강변으로 다라놀 거신니 그ᄯᅢ을 타 짓치며 강슈의 모라 너흐라. 만일 영을 어기오면 군법으로 시힝할 거신니 축실리 거힝ᄒᆞ야 뉘으치미 읍게 ᄒᆞ라."
> 하고, 심회양을 불너 왈, "그ᄃᆡ는 일만오쳔 병을 거나려 월츌산의 가 복병ᄒᆞ엿다가 명진 ᄃᆡ병이 호진으로 드러가는 ᄯᅢ을 타 연기를 업겨 ᄒᆞ고 잇시면 호젹이 쏘기여 그 손으로 갈 거신니 군병이 일시에 ᄂᆡ다라 뇌고함셩ᄒᆞ고 즛치면 호젹이 ᄃᆡ픠ᄒᆞᆯ지라. 명일의 북호을 ᄒᆞᆸ멸ᄒᆞᆯ 거신니 졔장은 부ᄃᆡ 군법을 어기지 말나."
> ᄒᆞ고, 슈경 등과 셜만틔 등을 불너 왈, "너히 등은 삼쳔 병식 거ᄂᆞ려

84) 이와 관련해서는 정규복의 연구 성과가 있다. 정규복, 앞의 논문 ; 정규복, 「한국 군담류 소설에 끼친 삼국지연의의 영향 서설」, 『석헌 정규복 총서5 : 한국문학과 중국문학』, 보고사, 2010.

> 호진 셔편의 쳔봉산이 잇고 그 압푸 만슈쳔니란 물이 잇신니 군ᄉᆞ로 ᄒᆞ야금 포ᄃᆡ의 모ᄅᆡ을 너허 가지고 십 니를 가면 ᄐᆡᄇᆡᆨ 여흘이 잇시되 일 긴 구부라, 그 상유의 물을 포ᄃᆡ 모ᄅᆡ로 막앗다가 호젹이 그 물를 건네거던 일시예 물을 트라. 니 법은 한국 ᄃᆡ승상 졔갈션싱이 위국 병마 ᄉᆞ십만을 벽회슈의셔 씨도 업시 묫질으던 법이라. 굴영을 ᄎᆞᆨ실이 거힝ᄒᆞ라."
>
> ᄒᆞ고, ᄯᅩ ᄒᆞᆫ 장슈을 불너 왈, "너히는 ᄉᆞᆷ천 병마을 거나려, 쳔봉ᄉᆞᆫ 소용목이라 ᄒᆞᄂᆞᆫ 곳션 위국 하롱도 갓치 ᄉᆞᆷ긴 곳시라, 그곳ᄃᆡ 가 복병ᄒᆞ되 연기을 ᄂᆡ지 말고 좌우의 화약 염초을 준비ᄒᆞ엿다가, 호젹이 본진으셔 ᄃᆡᄑᆡᄒᆞ여 그 질노 다라나 소용목의 들거든 좌우로셔 일시예 불을 질으라. 이 법도 졔갈무후의 비겨이, 부ᄃᆡ 명심ᄒᆞ여 그ᄯᆡ을 일치 말나. ᄒᆞᆫ번 ᄊᆞ홈의 복호[북호]를 ᄒᆞᆸ멸ᄒᆞ리라."[85]

이 인용문은 용문이 전향한 후 대명의 장수로서 군병을 總督하며 장수들에게 작전을 지시하는 부분이다. 그런데 장수들에게 전하는 지시는 〈三國志演義〉의 新野城 전투를 떠올리게 한다. 각각의 내용을 살펴보자.[86]

선봉장 설영두에게 지시하는 내용에서는 신야성 전투에서 제갈량이 장비에게 군사 일천을 거느리고 博陵 나루터에서 매복하였다가, 상류에서 관우가 터놓은 물에 쫓긴 조조의 군사가 오면 합멸케 한 비계가 떠오르고, 심회양에게 지시하는 내용에서는 제갈량이 조자룡에게 유황과 염초를 갖추어 매복하고 있다가 조조의 군사들이 텅 빈 성 안으로 들면 불붙은 화살을 성 안으로 쏘아 붙이고, 또한 성 밖의 군사들로

---

85) <용문전>, 완판38장본, 28a-28b.

86) 이 부분은 <三國志演義>를 읽은 독자라면 충분히 감지할 수 있는 내용이다. 이 글에서 그 구체적 정황은 신해진의 교주본을 통해 파악하였다. 신해진(b), 앞의 논문, 2009, 참조.

하여금 함성을 지르도록 한 비계가 떠오른다.[87]

또한 설만태에게 이르는 내용에서는 제갈량이 관우에게 군사 일천을 이끌고 白河 상류로 가서 흙과 모래를 퍼 담은 자루로 물을 막고 매복하게 했던 계책이 떠오르며, 한 장수에게 명하는 부분에서도 제갈량이 조자룡에게 군사 삼천을 거느리고 네 部隊로 나누되, 한 대는 스스로 거느려 동문 밖에 매복하고 나머지 세 대는 서문·남문·북문 밖에 매복하여, 그 전에 유황과 염초를 비롯해 불붙기 쉬운 것들을 민가의 지붕에다 재어놓게 한 계책이 떠오른다.[88]

결과적으로 이 부분은 〈三國志演義〉의 新野城 전투를 의식한 것이라고 볼 수밖에 없다. 경판본에서 용문이 전향한 후 호국과의 전쟁을 앞둔 상황에서는 이러한 이야기들이 전혀 등장하지 않는데, 완판본에서만 신야성 전투와 관련한 일화가 수용되었다. 흥미로운 사실은 완판본과 〈三國志演義〉와의 친연성이 이 외에도 더 많은 곳에서 확인된다는 점이고, 그 친연성이 확인되는 부분은 모두 '유비가 형주의 유표에 의탁하고 신야성을 중심으로 서서·제갈공명과 함께 활동하는 내용'이라는 점이다. 항목을 나누어 살펴보면 다음과 같다.

1. <용문전>만이 아니라 영웅소설의 공식적 화소라 할 수 있는 晩得子 화소와, 유비가 신야성에서 晩得子인 劉禪을 낳는 화소 속에서 친연성이 확인된다. 대부분의 영웅소설처럼 <용문전>에서도 용문은 용훈이 늦게 얻은 아들로 설정되어 있다. 마찬가지로 유비 또한 신야성에 와서야 늦게 아들을 얻는다.

---

87) 신해진(b), 앞의 논문, 2009, 179-180쪽 참조.

88) 신해진(b), 앞의 논문, 2009, 180쪽 참조.

2. 용문의 아버지인 용훈이 호왕의 인질로 잡혀 용문을 회유하는 편지를 쓰라는 요구를 받는 장면과, 徐庶[유비의 참모]의 어머니가 조조의 인질로 잡혀 서서를 회유하는 편지를 쓰라는 요구를 받는 장면에서 친연성이 확인된다. 두 장면에서 모두 필적을 흉내 내어 편지를 조작하는 모습이 보이고, 이 과정에서 용훈과 서서의 어머니 모두 굳은 신념을 보인다. 선행 이본 연구에서 밝힌 바와 같이 완판본 <용문전>에 오면 '용훈'의 중화주의적 절의가 강렬하게 표출되는데, 이 또한 서서의 어머니가 보여준 절의와 유사한 양태를 보여주는 것이다.

3. 노왕 소대성이 호국 기세가 만만치 않음을 깨닫고 연화선생을 찾아가 만남을 청하는 장면과, 유비·관우·장비가 제갈공명을 얻기 위해 三顧草廬를 하는 장면에서 친연성이 확인된다. 힘겹게 찾아간 노왕은 연화선생이 낮잠을 자고 있자, 연화선생이 잠에서 깰 때까지 마냥 기다리는데, 이 과정에서 땀이 흐르는 등 고초를 겪음에도 마음의 변함이 없다. 인내의 과정을 통해 결국 연화선생을 만나게 되고 결국 그를 명국의 진영으로 모셔오게 된다. 유명한 三顧草廬의 내용도 마찬가지이다. 유비 일행이 제갈공명을 만나기 위해 갖은 고난을 겪다가 결국 마지막에 찾아갔을 때 만날 기회를 얻는데, 이때 제갈공명은 낮잠을 자고 있었고 유비 일행은 와룡선생(제갈공명)이 깰 때까지 마냥 기다리다가 만나게 되고, 결과적으로는 유비의 진영에 동참하게 만든다.

4. 용문이 전향하여 명군의 장수로 부임한 후 諸將들에게 명령을 내리는 장면과, 제갈공명이 유비로부터 권한을 위임받고 조조의 군대를 이길 계책을 마련하는 장면에서 친연성이 확인된다(이 부분에 대해서는 앞서 언급했기 때문에 詳述은 생략한다).

1·2·3·4에서 확인할 수 있듯이, 〈용문전〉과의 친연성이 확인되는 내용은 〈三國志演義〉 중 '유선의 출생'·'서서 어머니의 절의'·'三顧草廬'·'신야성 전투' 등 모두 유비가 형주의 유표에 의탁하고 신야성을 중심으로 서서·제갈공명과 함께 활동하는 부분(이하 '신야성' 화소로 약칭)에 집중되어 있다.

그렇다면 이는 무엇을 의미하는가. 주지하듯 신야성 화소는 조직적이지 못했던 유비의 군대가 서서와 제갈공명을 얻으며 조조의 군대를 물리치는 전환적 계기를 얻는 부분이다. 작품 속에서 가장 흥미로운 서사 중 하나이기도 하지만, 다른 한편으로는 촉한정통론에 입각한 역사 인식의 정당성을 가장 확실하게 보여주는 화소인 셈이다.

앞서 전고 활용 부분을 보면 유비나 관우만큼이나 제갈량에 대한 긍정적 입장이 자주 등장하는데, 조선후기 역사 인식을 보면 이것이 우연이 아님을 알 수 있다.

> 정통으로 인정된 왕조나 그 왕조의 인물을 매우 높이 평가하는 경우는 유비와 제갈량을 극찬하는 내용에서 극명히 드러난다. 유비에 대해서는 유표의 유언을 따라 형주를 취하지 않았으니 신의가 있다는 평가와, 덕과 의를 잃지 않았다는 평가가 대표적이다. …(중략)… 제갈량에 대해서는 褒彰의 정도가 유비를 능가하는데 능력이 뛰어나다는 일반적인 칭찬에서부터 司馬懿와는 비교할 수 없다는 평가, 제갈량의 군대는 三代의 군대와 비슷하다는 평가, 伊尹과 마음이 같았다는 평가 등으로 나타나 결국은 그의 마음은 萬世가 지나도 없어지지 않을 것이라는 평가, 成敗로 평가해서는 안 된다는 평가, 그리고 공명은 三代의 遺才라는 평가로 이어졌다.[89]

89) 허태용, 앞의 논문, 2001, 14-15쪽.

조선후기에 성행했던 역사서인 『자치통감절요』에 등장하는 유비와 제갈량에 대한 인식의 양상이다. 인용문을 통해 확인할 수 있듯 유비, 특히 제갈량에 대한 긍정적 시선은 상상을 넘어선다. 촉한정통론의 역사 인식이 역사적 인물에 대한 평가에 어떻게 영향을 끼치는지 잘 보여주는 사례라 할 수 있다.

요컨대 이들 작품의 완판본에는 〈三國志演義〉의 이야기들이 들어와 있다. 그런데 이 지점에서 중요한 것은 〈三國志演義〉의 서사적 수용이라기보다 역사 인식 수용이다. 이는 〈三國志演義〉의 영향을 받았을 것이라고 강하게 추정되는 화소들이 신야성 시절의 유비·서서·제갈량 등의 이야기들을 담고 있기 때문이다. 이들은 촉한정통론의 정당성에 무게를 실어주는 존재들로 조선후기 역사 인식에서도 상당히 긍정적으로 그려진다. 따라서 〈三國志演義〉의 이야기 수용과 관련하여 〈三國志演義〉의 대중성이나 흥미성을 논하기 이전에 이들 사이에 공유되고 있는 역사 인식을 문제 삼아야 한다고 본다.

요컨대 완판본에서는 촉한정통론에 입각한 역사적 인물이나 사건들이 작품 내에 반영되어 경판본과는 차별화된 모습을 보여준다. 그런데 주지하듯 촉한정통론이 조선후기에 대두된 배경에는 대명의리론이라는 정세 인식이 기저에 깔려 있다. 결국 완판본은 촉한정통론에 입각한 전고와 화소를 삽입함으로써 대명의리론에 대한 이념적 지향을 보다 강하게 드러내고자 한 것으로 볼 수 있다.

(2) 〈조웅전〉의 완판본

〈소대성전〉·〈용문전〉 완판본이 촉한정통론의 역사인식과 대명의리론을 부각하는 방식으로 문제의식을 강화했다면, 〈조웅전〉 완판본은 직접적인 문제의식의 표출보다는 간접적인 방식을 택한다. 이는 곧 작품 서사의 확대로 명명할 수 있다. 작품 서사는 얼핏 이념과 관련이 없어 보인다. 그렇다면 작품의 서사 확대는 위와 같은 문제의식에 어떻게 기여할 수 있는가.

소설에서 위기가 등장하고 그것이 해결되는 과정은 매우 보편적인 서사 전개의 흐름이다. 어쩌면 소설은 위기의 해결, 즉 결말을 위해 위기를 설정하는 것이라 해도 과언이 아니다. 왜냐하면 소설의 결말은 소설의 윤리적 주체가 최종적으로 드러나는 곳으로서,[90] 작품의 주제가 핵심적으로 압축되어 있는 지점이기 때문이다. 따라서 위기가 모두 해결되고 화해로 나아가는 고전소설의 일반적인 결말을 전제로 한다면, 위기의 다양화는 곧 보다 더 극적인 결말을 준비하기 위한 소설적 장치라 할 수 있다. 독자들은 위기가 해결되는 과정을 통해 서사적 흥미를 느끼고 자연스럽게 작품의 주제로 접근해 들어간다. 곧 작품의 이데올로기로 수렴되어 가는 것이다.

이러한 점에서 볼 때 영웅소설의 서사적 위기가 다양화될수록 그것의 해결 과정 또한 극적으로 진행될 수밖에 없다. 독자들은 자신이 읽었던 작품으로 인해 갈등과 해결에 대한 기대의 역치가 올라가므로, 새로운 작품을 대하게 되면 더욱 복잡하고 다양한 층위의 위기를 기대하게 된다. 이에 자연스럽게 附隨되는 해결의 극적인 과정은 곧 독자가 작품의 이데올로기로 더욱 더 확실하게 수렴되는 데 한몫을 담당하게 된다. 독자들을 이데올로기의 자장 안으로 끌어들이기 위한 일종의 속임수인 셈이다.

작품이 수반하고 있는 이데올로기로 독자들이 수렴될 때에는 비단

90) 김경남, 「군담소설의 전쟁 소재와 욕망의 관련 양상」, 『겨레어문학』21, 겨레어문학회, 1997, 658쪽.

표면적으로 드러나는 명확한 이데올로기의 징표들만이 그 역할을 하는 것이 아니다. 오히려 작품의 위기와 그것의 해결 과정에서의 자연스러운 습득이 은연중에 독자들을 이데올로기의 능동적인 주체로 만들어줄 가능성이 더 크다. 다시 말해 〈소대성전〉·〈용문전〉 완판본이 경판본에는 거의 사용되지 않았던 촉한정통론에 입각한 전고를 부연한 것이 단순하고 직접적인 이념적 공세라면, 위기의 양상을 다양화하고 위기의 진폭을 확대해서 그것의 극적인 해결로 독자들을 따라오게 하는 것은 – 혹여 간행 주체가 의도하지 않았더라도 – 간접적이고 교묘한 이념적 공세라 할 수 있다.

이러한 맥락에서 〈조웅전〉은 앞서 살펴본 〈소대성전〉·〈용문전〉에 비해 후자의 성격이 강하다. 〈조웅전〉 완판본에서 드러나는 후자의 성향은 '위기 진폭의 확대'와 '서사적 디테일의 확장'으로 요약할 수 있다. 전자는 〈장풍운전〉, 〈소대성전〉·〈용문전〉과의 비교 과정에서, 후자는 〈조웅전〉 경판본과의 비교 과정에서 명확히 드러난다. 이를 구체적으로 살펴보기 위해 우선 완판본 〈장풍운전〉, 〈소대성전〉·〈용문전〉 서사와의 비교를 통해 완판본 〈조웅전〉이 위기와 그 해결의 과정을 더 많이 등장시키고 그 과정에서 발생하는 긴장의 진폭을 보다 확대시키는 양상을 확인하겠다. 이어서 경판본 〈조웅전〉과의 비교를 통해 각각의 장면들이 완판본에서 어떻게 상세하게 묘사되는지 그 모습을 확인하도록 하겠다. 이 과정에서는 자연스럽게 촉한정통론에 입각한 대명의리론이 반영되는 양상이 확인될 것이다.

① 위기의 다양화와 진폭의 확대

〈조웅전〉 완판본에 등장하는 위기[91]가 어떠한 방식으로 다양화되었는지 살펴보기 위해 먼저 〈장풍운전〉과 〈소대성전〉·〈용문전〉 완판본에는 어떠한 위기가 등장하는지 살펴보자.

먼저 〈장풍운전〉에 등장하는 위기는 다음과 같다.

> ① 가달의 침범으로 인한 부모와의 결별과 유리걸식
> ② 이통판 부인 호씨와의 갈등으로 인한 결연 遲延
> ③ 서번과 가달의 기병으로 인한 국가적 위기
> ④ 토번의 변방 침입으로 인한 국가적 위기

이 작품에는 크게 네 차례의 위기가 등장한다. 위기의 원인은 대개 오랑캐이다. 오랑캐의 침입으로 인한 위기가 세 차례 등장한다. 나머지 한 차례는 결연 방해자에 의한 위기이다. 이러한 원인으로 발생하는 위기는 크게 개인적 위기와 국가적 위기로 나눌 수 있는데, 각각 두 차례, 즉 전자는 ①과 ②를 통해 후자는 ③과 ④를 통해 등장한다. 〈소대성전〉과 〈용문전〉에 등장하는 위기도 이와 유사하다.

---

91) 박일용은 <조웅전>, <유충렬전>, <이대봉전>을 '<유충렬전> 유형'으로 명명하고, 이들 서사에 등장하는 특권의 회복 양상을 다음과 같이 설명한다. "이 유형 소설의 전반주에서 대결이란 주인공이 극단적인 힘의 열세에서 위험을 당하고 또 그것을 극적으로 벗어나는 과정이었다. 그러나 주인공이 대결력을 획득하고 난 뒤에는 서로 팽팽한 힘을 가지고 맞서 나가는 과정이 전개된다. 즉 적과의 군담적 대결이 주축을 이룬다. 유충렬전 유형의 핵심은 바로 이 군담에 있다. 그렇기 때문에 군담소설이라는 명칭이 붙기도 하였다. 장풍운전 유형에서는 군담이 주인공이 획득한 지향가치를 강화해주고 보장해주는 역할만 하였다. 그렇기 때문에 그곳에서 군담의 비율은 미미한 것이었고, 장식적인 의미를 띠었었다. 그러나 이 유형에서의 군담은 중요한 비중을 차지한다. 양적인 면만을 본다 하더라도 군담이 소설의 대부분을 차지한다. …(중략)… 즉 전반에서 아슬아슬하게 위험을 벗어난 주인공이 이제는 역으로 통쾌하게 적을 제압해 나가는 군담 내용이 소설 구성의 주축을 이룬다." 본서는 박일용이 언급한 유충렬전 유형의 특권 회복 과정의 특징에 동의하며, 이를 위기 강화와 그것의 극적인 해결의 측면에서 살폈다. 이 글의 주제가 서사윤리이기 때문에 그 서술방향이 다소 다르지만, 기본적으로 박일용의 논의와 맥락이 같다고 하겠다. 박일용, 앞의 논문, 1983, 77-78쪽.

① 부모의 구몰로 인한 유리걸식
② 이 승상의 부인과의 갈등으로 인한 결연 遲延
③ 북흉노와 서선우 기병으로 인한 국가적 위기 (이상 <소대성전>)
④ 부왕의 복수를 도모하는 호왕의 기병으로 인한 국가적 위기 (<용문전>)

위기의 원인은 ①의 원인이 부모의 구몰에 의한 것이라는 사실 외에는 〈장풍운전〉과 유사하다. 위기의 양상도 〈장풍운전〉과 흡사하다. 다만 ④의 경우는 〈장풍운전〉보다 새롭다. 이는 다름 아닌 〈용문전〉의 주인공인 용문이 애초에 오랑캐 땅 출신이며, 부왕의 복수를 도모하는 호왕의 부하로 출전하였다는 점이다. 〈소대성전〉과 〈용문전〉의 작품 지향이나 예상되는 독자들의 성향을 봤을 때, 용문이 오랑캐의 장수로 출전하는 것은 서사적 측면에서 또 하나의 위기나 다름없다. 물론 용문은 한 차례 명나라 군대와 전쟁을 치른 후 연화선생의 회유 편지를 받게 되고, 명나라의 장수로 전향한다. 다시 말해 ④의 위기는 '용문이 오랑캐의 장수로 출전하려다 연화선생의 회유로 명나라 장수가 되는' 한 차례의 '위기-해결'의 매듭을 포함하는 것이다. 〈장풍운전〉에 비하면 결정적인 위기인 오랑캐 기병의 양상이 다변화되는 것을 감지할 수 있다.

이 매듭은 위기의 양상을 다양화하는 데도 한몫을 하지만, 위기의 진폭을 크게 하는 데에도 영향을 미친다. 용문이 오랑캐 장수로 출전하는 것은 호왕의 입장에서는 지난날 부왕의 패전을 되갚을 수 있는 큰 힘이다. 실제로 용문은 오랑캐의 장수로 출전하고 노왕 소대성과 대적하여 승부를 가리지 못할 정도로 출중한 실력을 보여준다. 그런데 그러한 힘을 가진 용문이 연화선생의 회유로 명나라 군대로 전향하게 되면서, 호왕은 명나라에 대해 더 크게 분노하게 되기 때문이다.[92] 독자의 입장에서 보면 용문의 오랑캐 장수로의 출전이 한 차례 위기라면, 용문의 전향으로 인한 호왕의 분노는 위기의식을 가중시키는 또 한 차례의 위기인 셈이다.

결국 '④ 부왕의 복수를 도모하는 호왕의 기병으로 인한 국가적 위기'는 단순히 오랑캐의 기병이라는 표면적인 위기를 넘어서, 용문의 오랑캐 장수로의 출전과 명나라 장수로의 전향이라는 숨은 위기의 요소들을 내포한 위기이다. 따라서 이는 〈장풍운전〉에서 등장하는 ③과 ④의 국가적 위기와 비교했을 때, 그 위기의 정도가 훨씬 강할 수밖에 없다.

기존 연구를 통해 확인한 바와 같이 〈소대성전〉과 〈용문전〉은 경판본이 선행한다. 각기 다른 두 작품으로 간행되었던 것이 완판본으로 오면서 합철되고 내용적으로도 이어지게 된다. 이러한 변모에 대해 다양한 추론이 가능하겠지만 위와 같은 양상을 통해 추측컨대 이는 〈소대성전〉만으로는 서사에 대한 기대치를 충족시킬 수 없었던 당시의 정황과 긴밀한 관련을 맺고 있었으리라 생각된다. 〈소대성전〉이 갖고 있는 ①·②·③의 위기만으로는 여타 작품들과 차별화되는 서사적 긴장감을 기대할 수 없었을 것이기 때문이다.

---

92) 각셜이라 호국 군ᄉᆞ 급피 보ᄒᆞ되 명국 장슈가 노둔정의 ᄆᆡ복하엿다가 도셩을 쳐 앗고 ᄇᆡᆨ셩을 진무ᄒᆞᆫ ᄉᆞ연을 알외거늘, 호왕이 이 말를 듯고 ᄃᆡ경ᄃᆡ로ᄒᆞ야 급피 군ᄉᆞ을 총독ᄒᆞ야 용문을 ᄎᆞ즌ᄃᆡ ᄉᆞᆫ즁의 간 용문이 엇지 진즁의 잇스리요. ᄒᆞᆯ 슈 업셔 친이 북을 쳐 적병을 막으리라 ᄒᆞ고 북을 울니며 드러가더라. 잇ᄯᆡ 용문이 산즁의 드러가 달 쓰기를 지달여 호국을 바리고 명국으로 갈 ᄉᆡ 필마단검으로 승야ᄒᆞ야 가니라. 니리구러 명국지경을 당ᄒᆞᄆᆡ 산천이 슈려ᄒᆞ고 인물이 다 비범ᄒᆞ거늘 진시 ᄃᆡ명일네라. 잇ᄯᆡ 호왕이 용문니 명국으로 가믈 알고 더옥 분기을 이기지 못ᄒᆞ야 졈졈 ᄊᆞ홈을 도둘ᄉᆡ 기려왕 즁돌노 션봉을 숨고 호츙으로 좌장군를 숨아 졍병 삼만을 거나러 직일 ᄒᆡᆼ군ᄒᆞ야 다시 명국을 ᄒᆡᆼᄒᆞ니라. <용문전> 완판38장본, 25a-25b.

따라서 결국 〈조웅전〉은 이와 같이 축적되어 있던 당시 영웅소설의 서사에 대한 기대치를 넘어서는 서사를 산출했어야 하는 상황에서 나온 것으로 볼 수 있다. 물론 이때 등장할 새로운 '위기-해결' 또한 중화주의 서사 윤리의 자장 내에 존재하는 것이어야 했을 것이다. 비교를 위해 〈조웅전〉 완판본에 등장하는 위기를 살펴보자.

① 간신 이두병의 시기로 인한 조웅 모자의 고난
② 간신 이두병의 역모로 인한 국가적 위기
③ 서번의 기병으로 인한 위기
④ 서번의 야습으로 인한 위기
⑤ 강호자사의 난정으로 인한 왕 부인과 장 소저의 고난
⑥ 서번국 번왕의 회유
⑦ 이두병에 의한 송 태자의 위기
⑧ 歸路 중 서번의 공격으로 인한 위기
⑨ 이두병의 태자 살해 계획으로 인한 위기
⑩ 이두병의 공격으로 인한 위기

단적으로 위기의 횟수를 통해 〈조웅전〉이 앞선 작품들에 비해 위기의 양상이 다양하고 복잡함을 쉽게 확인할 수 있다. 그리고 결과적으로 이 모든 문제가 해결된다는 점에서 서사 전개의 과정 또한 상당히 극적인 양태를 보일 것임을 짐작할 수 있다.

그리고 이를 통해 〈조웅전〉에서 몇 가지 특징을 추출할 수 있다. 우선 위기 유발의 주체가 다변화되었다는 점이다. 〈장풍운전〉과 〈소대성전〉·〈용문전〉에서 위기를 발생시키는 주체는 외부의 적, 즉 오랑캐뿐이었지만 〈조웅전〉에서는 서번과 같은 외부의 적(③·④·⑥·⑧)은 물론 이두병이나 강호자사와 같은 내부의 적(①·②·⑤·⑦·⑨·⑩)

이 등장한다.

또 다른 특징은 다양한 위기 유발의 주체들이 각각 수차례 위기를 조장한다는 점이다. 간신 이두병은 조웅 모자를 해치려 했음은 물론 역모를 꾀하고 나중엔 송 태자를 죽이려 했으며, 마지막에는 수차례 조 원수의 군대를 무너뜨리고자 출전했다. 서번 또한 단 한 차례의 전쟁으로 끝내지 않고 조 원수에게 한 차례 패한 뒤에도 야습을 하거나 미인계를 통해 조 원수를 회유하려 했고, 조 원수 군대가 회군하는 과정에서도 또 공격을 감행한다.

위기의 대상 또한 다양해진다. 앞선 작품들에서 위기는 주로 주인공의 몫이었지만, 〈조웅전〉에서는 주인공인 조웅뿐만 아니라 왕 부인과 장 소저, 심지어 송 태자까지 직접적인 위기의 대상으로 설정된다. 이렇듯 〈조웅전〉에 오면 위기 유발의 주체와 위기를 맞는 대상이 다양해지고, 위기 유발의 횟수 또한 늘어난다. 이러한 변화는 작품의 서사를 확대하는 것은 물론이거니와 서사 전개의 긴박감을 배가시킴으로써 결말로 치닫는 서사의 흥미를 더해주게 된다.

아울러 위기의 진폭 또한 확대된다. 일례로 모든 영웅소설에 등장하는 주인공의 입공 전 수난을 들 수 있다. 〈소대성전〉과 〈조웅전〉 완판본의 내용 비교를 통해 그 양상을 확인해보자.

중간에 이 승상의 내력을 서술하는 부분을 제외하면, 소대성의 고난은 부모가 죽은 후 가산이 줄고 남은 재산마저 우연히 만난 백수노인에게 주고 나서 '남의 외양도 쳐주며 담도 싸'는 모습으로 묘사되는 것이 전부이다.[93] 실제 그 고난이 얼마만큼 힘들었을지는 몰라도, 적어

93) 디셩이 흔날의 부모 구몰ᄒᆞ시믈 보고 망극ᄒᆞ야 어려 순기 절ᄒᆞ니 비복등이 졔우 구완ᄒᆞ야 인사을 ᄎᆞ려 초종을 예로써 극진이 지닉니 십 세 유의가 어륜을 당ᄒᆞ다라. 삼연 초토을 지닉미 가산이 ᄌᆞ연 탕진ᄒᆞ여 싱도 난쳐ᄒᆞᆫ지라. 약간 남은 젼장을 파라

도 작품의 서사를 통해서는 소대성의 고난이 심각했다는 느낌을 갖기 어렵다. 소대성의 입공 전 수난에 보이는 위기는 형식적인 느낌마저 든다.[94]

노복의게 ᄆᆡ기고 ᄇᆡᆨ금 오십 양을 가지고 기셔 ᄯᅡ으로 향ᄒᆞ다가 셔쥬자경의 날이 져물ᄆᆡ 쥬졈의 드러 ᄌᆞ더니 실푼 우름 소ᄅᆡ예 마음이 ᄌᆞ연 비감ᄒᆞ야 ᄀᆡᆨ창 ᄒᆞᆫ등의 잠을 일우지 못ᄒᆞ다가 ᄂᆞᆯ이 발그ᄆᆡ 우던 ᄉᆞ름을 ᄎᆞᄌᆞ 물은즉 ᄇᆡᆨ슈 노인이라 ᄉᆡᆼ이 문 왈, “노인은 무삼 연고로 간밤의 달야 통곡ᄒᆞ신잇가?” 노인이 답 왈, “나는 금연이 육십이옵더니 구십 노모 상ᄉᆞ을 금춘의 만나 권폄으로 과ᄒᆞ 옵고 츄동이 당ᄒᆞ여 씨되 장ᄉᆞᄒᆞ올 기리 업셔 노모의 ᄒᆡ골을 거두지 못ᄒᆞ야 통곡ᄒᆞ여ᄂᆞᆫ이다.” ᄉᆡᆼ이 눈물을 지우고 탄식 왈, “나도 천지을 일은 ᄉᆞ름일넌이 노인의 정셩을 듯사오ᄆᆡ 감격ᄒᆞᆫ 지라. 이거시 비록 져그나 장ᄉᆞ의 봇ᄐᆡ소셔.” 노인이 금은을 밧고 ᄇᆡᆨᄇᆡ 치ᄉᆞ 왈, “젹지 안이ᄒᆞᆫ ᄌᆡ물을 쥬신이 노모의 ᄒᆡ골을 거두옵고 인간 죄인을 면ᄒᆞ것ᄊᆞ오니 은혜 ᄇᆡᆨ골난망이라 일후 갑기을 바라오니 거쥬을 아옵고져 ᄒᆞ나이다.” 쇼ᄉᆡᆼ이 답 왈, “그ᄃᆡ의 효심이 철천ᄒᆞ거날 하날이 지시ᄒᆞ미라 갑기은 의논치 마오, 묘장ᄉᆞ나 평안이 지ᄂᆡ소셔,” ᄒᆞ고 이별할ᄉᆡ 셔로 권ᄒᆞᆫ 정이 비ᄒᆞᆯ ᄃᆡ 업더라.

각셜 소ᄉᆡᆼ이 노인을 이별ᄒᆞ고 낭텩이 비여시되 조금도 금은을 ᄉᆡᆼ각지 안이ᄒᆞ이 그 도량ᄂᆡ 창ᄒᆡ을 세아리더라. 이후로 ᄉᆡᆼ이 기갈이 ᄌᆞ심ᄒᆞ여 남의 외양도 쳐주며 담도 ᄊᆞ 계우 연명ᄒᆞ야 지ᄂᆡ니 장ᄃᆡᄒᆞᆫ 기남ᄌᆞ 졈졈 수쳑ᄒᆞ여 쥬린 걸어지 되여시이 하늘이 엇지 무정ᄒᆞ리요. 이젹의 청쥬 ᄯᆡ의 ᄂᆡ승상이라 ᄒᆞ는 ᄌᆡ상ᄂᆡ 일즉 강노 벼살ᄒᆞ더니,

…(중략)…

일일은 승상이 술을 취ᄒᆞ시고 셔안의 지ᄒᆞ야 잠간 조으더이 문득 춘풍이 ᄉᆞ람을 인도ᄒᆞ야 ᄒᆞᆫ고ᄃᆡ 다다르이 곳슨 승상이 평일의 유흥을 타 고기도 낙그며 풍경을 귀경ᄒᆞ는 월영산 됴ᄃᆡ라 그 우희 상셔 기운이 열여거ᄂᆞᆯ 나아가 보이 청용이 됴ᄃᆡ예 누엇다가 승상을 보고 ᄀᆡ을 들어 소ᄅᆡ을 질으고 반공의 소슈거날 ᄭᆡ다르이 일장춘몽이라. 심신이 황홀ᄒᆞ야 죽장을 집고 월영산 됴ᄃᆡ로 나이가이 나무 비난 아히 나무 비여 세ᄂᆡ가의 노쿄 버들 그늘을 의지ᄒᆞ야 잠을 집피 들어거ᄂᆞᆯ 보이 의상이 남루ᄒᆞ고 머리털이 훗터져 귀밋츨 덥펴시며 거문 ᄯᆡ 줄 리 흘너 양협의 가득ᄒᆞ이 그 취비ᄒᆞ물 칙양치 못ᄒᆞ나 그 즁의 은 ᄒᆞᆫ 골격이 ᄯᆡ 속의 비최여거ᄂᆞᆯ 헤지 안이ᄒᆞ시고 무수ᄒᆞᆫ 이을 자바 죽니며 잠 ᄭᆡ기을 지다리던이 그 아ᄒᆡ 몸을 둘너 누의며 탄식 왈, “형산 ᄇᆡᆨ옥이 돌 속으셔 겨신이 뉘 보ᄇᆡᆫ 줄 알아보며 여상의 ᄌᆞ최은 교ᄃᆡ의 잇건마은 문왕의 그림ᄌᆞ 업고 와룡은 남양의 누어시되 유황숙의 ᄌᆞ최 업시이 어ᄂᆡ ᄂᆞᆯ의 갑ᄌᆞ일을 만나리요.” ᄒᆞ며 노라누으니 그 소ᄅᆡ 웅장ᄒᆞ야 산천이 울이난지라 탈속ᄒᆞᆫ 기운이 셩음의 낫타나이 승상 마음의 혜오ᄃᆡ, ‘ᄂᆡ 영웅을 구ᄒᆞ더이 오늘날 만나ᄯᅩ다.’ <소대성전> 완판43장본, 3a-5b.

그러나 조웅의 수난은 다르다. 형식적이라고는 했으나 소대성의 수난도 스치듯 지나가는 여타 영웅소설의 입공 전 수난에 비하면 짧은 편은 아닌데, 조웅의 입공 전 수난에 비하면 상대적으로 상당히 짧아 보인다. 〈조웅전〉의 경우 수난의 계기와 그 과정이 상당히 자세히 묘사되고 있기 때문이다. 조웅의 수난은 부친의 절의에 의한 자살이 황제의 총애와 이두병의 시기로 이어지면서 발생한 것으로, 고난의 발단이 이두병의 역모와 궤를 함께 한다. 또한 이두병에게 쫓기는 신세가 된 뒤에도 그 과정이 상세하다. 더욱 중요한 사실은 위기의 진폭이 비교할 수 없을 정도로 확대되었다는 점이다. 全文은 상당히 긴 관계로 주요 내용을 중심으로 소개하도록 하겠다.

> [완] : 완릐 이두병은 아둘이 오형졔라, 벼살이 다 일품의 거흔 고로 만조 졔신이 다 형셰을 두려 이관 등 말되로 흐는지라, 이날 황졔 조웅 스랑흐심을 보고 이관이 크게 근심흐여 의논 왈, "조웅이 벼살흐면 그 부의 원슈을 싱각흐린이 엇지 근심되지 안이흐리요. 미리 업셔미 맛당흐되 아직 벼살 없는 아희을 엇지 죄을 어드리요." 흐고 모다 계교을 의논흐더라.[95]

간신 이두병은 아들 오형제가 모두 높은 관직에 있어 그 권세를 감히 넘볼 수 없는 존재로서, 조웅의 아버지가 자결하게 되는 데 결정적 계기를 제공하는 실질적 가해자이다. 그런 그가 조웅에 대한 황제의 총애를 좋아할 리 없다. 이두병은 조웅이 황제의 총애를 업고 부친의

94) 이러한 평가는 이미 박일용에 의해 제기되었다. '장풍운전 유형에서 가치의 상실이란 소설 구성상 필요한 형식적인 것이었다. 그렇기 때문에 그것은 주인공의 의식 속에 명백한 상실의식을 심어줄 만한 것이 아니었다.' 박일용, 앞의 논문, 1983, 66쪽.

95) <조웅전> 완판104장본 조웅上, 3a.

원수를 갚고자 자신을 모해할 것을 염려하여, 조웅을 없앨 계교를 의논하게 된다.

> [완] : 이 ᄯᆡ난 뎡묘년 춘정월 십오일이라. 만조졔신이 다 하례할 ᄉᆡ 상왈, "언젼의 짐이 됴웅을 보니 인ᄌᆡ 거록ᄒᆞ고 츙효 거록ᄒᆞ미 이졍지 포ᄒᆞ난이 동궁을 위ᄒᆞ야 다려ᄃᆞ가 짐의 안하의 셔동을 삼마 두고 국ᄉᆞ을 익키고ᄌᆞ ᄒᆞ난이 경 등의 소견의 엇더ᄒᆞ뇨?"
>
> 졔신이 다 묵묵ᄒᆞ되 이두병이 쥬왈, "국체 ᄌᆞ별ᄒᆞ오니 벼슬 아닌 녀가 아희을 년고 업시 됴뎡의 두미 극키 미안ᄒᆞ여이다."
>
> 상왈, "츙효 인ᄌᆞ을 취호미라 엇지 년고업시 취ᄒᆞ리요."
>
> 두병이 ᄀᆡ쥬왈, "인ᄌᆡ을 보려 ᄒᆞ시면 쟝안을 두고 일을진ᄃᆡ 됴웅의셔 십 ᄇᆡ나 더ᄒᆞᆫ 츙효 인ᄌᆡ ᄇᆡᆨ여 인이요 됴웅 갓튼 이난 거ᄌᆡ두량이로소이다."
>
> 황졔 불윤ᄒᆞᄉᆞ 다시 문답이 업난지라.
>
> 승ᄉᆞᆼ이 시ᄃᆡ예 나와 됴신과 의논 왈, "이후의 만일 됴웅의 말노써 천거ᄒᆞᄂᆞᆫ 저 잇스면 죄을 쓰리라." ᄒᆞ니 모든 ᄇᆡᆨ관이 뉘 안이 겁ᄒᆞ리요. 이적의 왕 부인과 웅이 이 말을 듯고 부인은 못ᄂᆡ 두려ᄒᆞ고 웅은 분긔 등등ᄒᆞ더라.96)

황제의 조웅에 대한 신뢰가 날로 커지면서, 황제는 조웅을 곁에 두고 충신으로 키우고 싶어 하지만, 이두병은 황제와 대립각을 세우면서까지 직접적으로 조웅의 천거에 대한 반대의 뜻을 전한다. 그리고 만조백관들에게 조웅의 천거에 동조하면 해를 당할 것이라고 엄포를 놓는다. 이 말을 전해들은 왕 부인은 두려워하고, 조웅은 분한 마음을 참지 못할 수밖에 없다. 이두병에 의한 조웅의 시련이 이 장면을 통해

96) <조웅전> 완판104장본 조웅上, 5a-5b.

예고되는 것이다.

[완] : 천운이 불ᄒᆡᆼᄒᆞ야 황졔 위년이 긔후 불평ᄒᆞᄉᆞ 일식이 지ᄂᆡ되 됴곰도 ᄎᆞ효업고 졈졈 침듕ᄒᆞ시니 장안 인민이며 됴야 ᄇᆡᆨ셩드리 다 하날께 츅슈ᄒᆞ야 환후 평복ᄒᆞ시믈 바련들 소인의 됴졍이라 회복을 엇지 ᄇᆞᄅᆡ리요. 졍묘 삼월 삼일의 황졔 붕ᄒᆞ시니 ᄐᆡᄌᆞ의 ᄋᆡ통ᄒᆞ심과 만민의 곡셩이 천지예 ᄉᆞ못ᄎᆞ고, 왕 부인 모ᄌᆞ 더옥 망극ᄒᆞ더라[97]

[완] : 이젹의 이두병이 ᄌᆞ칭 황졔ᄒᆞ고 국볍을 ᄉᆡ로이 ᄒᆞ야 각국 열읍의 ᄒᆡᆼ관ᄒᆞ고 벼술도 승상ᄒᆞ난지라.[98]

결국 황제는 서거하고 이제 이두병을 제어할 존재가 없어지자 이두병은 스스로 황제라 칭하고 전횡을 저지르게 된다. 그리고 태자를 태산부 계량도로 정배 안치시키는 등 황제와 관련된 인물을 권력으로부터 떨어뜨려놓는다. 이와 동시에 왕 부인과 조웅의 위기감이 점차적으로 고조된다.

[완] : 이날 왕 부인 모ᄌᆞ ᄐᆡᄌᆞ 뎡비ᄒᆞ믈 듯고 망극ᄒᆞ야, "우리 도망ᄒᆞ여 ᄐᆡᄌᆞ을 ᄯᅡ라 ᄉᆞᄉᆡᆼ을 ᄒᆞᆫ가지로 ᄒᆞ고져 싯푸ᄂᆞ 죵적이 현로ᄒᆞ면 지려 죽을 거시니 엇지 ᄒᆞ리요." ᄒᆞ며 모ᄌᆞ 쥬야 통곡하더니,[99]

[완] : 웅이 듯긔을 다ᄒᆞᄆᆡ 분을 이긔지 못ᄒᆞ고 두로 거러 경화문의 다다라 ᄃᆡ궐을 ᄇᆞ라보니 인젹은 고요ᄒᆞ고 월ᄉᆡᆼ은 만졍ᄒᆞᆫᄃᆡ 슈쌍 부안은 지당의 볌볌ᄒᆞ고 십이 원즁의 무비젼죠지경물이라, 젼됴ᄉᆞ을 ᄉᆡᆼ각

97) <조웅전> 완판104장본 조웅上, 5b.
98) <조웅전> 완판104장본 조웅上, 6a.
99) <조웅전> 완판104장본 조웅上, 6b.

ᄒᆞ니 일편단심의 구뷔구뷔 싸힌 근심 즉지 졸발ᄒᆞ난지라. 단장을 넘어 드러ᄀᆞ 이두병을 ᄃᆡᄒᆞ야 ᄉᆞ싱을 결단코져 시부되 강약이 부동이라 문안의 군ᄉᆞ 슈다ᄒᆞ고 문을 구지 다덧는지라 할 셰 업셔 그져 도라셔며 분을 ᄎᆞᆷ지 못ᄒᆞ야 필낭의 붓슬 ᄂᆡ여 경화문의 ᄃᆡ셔특필ᄒᆞ여 이두병을 욕ᄒᆞ난 글 슈삼구을 지여 쓰고 자최을 감초와 도라오니라.

이 날 왕 부인이 등하의셔 일몽을 어드니 승상이 드러와 부인의 몸을 만지며 왈, "부인이 무슨 ᄌᆞᆷ을 깁피 자는잇가 날이 ᄉᆡ면 ᄃᆡ환을 당ᄒᆞᆯ거시니 웅을 다리고 급피 도망ᄒᆞ소셔." ᄒᆞ거ᄂᆞᆯ,[100]

이두병의 전횡에 잔뜩 긴장하던 왕 부인과 조웅은 어찌할 바를 모르고 있었는데, 어느날 조웅이 동요를 듣고 분함을 참지 못하여 그만 경화문에 이두병을 욕하는 글귀를 써 붙이게 된다. 그리고 왕 부인의 꿈에 조승상이 나타나 이러한 정황을 암시해준다. 집으로 돌아온 조웅으로부터 이두병을 욕하는 글을 썼다는 말을 들은 왕 부인은 황급히 도망갈 준비를 하게 된다. 조웅의 憤氣에 찬 행동은 비록 옳은 것이라 할지라도 화를 사초하는 결과를 가져오는 계기를 제공하였다. 이두병은 당장 이들을 잡아오라고 명령한다.

[완] : 정신을 진정ᄒᆞ야 이러나 화상을 ᄯᅥ녀 힝쟝의 간슈ᄒᆞ고 급피 나와 웅을 압셰오고 거롬을 ᄌᆡ촉ᄒᆞ야 슈삼이을 나와 ᄃᆡ강의 다다르니 물셰난 하날의 다핫고 달은 ᄯᅥ러져 흑운이 폐쳔ᄒᆞ여 길을 분별치 못ᄒᆞ고 물가의 빈 ᄇᆡ ᄆᆡ여시되 ᄉᆞ공이 없난지라. ᄇᆡ예 올나 부인 손조 졔비을 들고 아무리 져은들 민 ᄇᆡ 어ᄃᆡ로 가리오. 발셔 동방이 발가오고 갈 길은 아득ᄒᆞ여 하날을 우러러 방셩통곡ᄒᆞ다가 물의 ᄲᅡ지러 한ᄃᆡ 웅이 붓들고 무슈이 ᄋᆡ걸ᄒᆞ니 ᄎᆞ마 죽지 못ᄒᆞ난지라.[101]

100) <조웅전> 완판104장본 조웅上, 7a-7b.

왕 부인 모자는 급히 충렬묘의 조승상 화상을 떼어가지고 무사히 도망을 가게 되는 줄 알았지만 조금 가다보니 큰 강이 나와 더 이상 나아갈 수 없었고, 급한 마음에 빈 배를 타고 노를 저었지만 묶여있는 배라 나아가지 않는다. 도망을 가야하는 급박한 상황과 뭍을 떠날 수 없는 묶인 배가 상황의 긴장감을 더해준다.

> [완] : 이러구러 ᄉᆞᆷ일만의 ᄒᆞᆫ 고ᄃᆡ ᄃᆞᄃᆞ르니 이난 ᄒᆡ산현 옥구역이라. 발이 붓고 ᄀᆡ운이 피곤ᄒᆞ여 일녁은 일으나 머물려 ᄒᆞ고 드러가니 역촌 ᄉᆞᄅᆞᆷ드리 모다 이로ᄃᆡ, "신황졔 각도 열읍의 ᄒᆡᆼ관ᄒᆞ여 '됴웅 모ᄌᆞ을 잡아 밧치면 쳔금상의 만호후을 봉할이라.' ᄒᆞ니 우리도 쳔ᄒᆡᆼ으로 잡으면 벼살ᄒᆞ리로다." ᄒᆞ며 ᄒᆡᆼ인을 살피난지라.
>
> 웅의 모ᄌᆞ 이 말을 드르니 간쟝이 셔늘ᄒᆞ고 잔혼칠ᄇᆡᆨ이 홋터지는지라. 급피 몸을 ᄉᆞᆷ겨 역촌을 ᄯᅥ나 도망ᄒᆞ니 곤ᄒᆞ던 ᄀᆡ운도 업고 어렵던 발도 아프지 안이ᄒᆞᆫ지라.[102)]

다행스럽게도 仙童에 의해 화살과 같은 속도로 떠나서 당장의 위기를 면하지만, 위기는 여기서 끝나지 않는다. 배에서 내려 선동이 일러준 대로 산을 넘어 계량섬 백자촌에 당도하여 해를 넘기며 기거하며[103)] 비교적 편히 지냈지만, 다시 길을 나서면서 자신들이 조정으로부터 여전히 수배의 대상이 되고 있음을 듣고서 섬뜩한 마음에 또 다시 도망을 가게 된다. 그리고 더 이상 쉽게 도망 다니기 어려운 것을

---

101) <조웅전> 완판104장본 조웅上, 8a.

102) <조웅전> 완판104장본 조웅上, 12a.

103) 내용상으로는 해를 넘겨 기거한 것이 맞는데, 조웅이 모친인 왕 부인에게 말을 할 때는 '팔년'이라고 하였다. 오류인 듯하나 이를 검증할 단서가 전후로 확인되지 않아서 여기서는 그저 '해를 넘겨'로 서술하도록 하겠다.

느끼고는 왕 부인이 삭발을 통해 변장을 하게 된다. 이 장면에서 母子는 자신들의 위급한 상황에 두려움과 분노를 느끼며 안타까운 상황을 연출한다.[104)]

> [완] : ᄒᆞ로난 ᄒᆞᆫ 곳의 쟝을 뵈이거놀 그 쟝의 드러ᄀᆞ 힝쟝의 싹근 머리을 닉여 웅을 주워 팔아오니 졔오 돈 닷양을 바다왓거날 다힝ᄒᆞ여 더러 요긔ᄒᆞ고 남은 돈을 힝쟝의 갈마 ᄀᆞ지고 쟝갓 쥬졈의셔 머무더니, 밤이 깁픈 후 좀쎨의 드르니 여러 ᄉᆞᄅᆞᆷ이 슛두어린 소ᄅᆡ 나 촌춍이 요란ᄒᆞ거놀 괴히 녀겨 닉다러 보니, 도젹이 메을 들고 ᄃᆞ라들겨날 부인이 ᄃᆡ겁ᄒᆞ야 담을 넘어 도망ᄒᆞ다ᄀᆞ ᄉᆡᆼ각ᄒᆞ니 웅을 ᄇᆞ리고 왓난지라 ᄀᆞᆫ쟝이 쩌러지난 듯ᄒᆞ야 도라보니 발셔 촌중의 화광이 등천ᄒᆞ고 도젹 ᄯᅩ ᄒᆞᆫ 고함ᄒᆞ며 길을 더펴오난지라. ᄀᆞ슴을 두다리며 웅을 불으니 발셔 도젹이 갓ᄀᆞ이 오난지라.[105)]

삭발을 하고 나서도 위기는 계속된다. 조웅이 깎은 머리를 갖고 장에 나아가 머리를 팔아 약간의 돈을 마련하였기에 주점에 가서 요기를 하려는데, 그 과정에서 도적들이 이 둘을 급습한다. 모자는 일순간 이별하게 되고, 결국 다시 재회하지만, 그 과정에서 조웅이 도적떼들에게 심한 괴롭힘을 당한다.

결국 이들은 끝없는 도망으로 지친 상태에서 다행히 월경대사를 만나 목숨을 건지지만 그 과정에서도 타인에 대한 불신이 가시지 않는다. 대사가 왕 부인이 조충공의 부인임을 알아채자 대사가 자신들을 잡으러 온 사람인 줄 알고 곧바로 母子의 목숨을 보전케 해달라며 애

---

104) 웅이 져허 울음을 근치고 ᄀᆞ식을 잡아 머리을 싹그이 형용을 ᄎᆞ마 보지 못 ᄒᆞᆯ네라. <조웅전> 완판104장본 조웅上, 13b-14a.

105) <조웅전> 완판104장본 조웅上, 14a-14b.

걸하고,[106] 승상의 화상을 한 번 보자는 월경대사의 제안에 매우 민감하게 반응하며 끝내 보여주지 않다가 한참이 지나서야 이내 마음을 풀게 된다.[107] 수년에 걸친 도피의 생활로 인해 사람에 대한 불신이 극도에 달한 상태임을 알 수 있다.

---

106) 그 즁이 웃고 왈, "ᄃᆡ국 됴츙공의 부인이 안니신잇ᄀᆞ 일신을 ᄀᆞᆷ초와 변행을 ᄀᆞᆺ개 ᄒᆞ온들 소승이야 모로릿ᄀᆞ?" 부인과 웅이 ᄃᆡ경 실ᄉᆡᆨ 왈, "이제난 우리 종젹이 현로ᄒᆞ여 예와 잡피여 원슈의 칼의 죽그리로다." ᄒᆞ며 모ᄌᆞ 통곡ᄒᆞ며 그 즁으게 ᄋᆡ걸 왈, "우리을 ᄌᆞ바 황셩의 밧치면 천금상의 만호후을 봉ᄒᆞ려이와 부귀난 세상의 일시 변화라 광풍의 ᄒᆞᆫ 쪽각 구름 ᄀᆞᆺ고 믈 우희 거픔 ᄀᆞᆺ튼지라 일시 영귀을 ᄉᆡᆼ각지 말고 인명을 살여 쥬소셔 즁은 ᄯᅩᄒᆞᆫ 부체 졔ᄌᆞ라 어진 도로써 인명을 구졔ᄒᆞ온즉 후세예 반다시 부체 되올 거시니 복원 존ᄉᆞ난 쟌명을 구완ᄒᆞ소셔." ᄒᆞ며 븟들고 ᄋᆡ걸ᄒᆞ니, 그 즁이 우어 왈, "부인은 조곰도 겁ᄒᆞ지 마오소셔 소승은 부인 잡바갈 즁이 안이오니 진정ᄒᆞ와 소승의 말슴 ᄌᆞ세히 드르소셔." <조웅전> 완판104장본 조웅上, 17a-17b.

107) "부인니 유ᄒᆞᆫᄒᆞᆫ ᄀᆞᆫ쟝을 ᄀᆡᆨ이예셔 여러 ᄒᆡ을 근심ᄒᆞ엿긔로 정신이 상ᄒᆞ여 이젓ᄯᅩ소이다. 소승이 ᄯᅩᄒᆞᆫ 명박키 진심ᄒᆞᆫ 일이 잇ᄉᆞ오니 ᄀᆞ져온 화상을 ᄂᆡ소셔." 부인이 ᄃᆡ경실ᄉᆡᆨ 왈, "비러먹난 ᄉᆞ롬이 무슨 화상이 닛ᄉᆞ오리요. 존ᄉᆞ난 무미ᄒᆞᆫ 인ᄉᆡᆼ을 ᄃᆡᄒᆞ여 긔이지 말고 바론 ᄃᆡ로 ᄒᆞ소셔. 이제난 됴상지육이라 죽고살긔는 존ᄉᆞ의 쳐분이오니 임의로 ᄒᆞ소셔." ᄒᆞ며 무슈히 통곡ᄒᆞ니, 듕이 졀박ᄒᆞ여, "엇지 이ᄃᆡ도록 의혹ᄒᆞ시난잇ᄀᆞ? 그ᄯᆡ 화상을 그리옵고 부인을 뵈오니 잉ᄐᆡᄒᆞ신 지 칠석이옵겨날, 짐작ᄒᆞ난 도리 잇삽긔로 부인의 상을 보옵고 젼두 고ᄒᆡᆼ을 긔록ᄒᆞ여 화상 등의 너엇ᄉᆞ오니, 화상을 ᄂᆡ어 그 글을 보시면 의혹을 파ᄒᆞ고 소승의 허실을 쐬히 아오리다." ᄒᆞ니, 부인이 ᄂᆡ렴의 극키 괴히 녀겨 그제아 화상을 ᄂᆡ여 등의 됴희을 ᄯᅥ더고 ᄌᆞ세히 보이 과년 글을 지어 등의 너헛난지라 그 글의 하엿시되, '만화여징 왕 부인은 삭발은 무슴일고 파강 천경파의 거복을 만ᄂᆞ도다, 셩슈난 뉘실넌고 굴삼녀 츙혼이라 복즁의 ᄭᅵ친 혈육 활달ᄒᆞᆫ 긔남ᄌᆞ라, 공ᄌᆞ로 상ᄌᆞ 숨고 변형을 ᄀᆞᆺ게 ᄒᆞᆫ들 화상이 불변커늘 필법좃차 고칠소야. 우셔난 위국 산양 ᄯᅡ 강셔람 월경은 근셔ᄒᆞ노라. 경오 츄 칠월 십오일 상봉.'이라 ᄒᆞ엿더라. 부인이 견필의 ᄃᆡ경ᄃᆡ희ᄒᆞ야 월경을 븟들고 슬피 통곡 왈, "엇지 그리 몰ᄂᆞ볼소야 우리난 신명을 도망ᄒᆞ엿건이와, 즉금 황졔 우리을 ᄌᆞ바드리라 ᄒᆞ고 열읍의 ᄒᆡᆼ관ᄒᆞ엿다 ᄒᆞᄆᆡ 일심의 겁이 만ᄒᆞ여 변형ᄒᆞ고 단이더니 천덕으로 이곳의 일으어 존ᄉᆞ을 만ᄂᆞ시니 엇지 즐겁지 안이ᄒᆞ며 ᄯᅩ 엇지 슬푸지 안이ᄒᆞ리요." ᄒᆞ고, 그제야 신승인줄 알고 못ᄂᆡ 즐겨 전후 고ᄒᆡᆼᄒᆞ던 ᄉᆞ년을 다 셜화ᄒᆞ니, <조웅전> 완판104장본 조웅上, 17b-18b.

요컨대 주인공의 입공 전 수난만 보더라도, 〈조웅전〉 완판본의 서사적 진폭이 앞선 작품들에 비해 상당히 크다는 것을 확인할 수 있다. 이 작품에서 위기는 상당히 급작스럽게 닥치고 단 한 번으로 끝나지 않는다. 한 고비를 넘기면 또 다시 새로운 급박한 위기가 다가오는, 반복된 위기-해결의 과정을 통해 주인공의 위기 상황이 근본적으로 해결되는 데까지 상당한 서사가 소요되며, 이 과정에서 서사적 긴장감은 그 깊이를 더하게 된다.

특히 또 주목할 지점은 주인공인 조웅이 직접 위기를 만든다는 점이다. 장풍운이나 소대성은 입공 전 수난의 과정에서 상당히 수동적인 모습을 보인다. 장운은 변방 가달의 침범으로 부친인 장시랑이 황명을 받아 출전한 뒤, 때마침 일어난 도적떼들로 인해 모친과 이산하게 된다. 그리고 노석들이 패하여 도망가는 와중에 버려지며 그 뒤 이윤경에 의해 구제된다. 소대성도 부모의 俱沒로 인해 남의 집 외양간도 치워주고 담도 쌓아주면서 연명하다가 이 승상을 만나 구제된다. 장풍운과 소대성에게선 위기를 助長하는 모습이 보이지 않는 것이다.

그러나 조웅은 冠童들이 부르던 노래를 듣고 자신을 위기로 몰아넣은 이두병에 대한 분노를 참지 못하고 경화문에 이두병을 욕하는 글을 大書特筆한다. 애초부터 조웅은 이두병에게 제거의 대상이었지만 결정적 계기는 조웅으로부터 제기된 셈이다. 앞선 작품들이 입공 전 수난을 일정한 패턴 속에서 형식적으로 서사화하면서 작품에 등장하는 첫 번째 위기가 위기답지 못한 모습을 보여줬다면, 〈조웅전〉에 와서는 입공 전 수난까지도 실질적인 위기로 서사화하면서 긴장감을 더하게 된다. 더욱이 이때 위기 유발의 주체가 악인이 아닌 주인공으로 설정됨으로써 위기가 극대화 된다고 할 수 있겠다.

주인공이 위기 유발의 주체가 되는 것은 위와 같이 서사적 측면에서도 큰 효과를 거둘 수 있으며, 동시에 주인공에게 위기 상황에 대한 적극적 의지를 발현할 기회를 제공함으로써 향후 주인공이 작품의 위기를 해결하는 보다 능동적인 주체의 형상으로 나아가는 데 도움을 주게 된다. 이때 위기 해결은 곧 작품의 이념적 완성을 의미하는 것이기 때문에 결과적으로 고난 과정의 서사적 확장은 작품을 이념적으로 보다 견고하게 만드는 데 일조하게 된다.

② 위기 극복의 서사적 디테일 확대

〈조웅전〉은 경판본에 비해 완판본의 분량이 어림잡아 3배가량 많다. 앞서 살펴본 작품들에 비하면 그 차이가 더욱 명확해진다. 〈장풍운전〉의 경판본으로는 29장본·36장본이 있고 완판본으로는 36장본이 있으며, 〈소대성전〉의 경판본으로는 16·20·23·24·36장본 등이 있고 완판본으로는 35·37·43장본 등이 있는 것으로 볼 때, 장수에 의한 단순 비교이지만 〈장풍운전〉이나 〈소대성전〉에서 보이던 분량상의 차이가 〈조웅전〉에서는 상당히 커진다는 것을 알 수 있다.

작품의 서사 구조가 유사한 두 이본 간에 분량의 차이가 크게 난다면 분량이 많은 이본은 결국 각각의 서사 단락들이 상세하게 서술되어 있다는 것을 의미한다. 〈조웅전〉은 방각본 판본 간 서사 구조의 차이가 확연하게 다르지 않기 때문에 결과적으로 완판본 각각의 서사 단락들이 풍부한 내용을 담고 있다는 것을 추정할 수 있다.

실제로 앞서 살펴본 예문들에서도 그러한 차이가 확연하게 드러났다. 소대성의 입공 전 수난과 비교했을 때 조웅의 수난은 그 구성이 단편적이지 않고 구조적으로 상당히 조직된 형태를 보였으며, 내용적으로도 수난을 겪는 조웅 모자의 형상이 잘 묘사되어 있었다. 또한 관산에 기거하는 천관도사를 만나기 위한 과정 또한 아무런 어려움이나 갈등 없이 도사를 만나는 경판본에 비해 상당히 구체적인 서사적 내용을 갖고 있음을 확인했다. 이러한 모습은 작품 전반에서 꾸준히 제시된다. 특히 주목할 점은 그 과정이 단순히 조웅에게 유리한 방향으로만 전개되지 않는다는 점이다. 앞서 언급했듯이 구체적인 서사 속에서 조웅은 여러 차례 어려운 과정을 겪고 또 그것을 해결하면서, 손쉬운 성공과 승리로 일관하는 경판본에 비해 서사적 긴박감이 더해지는 것이다. 이러한 방식의 서사적 디테일은 영웅으로서의 과업을 완수하는 과정에서까지 계속해서 등장하여 작품의 긴장감을 늦추지 못하게 만든다.

> [완] : "션싱 보오니 죡키 아올지라 쳥컨ᄃᆡ 지모를 가리치소셔." 도ᄉᆞ 왈, "원슈ᄂᆞᆫ 신통ᄒᆞ도다 남의 ᄒᆡᆼ식를 엇지 알아 보는요. 연니나 잠간 쳔긔를 수셜ᄒᆞ노라." ᄒᆞ고 소ᄆᆡ로 ᄒᆞᆫ 봉셔를 ᄂᆡ여 주며 왈, "ᄂᆡᄃᆡ로 ᄒᆡᆼᄒᆞ라." ᄒᆞ고 왈, "나ᄂᆞᆫ 셰ᄉᆞᆼ의 뉴홀 ᄉᆞ름니 안니라." ᄒᆞ고 가거늘 원슈 망연ᄒᆞ야 무슈니 말뉴ᄒᆞ되 무가ᄂᆡᄒᆞ라. 소ᄆᆡ를 ᄯᅥᆯ쳐 셤의 ᄂᆡ미며 두 거름의 문득 간ᄃᆡ 업거늘 원슈 홀진업셔 공중를 상ᄒᆞ야 부슈니 ᄉᆞ예ᄒᆞ고 그 봉셔를 ᄯᅥ여 본니 그 셔의 ᄒᆞ야스되, '일ᄃᆡ 진즁의는 불닙진즁ᄒᆞ고, ᄯᅩ 이ᄃᆡ 진의ᄂᆞᆫ 용ᄇᆡᆨ마셜닌검ᄒᆞ며 송츅귀문ᄒᆞ며, ᄯᅩ 삼ᄃᆡ 진의ᄂᆞᆫ 불근숨ᄃᆡ지좌ᄒᆞ라.' ᄒᆞ엿더라. 원슈 그 글를 본니 닐변 의심ᄒᆞ고 닐변 짓거ᄒᆞ더라.[108]

이두병의 신하들 여럿이 자원출전하였지만, 이두병에게는 연이어 패전의 소식만 전해지고, 조웅 군대는 역적 이두병을 처단하기 위해 점차 황성으로 나아가게 된다. 이렇듯 서사가 결말로 치닫는 과정에서

---

108) <조웅전> 완판104장본 조웅三, 26b.

이두병에게 또 다시 자원출전을 하겠다는 이들이 등장하는데 이들은 태산부 자사의 삼형제로 아버지의 원수를 갚고자 나서기로 마음먹는다. 이때 삼형제의 스승인 도사는 이들의 출전을 적극 만류하였으나 삼형제는 듣지 않고 출전을 감행하고, 도사는 이들 대신 조웅을 찾아가 위와 같이 封書를 통해 일러준다.

내용인 즉, 첫째인 일대의 진중에는 안으로 들어가지 말고, 둘째인 이대의 진에는 白馬血印劍을 사용하고 귀신 쫓는 주문을 외우고, 셋째인 삼대의 진에는 삼대의 왼편에는 가까이 하지 말라는 것이었다. 조웅은 한편으로 기이하면서도 도사의 가르침이 분명 유용할 것이라 짐작한다. 경판본에도 이 내용이 등장한다.

> [경] : 교젼일ᄃᆡᄒᆞ여는 불입적진ᄒᆞ고 교젼이ᄃᆡᄒᆞ여는 승마셜검ᄒᆞ고 교젼삼ᄃᆡᄒᆞ여는 불향좌익허라 ᄒᆞ엿더라[109]

약간 내용이 다르지만 삼형제와 싸울 때 각각의 합에 주의해야 할 사항을 적어주었다는 사실은 다르지 않다. 일대와 싸울 때는 적진에 들어가지 말고, 이대와 싸울 때는 말 위에서 칼을 쓰며, 삼대와 싸울 때는 왼편으로 향하지 말라는 내용이다.

그런데 정작 삼형제와 싸울 때에는 이러한 지침들이 빈약하게 반영되거나 아예 반영되지 않는다. 일대·삼대와 싸울 때는 상당히 소략하게 반영되었고, 이대와 싸울 때에는 잘 반영되지 않았다. 다시 말해 일대와 싸울 때에는 적진에 들어가지 말라는 도사의 제언이 싸움의 와중에 반영되었지만 그 묘사가 빈약하고, 마찬가지로 삼대와 싸울 때에도 왼

---

109) <조웅전> 경판30장본, 26a.

편으로 향하지 말라는 지침 외에는 별다른 서사적 디테일이 보이지 않으며, 이대와 싸울 때에는 乘馬設劍과 관련한 내용이 보이지 않는다.

반면 완판본에서는 도사의 봉서에 적혀있던 내용들이 실제 싸움의 과정에 상세하게 반영된다. 그 중 이대와의 싸움 장면을 살펴보자.

> [완] : 원슈 강빅이 본진의 돌라와 밤을 지닌 후의 닛튼날 적진 진문의가 본직 문의 구령 슈빅 간를 파고 충검를 무슈이 무더넌지라. 보미 마음니 놀나와 군기 군량를 거두어 가지고 빅마를 잡바 피를 닉여 칼의 칠ᄒᆞ고 니딕의 진의 다다은니 졔 형 죽단 말을 듯고 딕경 통곡ᄒᆞ야 닐를 갈며 칼을 들고 진젼의 나셔며 크게 웨여 왈, "반적 죠곰만ᄒᆞᆫ 아희야 너를 잡아 밍형의 웬슈를 갑표니라." ᄒᆞ고 나는다시 달여들거늘, 원슈 마자 ᄊᆞ올시 빅마 혈닌검으로 이딕의 압풀 친니 이딕의 칼리 공즁의 날아오나가 원슈의 길의 범치 못ᄒᆞ는지리.
>
> 이딕 분긔등천ᄒᆞ야 칼를 공즁의 던지고 나는 다시 횡힝ᄒᆞ니 니는 심의로 ᄊᆞ올진딕 비회라도 도망치 못할네라. 니딕의 칼리 공즁의 써오다가 졸시 원슈의 칸의 범치 못ᄒᆞ는지라.
>
> 이딕 본진 돌라와 졔장다려 왈, "죠웅 칼니 슈승ᄒᆞ도다 닉 칼니 열어번 가되 범치 못ᄒᆞ니 실노 괴니ᄒᆞ도다." ᄒᆞ고 크게 근심ᄒᆞ던니 니튼날 니딕 진문를 열고 원슈 마ᄌᆞ ᄊᆞ올식 칼를 공즁의 던지고 달려들거늘, 원슈 경신를 가다듬고 칼를 놉피 들고 말을 몰라 달려들며 크게 ᄭᅮ지져 왈, "반적 이딕야 너 형 닐딕도 닉 칼의 쥭이거든 네 엇지 날을 당ᄒᆞ니요. 부질입시 잔명를 지촉말고 말계 나려 황복ᄒᆞ라." ᄒᆞ며 ᄊᆞ올식, 이딕 용밍이 원슈의셔 십 비나 더ᄒᆞ고 ᄯᅩᄒᆞᆫ 칼리 공즁의 날아든니 극키 둘려온지라.
>
> 팔십여 흡의 승부를 결단치 못한니 원슈 기력이 졈졈 쇠진ᄒᆞ야 성셰 가장 위틱ᄒᆞᆫ지라 말멸니를 두류여 본진으로 ᄉᆞᆼ코ᄌᆞ ᄒᆞ던니, 이딕 칼를 들려 가는 질를 막고 크게 ᄭᅮ지져 왈, "필부 죠웅은 어딕로 가는다 오

> 늘날 너 멀니를 버혀 망헝의 혼ᄇᆡᆨ를 위로ᄒᆞ니라." ᄒᆞ고 칼를 드려 치려 ᄒᆞ거늘, 원슈 평ᄉᆡᆼ 기력를 다ᄒᆞ야 ᄇᆡᆨ마셜닌겸으로 니ᄃᆡ의 칼를 치며 축귀문을 고셩ᄃᆡ독ᄒᆞ니, 니ᄃᆡ ᄃᆡ경ᄒᆞ여 칼를 마ᄒᆞ의 더지거늘, 원슈 긔졔야 쇠존ᄒᆞ던 기운를 ᄉᆡ로니 가다듬아 다시 칼을 들어 니ᄃᆡ의 목을 친니 멀리 마ᄒᆞ의 달어지며 쳔지 아득ᄒᆞ며 운무회명ᄒᆞ며 지쳑를 불별치 못ᄒᆞᄂᆞᆫ지라.
>
> 원슈 축귀문를 구블절셩ᄒᆞ여 고셩 ᄃᆡ독ᄒᆞ니 풍우 지식ᄒᆞ며 문득 본니 ᄒᆞᆫ 팔쳑 신장니 울며 공즁의로 날아나거늘 원슈 놀ᄂᆡ여 ᄉᆡᆼ각ᄒᆞ되, '니ᄃᆡᄂᆞᆫ 반다시 신장를 접ᄒᆞ엿도다.' ᄒᆞ더라.[110]

일단 경판본에 비해 상당히 자세하다는 것을 쉽게 알 수 있다. 상황에 대한 묘사는 경판본과 비할 수 없을 정도이다. 그리고 흥미로운 것은 그 자세한 묘사 안에 주인공 조웅의 위기가 포함되어 있다는 점이다. 80여 합에도 승부가 나지 않자 조 원수는 기력이 소진되어 본진으로 돌아가려 하지만 이때 이대가 가는 길을 막아선다. 보통 영웅소설에서 영웅이 대적을 하다가 기력이 쇠하여 싸움에 어려움을 느끼는 경우는 없다. 대개는 아무리 힘든 상황에서도 영웅적 능력으로 문제를 해결한다.

그러나 〈조웅전〉이 결말로 치닫는 과정에서는 조웅이 실질적인 위기에 처한다. 결정적인 위기에서 조웅은 도사의 가르침대로 귀신을 쫓아내는 주문을 읽기 시작하고, 결국 이대가 크게 놀라며 말에서 떨어지게 된다. 조 원수는 이에 힘을 되찾고 칼을 들어 이대의 목을 치게 된다. 절묘한 시점에 도사의 지침을 따르고, 위기로부터 벗어나게 되는 것이다.

---

110) <조웅전> 완판104장본 조웅三, 29a-30b.

조웅에게는 마지막까지 위기가 등장한다. 위 인용문은 결말로 향하는 작품의 종반부에 등장하는 것으로, 대개의 영웅소설에서는 이 정도면 위기나 갈등 상황이 더 이상 나오지 않고 모든 상황이 화해의 길로 나아가는 흐름이다. 〈조웅전〉 경판본에서 특별한 위기의 상황이 발견되지 않는 것도 같은 이유이다. 그런데 〈조웅전〉에서는 또 한 차례 위기를 만들고 있다.

이는 곧 〈조웅전〉 완판본이 이두병의 억압을 피해 도망을 다닐 수밖에 없었던 작품 초반부부터 다시금 황성으로 입성하여 역모를 꾸민 이두병과 그 일당을 처단하는 결말부까지, 지속적으로 위기 상황을 제시함으로써 작품의 서사적 긴장감을 늦추지 않기 위해 노력했다는 것을 의미한다. 여러 영웅소설 작품 속 위기와 해결의 국면들을 통해 서사적 기대치가 높아진 상황에서 〈조웅전〉의 이러한 변화는 어쩌면 필수적이었을지 모른다.

그리고 궁극적으로 이러한 위기 극복 과정의 극적이고 디테일한 서술은 이념의 위기가 복원되는 방향으로 독사들의 시선을 이끌었을 것이다. 모두에 언급한 것처럼 작품의 해결과 결말은 이데올로기의 지향과 긴밀한 관련을 맺고 있기 때문이다. 따라서 연이은 위기와 그것의 해결은 흥미의 차원이기도 하지만 작품 속에서 이념의 타당성을 구현하기 위한 효과적인 서사 장치로 볼 수 있다.

(3) 〈유충렬전〉의 완판본

앞서 〈조웅전〉 완판본이 〈장풍운전〉이나 〈소대성전〉·〈용문전〉의 완판본에 비해 위기의 제시와 그것의 해결을 통해 영웅성을 강화하고 이데올로기를 공고히 하는 모습을 볼 수 있었다. 동시에 이는 〈조웅전〉 완판본이 〈조웅전〉 경판본과는 다른 자질을 지니고 있음을 확인하는 것이기도 했다. 〈조웅전〉은 경판본에 비해 완판본이 그리고 앞선 완판본 작품들에 비해서 국난 극복의 서사구조를 보다 역동적으로 구성하여 서사적 흥미를 제공하면서, 한편으로는 대명의리론의 이데올로기를 보다 세련되게 각인시키고 있는 것이다.

이러한 경향은 〈유충렬전〉에서 계승되거나 확대된다. 일단 표면적으로 쉽게 확인되는 사실은 〈유충렬전〉의 경우 경판본이 존재하지 않는다는 점이다.[111] 남성영웅소설의 대표적인 작품이 경판본으로 간행되지 않았다는 점은, 한편으로 서울 지역이 전주 지역에 비해 상대적으로 남성영웅소설에 대한 관심도가 낮았다는 점을 의미하며, 다른 한편으로는 완판본 〈유충렬전〉이 -앞선 비교들을 통해 귀납적으로 확인한- 완판본 남성영웅소설의 성향을 일정하게 계승하고 있을 것이라는 추정이 가능한 것이다.

실제로 이미 많은 연구를 통해 〈유충렬전〉의 서사구조나 서사적 디테일에 대한 분석이 진행되었다. 서사구조와 관련해서는 유충렬과 정한담의 대립 관계가, 서사적 디테일과 관련해서는 율문체적 특징이 주된 대상으로 논의되었다. 특히 이 두 가지 특징은 모두 〈조웅전〉의 속성과 유사한 측면이 있기 때문에 초창기에는 〈조웅전〉과 〈유충렬전〉이 동일한 맥락에서 평가되다가 시간이 지날수록 그 차이를 확인하는 방향으로 진전되는 모습을 보인다.

서사구조의 측면에서 〈유충렬전〉은 '정적의 설정을 통한 갈등 관계 형성'을 기본 골격으로 삼고 있는데, 이는 앞서 살펴본 〈조웅전〉에서도 공통적으로 확인되는 것이다. 그래서 초창기에는 큰 틀의 서사구조만을 감안한 상태에서 이 두 작품의 공통점에 주목했다. 그러나 이후 진

111) 박일용, 「<유충렬전>의 문체적 특징과 그 소설사적 의미」, 『영웅소설의 소설사적 변주』, 월인, 2003, 322쪽.

행된 연구에서는 〈유충렬전〉과 〈조웅전〉이 정적을 설정했다는 점에서는 동일하지만, 〈조웅전〉의 조웅이 천상계와의 관련성을 암시하는 기자치성 및 태몽 대목이 삭제되었다는 점이나 부친의 자살 이후에 유복자로 태어났다는 점에서 위기의 상황이 절박하고 동시에 극복의 능력 또한 강하게 부각되는 반면,[112] 〈유충렬전〉의 유충렬은 상대적으로 천상계와 부친의 원한을 유충렬이 대신 갚아나가는 대리적 성격이 강하기 때문에 주인공 스스로가 느끼는 정적에 대한 분노의 감정이 상대적으로 약하고 동시에 극복의 의지 또한 다소 약화된다고 보았다.[113]

다른 맥락에서 나온 발언이지만 〈조웅전〉의 경우 적대자의 설정과 영웅의 능력 부재가 문제시 되면서 '영웅의 개인적 도술 수련을 통한 복수와 지향가치의 획득'이 특징인 반면, 〈유충렬전〉은 지향가치의 획득보다는 '상실된 것에 대한 회복'에 초점이 맞춰져 있다고 언급한 점도[114] 결국 〈유충렬전〉의 주인공이 상대적으로 영웅으로서의 의지가 약하다는 점을 지적하고 있는 셈이다. 주인공이 영웅으로서의 의지가 약하다는 것은 달리 말하면 작품의 서사구조가 지니는 긴장감이 덜하다는 것을 의미한다. 즉 〈유충렬전〉이 〈조웅전〉에 비해서는 갈등 관계나 위기의 진폭이 약하다는 것을 알 수 있는 것이다. 만약 이대로라면 대명의리론의 이념적 지향 또한 줄어든다고 할 수 있을 것이다.

한편 서사적 디테일의 측면에서 〈유충렬전〉은 '율문체적 속성'이 가장 큰 특징으로 꼽힌다. 이미 초창기 연구부터 판소리와의 관련성은

112) 박일용, 「<조웅전>의 구성과 문체적 특징」, 『영웅소설의 소설사적 변주』, 월인, 2003, 327-328쪽 참조.

113) 박일용, 「<유충렬전>의 서사구조와 소설사적 의미 재론」, 『영웅소설의 소설사적 변주』, 월인, 2003, 275-276쪽 참조.

114) 강상순, 앞의 논문, 1991, 117-118쪽 참조.

언급이 되었고,[115] 판소리와의 관련성이 내포하고 있는 의미에 대해서 점차 논의가 축적되어 가는 경향을 보였다.[116] 선행 연구에서 언급했듯이 판소리를 연상시키는 구어체적 성격에 대해서 강상순은 '영웅의 개인적 지향가치의 실현보다 위기에 처한 가족을 구원하고 백성들의 원을 풀어주는 데 그 기능을 두고 있는 것'이라 하여, 문체와 서사구조 사이에 관련성이 있음을 처음으로 언급했다. 박일용은 이러한 관점을 작품 전반으로 확장하여, 〈유충렬전〉은 관념적인 서사구조를 이끌어나가는 문장체 소설 문체와 주정적인 가사적 문체가 공존한다고 분석하고, 이러한 양상은 주인공과 정적 사이의 명분론적 대결이라는 표면적 서사구조를 이끌어나가는 관념적 서술시각과 그로 인해 파생되는 주인공의 처지를 비극적인 하층민의 삶으로 바라보려는 주정적인 서술시각이 교차됨으로써 나타나게 된 것[117]이라고 대응시켰다. 즉 문체의 특징이 단지 서술방식의 문제로 끝나는 것이 아니라 작품이 갖고 있는 갈등의 구조 및 주제 의식의 형상화와 긴밀한 관련을 맺고 있다고 본 것이다.

박일용의 이러한 해석은 일차적으로 작품의 문체가 서사구조 및 주제의 형상화와 관련을 맺고 있다는 방법론적 轉期를 마련했다는 점에서 그 의의가 높다. 문체와 주제는 기실 그 자체만으로 관련성을 갖고 있다고 판단하기 어렵다. 그러나 문체가 가져다주는 정서적 미감은 앞

115) 성현경, 앞의 논문, 1974.

116) 이 외에도 <유충렬전>의 문체적 속성을 우회적으로 언급한 논의는 다음과 같다. 주명희, 「군담소설 연구 - 고대소설의 문학적 가치의 구명을 위한 시도」, 서울대학교 석사학위논문, 1974 ; 서인석, 앞의 논문 ; 진경환, 「영웅소설의 통속성 재론」, 『민족문학사연구』3, 민족문학사학회, 1993.

117) 박일용, 「<유충렬전>의 문체적 특징과 그 소설사적 의미」, 『영웅소설의 소설사적 변주』, 월인, 2003, 322쪽.

서 〈유충렬전〉을 분석할 때와 같이 작품의 주제의식과의 연관성을 해명하는 중요한 단서가 될 수 있다. 아울러 이와 같은 해석이 가능했던 더 구조적인 이유는 문체와 주제 사이에 이른바 '향유층'이라는 매개고리가 배치될 수 있기 때문이라고 생각한다. 다시 말해 문체에서 그리고 주제의식에서 공히 이 작품이 수용하고 있는 향유층의 정서가 묻어나옴으로써, 양자가 공히 서로의 결론을 지지하는 발전적 결론을 얻게 된다는 것이다. 각기 다른 두 개의 방정식을 통해 임의의 a를 밝혀낼 수 있다는 말이다.

논자는 〈유충렬전〉의 서사구조를 분석하면서 이 작품이 표면적으로는 정적 사이의 갈등을 통한 팽팽한 대결구조 형식을 취하지만 이 대결구조에서 창출된 주인공의 정황을 하층민의 현실적 처지로 바라보려는 시각을 기저에 깔고 있기 때문에, 충의라는 명분론적 관념을 매개로 한 정적 사이의 대결이라는 서사구조 형태 및 그것의 지향가치와 그것에서 파생된 주인공의 처지 변화 및 주인공의 처지를 바라보는 민중직 서술시각 사이의 거리가 느껴지는 것이라고 보았다.[118] 결국 이러한 분석과 문체에 대한 분석이 자연스럽게 결합되어 문체를 통한 주제의식에의 접근이 가능했던 것이다.

결과적으로 기존 연구에서 살펴본 〈유충렬전〉은 서사구조의 측면의 경우 위기 설정과 극복의 진폭과 그에 따른 서사의 긴장감이 〈조웅전〉에 비해 상대적으로 약화되는 측면이 있지만, 서사적 디테일의 측면에서는 반대로 보다 다채로운 모습을 드러내면서 진전된 면모를 보여준다고 할 수 있겠다.[119] 즉 유충렬은 조웅에 비해 그 영웅적 활약이 다

---

118) 박일용, 「<유충렬전>의 서사구조와 소설사적 의미 재론」, 『영웅소설의 소설사적 변주』, 월인, 2003, 293쪽 참조.

119) 박일용, 앞의 논문, 1983, 75쪽 참조 ; 박일용, 「<유충렬전>의 문체적 특징과 그

소 부족하기 때문에 서사의 진폭이 좁아져서 자칫 흥미가 떨어질 수도 있지만, 다른 한편으로 다양한 에피소드가 제시되고 문체의 디테일이 부가되면서 이러한 문제를 보완하고 향유층의 공감대도 얻을 수 있었다고 이해해도 틀린 말은 아닐 것이다. 어쨌든 기왕의 연구 검토를 통해서도 완판본 〈유충렬전〉은 완판 남성영웅소설의 특징을 계승하는 연장선상에서 산출되었고, 그 과정에서 서사적 디테일의 진전된 면모를 보이는 작품이라는 것이 확인된다.

이에 본서에서는 위기 진폭의 문제나 서사적 디테일과 관련해서는 추가로 언급할 내용이 없다. 선행 연구가 여타 작품들과의 비교를 통해 밝혀낸 〈유충렬전〉의 특징에 대체로 동의하기 때문이다. 다만 그러한 변화가 무엇을 의미하는가에 대해서는 다소 상이한 입장을 갖고 있다. 그리고 그 입장이 대명의리론의 이념적 지향과 맥을 같이 한다.

① 명분과 소신의 강화

기존 연구에서 작품의 문체가 주제의식을 해명하는 중요한 단서로 기능하거나 혹은 문체와 주제의식이 상호 조응한다고 보는 시각은 필자의 협소한 문제의식을 환기시키는 데 큰 역할을 하였다. 하지만 이를 기반으로 제시한 〈유충렬전〉의 문체와 주제의식의 상관관계에 대한 구체적 분석에서는 다소 이견이 존재한다. 강상순은 〈유충렬전〉의 서사구조가 상실된 것의 회복에 맞춰져 있고, 이 회복의 과정이 〈조웅전〉에 비해 상대적으로 관념적인 방식에 의존한다는 평가를 하고 있다. 다시 말해 영웅의 활약이 상당히 수세적인 위치에서 전개된다는 입장을 견지하는 것이고, 이에 따라 작품의 성격은 〈조웅전〉에 비해

소설사적 의미」, 『영웅소설의 소설사적 변주』, 월인, 2003 참조.

오히려 보수적인 경향이 더하다는 것이다. 그리고 이러한 한계가 문체적 특징으로 밝혀진 바와 같이 한 개인이 아닌 다수 민중의 공감대를 얻어냄으로써 극복된다고 보았다. 〈유충렬전〉이 꼭 관념적이고 보수적인 작품만은 아니라는 점을 문체를 통해 증명하고 있는 것이다.

한편 박일용은 서사구조가 관념적 해결방식에 의존한다는 강상순의 분석과는 다소 결을 달리하여, 관념적 측면과 현실적 측면이 공존하는 '중층적' 구조를 보인다고 주장했다. 기존 연구자들 사이에서 〈유충렬전〉에 대한 엇갈린 평가가 나오는 것도 바로 이러한 이유에서 비롯한 것이라고 보았다. 박일용의 이러한 분석은 강상순의 분석을 보다 구체화시킴은 물론 작품의 이념적 층위를 세밀하게 읽어낸 탁월한 성과임에 분명하다.

후사의 논의가 보다 진전된 것이지만 두 논자는 작품이 갖고 있는 역사의식 혹은 이념적 층위에 대한 분석에 초점을 맞추어 작품의 의미를 해석하는 방식을 취하고 있다는 점에서 유사한 논리 구조를 갖고 있다. 이는 그간 영웅소설 연구사에서 꾸준히 정리되어 온 바와 같이 구비문학적 유형론이 갖고 있는 역사의식의 부재를 극복하는 매우 중요한 대안으로 자리매김하였다.

작품을 역사적 맥락에서 접근하고 이 과정에서 작품의 주된 향유층을 도출하는 것은 문학작품 연구의 중요한 방법론이다. 그런데 작품을 역사적 맥락에서 해석하고 이를 특정 향유층에 대입할 때는 기본적으로 향유층이 특정한 역사의식을 공유하고 있을 것이라는 전제가 필요하다. 가령 지금까지의 연구에서 구체적인 현실 비판의식이 담긴 작품의 향유층은 권력으로부터 소외된 지식인이나 일반 백성들이라고 보고 반대로 이상적이고 관념적인 작품의 향유층은 권력을 소유하거나 혹은 권력 인근에 있는 상층의 인물들이라고 보는 것이 일반적이었다.

그런데 문제는 과연 실제로 작품의 해석에 조응한다고 하는 그 향유층이 그와 같은 인식 지평을 갖고 있었는지 구체적으로 확인되지 않았다는 점이다. 〈유충렬전〉에 등장하는 관념적이고 보수적인 문제해결 방식과 도탄에 빠진 주인공에 대한 핍진한 묘사가 각기 다른 두 주체로부터 나온 시선이 아니라 하나의 시선일 수도 있기 때문이다. 이러한 문제제기는 조선후기의 농민 봉기가 완정한 중세적 질서의 복원을 향한 요구였다는 점을 통해서도 뒷받침된다. 동학농민전쟁과 같은 경우도 이 봉기가 가능했던 이유는 농민들에게 일종의 '士'의식이 존재했기 때문이라는 설명이 점차 설득력을 얻고 있다.[120)]

이는 두 가지 사실을 환기시킨다. 하나는 명확한 계급적 인식이라는 것이 기실 그와 같이 도식적으로 구분되는 것이 아니라는 점이고, 다른 하나는 현실의 문제를 비판하고 지적하는 인식이 지향하는 바가 항상 지금과는 다른 새로운 질서 즉 새로운 패러다임을 요구하는 것은 아니라는 점이다. 근대 사회의 민중적 저항 대부분이 근대적 이데올로기의 극복이 아니라 근대 민주주의의 정착을 위한 노력이었다는 점을 상기해도 이는 결코 낯설지 않다.

그럼에도 일반적으로 계층의 차이가 곧 역사의식의 차이와 같은 의미로 해석되는 것은 특정 계층이 특정한 역사의식을 갖고 있다는 선험적인 인식이 전제되어 있기 때문이다. 이는 흔히 역사발전의 법칙에서 언급하는 다소 애매하고 추상적인 설정일 뿐, 실제로 구체적인 역사의 국면에서 계층과 역사의식이 항상 위와 같은 방식으로 조응하지 않았다.

따라서 필자는 관념적이고 보수적인 문제해결 방식과 민중의 고단한 삶에 대한 핍진한 묘사가 별개의 주체를 갖고 있는 것이 아니라 동

120) 조경달 저, 허영란 역, 『민중과 유토피아』, 역사비평사, 2009 참조.

일한 하나의 주체에서 나온 것이라고 본다. 그렇다면 이 주체가 문제삼고 있었던 현실은 무엇이었는지에 대한 의문이 꼬리를 물게 된다. 대체로 기존 연구에서는 조선후기 현실 정치의 상황을 거론했다. 강상순은 〈유충렬전〉의 政敵 구도가 조선조 말기의 일반적인 현실인식이라고 보았다. 그리고 이 약화된 왕권은 대원군에 와서 회복하려는 시도가 나타난다고 하였다.[121]

사소한 언급이지만 이 논리대로라면 〈유충렬전〉을 향유했을 계층들은 대원군의 정책을 환영하고 동의했어야 한다. 그런데 실상은 그렇지 않았다. 대원군은 백성들로부터 신망을 얻지 못했는데 이유는 그가 왕권을 강제로 독점했다는 점 때문이기도 했지만 만동묘의 철폐와 같은 대명의리론의 상징에 대한 제한적 조치를 취했기 때문인 탓이 더 크다.

> 1865년 대원군은 조정이 이미 대보단을 설치했으니 민간이 스스로 황제묘를 건립하는 것은 예의에 부합하지 않는다는 이유를 들어 대왕대비 조씨 명의로 충청도의 서원현(청주목)에 명하여 만동묘를 철폐하도록 했다. …(중략)… 만동묘의 철폐는 전국적으로 거센 반발을 불러일으켜서 '祭享이 정지된 후 산림유신과 재야 신하들의 上書가 끊이지 않는' 국면이 출현했고, 특히 '호남과 호서의 유신들이 임금에게 상소하여 諫하고 왕실 외에 호소하여 항쟁하며', 철폐조치를 거두도록 간청했다. 당시 조정대신인 박규수와 산림 대표자인 성균관 祭酒 宋來熙와 副護軍 任憲晦 등도 상소하여 만동묘를 보류하도록 건의했다.[122]

---

121) 이는 조선조 말기의 일반적인 현실인식이 아니었을까 생각된다. 그리고 구체적으로 대원군의 정책을 통해 귀족권에 의해 침탈된 왕권을 확립함으로써 중세해체기의 모순을 극복하고자 하는 시도가 있었기도 했다. 강상순, 앞의 논문, 1991, 122쪽.

122) 왕원주, 「한국 근대이행기 화이관의 변화와 민족의식」, 연세대학교 사학과 박사학위논문, 2003, 154쪽.

실제로 당시 대명의리론은 관념적 체계 속에서 오히려 그 이전 시기보다 강화된 형태로 표출된다. 이전 시기가 무너진 명나라를 복원하거나 혹은 이를 우리가 문화적으로 계승해야 한다는 의식을 갖고 있었다면,[123] 19세기에 와서는 아예 조선이 곧 중국이라는 인식이 자리 잡기 시작한다.[124]

> 夷가 중국으로 되면 중국으로 여긴다는 것은 春秋의 뜻이다. 하물며 우리 동방은 箕子가 立國한 후에 夷陋를 혁파하여 소중화가 되었다. 그 후에 비록 쇠미해지고 貿貿해졌지만 고려 대부터 점점 用夏變夷하기 시작했고 풍속이 좋았기 때문에 주자도 칭찬했다. 本朝에 이르러 다시 소중화를 회복했다. 崇禎 연간 이후 우리 동방이 아니면 천하 어디에서 중국 문물을 찾을 수 있겠는가? 이것은 실로 周禮在魯인 것이다. 어찌 그 시작을 표창하여 백대에 昭布하고 四裔에 示法하지 않을 수 있겠는가? 이 역시 공자의 『춘추』가 魯史에 근거하여 천하(의 史事)를 기록한 뜻과 같다.[125]

인용문은 조선의 소중화 지위를 강조하기 위하여 고려 말에 이미 송 문화를 수용했음을 강조하고 있다. 송시열 등은 존주대의를 강조하면서 고려 말 정몽주 등이 대명 사대와 명의 의관제도의 수용을 주장했

123) 허태용은 청의 지배 이후 조선에서의 중화에 대한 인식이, 17세기에서 18세기에 걸쳐 중화회복의식에서 중화계승의식으로 전개되었다고 보았다. 허태용, 앞의 책 참조.

124) 조선은 중국이 아니고 外服에 처한 藩邦으로서 華夷之辨을 강조하는 것은 두 가지 결과를 초래하였다. 하나는 春秋大一統을 견지하는 것이고 다른 하나는 조선의 小中華 지위를 강조하는 것이었다. 이러한 사상 경향은 18세기에 이미 대두된 바 있었는데, 19세기에 이르러서는 일부 斥和論者에 의해 더욱 강해지고 있었다. 왕원주, 앞의 논문, 2003, 141쪽.

125) 이항로, 『화서집』 附錄第三. 왕원주, 앞의 논문, 146쪽.

음을 강조했고, 이항로는 이를 계승하여 고려가 이미 '進於中國'했다고 확정지은 것이다. 그러나 소중화가 되는 것은 春秋大一統을 의미하는 것이기도 했다. 그래서 중국의 예악과 문물을 수용하는 데 그치지 않고 정치관계를 고려하면서 중국에 편입되기를 원했다. 19세기 후반에 이항로가 작성하고 1906년에 김평묵이 간행한 『송원화동사합편강목』 중 〈發明〉이라는 글에서 저자는 고려의 송에 대한 사대관계를 강조하면서 고려가 이때부터 用夏變夷하기 시작하여 중국으로 되었다고 하였고 만일 공자가 다시 태어난다면 고려를 중국에 편입시킬 것이라 했다.[126]

> 그[고려]가 예의를 慕尙하고 忠順을 바치며 중국으로 된다는(進於中國) 것은 이렇게 명백한데 어찌 大宋의 속국으로 될 자격이 없겠는가? 만일 孔子가 다시 살아난다면 그를 이끌어 중국에 편입시킬 것이 확실하다. 그래서 朱子가 고려의 미풍양속을 높이 평가했던 것이고, 또 아직 變夷의 풍속을 가지고 있다고 했던 것은 변화를 요구한 것이다. 이것이 바로 고려사를 皇宋의 春秋에 편입하고 白官公服 華制에 따라 제정한 사실로 시작하는 이유이다. 아! 이것은 우리 華西 선생이 衰世에 대한 감상이며 우리 친구인 柳重敎 ○○씨의 간절한 마음이다. 오호라! 이것이 합편의 大義이니 먼저 여기서 發明한다.[127]

위 기록들로 보면 19세기에 들어 중화주의는 오히려 상당히 극단적인 형태로 발전해서, 마치 조선이 중화인 것처럼 인식하는 경향이 팽배해졌음을 알 수 있다. 중화를 대체하는 것과 스스로가 중화라고 지

126) 이 단락은 다음의 논문을 참조한 것임. 왕원주, 앞의 논문, 146쪽.
127) 김평묵, <發明上>, 『송원화동사합편강목』 附錄卷二. 왕원주, 앞의 논문, 146-147쪽.

칭하는 것 사이에는 어감 이상의 큰 인식적 간극이 존재한다. 후자는 소중화의식에 대한 상당히 극단적인 합리화 위에서만 성립 가능하기 때문이다.

그렇다면 이 지점에서 〈유충렬전〉만이 보여주는 특징을 하나 짚어 보자. 그것은 바로 무능하고 어리석은 천자가 등장한다는 점과 이러한 천자에 대해 유충렬 부자가 소신껏 발언한다는 점이다. 강상순은 이에 대해 '고통스런 현실적 박탈감에서 그 해결을 영웅의 활약에서 찾고자 했던 담당층의 입장'이라고 보았다. 그런데 이러한 왕권에 대한 비판이 중세 봉건제의 왕권이라는 권력 자체가 지니고 있는 한계를 암시하지 못하고 유충렬을 충신으로 형상화해버리면서 그 비판적 시각이 첨예화되지 못했다고 평가했다.[128] 한편 박일용은 천자에 대한 소신 있는 발언을 당장 반봉건 의식으로 해석하는 것은 지나치며 이는 소설 구성의 초점을 유충렬의 고난 극복과 가족의 재회에 맞추고 있기 때문에 가능했던 것으로 보았다.[129] 강상순이 중세 봉건제의 정점에 있는 왕권에 대한 비판과 한계라는 측면으로 접근했다면 박일용은 작품 속 서사 구성의 측면으로 접근했다.

그러나 대명의리론을 영웅소설의 주된 문제의식으로 보는 본서에서는 천자에 대한 소신 있는 발언이 중세 질서에 대한 비판이나 지적으로 해석될 수 없다고 본다. 오히려 이는 다소 무능력한 천자를 대신하여 중화질서를 회복하겠다는 의지의 표현이라 할 수 있다.

---

128) 강상순, 앞의 논문, 1991, 122쪽.

129) 박일용, 「<유충렬전>의 서사구조와 소설사적 의미 재론」, 『영웅소설의 소설사적 변주』, 월인, 2003, 290쪽.

> 왕실이 쇠미하고 列國이 僭亂할 때에 공자는 『춘추』를 작성하여 천명하였고, 宗統이 쇠미하고 强僞가 干竊할 때에 朱夫子는 『강목』을 저술하여 교정했으며, 오랑캐가 강성하여 華夏에 주인이 없을 때에 우암 송선생은 대의를 창도하여 배척하였다. 前聖과 后賢의 뜻이 똑같다.130)

위 인용문은 이항로가 『속자치통감강목』을 다시 쓰려고 했을 때 한 말이다. 곧 천자가 그 위엄이 약해지고 주변 국가들이 번성할 경우에는 신하된 도리로서 이를 바로잡을 수 있는 실질적인 행동들을 취해야 한다는 말이다. 흔히 천자의 의견에 반대하는 직언은 천자의 권위에 대한 도전이고 나아가 중세 봉건제의 정점에 대한 공박으로 해석되지만, 실상 이는 역으로 그 구조에 균열이 가고 있는 천자 중심의 위계적 구조를 공고히 하기 위한 차원이라고 할 수 있다. 강상순의 언급에서 결과적으로 유충렬이 忠臣이 되는 구조로 결말이 되면서 한계를 보인다고 했는데, 이는 한계가 아니라 오히려 당연한 수순인 것이다. 애초에 유충렬은 중세 봉건제에 저항할 뜻이 없었으며 오히려 이를 적극적으로 유지시키고자 했기 때문이다.

그렇다면 〈유충렬전〉에서 천자에게 자신의 소신을 가감 없이 밝히는 것은 무엇을 의미하는가. 앞서 이항로의 언급을 통해서도 확인했지만 19세기 조선은 소중화의식이 상상적으로 구현되어 스스로를 中華로 인식하는 경향이 극단을 달리던 때였다. 중화를 타자로 인식하던 때를 지나서 아예 조선을 중화로 동일시하게 되는 것이다. 이러한 상황에서 일각에서는 청나라에 의해 공고해진 동아시아 질서를 인정하자는 주장이 제기되기도 한다. 소중화의 입장에서 볼 때 이는 현실적인 힘의 논리에 수긍하는 일종의 배신인 셈이다. 또 다른 한편으로 19

---

130) 이항로, <남당집기의>, 『화서집』 권십팔. 왕원주, 앞의 논문, 132쪽.

세기 중반 이후 점점 빈번해지는 서양 세력을 어떻게 인식하고 대응해야 할 것인지 명분과 이해관계 사이에서 복잡한 계산이 진행되던 때이기도 했다. 요컨대 스스로를 중화로 상정한 상황에서 대내외적으로 소중화의 질서를 부정하거나 위협하는 요소들이 점차 많아지고 있었던 것이다. 그럼에도 이제 중원을 지배했던 中華는 더 이상 복원되기 힘들다고 판단할 수밖에 없었고, 주변 국가들은 中華 질서를 호시탐탐 노리고 있으며, 조선의 조정에게도 큰 기대를 할 수 없던 상황이었기 때문에, 이항로는 본인이 『속자치통감강목』을 간행해야 할 만큼 정세적으로 위기에 처해있다고 판단한 것이다.

결국 〈유충렬전〉에서 무능력한 황제가 등장하고 유충렬 부자가 자신의 생각을 천자에게 소신껏 발언하는 모습은 실질적인 중화의 구심점이 사라진 상황, 그리고 그것을 계승하고자 능동적인 의사를 표현하는 조선 또한 대내외적인 오랑캐 세력으로 인해 안전을 보장받을 수 없는 상황에서, 현명한 신하가 천자에게 진정성이 담긴 諫言을 하고 위기를 극복해야 한다는 당시의 시대적 과제를 직접적으로 반영한 것이라 하겠다. 천자의 권한이나 왕권이 약해졌을지언정 그 권력이 약해지거나 없어져야 한다고 생각한 것은 전혀 아닌 셈이다.

요컨대 〈유충렬전〉은 앞선 완판본 계열의 남성영웅소설들이 갖고 있었던 대명의리론을 계승하고 또 발전시킨다. 실제로 〈유충렬전〉에서도 이전과 마찬가지로 촉한정통론에 입각한 전고들이 곳곳에서 발견된다. 또한 정적과의 대결을 통한 중화질서의 수호라는 〈조웅전〉의 서사와 비슷하게 진행된다. 위기 진폭이 줄어들고 영웅의 활약상이 다소 둔화되는 모습을 보이면서 중화주의로의 지향이 약화되는 듯하지만, 기실 유충렬 부자의 천자에 대한 소신 있는 발언을 통해 이 작품이 보다 심화되고 있었던 19세기 후반의 대명의리론을 반영하고 있는 것으로 해석할 수 있다.

서사적 측면에서는 문체를 통한 서사적 디테일의 진전이 이루어졌고, 이념적 측면에서는 대명의리론의 적극적 해석과 이를 통한 역사 주체로서의 능동적 실천 의지가 표면화되었다고 볼 수 있는 것이다. 이렇듯 완판본은 대명의리론의 이념적 지향 속에서 그것을 점차 강화해가는 방향으로 나아갔음이 확인된다.

3. 경판본의 서사적 특성과 이념적 지향

1) 경판본 서사적 특성의 이념적 의미

2장에서 남성영웅소설 속 경판본의 특징으로 여성인물 그리고 결연 및 가문 서사의 확대를 도출하였고 3장에서는 여성영웅소설 속 경판본의 특징으로 능동적 여성 형상을 확인했다. 이를 종합하면 경판본은 여성의 능동적 활약을 자유롭게 허락하는 경향이 강하다. 반면 완판본은 그러한 부분이 상대적으로 많이 약화된 모습이다. 그렇다면 그 차이는 무엇으로부터 기인하는 것이며 그 의미는 무엇일까?

일단 남성영웅소설을 비교할 때 거론했던 완판본과 경판본의 차이를 떠올려보자. 이때의 차이는 여성영웅소설에서도 그대로 나타난다. 경판본 여성영웅소설은 작품의 길이가 짧은 반면 완판본 여성영웅소설인 〈이대봉전〉은 작품 분량이 상당히 길다. 다시 말해서 남성영웅소설과 마찬가지로 여성영웅소설에서도 경판본이 사건 중심으로 빠른 서사 전개를 이루고 있다면, 완판본은 각각의 화소들에서 서사의 시간적 이동을 멈추고 서사 공간에 대한 서술을 확장시키는 경향이 강하다는 것이다.

그리고 이때 서사의 공간적 확장은 앞서 남성영웅소설에서 확인한 것처럼 역사적 전고나 일화 등으로 채워졌다. 경판본에서는 네 작품을 통틀어 불과 서너 차례에 불과했던 역사적 전고나 일화의 수용이 〈이대봉전〉 한 작품에서는 작품의 문면에 수시로 등장하는 것을 확인할 수 있다. 앞서 인용한 완판본 내 역사적 전고의 의미를 감안한다면, 완판본 계열의 작품들에서 同種의 역사 인식 혹은 시대 인식의 이념적 틀이 나타나는 것이다. 다시 말해 남성영웅소설이든 여성영웅소설이든 완판본의 경우에는 대명의리론으로의 영향력이 강하게 작용한다는 논리가 성립된다.

그렇다면 반대로 경판본 여성영웅소설은 어떠한 이유에서 완판본과는 차별화된 모습을 보여주는 것일까? 이유를 따지기 전에 우선 객관적인 내용을 다시 검토해보자. 경판본의 여성영웅은 남성을 능가하는 능력을 발휘하며 남성을 질책·계도하고 나아가 국가적인 위기에서 남성을 능가하는 활약을 보여주며 결연을 위한 고난 해결에도 적극적이다. 이것만 봐서는 분명 여성의 능동적인 활약 그 자체이다.

그러나 과연 그 능동적 활약이 진행된 구조 또한 능동적이고 진취적인 공간인가 하는 점에 의문을 제기하지 않을 수 없다. 다시 말해 경판본 여성영웅은 남성 중심적인 기존의 이데올로기를 보다 강화하는 맥락에서 자신들의 능력을 발휘한 것이다. 그들이 개인적·국가적 위기를 극복하고 나서 가문 내의 부녀자로 돌아가는 모습은 – 여성 의식의 의의와 한계라기보다는 – 애초에 이들이 성별 우열의 체계를 전복하고자 했던 의지를 갖고 있지 않았다는 것을 알 수 있다. 물론 이러한 여성영웅의 노력이 남성에 대한 불만의 표출일 수는 있을 것이다. 하지만 그것은 흔히 '여성의식'이라고 말할 수 있는, 모순에 대한 구조적 인식이라고 하기가 어려우며, 감정적 차원의 문제에 가깝다. 이데올로기의 전복은 대개 그것의 원인을 구조적으로 발견하는 것에서부터 시작하는 것이라는 점에서, 여성영웅의 능동적 활약은 이데올로기 내에 있는 것이다.

경판본 여성영웅의 능동성이 가부장제의 테두리 내에 있다는 주장은 현재 우리가 논하고 있는 場이 문학 텍스트라는 점에서도 뒷받침할 수 있다. 충분한 상상적 공간을 제공하는 문학 텍스트 속에서 여성이 능동적인 활약을 하다가 본연의 性的 우열의 구도로 돌아가고자 하는 것은 의식적 차원에서 모순의 구조를 바꾸고자 하는 의지가 있는 것은 아님을 단적으로 보여주는 것이기 때문이다. 따라서 경판본 여성영웅의 활약은 '가부장적 능동성'으로 정의할 수 있을 것이다.

반면 완판본의 경우에는 애초에 여성영웅이 성립되기 어려운 이념적 저변을 형성하고 있었던 것으로 보인다. 〈이대봉전〉의 장애황이 여성영웅임에도 불구하고 경판본의 여성영웅처럼 이렇다 할 능동적 활약을 보여주지 못하는 것이 이를 대변한다. 따라서 완판본 여성영웅의 활약이 주도적인 모습으로도 혹은 능동적인 조력자의 모습으로도 형상화되지 못하고 전체 서사와 유기적으로 연결되지 못하는 파편적인 모습으로 남게 되었다는 것은 실제 작품에 드러나는 모습 이하로 여성영웅의 활약을 등한시했다는 것을 의미한다. 요컨대 완판본의 향유층에게 여성이 가부장적 능동성을 갖추고 있는 모습은 굳이 필요하지 않았던 것이다. 완판본 작품이 〈이대봉전〉 하나밖에 산출되지 못했던 이유 또한 이렇듯 전주 지역의 주된 향유층들에게 여성영웅이라는 소재가 그리 익숙지 않았기 때문이라 생각된다.[131]

---

131) 여성영웅소설의 대표작인 <홍계월전>의 이본 양상을 살펴보면, 그 나름의 논리가 성립됨을 짐작할 수 있다. 지금까지 우리가 알고 있는 <홍계월전> 여성영웅의 진취적 활약상은, 실상 두 갈래 異本群 중 한쪽의 특징에 불과하다는 사실이 최근

이로 보건대 여성영웅소설은 경판본에서 더 활발히 유통되었을 것으로 보인다. 〈이대봉전〉의 장애황을 통해 살펴본 것처럼 완판본의 이념적 기반이 여성영웅의 활약을 그리 반가워하지 않기 때문에 이후 영웅소설은 주로 경판본의 문제의식을 확장시키는 방향으로 나아갔다고 볼 수 있다. 경판본과 완판본 여성영웅소설의 차이를 통해 볼 때 여성영웅소설은 경판본이 유통되었던 서울 지역을 중심으로 더욱 성행하였을 것이란 추론이 가능하다는 것이다. 실제로 기존 연구에서 경판본의 여성 중심적 성향에 대해서 언급한 바 있으며,132) 서울 지역에서 여성 독자층이 많았을 것이라는 문헌적 근거 또한 제시된 바 있다.133) 그렇

연구에 의해 밝혀졌다. 꼼꼼한 이본 연구를 통해 지금까지 소개되지 않았던 단국대 103장본이 <홍계월전> 이본의 한 축을 담당하고 있음이 밝혀진 것이다. 그런데 전자 이본군의 경우 활자본을 포함하고 있는 비교적 짧은 내용의 한중연 45장본 계열임에 반하여, 후자 이본군의 경우는 상대적으로 내용이 긴 단국대 103장본 계열이다. 한중연 45장본 계열의 이본은 단국대 37장본, 46장본, 47장본, 62장본, 한중연 35장본, 45장본, 47장본, 49장본, 74장본, 활자본 등 총 10종이고, 단국대 103장본 계열의 이본은 단국대 57장본, 59장본, 74장본, 96장본, 103장본, 한중연 60장본 등 총 6종이다. 이 글에서 본격적으로 다룬 작품이 아니기에, 실물을 직접 비교한 결과는 아니지만, 위 이본 계열의 장수만 놓고 단순 비교를 해보면, 전자의 이본들이 짧고, 후자의 이본들이 상대적으로 긴 공통점을 발견할 수 있다.

그런데 흥미로운 점은 앞서도 언급했듯이 <홍계월전>을 대표하던 능동적 여성상은 대체로 전자 이본군의 특징이라는 점이다. 후자 이본군에서는 여성의 활약만큼 남성의 활약이 보완적으로 더해지는 양상을 확인할 수 있다. 정준식은 다른 논문에서 후자 이본군의 여성우월의식 약화를 여성영웅소설의 후대적 변모 양상이라고 했는데, 본서의 구도에서 보자면 이는 서울 지역을 중심으로 하던 <홍계월전>이 전주 지역의 여성영웅소설 인식으로 한 차례 필터링 되면서 겪게 되는 공시적 변화의 양상으로 해석할 수 있다는 것이다. 물론 先本이 무엇이냐에 따라 그 반대의 상황도 가능할 수 있다. 정준식, 「<홍계월전> 이본 재론」, 『어문학』101, 한국어문학회, 2008 ; 정준식, 「<홍계월전>의 구성원리와 미학적 기반 - 단국대 103장본 계열을 중심으로」, 『한국문학논총』51, 한국문학회, 2009.

132) 조혜란, 「경판 방각본 소설의 특성」, 한국고소설연구회, 『고소설의 저작과 전파』, 아세아문화사, 1994.

다면 경판본에 드러나는 능동적 여성은 무슨 의미를 지닐까?

방각본은 아니지만 이를 설명하기 위해서는 극단적인 성향의 여성 영웅소설인 〈방한림전〉을 가져와 생각해볼 필요가 있다. 주지하듯 이 작품은 여성주인공 간에 知己 관계에 입각한 동성 결혼이 등장하는, 소재 자체만으로도 상당히 파격적인 작품이다. 다시 한 번 언급하지만 이 작품은 방각본으로 간행되지 않았다. 그러나 전주 지역 영웅소설이 여성의 영웅성에 대해서 그다지 호의적이지 않았다는 점을 감안한다면 이 작품은 서울 권역 내에서 여성영웅소설을 향유했던 사람의 작품일 가능성이 높다. 이러한 지역적 특성이 〈방한림전〉처럼 여성의 남성적 역할을 끝까지 밀고 가는 여성영웅이 출현할 수 있는 토대를 마련해주었을 것이다. 혹 서울 지역이 아니더라도 여성인물의 능동적 활약이나 결연 및 가문 서사를 선호하는 독자층의 소산이라는 점에는 의심의 여지가 없다.

따라서 〈방한림전〉 연구를 통해 여성영웅인 방관주를 남성적 영웅으로 끝까지 둘 수밖에 없었던 이유를 살펴보면, 그것이 여성의 능동성을 해명하는 단서가 될 수 있다. 그 이유는 무엇일까?

이는 경판본이 궁극적으로는 결연이나 가문의 문제를 국가적 문제보다 더 중시하는 속성과 닿아있다. 〈방한림전〉도 국난 극복보다는 결연을 통한 가문의 유지에 방점을 두고 있기 때문이다. 다시 말해 이 작품은 '여성이 남성의 역할을 대신하여 가문의 유지와 번영을 이룰 수 있다'는 전제가 성립되어야만 서술이 가능하다. 결정적인 순간에

133) 경판 방각본이 주로 草書로 쓰이어 보급되고 있었다는 점은 초서로 쓰인 것을 독자들이 능히 해독할 수 있었기 때문일 것이다. 서울의 독자는 여성층이었지만 완판의 독자는 주로 남성들이었다. 이 남성 독자들은 초기에는 대개 중인 서리층이었으나, … (하략) …. 유탁일, 앞의 책, 77쪽.

여화위남을 푸는 대개의 영웅소설은 여성이 남성의 역할을 일시적으로 대신하는 것이지 '여성이 온전히 남성이 되는 것'은 아니다. 그러나 〈방한림전〉에서는 실제로 여성이 남성이 된다, 아니 엄밀히 말해서 여성이 온전히 남성성을 갖추게 된다.

그래서 실제로 작품은 방관주가 온전히 남성성을 갖추게 되는 과정을 순차적으로 보여준다. 이때 방관주의 남성성이 발현되는 공간은 주로 가문이다. 이 작품이 영웅소설의 장르 내에 존재하기 때문에 국가적 위기가 찾아오기도 하지만, 흥미로운 서사나 상세한 서사는 주로 가문의 문제와 관련이 있다. 그렇다면 왜 이러한 방관주처럼 남성성을 온전히 체화한 여성 형상이 필요했던 것일까. 적어도 작품에서는 그 원인을 '가부장의 부재로 인한 가문의 복원'에서 찾을 수 있다. 작품에는 가부장을 상징하는 존재가 등장하지 않는다. 방씨 가문의 香火를 피울 수 있는 존재는 오직 여성인 방관주뿐이다. 작품은 방관주를 방씨 가문의 유일한 존재로 설정해놓고 서사를 풀어가는 것이다.

영웅소설의 경우 욕망은 대개 가문과 국가를 향해 있다. 잃었던 가족을 다시 찾거나 일찍 세상을 등진 부모 대신 번성한 가문을 이루는 모습은 전자에 해당하고, 오랑캐로부터의 위협을 물리쳐 무너질 위기에 처해 있던 국가를 유지하는 모습은 후자에 해당한다. 이 중 여성영웅소설은 주로 가문의 문제에 관심을 갖는다. 여성영웅소설이 상대적으로 활발하게 간행된 경판본을 보면 여성영웅의 국난극복 형상은 결과적으로 결연이나 가문에 그 궁극적 목적을 두고 있다는 것이 확인된다. 남성영웅소설 중 경판본에서 간행된 작품들을 봐도 국난 극복이라는 지배적인 서사의 흐름 가운데에서 결연과 가문의 서사를 끗끗이 이어나가는 것이 일관되게 확인된다.

이는 〈방한림전〉도 마찬가지이다. 위기 해결의 주체로서 여성의 역할이 보다 확대·강화된다. 이 작품은 심지어 여타 여성영웅소설에서처럼 남성으로 대체되지도 않는다. 그 이유는 '가부장의 근본적 부재'에 있다. 이 작품에서 가부장으로 대변되는 남성이 부재하기 때문이다. 가부장제의 관점에서 그 자리를 꼭 채워야 한다는 이념적 판단이 작품의 서사를 결정짓고 있는 것이다. 이는 여성영웅소설 일반의 여화위남을 이해하는 준거가 될 수 있다.

일반적인 영웅소설 속 후사는 가문의 쇄락과 위기의 상황에서 가문을 번성시키며 작품의 서사를 이끌어간다. 어렵사리 얻은 후사를 통해 가문이 놓인 현실적 처지를 비유적으로 대변하는 동시에, 앞으로 그 아이가 가문을 위해 주도적인 역할을 수행하리라는 기대감을 제공한다. 그리고 이때 그 아이는 男兒이다. 이는 지극히 당연한 선택이다. 가부장제에서 남아는 후사로서 가문의 영속성을 보장해주는 존재이기 때문이다. 가문의 외형적 규모가 가문의 권력·영향력과 동일시되는 경향이 강했기 때문에 당연하게도 남아로 후사를 잇고 多産을 통해 가문 구성원을 늘리는 것이 가문 유지의 미덕으로 여겨질 수밖에 없었다.

그런데 여성영웅소설에서는 오래도록 기다린 후사가 女兒로 태어난다. 가문을 이끌어갈 주체로 여성이 상정되는 것이다. 이럴 경우 작품은 여성으로 가부장제를 완성해야 하는, 서사를 전개하려면 여러 해명이 첨가되어야 하는 다소 부담스러운 여성영웅 중심의 서사를 진행하게 된다.

그런데 이때 주의해서 지켜봐야 할 점이 있다. 대부분의 여성영웅소설에서는 남성의 역할이 여성영웅의 역할로 완전히 대체되지 않는다는 사실이다. 누가 됐든 가부장의 위치에 오를 수 있는 남성은 꼭 존재한다. 그래서 대개는 그 부담을 온전히 여성이 떠안을 수 없기 때문에 입공 후에 자신이 스스로 여성임을 내비치고 여성의 자리로 돌아올 수 있는 것이다. 여성영웅소설 모든 작품에서 남성주인공은 한 명 이상 존재한다. 이렇듯 가부장제의 정점에 존재하거나 혹은 언제든 정점에 오를 수 있는 남성이 함께 등장한다는 사실은 여성주인공이 가문의 유지와 보수를 담당하고는 있지만, 언제든 그 역할과 공로를 남성에게 넘겨줄 가능성이 있는 존재라는 것을 말해준다. 여주인공은 일시적으로 남성의 역할을 대신하는 잠정적 대리자인 것이다.

그러나 〈방한림전〉은 다르다. 이 작품은 남성인물이 등장하지 않기 때문에 여성영웅이 잠정적 대리자가 될 수 없고, 그래서 여성이 가문의 주체로 나서고, 입공을 한 후에도 다시 여성으로 돌아올 수 없다. 이런 이유로 동성이 혼인을 하고 아이까지 낳게 되는 것이다.[134] 여성

---

134) <방한림전>의 방관주는 잠정적 대리자가 아니다. 물론 여성영웅소설뿐 아니라 영웅소설 전반에서도 부모가 죽거나, 가족이 위기를 겪어서 여성이 대신 가문의 주체로 나서는 것은 일반적이다. 하지만 그 기준을 '가문 내 남성의 존재 여부'라는 기준으로 바꿔놓고 보면, 여타 여성영웅소설과 <방한림전>이 다른 전제에서 출발한다는 것을 알 수 있다. 다른 작품들과 달리 방씨 가문에서는 여아인 방관주 이외에 가문을 이어갈 남성이 전혀 존재하지 않기 때문이다. 이는 매우 중요한 차이이다. 가문과 관련한 일을 오로지 방관주 혼자 해결해야 하기 때문이다. 권한과 책임을 양도할 수 있는 그 누군가가 존재하지 않는다.

여타 작품들이 남복개착을 일찍 풀고 결혼에 이르는 데 반해, 방관주가 끝까지 남복개착을 풀지 않고 임종에 이른 이유도 이러한 가문 내 남성의 부재와 긴밀한 연관이 있다. 부모마저 돌아간 후 혈육이 전혀 없는 상태였기 때문에, 다시금 여성의 삶으로 돌아갈 경우 방씨 가문을 이끌 주체가 전혀 존재하지 않는 상황이었다. 실제로 방관주는 영혜빙과의 결혼을 앞두고 그녀에게 자신의 현실적 상황을 이야기하면서, 부모를 잃고 나서 고향에 의탁할 친척조차 남지 않았기에, 스스로 남장을 하고 살 수밖에 없었음을 토로한다. 방관주가 방씨 가문의 회복과 번영을 위해 평생을 바쳐야 한다고 결심하게 된 계기는 바로 여기에서 근원한다고 볼 수 있다. 그리고 이러한 이유로 방관주는 다른 여주인공들보다 더욱 철저히 남성 가부장제의 주체의 자리로 올라가려 했고, 살아가는 동안 자신의 성 정체성을 끝까지 숨겼던 것이다.

부모가 유명을 달리한 후 방관주는 8살에 혈육 하나 없이 말 그대로 혈혈단신의 처지에 놓인다. 방관주는 四禮 중 하나인 喪을 치를 때도 그 절차를 충실히 이행함

의 영웅적 활약이 끝없이 펼쳐지느냐 아니면 중간에 멈추느냐가, 아이러니하게도 남성인물의 존재 유무와 관련이 있는 것이다.

방관주에게 여화위남의 삶은 숙명과도 같다. 이를 대체할 남성 가문 구성원이 없기 때문이다. 즉 이때 숙명은 자신의 성 정체성에 대한 주체적 인식으로부터 기인한 것이 아니라 가문의 몰락과 위기라는 현실적 조건에 의해 부여받은 측면이 강하다. 가부장의 모습을 재현하고 방씨 가문을 유지할 수 있는 인물은 방관주 오직 한 사람밖에 없었기 때문이다. 그리고 이러한 생각이 가문의 영속성을 강조하는 가부장제 이데올로기로부터 기인한 것임은 췌언을 요하지 않는다. 따라서 同性과의 결혼을 통해 방씨 가문의 대를 잇고자 한 것은 방관주에게는 어쩌면 매우 당연하고 또 필연적인 선택이었을 것이다.

결국 방관주는 생물학적 성 정체성만 동일할 뿐 젠더의 측면에서 동성애와 같은 기존 성 권력을 전복할 만한 급진적인 모습을 보여주지

으로써 주변의 칭송을 듣는다. 삼년상을 마친 후, 10살이 되던 해까지도 남아의 모습을 유지하자, 유모는 여아가 10살이 넘으면 규방을 나서지 말아야 한다는 『예기』의 한 대목을 거론하며, 여아의 모습을 갖출 것을 당부한다. 하지만 방관주는 오히려 성을 내며 유모의 제안을 일축하는데, 이때 방관주는 立身揚名을 통해 부모를 빛내는 것이 자식 된 도리임을 말한다. 앞서 언급한 바와 같이 가문 내 자신의 절박한 상황을 감지한 후이기 때문에, 이미 남자로서의 삶을 계획하고 있었던 것으로 볼 수 있다. 그리고는 독서는 물론 무예에도 공을 들여 그야말로 문무를 겸비한 남성적 인재로 성장하게 되고, 12세에는 드디어 과거에 급제를 하여 천자를 비롯한 時人들의 관심을 받기 시작한다.

여기까지는 남성·여성영웅을 막론하고 위기에 처한 영웅소설의 주인공이 진정한 영웅으로 성장하는 과정에서 겪는 전형적 서사이다. 그런데 <방한림전>에서는 그 뒤로 독특한 상황이 제시된다. 바로 '동성결혼'과 양아들인 '낙성의 출현'이다. 사실 이 작품이 여성의 주체적 자각의 면모가 다분하다고 평가받는 가장 큰 이유도 이 두 가지 파격적 설정 때문이다. 그러나 이와 같은 놀라운 설정에 대해 다소 의문이 생긴다. 과연 동성결혼과 양아들인 낙성의 출현을, 동성부부의 주체적 사랑의 결과로 이해해야 하는 것인가. 이 두 설정 또한 가부장적 사유를 기반으로 방씨 가문의 위기를 해결하고자 하는 방관주의 노력이 반영된 결과라 할 수 있다.

못한다. 역으로 여성이 자발적으로 가부장제를 실천함으로써 이데올로기로부터 호명[135]된 것이다. '동성결혼'이나 '낙성의 출생' 모두 '방씨 가문의 번영과 영속'에 있는 것이다.

결과적으로 방관주는 여성으로서 가부장의 주체 역할을 하며 방씨 가문의 대를 잇고 낙성이라는 장자까지 얻음으로써 부모의 죽음으로 인해 큰 위기에 처 해있던 가문을 복원시키고 가문의 번영에도 성공한 셈이다. 동성결혼과 낙성의 출현은 끊어진 가문의 역사를 복원하고 유지하려는 이데올로기 내적 차원의 성향으로 이해해야 하는 것이다.

동어반복이지만, 이러한 서사적 인과관계는 가문을 유지하고 번영시키기 위해서라면 同性과도 결혼을 할 수 있고 同性 간에 아이도 낳을 수 있다는 말과 다르지 않다. 즉 가문의 유지라는 가부장제 이데올로기를 실천하기 위해 여성이 남성의 역할을 하여 가부장제 이데올로기를 위반하게 되는 모순이 발생하는 것이다. 여기서 우리는 가부장제 이데올로기 내에 존재하는 위계를 확인할 수 있다. 당연하게도 그것은 가부장을 정점으로 하는 가문이 우위에 존재하고 그것의 유지와 번영을 위해 구성원들이 하위에 존재하는 형국이다. 요컨대 〈방한림전〉에서 여성의 능동적 활약은 성별 윤리의 위반이라는 극단적인 처방을 통

135) 잘 알려진 바와 같이, 이 용어는 이데올로기가 개인을 주체로 구성한다는 알튀세의 개념이다. 알튀세는 이를 쉽게 설명하기 위해 '호명'이라는 개념을 사용하였다. 흔히 이는 다음과 같은 일화로 이해를 도모한다. A라는 사람이 길을 가는데, 경찰관이 '이봐요, 당신'이라고 부르면 그 사람은 그 소리가 자신을 대상으로 하고 있음을 인지하고 돌아보게 된다. 그 순간 그는 경찰관에 의해 호명된 주체가 된다. 말하자면 A는 경찰관의 호명의 객체가 됨으로써 주체가 된 것인데, 그는 무의식적으로 자신이 스스로 자유롭게 참여함으로써 주체가 되었다고 생각하게 된다는 것이다. 마치 본인의 주체적인 의식에 의해 자발적으로 행동한다고 착각하게 만드는, 그람시가 말한 이른바 이데올로기의 헤게모니 개념에 의한 착각과도 유사한 형태의 이데올로기 공세라 할 수 있다.

해서라도 지켜야 하는 가문 때문에 발생한 것이라 할 수 있다.[136)]

따라서 〈방한림전〉과 동궤에 놓고 평가할 수 있는 대개의 여성영웅소설의 경우도 같은 맥락에서 이해를 할 필요가 있다. 여성영웅의 활약은 그것 자체로 여성의 권리를 신장시키는 측면이라기보다는 결연이나 가문을 이루기 위해 선택한 하나의 방식이라고 생각할 수 있다. 여성영웅이 국난을 극복하는 모습도 마찬가지이다. 결국 그것은 여성의 권리의 측면이 아니라 국가적 위기의 해결을 위해 여성이 일시적으로 능력을 발휘한 것이기 때문이다. 여성의 능력이 탁월하고 뛰어나게 묘사된 것은 분명한 사실이지만 그것이 무엇을 지향하느냐에 따라 그 의미는 전혀 달라질 수 있다는 말이다. 그렇다면 이러한 가부장적 능동성은 무엇으로부터 기인하는 것인가? 흔히 가부장제의 여성은 그저 순종적이기만 한 것으로 알지만 19세기의 실상을 달랐다. 이를 보다 구체적으로 살펴보자.

2) 경판본의 가부장적 능동성 지향

(1) 19세기 가부장제 속 능동적 여성상

조선후기로 갈수록 여성의 주체적 권리가 박탈되는 경향은 장자 중심의 호주승계방식과 종법질서가 확산되는 모습 혹은 열녀 담론이 전 계층에 걸쳐 폭 넓게 전파되고 열녀관의 역치가 극단적으로 상승하는 흐름 속에서 찾을 수 있다. 이러한 변화는 중세적 성차별 질서가 내적 모순을 축적하여 다가올 급진적 변화의 동력을 마련하는 것으로 볼 수도 있겠지만 중세 정치 구조 상 많은 사람들의 의식 구조에 무비판적

136) 이상의 논리는 다음의 논문을 참조하였다. 엄태웅, 「<방한림전>에 나타난 가부장의 부재와 재현의 양상」, 『우리어문연구』39, 우리어문학회, 2011.

으로 수용되었다.

17·8세기 호적대장을 보면 아들을 중심으로 호주를 잇는 관행이 새롭게 만들어졌음을 알 수 있다. 정지영[137)]에 따르면 조선 전기부터 부인이 가질 수 있는 財主權이 서서히 약화되는 가운데[138)] 17세기 후반까지는 과부가 호주가 되고 재산을 관리했지만 18세기로 넘어가면서 과부는 호주로 기재되지 못 하고 가족 안에서의 가사를 주관할 수 있는 권리만을 갖게 되었다고 한다. 더욱 중요한 사실은 이러한 호주승계방식이 계층과 상관없이 사회 전체적으로 확산되었다는 점이다. 열녀 담론과 열녀관의 변화도 마찬가지이다. 김경미의 언급처럼 시대가 내려올수록 유향의 『열녀전』은 그나마 가지고 있던 다양성조차도 사라지고 정절을 강조하는 방향으로 수용되었다.[139)]

결국 여성들은 권리를 박탈당하는 반면 더 많은 책임감을 떠안은 셈인데 실제로 가부장의 여성들에게 부여되던 덕목들이 더욱 늘어나게 된다. 17세기 행장 속 여성의 삶을 살핀 한희숙에 따르면 이 당시 여성들은 가부장제의 발달 과정에 적극적으로 기여했으며 새롭게 재편되는 가족관계와 가문 내 질서를 확립하는 역할을 했다.[140)] 가문의 관리와 운영은 단지 가부장제를 수동적으로 이행하는 차원으로는 불가능했다. 가부장제의 여성들은 성리학적 덕목들을 숙지하고 가문을 정치

137) 정지영, 「조선후기 호주승계방식의 변화와 종법질서의 확산」, 『한국여성학』18.2, 한국여성학회, 2002.

138) 조은, 「가부장적 질서화와 부인권의 약화 - 조선전기 재상상속 분쟁 사례를 중심으로」, 『한국여성학』16.2, 한국여성학회 2000.

139) 김경미, 「<열녀전>의 보급과 전개 - 유교적 여성 주체의 형성과 내면화 과정」, 『한국문화연구』13, 이화여자대학교 한국문화연구원, 2007, 78쪽.

140) 한희숙, 「조선후기 양반여성의 생활과 여성리더십 - 17세기 행장을 중심으로」, 『여성과 역사』9, 한국여성사학회, 2008.

적·경제적으로 훌륭하게 꾸려나가야 할 책무를 맡았다. 실제로 향촌사회에서 여성들에게 治産의 덕목은 다른 어떠한 것보다 중시되는 것으로 여러 문학작품을 통해서도 19세기까지 이러한 요구가 상당했음을 알 수 있다.[141]

여성들에게 이러한 요구가 가능했던 이유는 여성들을 훈육시켰던 여훈서류의 책들을 통해 확인할 수 있다. 가장 잘 알려진 여훈서 중 하나인 昭惠王后의 『內訓』은 조선 성종 때 저술되어 이후 중종 12년(1522), 선조 6년(1573), 광해군 2년(1611), 효종 7년(1656), 영조 12년(1736) 등에 걸쳐 여러 차례 속간되었다.[142] 조선시대 거의 전 시기에 걸쳐 부녀자들의 교육서로 쓰인 것인데 본 논의와 관련해서 흥미로운 점은 가부장제에서 여성의 역할이 상당히 능동적으로 서술되어 있다는 사실이다. 이화형의 논의를 중심으로 정리하면, 『內訓』에는 초나라 장왕의 부인인 樊姬를 비롯한 7명의 높은 지위의 여성들의 이야기가 속해 있는 부부장이 전체의 절반 이상을 차지할 만큼 정치적 목적의 교육 내용이 많이 들어가 있으며,[143] 여성들이 옷감 짜는 일에만 집착하지 말고 덕행을 발휘할 수 있도록 하여 治亂興亡에 대처해야 한다는 德行의 덕목도 있다는 것이다.

한편 최근 소개된 『壼範』이라는 여훈서를 통해서 19세기 여성들에게 부여되었던 덕목이 어떠한 변화를 보이는지 확인할 수 있다. 이 책은 2002년에 허원기[144]에 의해 처음 소개된 이후 소수의 연구자들에

141) 김석회, 「조선후기 향촌사회와 치산 관련 여성형상」, 『고전문학연구』31, 한국고전문학회, 2007.

142) 이화형, 「<내훈>에 나타난 소혜왕후의 여성교육관」, 『동아시아고대학』19, 동아시아고대학회, 2009.06, 158쪽.

143) 이화형, 앞의 논문, 161쪽.

144) 허원기, 「해제: 곤범의 자료적 성격과 의미」, 『장서각』8, 한국정신문화연구원,

의해 논의가 이루어졌다.[145] 책의 발간 시기에 대해서는 정확한 결론을 내릴 수는 없지만 적어도 현전하는 한글 필사본이 1779년 이후, 즉 18세기 후반 이후의 것이라는 추정이 제기된 상태이다.[146] 김언순은 이 책의 여훈서적인 특징을 크게 다섯 가지로 정리한다. 첫째는 齊家의 '家'의 공간 개념이 일반 여훈서와 달라서, 일반적으로 시집이라는 공간으로 한정되는 데 반해 『곤범』의 '가'는 남녀 모두의 공간이며 치국과 평천하를 향해 열려있다는 점이고, 둘째는 시집가족에 국한되던 관계 윤리가 시부모는 물론 형제와 나아가 군주에까지 확장되어 있다는 점이며, 셋째는 시집사람 만들기라는 협소한 인성틀을 벗어나 유교의 보편적인 '도'인 수신제가의 이념을 강조해 그 범위를 넓혔다는 점이다. 이어 넷째는 시집살이에 적응해야 하는 가문의 며느리보다는 가문의 관리자로서의 역할을 강조했다는 점이고, 마지막으로 다섯째는 강한 정치적 지향성을 드러낸다는 점이다.[147]

즉 흔히 우리가 아녀자로서의 소극적 자세 혹은 한 가문에 편입되어 들어간 며느리로서의 수동적 덕목만이 포함된 것으로 알았던 여훈서류들 속에, 가문 운영은 물론 현실 정치에 대한 올바른 인식을 가르치는 내용이 존재했다는 사실은 여성들의 의식 내부에 가부장제가 구조적으로 사유되고 있었음을 반증하는 것으로, 이 때 여성들은 그것이 마치 자신들의 주체적 인식으로부터 비롯된 것으로 받아들이게 된다. 이러한 경향은 조선후기로 갈수록 강화되는 양상을 보인다. 이는 앞서

2002.

145) 허원기, 앞의 논문 ; 허원기, 「곤범에 나타난 여성 독서의 양상과 의미」, 『한국고전여성문학연구』6, 한국고전여성문학회, 2003 ; 김언순, 「곤범을 통해 본 조선후기 여훈서의 새로운 양상」, 『장서각』16, 한국학중앙연구원, 2006.12.

146) 김언순, 앞의 논문, 179쪽.

147) 이하의 다섯 가지 특징은 김언순, 앞의 논문, 186-187쪽 요약.

언급한 열녀 담론이나 종법질서의 확산 혹은 가부장제 내에서 여성의 실천 덕목의 증가와 같은 사회적 현상과 함께 생각한다면 더욱 타당성이 있다.

이렇게 볼 때 여성영웅소설은 비단 서사 문학의 장르 내적 운동만이 아니라 시대적 인식의 변화와 추이에 영향을 받아 형성되었음을 알 수 있다. 혹자는 여성영웅 등장의 이유를 흥미에서 찾기도 하는데,[148] 실제로 그랬다 하더라도 여성영웅이 대중적으로 출현할 수 있었던 계기는 위와 같은 시대적 정황으로부터 비롯된 것이며 대중적 흥미는 그 이후의 문제라 할 수 있다. 요컨대 경판본의 특징을 잘 보여주는 여성영웅소설은 19세기로 접어들며 보다 강화되고 교조화되는 가부장제 이데올로기의 흐름 속에서 여성을 가부장의 주체로 상정하는 교화의 논리로부터 적지 않은 영향을 받았음을 알 수 있다. 요컨대 경판본 남성·여성영웅소설을 통해 확인했던 여성인물 및 여성영웅의 능동적이고 주체적인 움직임은 당시 보다 강조되던 여성의 婦德과 관련이 있으리라고 본다. 즉 경판본의 이념적 지향은 19세기 가부장제 속 여성의 능동성 강화와 관련이 있는 것이다.

(2) 폐모살제의 명분과 19세기 가부장제 이념 지향

그렇다면 이러한 가부장제 강화의 서사가 경판본, 즉 서울 지역의 문화와 관련이 있다는 사실은 무엇으로부터 찾을 수 있을까? 보다 직접적인 근거가 있으면 좋겠지만 현재로서는 기존 연구에서 경판본이 여성 독자들을 인식한 흔적이 있다는 단편적인 언급[149] 이외에 이를

148) 장시광, 「<방한림전>에 나타난 동성결혼의 의미」, 『국문학연구』6, 국문학회, 2001 ; 김하라, 「<방한림전>에 나타난 지기 관계 변모의 의미」, 『관악어문연구』27, 서울대 국어국문학과, 2002.

증명할 근거가 없다. 이에 필자는 시야를 돌려서 19세기 서울의 여성 독자들이 향유했을 가능성이 높은 독서물 중에서 비교적 이념적 성향이 잘 드러날 수 있는 작품을 뽑아 작품에 드러나는 이념의 지향을 살펴보고자 한다.

그 대상은 19세기에 서울 지역에서 향유되었을 것으로 추정되는 한글본 사행록 〈됴텬녹〉이다. 〈됴텬녹〉은 1624년에 奏請使 李德泂(1566-1645)을 위시한 조선의 사신들이 인조 즉위의 정당성을 명 황제에게 알리고 誥命과 冕服을 주청하기 위해 오른 사행길을 소재로 하고 있지만, 실제로 19세기에 들어서야 전승되어 기록된 이본으로 추정하고 있다.[150]

그렇다면 자연스럽게 1624년 주청사행이 이렇게 多量[151]으로 오랫

149) 유탁일, 앞의 책 ; 조혜란, 앞의 논문.

150) 이덕형의 주청사행을 두고 <화포조천항해록>·<조천록일운항해일기>·<슈로됴텬녹>·<됴텬녹>·<죽천행록> 등 다섯 작품이 현재까지 전해지고 있다. 텍스트의 표기체계도 다양하다. <항해록>·<조천록>은 한문으로, <슈로됴텬녹>·<됴텬녹>·<죽천행록>은 한글로 기록되어서, 이 사행이 사행 당시부터 후대에 이르기까지 세간의 관심 속에 기록되고 전승되었으며, 그 향유의 폭 또한 넓었음을 짐작할 수 있다. 조규익의 이본 비교에 따르면, 17세기에 기록된 것으로 보이는 한글본 <죽천행록>을 저본으로 하여, (적어도 <항해록>이 간행된) 18세기 초 이후에 한문본 <조천록>이 전사되었고, 한글본 <됴텬녹>은 그 이후에도 상당한 시간이 흐른 뒤에 전사된 후대본이라고 한다. 따라서 한글본 <됴텬녹>은 19세기에 출현했다고 조심스럽게 추정할 수 있다. 실제로 <됴텬녹>은 매우 유려한 궁서체로 쓰여서, 글씨의 정갈함이 장편가문소설을 능가한다. 이는 이 작품이 19세기에 출현했다는 또 하나의 근거가 될 수 있으며, 아울러 서울 지역에서 향유되었다는 사실도 뒷받침한다.

151) 여타 사행·연행·통신사 관련 기록을 보더라도, 동일한 사행길에서 5편의 기록물이 산출된 경우를 찾아보기는 쉽지 않다. 한 편의 작품이 다양한 이본의 형태로 존재하는 경우는 있다 하더라도, 작품 산출의 경로가 다를 것으로 예상되는 여러 작품이 존재하는 경우는 상당히 드물다고 하겠다. 이러한 점에서 '多量'이라는 표현을 썼다.

동안 전해질 수 있었던 이유가 궁금할 수밖에 없다. 일단 작품을 읽음으로써 '異國에 대한 호기심'을 충족시키고 '흥미로운 이야기'를 만끽할 수 있었기 때문이라는 추측이 가능하다.[152] 더욱이 이 사행은 바닷길을 이용했다. 당시 사람들에게 바다는 낯설고 두려운 공간이었기 때문에, 이들 사행에 더 많은 관심을 가질 수밖에 없었을 것이다. 그런데 위와 같은 일반적인 이유만으로 1624년 주청사행의 다양한 기록물이 출현한 이유를 설명하기에는 다소 부족한 감이 있다. 바닷길 여정이라는 소재는 상대적으로 새롭지만, 이를 제외하면 여느 사행 관련 기록물들과 별반 다르지 않기 때문이다. 그렇다면 이들 기록물을 양산하고 전승시킨 보다 직접적인 이유는 무엇인가?

이를 밝히기 위해 우선 인조반정과 주청사행이 지니는 역사적 의미에 대해 언급하지 않을 수 없다. 역사적으로 볼 때 인조반정은 조선후기 약 300년의 정체성을 결정짓는 중요한 분수령이었다. 따라서 인조반정을 공인 받기 위해 목숨을 걸고 바다를 건너 중국으로 간 사행단에 대한 당시 주류 정치세력의 평가는 호의적일 수밖에 없었다. 중국황제의 재가 없이는 떳떳하게 군주의 위상을 정립할 수 없었던 당시의 정치적 정황을 감안해보면, 주청사행단이 중국을 다녀온 것은 단순히 임명장[誥命]과 관복[冕服] 수령이라는 사행단의 임무 완수로 그칠만한 사건이 아니었기 때문이다. 정권을 장악한 인조와 서인 세력들은 주청

152) 주지하듯 사행 관련 기록은 당시 사람들이 외국을 이해하는 가장 중요한 매체였다. 그런 점에서 이들 작품들 통해 '異國에 대한 호기심을 충족'시켰을 것이라는 점을 쉽게 유추할 수 있다. 또한 17세기에 들어서면 서서히 한글 기록들이 등장하기 시작한다. 한문 텍스트뿐만 아니라 한글 텍스트가 등장한다는 것은 17세기에 이르러 문화의 폭과 깊이가 모두 확장된다는 것을 의미한다. 이런 점에서 당시 사람들이 1624년 사행 기록을 통해 '흥미로운 이야기'를 만끽할 수 있었으리라는 점을 떠올릴 수 있다.

사행을 계기로 조선 내부에서 공식적인 영향력을 행사할 수 있는 명분을 얻게 되었다.

따라서 이들에게 1624년 주청사행단의 여정을 기록한 사행록은 자신들의 입장을 대변할 수 있는 효과적인 매체였을 것이다. 적어도 이 사행록들이 널리 확산되는 것을 반대하거나 막을 이유는 전혀 없었던 셈이다. 요컨대 1624년 주청사행단의 여정을 기록한 사행록은 단순히 이국 체험을 담은 이야깃거리라는 차원을 넘어 정권을 장악한 세력들의 정체성과 정당성을 설파하는 텍스트로서, 사회 저변에 새로운 집권 세력의 입지를 강화하는 데 기여할 수 있는 수단이었다.

그래서 실제로 이들 텍스트는 큰 틀에서 볼 때 모두 인조반정의 정당성, 즉 대명의리론(背明의 경계)과 가부장제(폐모살제에 대한 경계)에 대한 확신을 기저에 깔고 있다. 이 사실과 관련하여 흥미로운 점이 두 가지이다.

우선 이러한 내용의 텍스트가 여성들에게 읽혔을 가능성이 높다는 점이다.[153] 다시 말해 당대의 이념을 사행록에 녹여낸 텍스트가 여성 독자들에게도 읽혔다는 사실은 이 작품을 읽었던 사람들의 세상에 대한 시야가 결코 규방 내로 한정되지 않았음을 짐작케 한다.

또 하나 흥미로운 사실은 이 〈됴텬녹〉은 19세기 이본으로 추정되며, 초기에 출현한 이본 및 여정의 내용을 객관적으로 기록한 한문본 등과 비교해보면, 이 사행과 관련한 판본이 시간이 지나면서 이념적 양태를 달리한다는 점이다.[154] 한문본이 객관적 기록의 성격이 강한 반면에,

153) <됴텬녹>의 유려한 궁서체는 이 작품이 궁궐이나 상층 사대부 아녀자들에 의해 향유되었을 충분한 근거를 제공한다.

154) 엄태웅, 「1624년 주청 사행록의 변이 양상과 그 의도 - 한문본 <조천록>과 국문본 <됴텬녹>을 중심으로」, 『동아시아고대학』25, 동아시아고대학회, 2011 참조.

한글본은 상대적으로 객관적 기록의 굴레로부터 자유롭다. 이는 작품 속에 작가의 주관이 반영되기 쉬운 토대를 마련해주었다. (한문본 〈조천록〉과 비교했을 때) 한글본 〈됴텬녹〉에서 확인되는 특징적 면모는 '인조반정의 정당성을 보다 강조하고 주청사행에 대한 낙관적 전망을 제시한다는 점'으로 요약할 수 있다. 이를 두 판본의 차이에 대입시켜보면, 객관적 당시 상황은 '인조반정의 정당성을 인정받기 어려움은 물론 주청사행의 성공 또한 담보하기 어려웠는데, 이러한 현실적 조건들이 향유층의 바람과 욕망을 거치면서 (한글본에서) 반대의 상황으로 그려지게 되었다'고 정리할 수 있다. 당연하게도 문학 작품은 당대인들의 향유를 통해 시대의 문제의식을 담아낸다. 그렇다면 1624년 주청사행에 보이는 이러한 변이의 양상은 무엇을 말해주는 것인가? 이와 관련하여 최근에 소개된 사학계의 논의를 살펴볼 필요가 있다.

> 거사 4년만에 인조정권이 후금의 침입을 받고 강화한 것은 '반정'의 정당성을 뒤흔든 큰 사건이었다. 왜냐하면 인조는 광해군보다 더 심한 '패륜'을 저지른 셈이었기 때문이다. 실제로 그 후유증은 매우 컸다. …(중략)… 뿐만 아니라, 인조정권이 후금과 화친한 지 약 10개월 후에 발생한 柳孝立 역모 사건은 가뜩이나 불안한 인조정권을 심각하게 위협했다. …(중략)… 광해군보다 더 심하게 의리를 저버렸다는 인식은 조정 내부에도 팽배해 있었기 때문이다. '반정'의 양대 명분은 주지하듯이 광해군의 背明과 廢母殺弟에 대한 응징이었는데, …(중략)… 후금과의 마지못한 강화로 야기된 정당성 문제를 廢母라는 다른 명분으로 상쇄시킴으로써 '반정'의 정당성을 계속 유지하고자 한 것이다. …(중략)…
>
> (하지만 廢母의 문제만으로 정당성을 유지할 수는 없었다 : 인용자) 이에 대한 해결책으로, 아직 붙어있는 한 쪽 날개(廢母殺弟에 대한 응

> 징 : 인용자)를 더욱 소중히 여겨 강조하는 한편, 이미 없어진 한 쪽 날개(背明에 대한 응징 : 인용자)도 마치 있는 것처럼 선전하고 이론화하는 작업이 병행되었다.[155]

인조반정의 명분에 대해서는 모두가 주지하는 바이나, 사실 그것의 변모 양상에 대해서는 많은 논의가 소개되지 않았다. 위 인용문을 보면 인조반정 이후 인조반정에 대한 평가는 심각한 위기 상황을 여러 번 맞게 되고, 이때마다 이데올로기의 붕괴를 막기 위한 봉합의 작업들이 동시에 진행되었음을 알 수 있다.

그 시작은 후금과의 화친이었다. 인조반정 당시 광해군의 失政을 주장할 수 있었던 가장 큰 무기 중 하나가 바로 광해군의 背明이었는데 인조 스스로가 이 대의명분을 어긴 것이다. 그리하여 인조는 임시방편으로 背明보다는 (당시 反正의 또 다른 주요 명분이었던) 廢母殺弟를 강조하게 된다. 그런데 흥미로운 점은 한글본 〈됴텬녹〉 시작 부분에서 인조반정의 정당성을 강조하는 내용에도 이러한 양상이 확인된다는 사실이다. 이해의 편의를 돕기 위해 최강현의 현대역을 소개하겠다.

> 국가가 불행하여 倫紀가 杜弊하여 조정이 紀亂하고, 宗社가 위태함이 하나의 머리터럭을 용납할 만큼의 틈이 없을 정도로 급박하기 때문에 臣民들이 성낸 기운이 떠올라 속이 답답하여도 안정시킬 수가 없었더니, 다행히 祖宗의 積德과 皇天의 도움을 힘입어서 우리 전하께서 이에 天啓 癸亥 3월 13일에 어지러운 것을 돌이켜 바로잡으시어 십 수 년 혼란하던 나라를 변하여 태평하고도 문명한 세상을 이으시니, 홀로 우리 동방이 萬世無疆하게 하신 아름다움이 있게 되었다.

---

155) 계승범, 앞의 논문, 470-472쪽. 이하의 인조반정에 대한 역사적 해석은 이 논문의 논의를 따랐다.

…(중략)…

王大妃께서 大臣들에게 傳敎하여 말씀하시기를,

"이제 어두운 이를 폐하고 밝은 이를 세워 인륜을 바르게 하고, 왕족을 세워 공이 전열에 더하고, 일이 서책에서 빛나니, 가히 즉시 천자께 주문하여 조정이 밝음을 아뢰지 아니하지 못할 것이다."156)

위 인용문은 한글본 〈됴텬녹〉의 도입부이다. 인조반정의 정당성을 강조하면서 주청사행의 필요성을 언급하고 있는 내용으로, 한문본 〈조천록〉에는 이 부분이 없다.

그런데 내용을 자세히 살펴보면 여기서 말하는 '인조반정의 정당성'이라는 것이 앞서 인용했던 논의의 맥락(背明의 명분 상실로 廢母殺弟의 윤리 강조)과 닿아있음을 확인할 수 있다. 인용문을 보면 인조반정과 관련하여 대명의리론이나 친명의식이 강조되는 내용을 찾아볼 수가 없다.

대신 '倫紀', '紀亂'과 같은 단어들이 등장한다. 왕대비의 전교에서도 '인륜을 바르게 했다'는 내용이 보인다. '倫紀'는 풀이 말하면, 윤리와 기강으로서 대체로 삼강오륜에 입각한 가부장제의 윤리를 지칭하는 개념이라고 할 수 있다. 그리고 '紀亂'이라는 말은 그러한 삼강오륜의 윤리를 어지럽혔다는 말이다. 왕대비의 전교에서 '인륜을 바르게 했다'는 말이 나오는 것도 바로 삼강오륜의 윤리를 함축적으로 표현한 말이다.

또한 傳敎의 주체가 인목대비로 설정되어 있다는 점도 주목할 만하다. 주지하듯 인목대비는 광해군에 의해 폐위된 인물이며, 왕위 계승의 가능성을 갖고 있었던 아들까지 잃은 인물이다. 인목대비가 '인륜

156) 최강현, 『계해수로 조천록』, 신성출판사, 2000, 57-58쪽.

의 회복'을 언급하며 주청사행을 下教하는 모습은 매우 상징적인 것일 수밖에 없다. 반면 背明의 문제와 관련한 언급은 하나도 보이지 않는다. 요컨대 한글본 〈됴텬녹〉은 인조반정 이후의 인조반정에 대한 인식 변모를 반영하고 있는 것이다. 그것은 가부장제 윤리의 강화로 정리할 수 있다.

이 시점에서 다시 한 번 원래의 문제로 되돌아갈 필요가 있다. 그렇다면 인조반정의 정당성을 보다 강조하고 주청사행에 대한 낙관적 전망을 제시하는 한글본의 변이 양상은 무엇을 말해주는 것인가? 앞선 추론을 바탕으로 추측컨대, 이러한 사행록의 변이는 그 위상에 심각한 훼손을 입은 인조 정권이 자신들의 정체성을 복원하기 위해 이데올로기적 공세를 사회 전역에 펼치는 과정에서 발생한 것으로 볼 수 있다.

일단 가장 중요한 것은 위에서 언급한 바, 인조반정의 정당성을 廢母殺弟의 관점에서만 강조한다는 점이다. 이에 따라 여타 특징적 면모도 해명이 된다. 한글본은 朝·明 간의 외교적 갈등을 무마하거나 明에 대한 비판적 시선을 거두는 경향이 강한데, 이는 인조 정권이 실제 외교상에서는 오랑캐와 손을 잡아 스스로의 정체성과 명분을 훼손시켰음에도 불구하고, 여전히 명나라 상호 우호적이며 명나라에 대해 긍정적인 감정을 갖고 있음을 보여주기 위한 의도로 해석된다. 같은 맥락에서 누르하치 세력에 대한 불쾌한 감정을 보다 강조하는 모습이 등장하는 것은 그것과 정반대의 양상으로 풀이할 수 있다.

또한 한글본에서는 사신들의 책임감을 강조하면서도 책봉이 순조롭게 진행될 것이라고 낙관하는 모습을 보여주는데, 여기서는 당시 조선이 갖고 있었던 현실 상황에 대한 불안감과, 그것을 의식의 차원에서나마 봉합하려고 하는 심정을 읽을 수 있다. 대체로 불안한 정세 속에서는 이와 같이 현실 상황에 대한 불안감과 함께, 그것이 쉽사리 해결될 수도 있음을 강조하는 낙관적 태도가 마치 모순적인 것처럼 공존하는 경우가 있다.

요컨대 이들 작품들은 얼핏 보면 일반적이고 추상적인 대명의리론이나 소중화의식을 벗어나지 못하는 비슷한 내용의 작품들처럼 보인다. 그러나 포괄적인 맥락에서 대명의리론이나 소중화의식을 저변에 그저 깔고 있는 것이라면, 廢母殺弟만을 강조하거나 사신들의 책임감을 강조하는 부분, 그리고 책봉이 순조롭게 진행될 것이라고 낙관하는 모습이 등장하는 이유를 설명할 방법이 없다. 인조반정 및 주청사행과 관련하여 이러한 변모의 양상을 보이는 것은 인조정권 및 이후 이를 기반으로 한 역사적 주체들이 인조반정과 관련하여 그것의 정당성에 대한 의혹과 불신에 많은 부담을 느끼고 이를 봉합하려는 의도가 반영된 것으로 해석할 수 있다. 결국 이러한 부담감이 사회적인 이데올로기 공세로 이어지고, 이것이 작품의 전승 과정에 반영된 것이라 할 수 있다. 이처럼 인조반정에 대한 후대의 역사적 평가가 사행록의 변모 양상과 매을 같이 하고 있는 것이다.

인조반정으로 정권을 잡은 인조는 이후 反正의 정당성을 스스로 망가뜨리는 정치적 선택을 몇 차례 내리게 되고 이로 인해 인조정권의 정체성이 훼손된다. 따라서 인조 정권은 자연스럽게 그것의 복원을 시도하는데, 광해군 폐위의 직접적인 두 가지 근거인 背明과 廢母殺弟 중 주로 후자에 집중하게 된다. 전자의 경우는 인조 스스로가 광해군보다 더 높은 수위의 오류를 범했기 때문이다.[157]

그런데 흥미롭게도 한글본 〈됴텬녹〉에 보이는 특징은 그 구체적인 양상에서 위의 역사적 정황과 궤를 같이 하고 있음이 확인되었다. 결

157) 계승범, 앞의 논문.

과적으로 〈됴텬녹〉은 '인조반정 이후의 인조반정에 대한 평가'를 기반으로, 애초 사행록의 객관적인 여정의 기록에서, 시대의 흐름과 요구를 반영한 주관적 성격의 텍스트로 변화한 것이다.[158]

이러한 당시 이데올로기의 변화와 사행록 전승 과정에서 발생하는 변화 등을 통해서 경판본에서 왜 여성영웅소설이 널리 향유되었고, 그 과정에서 결연이나 가문의 문제가 중시되었는지 짐작할 수 있을 것이다. 조선후기를 관통하던 폐모살제의 논리가 19세기로 갈수록 강화되면서 가문 구성원 간의 문제 및 가문 윤리의 문제가 점차 강하게 대두되었던 것이고, 이러한 이데올로기와 소설이 조응을 했던 것이다.[159] 즉 경판본에서 여성영웅의 활약상이 두드러지게 나타났던 것은 우연의 일치가 아니었다.[160] 이는 가부장적 능동성을 이념적 지향으로 하고 있던 그 지역의 분위기와 긴밀한 관련을 맺고 있는 것이다.

4. 방각본 영웅소설의 소설사적 의의

앞서 살펴본 것처럼 조선후기 영웅소설은 지역적으로 적지 않은 편

---

158) 그리고 막연하게나마 이 작품이 사행 이후 적지 않은 시간이 지난 후에 정착된 텍스트라는 것을 알 수 있게 되었다. 이를 통해 조선후기 문학 향유층들에게 영향을 미쳤을 당대의 가치관이나 이데올로기의 정체에 대해서도 한 단서를 얻을 수 있게 되었다.

159) 이상의 내용은 다음의 논문을 참조하였다. 엄태웅, 「1624년 주청 사행록의 변이 양상과 그 의도 - 한문본 <조천록>과 국문본 <됴텬녹>을 중심으로」, 『동아시아고대학』25, 동아시아고대학회, 2011.

160) 당시 성행하던 장편가문소설 또한 그것이 기본적으로는 벌열가문의 형성과 관련을 맺고 있었겠지만, 한편으로는 이처럼 서울 지역에서 이데올로기적으로 일상화되고 있었던 가부장제 이념과 깊은 관련을 맺고 있을 가능성이 높았다는 것을 확인할 수 있다.

차를 보이며, 동일한 작품이라 하더라도 실질적인 서사 전개에 있어 상당한 차이를 보인다는 것을 알 수 있었다. 결과적으로 남성영웅소설의 경우엔 완판본에서, 여성영웅소설의 경우엔 경판본에서, 자신의 정체성을 보다 분명히 드러냄을 확인했는데, 이는 전자가 대명의리론의 이념을 지향하고 후자가 가부장제의 이념을 지향한다는 사실과 긴밀히 부합하는 것이다. 하지만 그렇다고 해서 경판본의 남성영웅소설이나 완판본의 여성영웅소설이 의미가 없는 것은 아니다. 앞서 언급한 것처럼, 각 지역의 영웅소설은 지역적 특성으로부터 강한 이끌림을 받아, 지역성을 갖는 이본으로 자리를 잡게 된다. 이러한 문화적 지역성의 영향력은 영웅소설의 서사 전개를 다채롭게 하는 면이 있다. 지역적 분화가 소설사에서 어떠한 의미가 있는지 살펴보도록 하겠다.

1) 서사적 발전

(1) 완판본의 장면 묘사 강화와 장편화

완판본의 이념적 지향은 대명의리론이다. 완판본은 결연의 문제보다는 국가적인 고난 해결에 더욱 관심이 많다. 이때 국가적 고난은 주로 중화주의가 위협을 받는 상황이다. 완판본은 소중화의식에 입각한 대명의리론이 이념적 근간을 이루는 판본인 것이다.

이와 같은 이념적 성향은 작품의 서사 전개를 멈추어 장면에 대한 묘사가 확대되는 지점에서 확연히 드러난다. 가령 〈소대성전〉과 〈용문전〉 경판본과 완판본을 비교했던 표에서 예를 들어보자. 〈소대성전〉에서 채봉은 왕 부인의 말을 들으라는 三子의 권유에도 불구하고 절의를 꺾을 수 없다며 다음과 같이 말한다.

[완] : "ᄃᆡ장부 셰상의 쳐ᄒᆞ미 문무을 겸젼ᄒᆞ야 ᄭᅩᆺ다온 일홈을 용방·비간의 츙절을 ᄯᅡ로미 올커늘, 거거의 말솜 갓타시면 츙효을 불관이 여기고 소인의 마음을 품어 계신이, 한젹 양웅의 당유라. 후셰에 남의 츔 밧틈을 면치 못ᄒᆞ리로소니다. 예보틈 츙신의 문의 효ᄌᆞ 안이 는 ᄃᆡ 업고 효ᄌᆞ 문의 츙신 안이 는 ᄃᆡ 업더니, 거거는 ᄒᆞ나도 션군의 셩심을 본바든 ᄇᆡ 업스니, 니는 걸쥬의 포악으로 우탕의 셩덕을 더례이미로소이다. 엇지 ᄒᆞᆫ심치 아니ᄒᆞ리요?"[161)]

절의를 꺾지 않겠다는 한 마디 말로도 가능한 이야기이지만 완판본에서는 일단 상대방의 절의를 먼저 질타한다. 대장부가 세상에 나와서 충절을 지키고 충효를 수호해야 함에도 불구하고 소인의 마음을 품고 있으니 한심하다고 말한다. 이때도 그냥 말하지 않고 여러 역사적 인물들을 들어 비유적으로 제시한다. 龍龐은 夏 걸왕 신하 關龍龐을 말하는 것이고, 比干은 殷 주왕의 숙부를 말하는 것이다. 揚雄은 漢의 유학자를 일컬으며, 걸주와 우탕도 등장한다. 이렇듯 채봉의 의사 표현을 위한 장면에서도 긴 서술이 이어진다. 서사 전개를 합리성의 관점에서 접근하면 이러한 방식은 상당히 비효율적이겠지만, 독자들은 이러한 비유와 전고에 공감하면서 작품을 읽는 재미를 배가시켰을 가능성이 높다. 물론 이러한 내용이 경판본에서는 전혀 보이지 않는다. 다음의 예도 마찬가지이다.

[완] : " …(상략)… 한국 ᄃᆡ승상 졔갈션싱이 위국 병마 ᄉᆞ십만을 벽화슈의셔 씨도 업시 뭇질으던 법이라. 굴영을 축실이 거힝ᄒᆞ라" ᄒᆞ고 ᄯᅩ ᄒᆞᆫ 장슈을 불너 왈, "너히는 숨천 병마을 거나려 천봉ᄉᆞᆫ 소용목이라

161) <소대성전> 완판43장본, 16b-17a.

ᄒᆞᄂᆞᆫ 곳션 위국 화룡도 갓치 숨긴 곳시라 …(상략)… 이 법도 졔갈무후의 비겨이 부ᄃᆡ 명심ᄒᆞ여 그 ᄯᅢ을 일치 말나."[162)]

〈용문전〉 완판본에서 용문이 진영을 갖추며 장수에게 하는 말이다. 이 또한 경판본에서는 찾을 수 없는 내용이다. 경판본에서는 진영을 갖추는 과정에 대한 특별한 소개 없이 바로 전쟁으로 들어가기 마련이다. 그런데 완판본에서는 진영을 갖추는 과정이 하나하나 자세히 소개된다. 특히 이 장면에서는 제갈량의 병법을 갖고 와서 자신의 진영에 참고하고 있다. 독자들이 읽었거나 역사적 기억을 통해 알고 있을 〈三國志演義〉와 관련한 내용이 등장함으로써 더 많은 흥미를 유발했을 가능성이 높다. 더욱이 완판본이 성행하던 전주 일대는 판소리 문화의 본고장이고, 판소리 사설에 이러한 내용들이 풍부히 들어가 있다는 점을 감안한다면, 현재 우리가 느끼는 감흥 이상의 감정을 당시 독사들이 느꼈으리라 충분히 짐작된다.

이렇듯 촉한정통론의 역사인식에 입각한 대명의리론의 서사가 작품에 덧붙여지면서 이념적으로도 강화되는 측면이 있지만, 그것은 우선 서사적으로 디테일이 강화되고 작품 전체적으로 장편화되는 경향을 보인다. 실제로 후대에 출현했을 것으로 예상되는 〈조웅전〉이나 〈유충렬전〉의 완판본은 분량이 크게 확대된다. 〈조웅전〉은 상·중·하 합쳐 총 104장에 이르고, 〈유충렬전〉 완판본의 경우 권지상이 39장, 권지하가 47장으로 86장에 이른다. 〈장풍운전〉은 본서가 참고한 다가서포본의 경우 36장에 불과하며, 〈소대성전〉이 43장, 〈용문전〉이 38장밖에 되지 않는다. 흥미로운 것은 〈소대성전〉과 〈용문전〉 두 작품이

162) <용문전> 완판38장본, 28a-28b.

완판본에 와서 합철되었다는 점을 감안하면 81장본이 된다는 점이다. 완판본과 경판본이 초반에 보여줬던 차이를 보다 극대화하면서 자연스럽게 분량의 차이가 커지고 있다는 것을 확인할 수 있다. 이는 완판본이 지역성에 맞게 영웅소설을 재생산하고 있음을 간접적으로 나타내는 것이다.

앞서 살펴본 바와 같이 주인공이 위기를 겪고 그것을 헤쳐 나가는 과정이 상세하고 드라마틱하게 묘사된다는 점도 모두 같은 맥락일 것이다. 군담의 경우도 마찬가지이다. 〈장풍운전〉의 군담을 생각해보면, 〈조웅전〉이나 〈유충렬전〉의 군담은 그 분량이나 스케일, 그리고 서사적 구성 면에서 큰 차이를 보인다. 이는 서사적 디테일이 강화되면서 얻은 효과라 할 수 있다. 이러한 효과가 작품의 흥미를 더하고, 궁극적으로는 작품의 장편화에 기여한 것이다.

(2) 경판본의 서사 전개 속도의 강화와 방식의 다양화

경판본은 분량이 짧고, 그 짧은 분량이 대체로 늘어나지 않는다. 오히려 축약본이라고 해도 될 만큼 짧은 분량의 판본이 등장하기도 한다. 경판본이 긴 분량을 선호하지 않는다는 것만큼은 확실하다. 그 원인은 다양한 추론이 가능하지만, 어쩌면 그것은 세책본이 성행하던 서울의 독서 습관에서 그 단서를 찾을 수 있다는 생각을 해본다. 여하간 경판본의 서사 전개 속도는 상당히 빠르다. 독자들마다 선호하는 미감의 차이가 있다고 전제한다면, 발 빠른 서사 전개를 선호하는 이들에게는 경판본 영웅소설만큼 흥미로운 작품도 없을 것이다.

서사 전개 속도가 빠르다는 말은 한 작품이 만들어지고 유통되는 데 소요되는 시간이 상당히 짧다는 것을 의미한다. 작품의 상업적 유통과 순환이 상당히 빠를 수 있다는 말이다. 그리고 경판본 여성영웅소설을

통해 살펴본 것처럼, 경판본 작품들은 천편일률적이기보다는 다채로운 성격을 갖고 있다. 한 장르로 귀속된다는 전제가 무색할 정도로 각 작품은 개성적인 면모를 보여주고 있다. 이 또한 추측이지만, 가문소설적 성향이 강한 영웅소설이나 영웅소설적 성향이 강한 가문소설 등은 바로 이러한 경판본의 특성과 무관하지 않을 것이라고 본다.[163)]

따라서 이러한 경판본 간행의 분위기를 감안한다면, 경판본은 언제든 빠른 시일 내에 새로운 이야기와 새로운 서사 산출이 가능한 구조를 갖추고 있다는 결론에 이르게 된다. 이는 곧 독자들이 유형적인 서사 전개를 선호하기보다는 새롭고 신선한 서사 전개를 선호하고, 생산자들은 이에 발맞추어 작품의 서사적 변화에 심혈을 기울였을 것이란 추측이 가능하다. 이러한 생산과 유통의 구조는 분명 여성영웅소설을 비롯한 경판본 영웅소설의 서사와 소재를 다채롭게 만들어주었을 가능성이 높다. 경판본은 완판본에 비해 분량은 짧지만 작품의 종수는 훨씬 많다는 점이 이를 증명한다.

요컨대 완판본과 경판본은 각기 나름의 지역성을 토대로 서사 전개 방식에 있어 확연한 차이를 드러내고 있음을 알 수 있다. 이는 서로 배치되거나 적대적인 관계가 아니다. 완판본이 작품 내부의 서사적 디테일을 강화하고 서사 전개 방식을 다양화하는 데 기여한다면, 경판본은 다른 한편으로 작품 창작에 있어 새로운 서사나 소재를 끌어들여 기존에는 생각하지 못했던 반짝이는 주제와 소재를 갖고 흥미로운 작품

163) 필자는 이러한 문제의식을 다음의 논문들에서 풀어보았다. 엄태웅, 「세책본 영웅군담소설의 서사 지향」, 『민족문화연구』65, 고려대학교 민족문화연구원, 2014 ; 엄태웅, 「완판본 <구운몽>의 인물 형상과 주제 의식」, 『어문논집』72, 민족어문학회, 2014 ; 엄태웅, 「경판본 <구운몽>에 나타난 비일상적 면모의 변모 양상과 의미」, 『일본학연구』47, 단국대학교 일본연구소, 2016.

을 끊임없이 산출하는 데 기여했다고 할 수 있다. 결국 두 지역의 판본이 서사적 발전의 양 축을 함께 짊어지고 있었음을 알 수 있는 것이다.

2) 이념적 계승

방각본의 지역별 이념적 편차는 그것이 근대적으로 계승될 수 있는 계기를 마련해주었다. 영웅소설은 근대적 출판 방식에 의해 가장 많이 간행되는 고전소설이 된다. 물론 이는 영웅소설이 근대 이후 통속적 독서물로 각광을 받았다는 정황을 설명해주는 근거이다. 그러나 한발 더 나아가서 그 인기의 실체가 무엇인지 따져보면 이것이 단순한 흥미만은 아니었으리라 생각된다.

이는 앞서 두 방각본 간행 지역에서 다르게 나타났던 영웅소설의 이념적 지향과 관련이 깊다. 결론부터 언급하면 대명의리론은 민족의식의 맥락에서, 여성의 가부장적 능동성은 여성의식의 맥락에서 수용이 가능했기 때문이다. 실제로 근대 이후 영웅소설 유통의 과정에서 이런 양상이 확인된다.

(1) 대명의리론과 민족의식

방각본 간행 지역의 특성을 통해 도출한 영웅소설의 이념 중 먼저 대명의리론이 영웅소설의 근대적 수용에 어떠한 기여를 했는지 살펴보도록 하겠다. 이는 엄밀히 말해서 방각본 영웅소설에 국한된 논의가 아니므로, 이념적 변화를 잘 설명할 수 있는 작품 및 현상을 토대로 논의를 진행하겠다.

흔히 〈장인걸전〉·〈신유복전〉·〈이태경전〉 등은 일반적인 영웅소설과 달리 조선의 인물이 중국에 가서 활약하며 외적을 물리치고 정통

왕조의 천자를 위기에서 구출한 공로로 변방의 왕이 되는 등의 영광을 차지하는 작품으로 평가받는다. 그리고 이들 작품이 대체로 활자본 고전소설로 남아있다는 점을 들어 근대 민족주의로의 의식이 전환되는 추세에 맞춘 결과라는 해석을 하기도 한다.[164] 물론 이는 어느 정도 일리가 있는 해석이다. 중국을 배경으로 하는 무수한 영웅소설과 달리 국내를 배경으로 영웅이 탄생하고, 그 영웅이 중국에 가서 중원의 문제를 해결하는 서사는 근대적 민족주의의 주체적인 인식과 닿아 있다.

그렇지만 처음부터 이들 작품이 근대적 민족주의를 기반으로 창작되었다고 볼 수만은 없다. 이는 19세기 후반 조선 스스로가 중원이 되는 능동적인 중화 인식으로부터 탄생한 것이다. 19세기 후반 조선에서 생각한 중원의 회복은 명나라를 위한 것이 아니라 조선을 위한 것이 되어 버렸기 때문이다.[165] 위정척사 계열의 인물인 김평묵과 홍재귀의 대화

---

164) 조동일, 『한국문학통사』3, 지식산업사, 2003, 525쪽 참조.

165) 金平默은 설령 효종 때 북벌이 성공하여 청을 물리쳤다 하더라도 당시의 구체적인 상황에 비추어 볼 때 明室을 부흥시키지는 않았을 것이라고 하였다. 明室 대신 조선 이씨가 칭제하여 새 왕조를 세웠을 것이라고 하면서, "그래서 내가 일찍이 말하기를 효종의 聖壽가 더 길었고 수양의 공이 성사되었다면 우리나라가 스스로 왕업을 창건했을 것이다. 왜냐하면 효종의 공덕이 한 세상을 압도하였으니 천명과 인심은 마땅히 이씨에게 귀속되고 주씨에게 귀속될 리 없었기 때문이다. 이것을 어쩔 수 없는 일이다. 옛 것을 회복하기는 어렵다. 빨리 이러한 점을 인식하고 이 방향에서 노력해야 할 것이다."라고 했다.

김평묵은 洪在龜와 더불어 이 문제를 토론하면서 조선이 천하를 통치해도 되는 이유를 설명했다. 홍재귀가 만일 조선이 북벌로 청을 멸망시킨다면 명의 후손을 세울 것인지 여부를 질문하자 김평묵은 "그렇지 않다. 한 나라의 인민이 귀의하면 한 국가의 군이 되고 온 천하의 인민이 귀의하면 천하의 왕이 된다. 오직 천하가 그에게 귀의하는지 여부만 따지면 된다는 말이다. 지금만 그런 것이 아니라 효종 당시에도 그러했다. 만일 효종이 중원을 회복시키고 큰 공덕을 세웠다면 천하의 인심이 그에게 귀속했을 것이다. 효종이 의에 따라 朱氏를 재옹립하려 하여도 인심이 이에 동의하지 않으니 어쩔 수 없는 일이었을 것이다. 황명 말년에 이르러 천하 백성은 극도의 고통을 겪어 더 이상 明室을 기억하지 못하였다. 그래서 華夏衣裳

를 통해서 당시 소중화의식이 어디까지 나아가고 있었는지 확인할 수 있다. 김평묵은 효종 당시의 북벌론을 회고하며 혹여 효종이 북벌에 성공하여 청나라를 물리쳤다 하더라도 굳이 다시금 명나라의 황실을 부활시킬 필요는 없었다고 주장한다. 그리고 그 이유로 효종의 공덕이 세상을 압도하고 있었기 때문이라고 보고 있다. 마찬가지 논리에서 19세기 당시의 상황에 대해서도 김평묵은 여전히 조선이 중화의 중심에 설 수 있음을 강조하고 있다. 명나라 황제의 혈통을 다시금 옹립한다고 해서 정통이 수립되는 것이 아니라, 천하의 인심이 귀속되어야 정통이 수립된다고 보았고, 그런 맥락에서 효종이 충분히 중화주의의 주체가 될 수 있다고 생각했다. 소중화의식이 애초에 중화주의로부터 배태된 것이라는 사실을 감안하면, 소중화의식의 중화주의에 대한 전복적 사고는, 중화주의의 이념적 위계가 그들 내부에서 균열을 일으키고 있었음을 보여주는 것이다. 조선의 소중화의식은 계속해서 이념적 정당성을 확보하며 그 논리를 팽창시켜가고 있었던 것이다. 이러한 사유의 구체적 결과물들도 등장한다. 이항로의 『송원화동사합편강목』은 고려를 중국 경내의 列國으로 보지 않고 列國特例로 규정한 것이다.[166]

요컨대 19세기 후반에 보여주는 소중화의식은 조선 스스로가 중화의 중심이 될 수 있음을 강하게 인식하고 있었다. 이러한 주체적이고 능동적인 역사 인식은 당시 유입되고 있었던 근대적 민족의식의 맥락에서 상당히 주체적인 모습으로 비쳐졌을 가능성이 높다. 표면적으로 이 당시 소중화의식은 그 어떤 다른 존재를 위해 중화주의를 제창하는

의 族類로서 剃髮左衽에 순응하여 戎虜에게 쉽게 臣事하게 된 것이다. 하물며 그로부터 이백년이 지난 지금 어찌 明室에 대한 謳吟之思가 있겠는가? 왕원주, 앞의 논문, 139쪽.

166) 왕원주, 앞의 논문, 147-151쪽.

것이 아니라, 조선 스스로를 위해 중화주의를 복원하고 싶어 했기 때문이다. 그 주체성과 능동성을 떠올려보면 근대적 민족의식과의 유사성을 충분히 짐작할 수 있다. 또한 둘 다 외세를 강하게 배척한다는 점에서도 同質의 면모가 확인된다.

다시 시선을 영웅소설로 돌려보자. 필자는 조선후기 영웅소설 이념의 한 축으로 대명의리론을 언급했다. 소중화의식의 관점에서 작품의 공간적 배경은 당연히 중국이 되어야만 했다. 주요 무대는 황실 근처이며 주인공이 태어난 곳은 중원의 중심으로부터 다소 떨어진 공간으로 설정되었다. 주인공은 항상 중원의 문제를 해결하고 중원을 지향하지만, 결국은 변방이 고향이고 공적을 이룬 뒤에도 고향 혹은 변방에서 삶을 마감한다. 중원을 지향하지만 중원은 자신의 자리가 아님을 스스로 아는 것이다. 당시 소중화의식과 지향이 유사하다. 시기 규정이 명확할 수는 없지만, 이러한 인식은 소중화의식이 더욱 강화되던 19세기 후반 이전의 사유구조로부터 나온 것이다.

그런데 19세기 후반에는 소중화가 '소'라는 수식어를 떼고 스스로를 중화의 담지자로서 그리고 중화주의 이념 생산의 주체로 인식하기 때문에, 굳이 무대를 중국으로 옮길 필요가 없어지게 되었다. 조선의 인물은 그 자체로 중화주의 이데올로기의 자장 내에서 자신감 있는 주체로 성장할 수 있는 자격이 주어지기 때문이다. '조선'을 배경으로 하는 영웅소설이 등장하는 것은 바로 이러한 이유라 하겠다. 그리고 주지하듯 '조선'을 배경으로 하는 영웅소설은 항상 주인공들이 중국을 구원하거나 중국의 고난을 해결해주는 모습으로 등장한다. 이제는 조선이 당당하게 중화주의의 질서를 안정시키고, 중화주의 질서의 중심에 놓일 수 있다는 자신감을 표현하는 것이다. 자신감 있는 주체는 앞서 〈유충렬전〉의 이념적 지향을 떠오르게 한다. 유충렬은 천자의 무능력

속에서 자신의 소신과 명분을 강하게 표출하기 때문이다.

결론적으로 위 세 편의 영웅소설과 같이 조선을 배경으로 하여 등장하는 영웅소설은 애초부터 근대적 민족의식의 영향을 받아 출현한 것이 아니라, 19세기 후반 임의의 시점에 강화된 소중화의식을 기반으로 하여 출현했을 가능성이 높다.[167] 그리고 강화된 소중화의식과 근대적 민족의식의 양태적 유사성으로 인해, 이들 작품은 활자본 고전소설로 취택되어 간행되었을 가능성이 높다.

이러한 계승의 양상은 1910년대 이후 활발하게 간행되는 활자본 고전소설 속 영웅소설의 간행 양상을 통해서도 확인이 된다. 20세기 초 대표적 서적상인 회동서관은 남성영웅소설을 1920년대 중반에 집중적으로 간행하였는데, 회동서관 서적 출판 양상을 통해 확인할 수 있는 바와 같이 이는 조선에 대한 관심, 더 구체적으로는 조선의 인물담에 대한 관심에서 찾을 수 있다. 실제로 회동서관은 조선의 고전 및 조선의 역사·정치·문화 등에 대한 지식인들의 저작을 적극적으로 간행한 몇 안 되는 서적상이었기 때문이다. 다시 말해 회동서관은 민족의식의 맥락에서 영웅소설을 간행했다는 것이다.[168]

(2) 가부장제와 여성의식

한편 서울 지역의 가부장적 능동성은 근대적 여성의식으로 수용되면서 여성영웅소설의 근대적 계승을 가능하게 했으리라 예상된다. 이

---

167) 출현 시기가 명확하여 19세기 후반의 문제의식을 담고 있다고 할 수 있는 한문장편소설 중에서도 <육미당기>와 같은 작품은 신라를 배경으로 하고 있다는 점을 상기할 필요가 있다. 이는 다만 한글본 영웅소설만의 특징은 아니었을 것이다.

168) 엄태웅, 「회동서관의 활자본 고전소설 간행 양상」, 『고소설연구』29, 고소설학회, 2010.

또한 회동서관의 출판 경향을 통해 파악해보겠다.

회동서관에서 1925·1926년 전후로 간행된 고전소설 중에는 〈이대봉전〉·〈홍계월전〉 등 여성영웅소설을 비롯하여, 〈숙향전〉·〈양산백전〉·〈여자충효록〉·〈옥단춘전〉·〈월영낭자전〉·〈이진사전〉·〈정을선전〉·〈조생원전〉·〈권용선전〉 등 '결연담'이 주요 화소로 들어간 고전소설도 한 부류를 차지한다. 그런데 흥미로운 사실은 회동서관에서 무려 18판이나 찍어내며 흥행을 이끌었던 崔瓚植의 〈秋月色〉이 간행을 마감한 시점이 1923년이라는 점이다. 결국 이는 〈추월색〉을 연상시킬 수 있는 작품으로 결연담이 들어간 고전소설을 선택했다는 것을 의미한다.

이는 우연의 일치로 보기 어렵다. 왜냐하면 신소설이라는 수식어가 붙긴 했지만 〈추월색〉은 고전소설 속 여성 형상과 크게 다르지 않았기 때문이다. 이 작품에는 유학, 서구식 결혼, 외국으로의 신혼여행 등과 같은 근대의 표상들이 등장하기는 하지만, 계몽적 서사가 약화되면서 오히려 전근대적인 애정윤리가 다시금 부각되고 있다. 다수의 대중들이 호응할 수 있는 전근대적인 요소와 피상적인 차원에서 견지하고 있었던 계몽적 가치관이 어색하게 결합되어 있었던 것이다.[169] 20세기 문학사의 현장에 '있었던 것'에 주목했을 때 당대의 소설사는 고전소설의 소멸과 신소설의 등장, 근대소설로의 발전이라는 수순으로 진행되고 있지만은 않았음을 확인할 수 있다.[170] 이렇게 볼 때 적어도 회

169) <秋月色>에서 여주인공 貞姙은 건달 姜漢永의 겁탈 위협에 대항해서 굳은 절개를 보여주고, 이후에는 지속적으로 정숙한 자세를 유지하며, 결국 고난을 극복하고는 永昌과의 결연에 성공하여 열녀로 칭송받는다. 이러한 여주인공의 모습은 기실 고전소설의 여러 여주인공, 특히 여성영웅소설의 주인공을 연상시킨다. 고전소설에서 흔히 확인되는 情人에 대한 굳은 신념과, 신소설에서 등장하는 사랑 그 자체에 집중하는 조건 없는 사랑은 여러 측면에서 오버랩 되는 것이다.

동서관의 고전소설은, 신소설 혹은 근대소설로부터 그 간행의 원인을 따져봐야 하는, 일반적인 문학사의 도식과는 '역방향의 授受 관계'가 인정되는 셈이다.[171]

특히 이 글의 논지에서 더욱 중요한 것은 이렇듯 신소설이나 근대소설로부터 영향을 받아 여성영웅소설의 결연담이 주목을 받았다는 점이다. 여성영웅소설의 주인공은 자신에게 놓인 결연의 문제를 수동적으로 해결하려 하지 않고, 본인이 직접 해결하는 능동적이고 진취적인 모습을 보여준다. 다만 조선후기 여성영웅의 능동성은 그것이 가부장제라는 거대한 이데올로기의 자장 내에서 존재하는 것이었다는 점에서 차이가 있다. 그러나 그 행동의 표면에서는 그것이 어떠한 이데올로기적 장치에 의해 작동하는 것인지 드러나지 않고, 단지 여성영웅의 능동성만이 확인된다. 결국 신소설과 근대소설의 간행 이후에 이를 대체할 존재로 결연담이 포함된 고전소설을 선택한 것은 어쩌면 너무나 당연한 선택이었을지 모른다. 실제로 작품의 내용에서 신소설의 결연과 큰 차이를 보이지 않기 때문이다. 이러한 과정을 통해 가부장제 속 능동적 여성 형상은 시대를 뛰어넘는 진취적인 여성의 형상으로 해석되기에 이른다.

요컨대 남성영웅소설이나 여성영웅소설 모두 과거 그것이 탄생하던 배경과는 전혀 다른 맥락인 근대적 가치관으로부터 호명을 당한다. 이는 영웅소설의 주인공이 갖고 있는 능동적이고 주체적인 모습 때문이

170) 고은지, 「<추월색>의 대중적 인기와 서사구조」, 『민족문학사연구』30, 민족문학사학회, 2006, 202쪽 참조.

171) 엄태웅, 「회동서관의 활자본 고전소설 간행 양상」, 『고소설연구』29, 고소설학회, 2010 참조.

라 할 수 있다. 그 태생이 대명의리론이나 가부장제에 의한 능동성이기 때문에, 영웅소설의 근대적 수용에 대해서 다양한 평가가 가능할 수 있다. 그런데 결과론적으로 보면 이러한 유사성에 기인하여 영웅소설은 그 명맥을 꾸준히 유지할 수 있었다고 할 수 있다. 고전소설의 다른 장르들을 떠올려보면, 근대 이후에 이전과 같은 대중적 인기를 얻은 경우는 많지 않다. 전기소설이나 가문소설에서 영웅소설만큼의 관심과 인기를 찾을 수 없다. 흔히 지금까지 이러한 영웅소설의 장점을 통속성이라는 범박한 말로 해석하고 말았는데, 실상 이는 통속성을 불러오게 된 보다 근본적인 이유가 있었음이 확인된 것이다. 이러한 점에서 영웅소설은 전혀 다른 에피스테메(épistémè) 속에서, 전혀 다른 맥락으로 수용되면서도 변함없는 인기를 누렸던 흥미로운 장르라 할 수 있겠다. 그리고 그것이 가능했던 데에는 이 장르의 이념적 지향이 있었다.

제5장 나오며

'우열'이 아닌 '다름'을 위하여

이 책은 방각본 영웅소설을 대상으로 하여 완판본과 경판본에 나타나는 영웅소설의 서사적 차이에 주목했다. 그리고 서사적 차이를 토대로 전주 지역과 서울 지역의 영웅소설 및 고전소설 향유의 경향성에 대해서 검토해보았다. 지금까지 영웅소설을 비롯한 고전소설 작품 연구는 이본의 다양한 양상을 인정하는 '다름'의 방향보다는 그 가운데 善本을 선정하여 연구를 진행하는 '우열'의 방향을 지향하는 경우가 많았다. 이는 물론 작품 연구의 기본이며 정수이지만 한편으로는 이러한 연구가 작품 이본의 다양한 변이 양태의 의미를 소거해버리는 결과를 낳기도 했다.

또한 영웅소설을 비롯한 고전소설의 서지적·문헌적 연구는 작품의 물리적·형식적 구조와 향유의 제반 조건 등에 대한 심층적 고찰을 통해 고전소설 향유의 양상을 드러내는 데 소기의 목적을 달성했다. 하지만 향유의 양상이 작품의 서사적 측면과의 관련성까지 나아가지 못함으로써 한계를 드러냈다. 이에 필자는 방각본의 판본이라는 작품 외적 조건과 영웅소설 서사라는 작품 내적 조건이 긴밀히 조응하여 변화를 만들어냈다는 점을 증명하고자 경판본과 완판본으로 간행된 영웅소설을 비교·대조하였다.

제2장에서는 완판본과 경판본의 남성영웅소설을 비교하였다. 남성영웅소설의 경우 완판본과 경판본으로 동시에 간행된 작품이 있기 때문에 이본 비교와 같은 방식으로 두 판본 간 서사 진행을 구체적으로 비교할 수 있었다. 비교 대상은 〈장풍운전〉, 〈소대성전〉·〈용문전〉, 〈조웅전〉이다. 〈장풍운전〉의 경우 완판본은 주변 남성인물의 충절이 부각되며 남성영웅 서사가 확대되는 특성을 보였고 경판본은 가문 서사가 확대되는 특성을 보였다. 〈소대성전〉·〈용문전〉의 경우 완판본은 용문 부친인 용훈의 절의가 상대적으로 강하게 표출되었으며 남성영웅 서사가 강조되었고 경판은 가문 서사가 확장되는 경향이 강했다. 〈조웅전〉의 경우 완판본은 남성영웅인 조웅의 활약이 보다 상세하게 서술되었고 경판본은 조웅 모친이 능동적으로 형상화되었으며 가문 서사 또한 자세하게 그려졌다.

결국 완판본은 공히 남성영웅 서사가 확장되는 양상이 확인되고 경판본은 결연 및 가문 서사가 확장되는 양상을 확인할 수 있었다. 이는 전주 지역이 남성영웅 서사를 선호하는 문화가 강하고 그것이 작품에 반영된 것이며, 서울 지역은 결연이나 가문 서사를 선호하는 문화가 강하고 그것이 작품에 반영된 것임을 추론할 수 있다. 주변 인물들의 활약이 부각되거나 약화되는 모습도 비슷해서 완판본은 남성인물을 선호하고 경판본은 여성인물을 선호한다는 사실을 알 수 있었다.

제3장에서는 경판본과 완판본으로 각기 간행된 여성영웅소설의 차이를 확인해 보았다. 경판본은 대체로 여성영웅의 활약이 남성을 능가하고 여성주인공이 서사의 중심에 유기적으로 녹아들어가서 작품을 이끌어 감은 물론 남성주인공을 견인하는 경향이 강하다. 반면 완판본은 여성영웅의 활약이 남성과 비슷하거나 혹은 열등하고 여성주인공

이 서사의 한 부분만을 차지하며 남성주인공과 별개로 서사의 일부분을 담당하는 경향이 강했다.

여성영웅소설의 판본별 차이는 앞서 살펴본 남성영웅소설의 판본별 차이와 일맥상통한다. 남성영웅소설의 경우 완판본은 남성영웅의 서사가 강화되고 주변인물 또한 남성의 국가적·중화주의적 충절이 강화되는 반면 경판본은 결연 및 가문 서사가 강화되고 주변인물 또한 여성의 능동적이고 적극적인 실천력이 강화되었는데, 이러한 판본별 특징이 여성영웅소설에도 거의 같은 맥락에서 적용되었기 때문이다. 살펴본 그대로 완판본 여성영웅소설에서는 진정한 주인공인 여성영웅 대신 남성영웅의 활약이 보다 더 부각되면서 여성영웅 중심의 서사를 흐트러뜨리는 결과를 가져왔다. 반면 경판본 여성영웅소설에서는 여성영웅의 활약이 최대한 강조되고 그 과정에서 남성영웅의 활약은 약화될 뿐만 아니라 남성영웅이 상대적으로 무능력한 존재로 그려지면서 여성영웅의 활약을 상대적으로 부각시켜주는 결과를 낳았다.

제4장에서는 이러한 판본 간 차이가 발생하는 이유를 이념적 측면에서 살펴보았다. 우선 완판본의 경우 대명의리론의 역사인식과 정치의식이 작품에 반영되었을 것이라고 보았다. 이는 전주 지역 방각본 간행 문화와 긴밀하게 관련을 맺고 있다. 전주 지역은 대명의리론의 자장 안에 있는 촉한정통론과 관련한 역사서나 윤리서들을 주로 간행하였고 같은 맥락의 번역·번안 소설들 또한 적극적으로 간행했기 때문이다. 실제로 작품을 통해서도 이러한 사실이 확인된다. 완판본에서 간행된 작품들에는 공히 촉한정통론에 입각한 전고와 화소가 자주 사용되는 반면 동일한 작품의 경판본에는 거의 사용되지 않기 때문이다. 또한 서사적 전개를 통해서도 대명의리론의 당위성을 설명하기 위한 장치들이 완판본에서 적극적으로 활용된다는 점도 주목해야 한다.

경판본의 경우에는 일단 여성영웅의 능동적 활약이 무엇을 지향하느냐의 문제로부터 출발했다. 이에 대해서는 학계의 의견이 분분하기도 한데 여기에서는 이를 가부장제로 수렴되는 지향이라고 보았다. 이는 여성영웅소설의 서사구조와 궁극적 지향을 통해 논증하였다. 그리고 이와 관련하여 19세기 가부장제의 특성과 서울 지역의 이념적 경향에 대해서 서술하였다. 19세기에 오면 가부장제에서 여성의 능동적 가치가 더욱 칭송 받고 특히 서울의 경우 폐모살제의 역사적 기억이 점차 강화되면서 가문의 윤리와 질서를 중시하는 경향이 강해졌기 때문이다.

이에 방각본 영웅소설의 소설사적 의의를 서사의 측면과 이념의 측면에서 나누어 살펴봤다. 서사적 측면의 경우 완판본은 장면 묘사의 확대와 장편화에 기여하였고 경판본은 서사 전개속도의 강화와 전개방식의 다양화에 기여하였다고 보았다. 이념적 측면의 경우 완판본의 대명의리론은 민족의식의 차원에서, 경판본의 가부장제는 여성의식의 차원에서 수용이 되었을 것이라고 논증하였다.

요컨대 영웅소설의 계승 양상을 논할 때 작품의 변모뿐만 아니라 판본의 차이를 감안한 지역적 특성 또한 고려해야만 더 구체적인 답을 얻을 수 있으리라고 본다. 그리고 이를 통해 영웅소설 생산과 소비의 다채로운 층차들이 발견되어 영웅소설의 소설사가 더욱 입체적인 모양새를 가질 수 있을 것이라 생각한다. 필자는 이러한 지향 하에 논의를 진행하였다. 지금까지 영웅소설 이본의 '다름'에 주목하지 않았던 이유는, 그것들 내부에 '위계'가 존재한다는 인식 때문이었다. '근대적 가치로 수렴될 수 있는 요소가 얼마나 많은가'의 문제가 서사의 純質에 대한 가치판단의 중요한 기준이 되어, 이본 간에도 상하의 질서를 형성하게 만든 것이다. 우열의 가치판단은 현재적 관점에서 작품을 평가하는 하나의 근거가 될 수는 있을지 모르지만 절대적 근거가 될 수는 없다. 더욱이 당시의 실상을 파악하는 근거로서는 그 의미를 찾기 힘들다. '있었던 것들'에 주목함으로써 지금까지 열등한 존재로 치부되었던 이본들에 새로운 의미를 부여할 수 있을 것이다. 추후 보다 많은 작품을 대상으로 한 논증을 통해 영웅소설 전반의 입체적 지형도를 재구해보도록 하겠다. 그리고 나아가 고전소설 연구에 적용되어 온 근대적 프레임을 걷어내고, 고전소설의 실제 존재 양상에 천착한 古典小說史를 그려보도록 하겠다.

참고문헌

1. 자료

〈장풍운전〉 경판본(27장본)

〈장풍운전〉 경판본(29장본)

〈장풍운전〉 경판본(31장본)

〈장풍운전〉 완판본(36장본)

〈소대성전〉 경판본(16장본)

〈소대성전〉 경판본(23장본)

〈소대성전〉 경판본(24장본)

〈소대성전〉 경판본(36장본)

〈소대성전〉 안성판본(20장본)

〈소대성전〉 완판본(上下 43장본)

〈용문전〉 경판본(25장본)

〈용문전〉 경판본(33장본)

〈용문전〉 완판본(38장본)

〈조웅전〉 경판본(16장본)

〈조웅전〉 경판본(17장본)

〈조웅전〉 경판본(20장본)

〈조웅전〉 경판본(30장본)

〈조웅전〉 완판본(上二下 88장본)

〈조웅전〉 완판본(上二三 104장본)

〈유충렬전〉 완판본(上下 86장본)

〈정수정전〉 경판본(16장본)

〈정수정전〉 경판본(17장본)

〈황운전〉 경판본(29장본)

〈황운전〉 경판본(30장본)

〈황운전〉 경판본(31장본)

〈황운전〉 경판본(一二三 59장본)

〈백학선전〉 경판본(24장본)
〈옥주호연〉 경판본(29장본)
〈이대봉전〉 완판본(上下 81장본)
〈이대봉전〉 완판본(84장본)

〈설인귀전〉 경판본(上 17장본)
〈설인귀전〉 경판본(30장본)
〈화용도〉 완판본(上下 84장본)
〈화용도〉 완판본(86장본)

〈장경전〉 경판본(16장본)
〈장경전〉 경판본(25장본)
〈장경전〉 경판본(35장본)
〈장경전〉 완판본(65장본)

〈방한림전〉 필사본(나손본)
〈쌍완기봉〉 필사본(한국학중앙연구원 소장본)
〈낙성전〉 필사본(정학성 가내 소장본)

〈홍계월전〉 필사본
〈홍계월전〉 활자본

서유영, 〈육미당기〉 필사본(서울대학교 도서관 가람문고 소장본)
〈신유복전〉 활자본
〈장인걸전〉 필사본(김기동 소장본)

〈三國志演義〉(모종강본)
〈說唐後傳〉(55회본)
〈說唐薛家府傳〉(42회본)

〈화포조천항해록〉, 〈조천록일운항해일기〉
〈슈로됴텬녹〉, 〈됴텬녹〉, 〈죽천행록〉

최찬식, 〈추월색〉(회동서관본)

김부식, 『삼국사기』(한국정신문화연구원 번역본)
안정복, 『동사강목』(한국고전번역원 홈페이지 고전번역총서)
한치윤, 『해동역사』(한국고전번역원 홈페이지 고전번역총서)
『史要聚選』(西溪本, 由洞本, 武橋本)
『綱目』
『資治通鑑節要』
김평묵, 『송원화동사합편강목』
이항로, 『화서집』
조수삼, 『추재기이』

김동욱, 『고소설판각본전집』, 연세대학교출판부, 1973.
김광순, 『한국고소설전집』, 경인문화사, 1993.
장효현 외, 『교감본 한국한문소설』, 고려대학교 민족문화연구원, 2007.
_____ 역주, 『한국고전문학전집 육미당기』, 고려대학교 민족문화연구소, 1995.
이헌홍 역주, 『한국고전문학전집 조웅전 적성의전』, 고려대 민족문화연구소, 1995.
김준형, 『교감 금선각』, 보고사, 2015.
_____, 『국역 금선각』, 보고사, 2015.
최강현, 『계해수로 소천록』, 신성출판사, 2000.
민족문화추진회, 『신편국역 연행록선집』2, 한국학술정보, 2008.
임기중, 『연행록전집』22, 동국대출판부, 2001.

2. 저서

Walter Benjamin, 반성완 편역, 『발터벤야민의 문예이론』, 민음사, 1983.
Walter J. Ong, 이기우·임명진 역, 『구술문화와 문자문화』, 문예출판사, 1995.
W.E. Skillend, 『Kodae Sosŏl: A Survey of Korean Traditional Style Popular Novel』, University of London. SOAS, 1968.
가라타니 고진 저, 박유하 역, 『일본근대문학의 기원』, 민음사, 2005.
강명관, 『국문학과 민족 그리고 근대』, 소명출판, 2007.
_____, 『열녀의 탄생』, 돌베개, 2009.
_____, 『조선시대 문학 예술의 생성 공간』, 소명출판, 2002.

강상순, 『한국 고전소설과 정신분석학』, 고려대학교 민족문화연구원, 2016.
권보드래, 『한국 근대소설의 기원』, 소명출판, 2000.
_______, 『연애의 시대』, 현실문화연구, 2003.
기시모토 미오·미야지마 히로시 지음, 김현영·문순실 옮김, 『조선과 중국 근세 오백년을 가다 : 일국사를 넘어선 동아시아 읽기』, 역사비평사, 2003.
김경미, 『소설의 매혹』, 월인, 2008.
김열규, 『한국민속과 문학연구』, 일조각, 1971.
김태준 저, 박희병 교주, 『증보 조선소설사』, 한길사, 1997.
김흥규, 『한국문학의 이해』, 민음사, 1986.
루샤오펑 저, 조미원·박계화·손수영 역, 『역사에서 허구로 - 중국의 서사학』, 길, 2001.
루이 알튀세르 저, 이종영 역, 『맑스를 위하여』, 백의, 2007.
__________ 저, 서관모 역, 『역사적 맑스주의』, 중원문화, 2012.
박노자, 『우승과 열패의 신화 - 사회진화론과 한국민족주의 담론의 역사』, 한겨레신문사, 2005.
박성봉, 『대중예술의 미학』, 동연, 1995.
박일용, 『영웅소설의 소설사적 변주』, 월인, 2003.
서대석, 『군담소설의 구조와 배경』, 이화여자대학교 출판부, 1985.
에릭 홉스봄 저, 강명세 역, 『1780년 이후의 민족과 민족주의』, 창작과비평사, 1998.
__________ 저, 강성호 역, 『역사론』, 민음사, 2002.
__________ 저, 정도영·차명수 역, 『혁명의 시대』, 한길사, 2002.
__________·사라 모건 저, 박지향 역, 『만들어진 전통』, 휴머니스트, 2004.
유탁일, 『완판방각소설의 문헌학적 연구』, 학문사, 1981.
윤해동 외, 『근대를 다시 읽는다』, 역사비평사, 2006.
이윤석, 『홍길동전 연구』, 계명대학교 출판부, 1997.
______·정명기, 『세책 고소설 연구』, 혜안, 2003.
이창헌, 『경판방각소설 판본 연구』, 태학사, 2000.
______, 『이야기·책·이야기』, 보고사, 2003.
이화여대 한국문화연구원, 『근대계몽기 지식개념의 수용과 그 변용』, 소명출판, 2004.
李孝德 저, 박성관 역, 『표상 공간의 근대』, 소명출판, 2002.

임성래, 『완판 영웅소설의 대중성』, 소명출판, 2007.
장효현, 『한국고전소설사연구』, 고려대학교 출판부, 2002.
장시광, 『조선시대 동성혼 이야기 방한림전』, 한국학술정보, 2006.
전성운, 『조선후기 장편국문소설의 조망』, 보고사, 2002.
______, 『한중 소설 대비의 지평』, 보고사, 2005.
정병헌·이유경, 『한국의 여성영웅소설』, 태학사, 2000.
정희진, 『페미니즘의 도전』, 교양인, 2005.
조경달 저, 박맹수 역, 『이단의 민중반란』, 역사비평사, 2008.
______ 저, 허영란 역, 『민중과 유토피아』, 역사비평사, 2009.
______ 저, 최덕수 역, 『근대 조선과 일본』, 열린책들, 2015.
조규익, 『17세기 국문 사행록 죽천행록』, 박이정, 2002.
______, 『국문 사행록의 미학』, 역락, 2004.
조동일, 『한국 소설의 이론』, 지식산업사, 1977.
______, 『한국문학통사』3, 지식산업사, 2003.
조희웅, 『고전소설 이본목록』, 집문당, 1999.
지연숙, 『장편소설과 여와전』, 보고사, 2003.
천정환, 『근대의 책 읽기』, 푸른역사, 2003.
______ 외, 『문학사 이후의 문학사』, 푸른역사, 2013.
하루오 시라네 外 저, 왕숙영 역, 『창조된 고전』, 소명출판, 2002.
하윤섭, 『조선조 오륜시가의 역사적 전개 양상』, 고려대학교 민족문화연구원, 2014.
허태용, 『조선후기 중화론의 역사인식』, 아카넷, 2009.

3. 학위논문

강상순, 「영웅소설의 형성과 변모 양상 연구」, 고려대학교 석사학위논문, 1991.
권순긍, 「홍길동전의 후대적 수용 양상」, 성균관대학교 석사학위논문, 1982.
권희승, 「호남 방각본에 관한 연구」, 성균관대학교 도서관학과 석사학위논문, 1981.
김경숙, 「군담소설 연구 – 유형성과 수용적 의미를 중심으로」, 연세대학교 박사학위논문, 1991.
김기형, 「적벽가의 역사적 전개와 작품 세계」, 고려대학교 박사학위논문, 1993.
김도환, 「고전소설 군담의 확장 방식 연구」, 고려대학교 박사학위논문, 2010.

김민정, 「〈금선각〉의 서사구성과 문예지향」, 고려대학교 박사학위논문, 2016.
김성철, 「활자본 고소설의 존재 양태와 창작 방식 연구」, 고려대학교 박사학위논문, 2011.
김연호, 「영웅소설의 유형과 변모에 관한 연구」, 고려대학교 박사학위논문, 1992.
김현양, 「조선조 후기의 군담소설 연구 – 개념, 유형, 성격 문제를 중심으로」, 연세대학교 박사학위논문, 1994.
류준경, 「방각본 영웅소설의 문화적 기반과 그 미학적 특성」, 서울대학교 석사학위논문, 1997.
박일용, 「영웅소설의 유형변이와 그 소설사적 의의」, 서울대학교 석사학위논문, 1983.
서경희(a), 「〈소대성전〉의 서지학적 접근」, 이화여자대학교 석사학위논문, 1998.
서인석, 「고전소설의 결말구조와 그 세계관」, 서울대학교 석사학위논문, 1984.
서혜은, 「경판 방각소설의 대중성과 사회의식 연구」, 경북대학교 박사학위논문, 2007.
왕원주, 「한국 근대이행기 화이관의 변화와 민족의식」, 연세대학교 사학과 박사학위논문, 2003.
유탁일, 「완판방각소설의 문헌학적 연구」, 동아대학교 박사학위논문, 1980.
이강엽, 「군담소설 연구방법론」, 연세대학교 박사학위논문, 1993.
이기형, 「필사본 화용도 연구」, 경희대학교 박사학위논문, 2001.
이유진, 「설인귀전 이본 연구」, 고려대학교 석사학위논문, 2010.
이은봉, 「〈삼국지연의〉의 수용 양상 연구」, 인천대학교 박사학위논문, 2007.
이지영, 「〈창선감의록〉의 이본 변이 양상과 독자층의 상관관계」, 서울대학교 박사학위논문, 2003.
이창헌, 「경판방각소설 판본 연구」, 서울대학교 박사학위논문, 1995.
이혜경, 「조선조 방각본의 서지학적 연구」, 전남대학교 문헌정보학과 석사학위논문, 1999.
임성래, 「영웅소설의 유형연구」, 연세대학교 박사학위논문, 1986.
임치균, 「영웅소설 연구 : 탄생과 투쟁을 중심으로」, 서울대학교 석사학위논문, 1985.
전성운, 「長篇 國文小說의 變貌와 英雄小說의 形成」, 고려대학교 박사학위논문, 2000.
정규복, 「韓國古代軍談小說考 : 三國誌演義의 影響을 中心하여」, 고려대학교 석사

학위논문, 1958.
조동일, 「영웅소설 작품구조의 시대적 성격」, 서울대학교 박사학위논문, 1975.
주명희, 「군담소설 연구 - 고대소설의 문학적 가치의 구명을 위한 시도」, 서울대학교 석사학위논문, 1974.
지연숙, 「여와전 연작의 소설 비평 연구」, 고려대학교 박사학위논문, 2001.
차옥덕, 「방한림전의 여성주의적 시각 연구」, 성신여자대학교 박사학위논문, 1999.
최윤희, 「남정팔난기 영웅 형상과 소설사적 의미」, 고려대학교 박사학위논문, 2004.
허순우, 「〈소대성전〉의 문체론적 연구」, 이화여자대학교 석사학위논문, 2002.
허태용, 「조선후기 중화계승의식의 전개와 북방고대사인식의 강화」, 고려대학교 한국사학과 박사학위논문, 2007.

4. 논문

강명관, 「근대계몽기 출판운동과 그 역사적 의의」, 『민족문학사연구』14, 민족문학사학회, 1999.
김동욱, 「춘향전 이본고」, 『이십주년기념논문집』, 중앙대학교, 1955.
______, 「한글소실 방각본의 성립에 대하여」, 『향토서울』8, 1960.
______, 「방각본에 대하여」, 『동방학지』11, 연세대 동방학연구소, 1970.
강상순, 「한국 고전소설 속 중국 배경과 중국 인식」, 『고전과 해석』15, 고전문학한문학연구학회, 2013.
계승범, 「계해정변(인조반정)의 명분과 그 인식의 변화」, 『남명학연구』26, 경상대학교 남명학연구소, 2008.
고은지, 「〈추월색〉의 대중적 인기와 서사구조」, 『민족문학사연구』30, 민족문학사학회, 2006.
권도경, 「국립도서관본 계열 〈설인귀전〉의 형성 과정에 나타난 고당전쟁 문학의 교섭양상에 관한 연구」, 『동북아역사논총』15, 동북아역사재단, 2007.
______, 「설인귀 풍속신앙 전설의 서사구조적 특징과 전승의 역사적 변동 국면」, 『정신문화연구』30.2, 한국학중앙연구원 한국학대학원 청계사학회, 2007.
김경남, 「군담소설의 전쟁 소재와 욕망의 관련 양상」, 『겨레어문학』21, 겨레어문학회, 1997.
김경미, 「〈열녀전〉의 보급과 전개 - 유교적 여성 주체의 형성과 내면화 과정」, 『한국문화연구』13, 이화여자대학교 한국문화연구원, 2007.
______, 「젠더 위반에 대한 새로운 조선사회의 새로운 상상 - 방한림전」, 『한국고전

연구』17, 한국고전연구학회, 2008.

김기형, 「창본계 활자본 적벽가에 나타난 개작 양상과 그 의미」, 『어문논집』30.1, 안암어문학회, 1991.

______, 「〈적벽가〉 이본의 특징과 계열별 사설 비교」, 『판소리연구』3, 판소리학회, 1992.

______, 「판소리 〈적벽가〉 조조의 형상적 특징과 의미」, 『우리어문연구』47, 우리어문학회, 2015.

김동욱, 「방각본소설 완판·경판·안성판의 내용비교 연구」, 『연세논총』10.1, 연세대학교 대학원, 1973.

______, 「방각본에 대하여」, 『동방학지』11, 연세대학교 국학연구원, 1970.

김민정, 「〈금선각〉의 소설사적 전통과 〈구운몽〉」, 『인문과학논총』32-3, 순천향대학교 인문과학연구소, 2013.

김병권, 「방각소설 〈장풍운전〉 내적 변화의 독자 성향」, 『한국문학논총』26, 한국문학회, 2000.

김석회, 「조선후기 향촌사회와 치산 관련 여성형상」, 『고전문학연구』31, 한국고전문학회, 2007.

김성철, 「고소설과 신소설의 혼종 양상과 담당층」, 『우리어문연구』52, 우리어문학회, 2015.

김언순, 「곤범을 통해 본 조선후기 여훈서의 새로운 양상」, 『장서각』16, 한국학중앙연구원, 2006.

김윤수, 「泰仁坊刻本 ≪詳說古文眞寶大全≫과 ≪史要聚選≫」, 『서지학연구』5·6, 서지학회, 1990.

김재용, 「영웅소설의 두 주류와 그 원천」, 『한국언어문학』22, 한국언어문학회, 1983.

김정녀, 「〈방한림전〉의 두 여성이 선택한 삶과 작품의 지향」, 『반교어문연구』21, 반교어문학회, 2006.

김준형, 「〈金僊覺〉의 발굴과 소설사적 의의」, 『고소설연구』18, 한국고소설학회, 2004.

______, 「〈장풍운전〉 이본고 : 한문본 〈금선각〉을 중심으로」, 『우리어문연구』45, 우리어문학회, 2013.

______, 「조선후기 하층민의 삶과 이데올로기, 〈장풍운전〉」, 『고소설연구』33, 한국고소설학회, 2012.

김하라, 「〈방한림전〉에 나타난 지기 관계 변모의 의미」, 『관악어문연구』27, 서울대 국어국문학과, 2002.

김현주, 「경판과 완판의 거리」, 『국어국문학』116, 국어국문학회, 1996.

류준경, 「독서층의 새로운 지평, 방각본과 신활자본」, 『성신한문학』13, 한국한문고전학회, 2006.

민관동, 「≪列國志≫의 國內 수용양상에 관한 硏究」, 『중국소설논총』13, 한국중국소설학회, 2001.

민긍기, 「영웅소설 作品構造考」, 『사림어문연구』창간호, 마산대, 1984.

박숙례, 「정문연본 〈황운전〉에 나타난 여성적 시각」, 『장서각』5집, 한국학중앙연구원, 2001.

박일용, 「〈유충렬전〉의 문체적 특징과 그 소설사적 의미」, 『영웅소설의 소설사적 변주』, 월인, 2003.

______, 「〈유충렬전〉의 서사구조와 소설사적 의미 재론」, 『영웅소설의 소설사적 변주』, 월인, 2003.

______, 「〈장경전〉 이본의 형상화 방식과 그 문학적 의미」, 『영웅소설의 소설사적 변주』, 월인, 2003.

______, 「〈조웅전〉의 구성과 문체적 특징」, 『영웅소설의 소설사적 변주』, 월인, 2003.

______, 「이본 변이 양상을 통해서 본 〈홍길동전〉 서술시각의 중층성」, 『영웅소설의 소설사적 변주』, 월인, 2003.

박혜숙, 「여성영웅소설과 평등·차이·정체성의 문제」, 『민족문학사연구』31, 민족문학사학회, 2006.

부길만, 「안성판·경판·완판 방각본의 비교 연구」, 『출판 잡지연구』11.1, 출판문화학회, 2003.

사진실, 「정수정전 이본의 계통과 변모 양상」, 『한국고전소설과 서사문학』상, 집문당, 1998.

서경희(b), 「〈용문전〉의 서지와 유통」, 『이화어문논집』16, 이화어문학회, 1998.

서대석, 「군담소설과 중국소설」, 『군담소설의 구조와 배경』, 이화여자대학교 출판부, 1985.

______, 「군담소설의 출현동인 반성」, 『고전문학연구』1, 한국고전문학연구회, 1971.

서혜은, 「정수정전의 대중화 양상과 그 의미」, 『어문학』92, 한국어문학회, 2006.

서혜은, 「경판 임장군전의 대중화 양상과 그 의미」, 『고소설연구』27, 한국고소설학회, 2009.

______, 「경판 소대성전의 대중화 양상과 그 향유 의식」, 『한국사상과 문화』75, 한국사상문화학회, 2014.

______, 「경판본 소설의 후대적 변모 양상 연구」, 『민족문화논총』58, 영남대학교 민족문화연구소, 2014.

______, 「경판 17장본 홍길동전의 간행 양상과 소설사적 위상」, 『열상고전연구』42, 열상고전연구회, 2014.

성현경, 「〈劉忠烈傳〉 검토 – 〈蘇大成傳〉, 〈張翼星傳〉, 〈薛仁貴傳〉과 관련하여」, 『고전문학연구』2, 한국고전문학회, 1974.

______, 「女傑小說과 〈薛仁貴傳〉 – 그 著作年代와 輸入年代·受容과 變容」, 『국어국문학』62·63, 국어국문학회, 1973.

송성욱, 「홍길동전 이본신고」, 『관악어문연구』13, 서울대학교 국어국문학과, 1988.

신해진(a), 「경판 27장본 〈장풍운전〉 해제 및 교주」, 『고전과해석』6, 고전문학한문학연구학회, 2009.

______(b), 「완판 38장본 〈龍門傳〉 해제 및 교주」, 『고전과해석』7, 고전문학한문학연구학회, 2009.

______, 「완판 43장본 〈소대성전〉 해제 및 교주」, 『고전과해석』4, 고전문학한문학연구학회, 2008.

심경호, 「조웅전」, 『한국고전소설작품론』, 집문당, 1990.

심치열, 「구활자본 애정소설 〈藥山東臺〉의 서사적 측면에서 본 변모 양상」, 『한국고전여성문학연구』8, 한국고전여성문학회, 2004.

양승민, 「〈설인귀전〉의 소설사적 존재 의미」, 『우리어문연구』41, 우리어문학회, 2011.

양혜란, 「고소설에 나타난 조선조 후기사회의 성차별의식 고찰」, 『한국고전연구』4, 한국고전연구학회, 1998.

엄태웅, 「〈방한림전〉에 나타난 가부장의 부재와 재현의 양상」, 『우리어문연구』39, 우리어문학회, 2011.

______, 「〈소대성전〉·〈용문전〉의 경판본에서 완판본으로의 변모 양상 – 측한정통론과 대명의리론의 강화를 중심으로」, 『우리어문연구』41, 우리어문학회, 2011.

______, 「〈장인걸전〉 속 複數의 주체와 그 의미」, 『한국민족문화』40, 부산대학교 한국민족문화연구소, 2011.

엄태웅, 「1624년 주청 사행록의 변이 양상과 그 의도」, 『동아시아고대학』25, 동아시아고대학회, 2011.

______, 「경판본 〈구운몽〉에 나타난 비일상적 면모의 변모 양상과 의미」, 『일본학연구』47, 단국대학교 일본연구소, 2016.

______, 「세책본 영웅군담소설의 서사 지향」, 『민족문화연구』65, 고려대학교 민족문화연구원, 2014.

______, 「완판본 〈구운몽〉의 인물 형상과 주제 의식」, 『어문논집』72, 민족어문학회, 2014.

______, 「조선후기 설인귀 인식의 맥락과 문학적 반영의 의미」, 『한민족어문학』59, 한민족어문학회, 2011.

______, 「회동서관의 활자본 고전소설 간행 양상」, 『고소설연구』29, 고소설학회, 2010.

유춘동·이혜은, 「미국 하버드옌칭도서관 소장 한글 방각본 소설 연구」, 『한국비블리아학회지』24.2, 한국비블리아학회, 2013.

______, 「일본 동양문고 소장 세책 고소설의 성격과 의미」, 『민족문화연구』64, 고려대학교 민족문화연구원, 2014.

유탁일, 「京板坊刻小說의 文獻學的 研究를 위한 摸索」, 『도남학보』7-8, 도남학회, 1985.

______, 「호남지방간행 방각본 연구(1)」, 『인문논총』20, 부산대학교, 1981.

______, 「호남지방간행 방각본 연구(2)」, 『인문논총』23, 부산대학교, 1983.

이기형, 「〈화용도〉의 성격과 변모 양상 고찰」, 『판소리연구』14, 판소리학회, 2002.

이능우, 「이야기책(고대소설)판본지략」, 『논문집』4, 숙명여자대학교, 1964.

이명구, 「이조소설연구서설」, 『성대논문집』13, 성균관대학교, 1968.

______, 「이조소설의 비교문학적 연구」, 『대동문화연구』5, 성균관대 대동문화연구원, 1968.

이병한, 「중국과 한국의 고전소설」, 『중국학보』9, 한국중국학회, 1968.

이복규, 「〈소대성전〉 방각본 검토」, 『서경대학교 논문집』8, 서경대학교, 1980.

이원수, 「〈소대성전〉과 〈용문전〉의 관계 - 〈용문전〉 이본고를 겸하여」, 『어문학』46, 한국어문학회, 1985.

______, 「〈용문전〉의 일고찰 - 조선후기 가치관의 전환과정을 중심으로」, 『국어교육연구』16, 국어교육학회, 1984.

이유진, 「〈설인귀전〉의 전승과 통속화 경향」, 『중국학연구』56, 중국학연구회,

2011.
이윤석, 「〈설인귀전〉 이본고」, 『연구논문집』27, 효성여자대학교, 1983.
______, 「〈설인귀전〉」, 『고전소설작품론』, 집문당, 1990.
______, 「〈설인귀전〉의 원천에 대하여」, 『연민학지』9, 연민학회, 2001.
______, 「경판 〈설인귀전〉 형성에 대하여」, 『동남어문논집』19, 동남어문학회, 2005.
______, 「고소설의 표기방식」, 『고소설연구』32, 한국고소설학회, 2011.
______, 「한글 고소설의 탄생과 유통」, 『인문과학』105, 연세대학교 인문학연구원, 2015.
이은봉, 「방각본 〈삼국지〉의 변개 양상 연구」, 『고소설연구』20, 한국고소설학회, 2005.
______, 「구활자본 〈제갈량전〉의 창작 양상 연구」, 『고소설연구』23, 한국고소설학회, 2007.
______, 「완판 〈공명선생실기〉의 소설사적 의미」, 『동아시아고대학』16, 동아시아고대학회, 2007.
______, 「〈삼국지연의〉를 보는 두 개의 시각」, 『고소설연구』35, 한국고소설학회, 2013.
______, 「한국에서 요시카와 에이지 〈삼국지〉 유행의 의미」, 『동아시아고대학』40, 동아시아고대학회, 2015.
이인경, 「홍계월전 연구 : 갈등 양상을 중심으로」, 『관악어문연구』17, 서울대학교 국어국문학과, 1992.
______, 「여성영웅소설의 유형성에 관한 반성적 고찰」, 사재동 편, 『한국서사문학사의 연구』Ⅳ, 중앙문화사, 1995.
이재수, 「삼국연의와 옥루몽」, 『한국소설연구』, 선명문화사, 1969.
______, 「한국 소설 발달 단계에 있어서의 중국소설의 영향」, 『경북대논문집』1, 경북대학교, 1956.
이정원, 「안성판 방각본 출판 현황」, 『어문연구』33.3, 한국어문교육연구회, 2005.
이지영, 「〈장풍운전〉, 〈최현전〉, 〈소대성전〉을 통해 본 초기 영웅소설의 행방」, 『고소설연구』10, 한국고소설학회, 2000.
이지하, 「〈용문전〉 연구」, 『관악어문연구』14, 서울대학교 국어국문학과, 1989.
이창헌, 「경판방각소설의 상업적 성격과 이본출현에 대한 연구」, 『관악어문연구』12, 서울대학교 국어국문학과, 1987.

이창헌, 「한남서림 간행 경판방각소설 연구」, 『한국문화』21, 서울대학교 한국문화연구소, 1998.

______, 「안성지역의 소설 방각활동 연구」, 『한국문화』24, 서울대학교 한국문화연구소, 1999.

______, 「방각소설 출판과 관련된 몇 가지 문제」, 『고전문학연구』35, 한국고전문학회, 2009.

이태영, 「전라감영의 인쇄문화가 지역사회에 끼친 영향」, 『향토사연구』13·14, 한국향토사연구전국협의회, 2002.

______, 「새로 소개하는 완판 한글고전소설과 책판」, 『국어문학』43, 국어문학회, 2007.

______, 「완판 방각본 출판의 문화사」, 『열상고전연구』31, 열상고전연구회, 2010.

______, 「완판본의 개념과 범위」, 『열상고전연구』38, 열상고전연구회, 2013.

______, 「완판본에 나타난 刊記의 특징」, 『열상고전연구』42, 열상고전연구회, 2014.

이화형, 「〈내훈〉에 나타난 소혜왕후의 여성교육관」, 『동아시아고대학』19, 동아시아고대학회, 2009.

장덕순, 「병자호란을 전후한 전쟁소설」, 『국문학통론』, 신구문화사, 1960.

장시광, 「〈방한림전〉에 나타난 동성결혼의 의미」, 『국문학연구』6, 국문학회, 2001.

______, 「여성영웅소설에 나타난 여화위남의 의미」, 『한국고전여성문학』2, 한국고전여성문학회, 2001.

전상욱, 「한글방각소설 신자료 고찰」, 『열상고전연구』31, 열상고전연구회, 2010.

전성운, 「〈조웅전〉 형성의 기저와 영웅의 형상」, 『어문연구』74, 어문연구학회, 2013.

______, 「〈삼국지연의〉 예지담의 양상과 의미」, 『동방문학비교연구』1, 동방문학비교연구회, 2013.

______, 「〈조웅전〉에 나타난 예지담의 양상과 의미」, 『우리어문연구』48, 우리어문학회, 2014.

정규복, 「한국 군담류 소설에 끼친 삼국지연의의 영향 서설」, 『석헌 정규복 총서5 : 한국문학과 중국문학』, 보고사, 2010.

______, 「홍길동전 이본고 1」, 『국어국문학』48, 국어국문학회, 1970.

______, 「홍길동전 이본고 2」, 『국어국문학』51, 국어국문학회, 1981.

정병설, 「여성영웅소설의 전개와 〈부장양문록〉」, 『고전문학연구』19, 한국고전문학회, 2001.

정병설, 「조선후기 한글·출판 성행의 매체사적 의미」, 『진단학보』106, 진단학회, 2008.

_____, 「조선후기 한글 방각소설의 전국적 유통 가능성에 대한 시론」, 『다산과현대』3, 연세대학교 강진다산실학연구원, 2010.

_____, 「영국도서관 소장 경판한글소설 재론」, 『고전문학연구』42, 한국고전문학회, 2012.

정병헌, 「방한림전의 비극성과 타자 인식」, 『고전문학과 교육』17, 한국고전문학교육학회, 2009.

정준식, 「〈홍계월전〉 이본 재론」, 『어문학』101, 한국어문학회, 2008.

_____, 「〈홍계월전〉의 구성원리와 미학적 기반 – 단국대 103장본 계열을 중심으로」, 『한국문학논총』51, 한국문학회, 2009.

정지영, 「조선후기 호주승계방식의 변화와 종법질서의 확산」, 『한국여성학』8.2, 한국여성학회, 2002.

정희진, 「여성주의, '가장 현실적인' 세계관」, 『페미니즘의 도전』, 교양인, 2005.

조윤제, 「춘향전 이본고(一)」, 『진단학보』11, 진단학회, 1939.

_____, 「춘향전 이본고(二)」, 『진단학보』12, 진단학회, 1940.

조 은, 「가부장적 질서화와 부인권의 약화 – 조선전기 재상상속 분쟁 사례를 중심으로」, 『한국여성학』16.2, 한국여성학회, 2000.

조동일, 「영웅이야기의 유형」, 『구비문학』5, 구비문학회, 1986.

조혜란, 「경판 방각본 소설의 특성」, 한국고소설연구회, 『고소설의 저작과 전파』, 아세아문화사, 1994.

조희웅, 「〈낙성비룡〉과 〈소대성전〉의 비교 고찰」, 『관악어문연구』3, 서울대학교 국어국문학과, 1978.

진경환, 「영웅소설의 통속성 재론」, 『민족문학사연구』3, 민족문학사학회, 1993.

최근덕, 「군담소설과 삼국지연의의 인물고」, 『성균』15, 성균관대학교, 1962.

최호석, 「〈설제전〉 연구」, 『고소설연구』6, 한국고소설학회, 1998.

_____, 「大邱 在田堂書鋪의 出版 活動 연구」, 『어문연구』34.4, 한국어문교육연구회, 2006.

_____, 「안성의 방각본 출판 입지」, 『국제어문』34, 국제어문학회, 2005.

_____, 「안성판 방각본 출판의 전개와 특성」, 『어문논집』54, 민족어문학회, 2006.

_____, 「안성판과 경판의 거리」, 『열상고전연구』31, 열상고전연구회, 2010.

한희숙, 「조선후기 양반여성의 생활과 여성리더십 – 17세기 행장을 중심으로」,

『여성과 역사』9, 한국여성사학회, 2008.
허순우, 「중화주의 균열이 초래한 주체의식의 혼란과 극복의 서사 - 태원지」, 『고소설연구』33, 한국고소설학회, 2012.
허원기, 「곤범에 나타난 여성 독서의 양상과 의미」, 『한국고전여성문학연구』6, 한국고전여성문학회, 2003.
______, 「해제: 곤범의 자료적 성격과 의미」, 『장서각』8, 한국정신문화연구원, 2002.
허태용, 「17세기 후반 정통론의 강화와 자치통감절요의 보급」, 『한국사학사학보』3, 한국사학사학회, 2001.
______, 「17세기말~18세기초 존주론의 강화와 삼국지연의의 유행」, 『한국사학보』15, 고려사학회, 2003.
현혜경, 「고전소설에 나타나는 知鑑話素의 성격과 의미」, 『국어국문학』102, 국어국문학회, 1989.

엄태웅(嚴泰雄)

강원도 춘천 출생
고려대학교 국어국문학과 및 동 대학원 국어국문학과 졸업
단국대학교 동양학연구원 연구원
고려대학교 민족문화연구원 연구교수
순천향대, 홍익대, 경희대, 고려대, 한림대, 한국예술종합학교 강사
현재 강원대학교 국어국문학과 교수

〈주요논저〉

「경판본 〈구운몽〉에 나타난 비일상적 면모의 변모 양상과 의미」(2016)
「『삼국유사』 「기이」 〈수로부인〉의 서술 의도」(2015)
「『삼국유사』 「기이」 부여·고구려 관련 기사의 서술 의도」(2015)
『海洋與東亞文化交流』(공저, 중국, 2014)
「완판본 〈구운몽〉의 인물 형상과 주제 의식」(2014)
「세책본 영웅군담소설의 서사 지향」(2014)
「『삼국유사』 「기이」 〈성덕왕〉조의 서술 의도」(2014)
「朴燁에 대한 기억의 재구성과 그 의미」(2013)
『동아시아 역대 문화교류 인물자료 사전』 Ⅰ·Ⅱ·Ⅲ·Ⅳ(공저, 2011~2014)
『다시 보는 고소설사』(한국고소설학회, 2010)

民族文化研究叢書 151

방각본 영웅소설의 지역적 특성과 이념적 지향

2016년 10월 1일 초판 1쇄 펴냄

저 자 엄태웅
발행인 이형대
발행처 高麗大學校 民族文化研究院

등록 1964년 9월 28일 제6-18호
주소 서울특별시 성북구 안암로 145
전화 02-3290-1610~4
팩스 02-926-8385
http://riks.korea.ac.kr

ISBN 978-89-7155-165-3 94810
978-89-7155-073-2 (세트)

정가 22,000원

이 도서의 국립중앙도서관 출판예정도서목록(CIP)은 서지정보유통지원시스템 홈페이지(http://seoji.nl.go.kr)와 국가자료공동목록시스템(http://www.nl.go.kr/kolisnet)에서 이용하실 수 있습니다.(CIP제어번호 : CIP2016023139)